U0592999

甘肃省黄河国家文化公园建设 专项资金资助

兰州大学黄河国家文化公园研究院

◎ 黄河文化研究丛书

◎ 总主编 彭岚嘉 杨建军

黄河文化形成发展中的交融与共生

王海飞
郎雯瑛 ◎ 著
杨宇浩

兰州大学出版社
LANZHOU UNIVERSITY PRESS

图书在版编目（ＣＩＰ）数据

黄河文化形成发展中的交融与共生 / 王海飞，郎雯
瑛，杨宇浩著. -- 兰州 ：兰州大学出版社，2024.10
（黄河文化研究丛书 / 彭岚嘉，杨建军主编）
ISBN 978-7-311-06594-2

Ⅰ. ①黄… Ⅱ. ①王… ②郎… ③杨… Ⅲ. ①黄河流
域－文化史 Ⅳ. ①K292

中国国家版本馆 CIP 数据核字(2023)第 228969 号

责任编辑　马媛聪
封面设计　倪德龙

书　　名　黄河文化形成发展中的交融与共生
作　　者　王海飞　郎雯瑛　杨宇浩　著
出版发行　兰州大学出版社　（地址:兰州市天水南路222号　730000）
电　　话　0931-8912613(总编办公室)　0931-8617156(营销中心)
网　　址　http://press.lzu.edu.cn
电子信箱　press@lzu.edu.cn
印　　刷　兰州人民印刷厂
开　　本　710 mm×1020 mm　1/16
成品尺寸　170 mm×240 mm
印　　张　21
字　　数　340千
版　　次　2024年10月第1版
印　　次　2024年10月第1次印刷
书　　号　ISBN 978-7-311-06594-2
定　　价　80.00元

（图书若有破损、缺页、掉页,可随时与本社联系）

目　录

图目录

表目录

绪　论

一、今天,我们关注黄河文化的意义

黄河文化研究正在变得热闹而兴盛,成为很多学科都密切关注的研究领域。当然,大概率还是会因为学科视角和研究旨趣的差异,致使大家对这个领域的相关问题抱以不同的学术目标和探索愿景,但终究我们必须承认,黄河文化研究正在面临一次历史机遇,作为古老而崭新的中国在新时代面对实现中华民族伟大复兴历史使命时最重要的国家课题之一,在纵向和横向两个坐标轴上都显现出非凡的价值和意义。

中国文化之开化,源起于黄河流域。公元前5000年,黄河中游的河谷地带中仰韶文化已经显现独有特色,其覆盖地域延伸至上游和下游。大约在公元前4000年,仰韶文化与相邻的大汶口文化、北方的新乐文化以及南方的河姆渡文化等开始有广泛的接触和相互作用,产生了具有一定相似性特征的诸多地域性文化。一直延续到公元前2000年左右,璀璨如同星河般的晚期新石器文化在黄河流域交错闪耀,各个区域文化整合交融,趋向一体,远远超越了其他地区,率先跨入"文明"的发展阶段。也正是因为这一处于经济文化核心地位的区域所呈现的发展水平的高度,使得后来历史中称今日函谷关或潼关以东的广阔的黄河中下游平原为"中国"。这是除了西周青铜器"何尊"铭文之外,早期对"中国"的另一种解读。

对黄河的记载,中国历史中从未停止。例如《汉书》中有"中国川原以百数,莫著于四渎,而河为宗"[①];到南北朝,有诗句"常山临代郡,亭障绕黄河";到盛唐更有"君不见,黄河之水天上来,奔流到海不复回"

---

① 班固:《汉书》卷二十九《沟洫志》,中华书局,2007,第323页。

的华篇；再到峥嵘岁月中民族的怒吼"黄河在咆哮，黄河在咆哮"。黄河，穿越千年历史，横跨中华大地，一直是中国人不变的思想家园和精神符号，已经远远超出一条河流的意义。

在以百万年计的黄河生成历史中，因受地理构造、自然环境、气候植被以及其他多方面条件的决定，黄河流域成为中华文明重要的孕育和发生场域。从考古学探寻人类早期活动角度而言，考古证实旧石器时期黄河流域就出现了山西西侯度猿人、陕西蓝田猿人、大荔猿人、山西襄汾丁村早期智人、内蒙古乌审旗大沟湾晚期智人的活动等，甚至有一些遗存，如石制品、骨器等，证实黄河流域的人类活动出现于180万年以前，这就比晚更新世黄河形成海洋水系的年代更早①。如果说中华文明的形成是"满天星斗"，黄河流域诸多的文化遗存则构成了星空中灿烂的"银河"，故而黄河流域也被认为是中国文明形态的主要诞生地；从政治形态甚至早期国家形态的角度来说，公元前三千纪，"散布于黄河两岸的一座座土城，就是生活在这里的人们适应黄土和黄河的产物，是这一地区迈向文明时代处理人地关系和人际关系的杰作"②，是"人河相依"的生境格局倒逼"依河而生"的人们开创出独有的社会组织和政治形态的"中国道路"，实现其他地区所不具备的社会控制技术、社会动员的广度与深度；从社会经济角度来考察，在中国历史上，最早是沿黄地区的农业、手工业和商业的进步积极促进了中国社会经济的发展。黄土易于规模化垦殖，但产出有限，同时面对持续存在的水患威胁，迫使人们不断提升技术系统，借黄河之便利，兴修水利灌溉设施，推动农业种植技术和农具革新，促使最早的农业社会雏形初见，并以此为基础，带动社会分工不断细化和手工业的快速进步，形成较大规模的社会贸易。因为一系列社会发展所带来的坚实的经济基础，有力推动了华夏民族由松散走向融合与统一的持续历史过程。从秦统一六国为中国的长期统一奠定了坚实的基础，经汉唐宋元，至清雍正帝所言："中国之一统始于秦。塞外之一统始于元，而极盛于我朝"，再到实

---

① 《考古中国：旧石器时代·西侯度文化遗址》，考古网，2020年9月14日，http://www.kgzg.cn/a/396377.html。

② 徐宏：《何以中国：公元前2000年的中原图景》，生活·读书·新知三联书店，2016，第6页。

现高度统一和各民族空前团结的中华人民共和国成立；从科技进步的角度来审视，历史上不同阶段在黄河流域产生的农业科技、天文历法、传统医药、数理算术等均代表着彼时世界科学技术的最高成就，特别是以瓷器、金属冶炼、文字、纸张、印刷技术等为代表的智慧创造，为世界文明谱系做出了巨大的贡献；从思想体系生成的角度来探究，随着经济、文明的发展，思想解放成为黄河流域必然的趋势。早在春秋时期，沿黄地区的儒家、道家、墨家、法家等思想流派就异彩纷呈，与此同时出现百家争鸣的思想碰撞，后来亦由此发展至"废黜百家、独尊儒术"，社会主流思想逐渐形成，并在后来的历史中一脉相承；从文化传播的角度来纵览，黄河文化在兼容并蓄、发展壮大的同时，在不同阶段形成了不同的文化中心，以势位差由中心向周边实现文化传播，影响形成不同时期不同地域的文化圈层，并与外部世界的多元文化进行广泛交流互鉴，促进了人类文明的携手对话、共同前进。故而，黄河被称为中华民族的母亲河，根植于黄河流域的黄河文化被认为是中华文明中最具代表性和影响力的主体文化。

由此可见，从依河而生、伴河而存到黄河文化的生成与发展，是中国人将在长期的历史实践中，从黄河流域繁衍发展而成的各种思想、制度、技术、观念、道德、情感和行为逻辑等浓缩提炼、融为一体、内化于心、外化于行的自觉过程，是推动中华文明历经几千年绵延承续不绝的核心基础。

黄河上游文化是黄河文化中多民族交往交流频繁、民族文化交融互鉴、多元文化共生共荣的典型构成。黄河中游自公元前3000年甚至更早的时间便逐渐发育成为中国政治、经济、文化发展的原点，不仅是中国传统农业技术与文化、诗歌礼乐制度、文化观念典章范本形成的主要场域，更是"大一统"思想指导下中国传统政治文化实践的核心空间。黄河下游文化在华夏文明重要源头之一的东夷文化的基础上，在齐鲁文化各自发展与合流的作用下，推动儒家文化成为国家正统，是中华文化面向海洋进而衍生海洋文化发展的承载区域。上游、中游、下游，这是在宏观层面上我们对黄河文化的一种粗线条把握，实际上，为掌握对象而进行的粗略类型划分经常会将我们带入一种认识论的误区。在整个黄河流域的不同区段中，无论是青藏高原、内蒙古草原抑或中下游的广袤平原，其间还可再细分出无数个更小的地理单元和文化板块，特别是在大板块的交界区域，更多具有较高同质性或相似性的文化分列密布，你中有我，我中有你，如同无数的"卯榫"，将整个流域的不同文化板块紧紧勾连在一起，向心混融。一条大河源远流长，千折百转，在九州大地上画出一幅中国人精神核心中的"龙"形图腾。如果将整个黄河流域圈起来，我们倘若可以在足够遥远的高空鸟瞰，便可获得一种全新的视觉体验，会隐隐看到一只自青藏高原、黄土高原腾跃而起的挂角神羊，横跨三个地理阶梯，面东朝向蓝色的海洋文明，昭示着中华文化发展的肌理。层累致新的黄河文化蕴含广博深厚的精神伦理与哲学思想，是中华民族凝聚力、向心力所在的基础，也是构筑中华民族共有精神家园、实现中华民族伟大复兴的根本。从古至今，特别是近现代以来，围绕黄河文化探究阐发、直抒胸臆的弘文大作自是恒河沙数，内容涉及政治、文化、经济、地理、资源、环境等广阔领域，其中历史考古、政治治理、文化传承与创新等各成专门之学，融会贯通，共筑学脉。正是在这样的基础上，我们得以有机会继续前行在前辈学人披荆斩棘而开辟的中华文明研究的道路上，面对实现中华民族伟大复兴的历史使命，有感于中华民族多元一体的历史进程，探究文化自"多"而"一"的根本节律。在黄河文化整体框架中，我们聚焦于"交融共生"这一视域对黄河文化展开研究，梳理并阐释黄河文化从历史走向现实、从多元走向一体、从传承走向创新的根本内涵和诸多表现形态，对新时代推动黄河文化保护和开发利用，增强民族文化自觉，进一步建设社会主义文化强国，铸牢中华民族共同体意识，构筑中华民族共有的精神家园具有较强的必要性和迫切性，符合为实现中华民族伟大复兴贡献力量的时代要求。

黄河文化相关研究成果体量庞大、内容丰富，充分显现了黄河文化研究在中华文化研究中的基础性和重要性。具体来说，我们期望能够从黄河全域整体视角出发，整合黄河文化研究中文化交融方面的已有成果，历史与现实研究并重，对黄河流域各民族传统文化进行系统挖掘与调查，详细梳理黄河流域各民族交往交流交融的文化基础，探索各民族文化在发展、变迁与认同中共存、共享的文化情感与记忆，分析、阐释各民族文化汇聚为中华文化的驱动机制、规律和黄河流域多民族共创共享文化体系的形成过程，并在此基础上，对近年来各级政府和相关文化部门在保护、传承、开发利用黄河文化的过程中，所取得的成就与当下面临的主要问题进行深入探讨。黄河文化从历史走到今天，在面对中华民族实现第二个百年奋斗目标之际，应担负何样的历史使命，实现路径又是什么？我们在思考，或许有一些粗浅的理解，抛砖以期望各方大家指斥斧正。

我们刚刚跨过中国共产党成立100周年的历史节点，同时也是中国迈向全面建设社会主义现代化国家新征程的起步阶段，"十四五"规划和"2035年远景目标纲要"已宏图大展，在中华大地上全面建成小康社会的第一个百年奋斗目标在全党全国各族人民共同努力下已然实现，正大跨步向着第二个百年奋斗目标迈进。今天的中国站在一个新的历史交汇点上，正在经历一个承前启后的关键时期，在这个时期，我们更需要坚定文化自信，深入研究和弘扬中华文化，为中华民族自强于世界民族之林奠定坚实基础。习近平指出，"提高国家文化软实力，关系'两个一百年'奋斗目标和中华民族伟大复兴中国梦的实现"。在人类文明发展的进程中，中华民族创造了博大精深的灿烂文化，黄河文化正是其中的核心与灵魂。自中国文明诞生之初，黄河流域一直是中国政治、经济、军事、科技、思想、文化的中心和重心，由于黄河流域文化形态的丰富性与广泛性，黄河文化一直以来备受学术界关注，形成了丰硕的研究成果。回顾以往的黄河文化研究历程，在今天，以国家为视角，坚持"探寻中华民族文化的根源与发展"这一研究进路，在一定的研究基础上尝试追寻超越国家的研究视野，"把跨越时空、超越国界、富有永恒魅力、具有当代价值的文化精神弘扬起来"①，是今天从交融与共生角度探究黄河文化的意义，具有其必要性和迫切性。

二、分析框架与理论依据

黄河文化源远流长，博大精深，对其发生发展展开研究既有类似区域史研究的特点，又有在整体性框架下讨论文化现象及其变迁、适应与发展

---

① 《习近平：在中国文联十大、中国作协九大开幕式上的讲话》，央广网，2016年11月30日，http://news.cnr.cn/native/gd/20161130/t20161130_523297322.shtml。

状况的现实问题研究面向。区域史研究可以理解为一种方法论①，按照布罗代尔的分类方法，区域史多为长时段的历史研究，这也与文化研究颇为相似。文化研究中的区域划分，与历史地理或人文地理中的区域既有交叉，又有区别，也与区域史研究中的区域有重合，亦有延伸。流域文化研究是区域文化研究的分枝，原本在历史学、人类学和文化学中就有一个单独发展的脉络，是一个跨越不同地理单元的，在时间和空间两个维度扩大了的区域史研究，还要兼顾不同地理单元和历史时期之间社会文化内容的勾连互动与起承转合，包括整个流域内的政治关系、经济关系、社会生活、人群流动、思想文化等内容。

历史地理研究中有自然性、历史性和完整性原则的提出，鲁西奇先生指出流域是历史研究较好的对象区，从作为特殊自然地理区域、流域内的物质迁移与能量转换方面和河流与河谷作为交通孔道对文化现象的影响方面，"以流域为对象，可以相对独立地考察区域人地关系的演进过程，并进而总结人地关系的演化模式"②。这三点性质原则同样在很大程度上适用于区域文化研究，包括我们所面对的黄河文化研究。在以上三点性质原则的基础上，我们期望对话民族学、文化人类学等相关经典理论，回顾黄河在历史中，特别是中华人民共和国成立以来的研究、开发和治理过程，以社会文化发展史的进路和经验为基础，探寻"交融共生"这一主线下黄河文化的发生与发展、成就与积累，并落脚于当下黄河文化的发展、相关产业群落的问题、趋势和对策等具体内容。因研究对象之特殊性，故写作过程中一则多依赖于他人已有成论，二则不断意识到研究目标之宏远难企和精微难致，或许最终完成不及一二。但缘于个人的学习、研究过程与目标，依然期望努力推动以文化之"交融"为视角的研究，能够在中华民族文化认同与实践的道路上担负相应的阐释与引导实践认知的任务。

20世纪30年代，吕思勉先生在治中国文化史过程中提出"个别的文化，其中仍有共同的原理存；而世界上各种文化，交流互织，彼此互有

---

① 参考赵世瑜：《叙说：作为方法论的区域社会史研究》，载《小历史与大历史——区域社会史的理论、方法与实践》，北京大学出版社，2017，叙说第1页。
② 鲁西奇：《区域历史地理研究：对象与方法》，社会科学文献出版社，2019，第31页。

关系，也确是事实"①，进而提出文化研究中注重文化交融的进路。在此前与此后，着力于探查中华文化各组成部分之间的关系与发展规律的研究相继不绝，特别是20世纪末面对新世纪来临之际，众多前辈学者跨越时间与空间，面对一系列宏观问题，做出根本性的理论建设，对今天的黄河文化整体研究具有重要的引导性意义。另外，自中华人民共和国成立以来，黄河一直被党和国家高度重视，从政策与制度等多个方面推动黄河的治理与建设，推动多学科对黄河以及黄河文化展开理论与实践多方面的研究，特别是进入新时代以来，习近平总书记多次对黄河治理与黄河文化研究做出重要指示，这都是我们今天研究黄河文化重要的基础与理论依据。

（一）中华民族多元一体理论

"中华民族多元一体"理论由费孝通先生于1988年提出。费先生认为中华民族作为一个自觉的民族实体，是近百年来中国与西方列强对抗中出现的，但作为一个自在的民族实体则是几千年的历史过程所形成的②。其主要论点可概括为：一是中华民族是包括中国境内五十六个民族的民族实体，但不仅仅是把各民族加在一起的总称，因为加在一起的各民族已经结合成相互依存的、统一而不能分割的整体，在这个民族实体里所有归属的成分都已经具有更高层次的民族认同意识，即共休戚、共存亡、共荣辱、共命运的感情和道义；二是多元一体格局有一个从分散的多元结合成一体的过程，在这个过程中必须有一个起到凝聚作用的核心，汉族是多元基层中的一元，但它发挥着凝聚作用把多元结合成一体；三是高层次的认同并不一定取代或排斥低层次的认同，不同层次可以并存不悖，甚至在不同层次的认同基础上可以各自发展原有的特点，形成多语言、多文化的整体，所以高层次的民族可以说实质上是一个既一体又多元的复合体，其间存在着相对立的内部矛盾，是差异的一致，通过消长变化以适应于多变不息的内外条件，而获得共同体的生存和发展③。

① 吕思勉：《中国通史》，民主与建设出版社，2015，第4页。
② 费孝通：《中华民族的多元一体格局》，中央民族大学出版社，2018，第17页。
③ 费孝通：《中华民族的多元一体格局》，中央民族大学出版社，2018，第11-12页。

费孝通先生的《中华民族多元一体格局》一书出版之后，在学术界激发了诸多激烈的讨论，使这一理论日趋完善。现代意义的"中华民族"这一认同符号的形成、确立及其内含的一体性观念之萌生、演变与社会化传播，乃是中国历史上的一件大事①。实际上自近现代以来，从梁启超到孙中山、顾颉刚，再到吴文藻、杨成志等学者，关于"中华民族"这一概念的探讨一直在延续。近几十年来，在已有讨论的基础上，围绕如何理解"中华民族"这个"一体"，形成较多观点。其中主要有以下三种：第一种观点认为"中华民族"属于政治范畴的概念，代表的是中国各民族组成统一的多民族，而不是一个民族实体；第二种观点认为"中华民族"既属于政治范畴，也属于民族范畴，"中华民族"与五十六个民族同样称为"民族"是不矛盾的，因此，"中华民族"也可以是一个民族实体；第三种观点认为"中华民族"的概念内涵有广义和狭义之分，广义的"中华民族"把"中国古今各民族"都包罗于"中华民族"之内，狭义的"中华民族"则是中国在近代与西方列强对抗中开始的"自觉"的产物②。

费孝通先生提出的"中华民族多元一体格局"重要理论，成为当代阐述中国历史和现实民族状况、民族交往与民族关系、民族发展等领域问题的最为科学、简明、通用的概念，不仅在学术界，在社会层面也被广泛应用，甚至成为党和国家阐述民族问题的正式用语③。在2019年9月27日举行的全国民族团结进步表彰大会上，习近平总书记发表重要讲话，对"中华民族多元一体格局"做出权威论述。

(二)"各民族共创中华"理论

"各民族共创中华"理论由历史学家、民族学家杨建新先生于20世纪末提出。"各民族共创中华"学术理论观点对正确认识中国作为多民族国家的形成发展历史，在时代需求下培育正确的中华民族共同体意识有重大

---

① 黄兴涛：《重塑中华：近代中国"中华民族"观念研究》，北京师范大学出版社，2017，第384页。

② 徐杰舜、韦小鹏：《"中华民族多元一体格局"理论研究述评》，《民族研究》2008年第2期。

③ 史金波：《"中华民族多元一体格局"理论的形成背景和当代价值》，《中央民族大学学报》（哲学社会科学版）2018年第5期。

的意义。中国历来就是多民族国家，在历史上各民族均为中华民族的形成做出了巨大贡献，因此，在中国历史研究中，杨先生始终秉持以中国民族史、民族关系史的历史事实轨迹来解读"各民族共创中华"这一命题，这一学术思想也得到了民族学界、民族史学界的广泛关注①。

"各民族共创中华"理论包含以下层面内容：一是中国各民族的族体是在各民族互动的关系中形成和发展的，在族体上你中有我，我中有你，互相吸纳，共同发展；二是中国辽阔的疆域有一个形成发展的过程，从总体上看，这个过程就是中国各民族共同开拓的结果，是各民族共创中华的具体体现；三是生活在不同地域环境下的各民族，创造了多样的经济生活和生计方式，为我国的经济发展做出了卓越的贡献；四是中国政治历史文化传统以"大一统"为最高原则，在维持中国的政治历史文化传统中，汉族起了主导的不可替代的作用，同时也应该看到，中国的少数民族也起到了巨大的作用，边疆少数民族的向心力，反映了在不同时期对统一中国大业的贡献；五是我国每个少数民族都有自己独特而丰富的文化，各少数民族的文化以其绚丽多彩的风格，极大地丰富了中华文化宝库；六是各民族自强不息、共同发展，共同铸造了中华民族精神②。"各民族共创中华"理论为从交融共生视角研究多民族共创的黄河文化打下了坚实的理论基础。

（三）中国文化/文明与世界关系相关理论

中国的文化/文明与世界其他文化/文明之间的关系是什么？如何认识？包括认识自身、认识他者，这是近现代以来有责任感和使命感的中国学者持续关注的大问题。围绕相关问题，胡适、梁漱溟、钱穆、季羡林等诸多大家都展开过长期的思考，与之相关的理论建设与形成也是由众多学者接续完成并不断完善的。以季羡林先生为例，季先生的文化理论观是多元文化观，反对单边主义和霸权主义。他反对在全球化进程中西方对东方的文化挤压和文化侵略，提倡对国内文化应保持一种多元开放的态度，认为齐

---

① 娜拉：《"各民族共创中华"：中华民族共同体历史认同基础》，《北方民族大学学报》（哲学社会科学版）2018年第3期。
② 杨建新：《中国少数民族通论》，民族出版社，2005，第155-179页。

文化、鲁文化、楚文化、长江文化、少数民族文化以及在新疆汇合的多元文化共同构成了中国文化的主体构架①。1989年，季羡林先生发表了《从宏观上看中国文化》，提出东西方文化的关系从几千年的历史上来看是"三十年河东，三十年河西"。1990年，他发表了《21世纪：东西文化的转折点》，再次提出"三十年河东，三十年河西"是人类社会发展的基本走向，在学术界产生了巨大影响。同时期，与季先生的观点相接近，李泽厚先生也提出了东西方文化的基础区别。在东西方文化的影响方面，季先生认为西方总是想当然地认为西方文化影响并统治了整个世界。事实上中国文化也曾经深刻地影响着西方。中国经籍西传，同时影响了欧洲哲学和欧洲政治。例如中国哲学中的无神论、唯物论与自然主义实际上也是法国大革命的哲学基础，法国的启蒙运动是以反宗教为开端的，其社会思想归根结底是中国思想传播的结果。就在法国大革命前夕，中国趣味在法国以及整个欧洲广泛流行，宫廷与贵族社会被中国趣味所垄断。中国文化对"法国政治之影响，概可想见了"②。

　　与季羡林先生一样，费孝通先生也愿意以"文化"概念阐释不同主体间相互关系的状态，但与季先生有一定区别。继1988年提出"中华民族多元一体"之后，费先生又于1990年提出"各美其美，美人之美，美美与共，天下大同"，认为不同文化首先应该有自我认识和自信，同时对其他文化也能理解与尊重，不同的文化融洽相处，彼此相容相生，将是多元和谐的世界发展的方向。1992年到1993年，美国政治学者塞缪尔·亨廷顿通过讲座、撰文以及随后的专著提出"文明的冲突"，认为世界在冷战之后，西方文明将受到所有其他文明的挑战，特别是"儒教文明"与伊斯兰文明。亨廷顿将"文明"定义为"文化的实体"，行文中常将文明、文化两个概念混用③。作为新儒家的代表，哈佛燕京学社社长杜维明教授批判了亨廷顿"狭隘的美国政治立场"，转而提出"文明对话"，以对话解决共

---

① 王岳川：《文化自信：季羡林论东西方文化互动》，《新疆师范大学学报》（哲学社会科学）2017年第2期。

② 季羡林：《从宏观上看中国文化》，载王岳川主编《季羡林学术精粹》（第1卷），山东友谊出版社，2006，第15—30页。

③ 参考塞缪尔·亨廷顿：《文明的冲突》，周琪译，新华出版社，2013。

同的问题①。杜维明先生认为，不同的文明是在对他者理解的基础上通过对话获得自身发展的机会，很多传统地方性知识，特别是儒学都具备与不同文化对话的特质。"以前中国的佛教影响日本、韩国，这是地方知识的'区域化'，还没有到'全球化'，但今天佛教已遍及世界各地。如果儒学有第三期发展的话……它也一定能够进入欧美社会，能够全球化……"②杜先生进一步应和费孝通先生的"十六字"主张，提出要把"各美其美"发展到"美人之美"，再从"美美与共"达到"天下大同"的境界，这是文明对话的最高理想③。

（四）治理黄河、推动黄河文化研究的政策理论依据

党和国家对黄河以及黄河文化的关注可以划分为以下几个重要阶段。

1946年，黄河治理拉开帷幕。中华人民共和国成立初期，毛泽东、邓小平等国家领导人都曾亲临黄河进行视察，并做出重要指示。1955年7月30日，第一届全国人民代表大会第二次会议通过《关于根治黄河水害和开发黄河水利的综合规划的决议》，其中提出，国务院应采取措施迅速成立三门峡水库和水电站建筑工程机构，完成刘家峡水库和水电站的勘测设计工作，并保证这两个工程的及时施工。为了有计划、系统地进行黄河中游地区的水土保持工作，陕西、山西、甘肃三省人民委员会应根据根治黄河水害和开发黄河水利的综合规划，在国务院各有关部门的指导下，分别制定本省的水土保持工作分期计划，并保证其按期执行。国务院应责成有关部门、有关省份根据根治黄河水害和开发黄河水利的综合规划对第一期灌溉工程负责勘测设计并保证及时施工④。自1957年到1959年间，黄河干流上先后开工建设了7座大型水利工程，创造了世界范围内江河治理历史中前所未有的奇迹。

1979年，邓小平在总结历史经验的基础上提出了黄土高原建设战略设想。1980年3月，国家农委召开专门会议，研究黄土高原综合治理方案，

① 参考王铭铭：《超社会体系：文明与中国》，生活·读书·新知三联书店，2015。
② 杜维明：《对话与创新》，广西师范大学出版社，2005，第11-99页。
③ 杜维明：《对话与创新》，广西师范大学出版社，2005，第33页。
④ 《关于根治黄河水害和开发黄河水利的综合规划的决议》，中国政府网，2008年3月6日，http://www.gov.cn/test/2008-03/06/content_911477.htm。

拟定综合治理试点县，恢复黄河中游水土保持委员会，相应设立黄河中游治理局。随着农村经济体制的改革，黄土高原出现了以户承包治理小流域等多种形式的水土保持责任制。20世纪80年代初，国家对国民经济进行了调整，压缩了基建规模，但对黄河下游的防洪基建进行了投资，仍然追加成倍资金[1]。

进入20世纪90年代，以江泽民同志为核心的党中央更加关注黄河相关问题。这一时期的国家政策中，坚持把植树造林、绿化荒漠、建设生态农业等作为关系民族生存和发展的系列重大战略问题。1999年6月21日，江泽民在郑州主持召开黄河治理开发工作座谈会，指出治理黄河历来是中华民族安民兴邦的大事，治理好黄河水害，利用好黄河水资源，建设好黄河生态环境，对黄河流域乃至全国经济社会的持续发展，对实现我国现代化是党的二十大才提出的一个新概念。现代化建设跨世纪发展的宏伟蓝图，具有十分重大的战略意义。强调黄河的治理开发必须深入调查，加强研究，积极探索在新形势、新情况下治理开发黄河的路子，并强调这对增进民族团结、巩固边防具有十分重大的意义[2]。

2006年，郑州召开纪念人民治理黄河60周年大会，胡锦涛指出黄河治理事关我国现代化建设全局，60年人民治理黄河事业成就辉煌，但黄河的治理开发仍然任重道远。强调要认真贯彻落实科学发展观，坚持人与自然和谐相处，全面规划，统筹兼顾，标本兼治，综合治理，加强统一管理和统一调度，进一步把黄河的事情办好，让黄河更好地造福中华民族。时任国务院总理的温家宝指出，在社会主义现代化建设的新时期，要以科学发展观为统领，坚持人与自然和谐的治水理念，遵循自然规律和经济规律，坚持不懈地开展科学治水、依法治水、团结治水；要完善水资源统一管理和统一调度体制，加强水资源的节约、保护和合理配置，以水资源的可持续利用保障经济社会的可持续发展；要加强流域生态保

---

[1] 黄玮：《党的三代领导人与黄河》，《中州古今》2001年第4期。
[2] 参考《江泽民指出：加强治理开发，让黄河造福于中华民族》，央视网，2011年12月22日，http://news.cntv.cn/china/20111222/116519.shtml。

护，防治污染，防治水土流失，让黄河安澜无恙、奔流不息①。这一时期，党中央的政策指向主要集中在水利文化的发展和统筹治理黄河方面，提出坚持科学治理黄河、坚持统筹治理黄河和坚持依法治理黄河等原则。

党的十八大以来，黄河流域经济社会快速发展，生态环境持续明显向好，发展水平不断提升。与以往不同，这一时期黄河文化作为中国文化复兴的核心开始受到极大重视，2019年9月18日，习近平总书记在河南郑州主持召开黄河流域生态保护和高质量发展座谈会并发表重要讲话，对黄河流域生态保护和高质量发展做出全面部署的同时，指出黄河文化是中华文明的重要组成部分，是中华民族的根和魂，要推进黄河文化遗产的系统保护，守好老祖宗留给我们的宝贵遗产，要深入挖掘黄河文化蕴含的时代价值，讲好"黄河故事"，延续历史文脉，坚定文化自信，为实现中华民族伟大复兴的中国梦凝聚精神力量②。总书记的重要讲话从中华民族的历史出发，对黄河文化在当下社会发展过程中进行保护与传承提出总体要求。2020年8月31日，中共中央政治局会议审议《黄河流域生态保护和高质量发展规划纲要》，习近平总书记继续强调，要大力保护和弘扬黄河文化，延续历史文脉，挖掘时代价值，坚定文化自信。要以抓铁有痕、踏石留印的作风推动各项工作，加强统筹协调，落实沿黄各省区和有关部门主体责任，加快制定实施具体规划、实施方案和政策体系，努力在"十四五"期间取得明显进展③。

综上所述，自中华人民共和国成立以来，黄河一直都是党中央高度关注的重大问题。从根治黄河水害、开发黄河水利到黄河中上游流域的水土保持工作，再到黄河生态建设逐渐被提至国家重大战略层面，党中央工作的重点一直紧密围绕黄河治理与黄河生态文明建设方面。2019年，首次明确将黄河文化提升到与黄河治理与开发、黄河流域生态文明建设同等重要

---

① 参考《胡锦涛温家宝就纪念人民治理黄河60年作重要指示》，中国政府网，2006年11月7日，http://www.gov.cn/ldhd/2006-11/07/content_435028.htm。
② 《习近平总书记在黄河流域生态保护和高质量发展座谈会上的讲话》，新华网，2019年10月15日，http://www.xinhuanet.com/2019-10/15/c_1125107042.htm。
③ 《黄河流域生态保护和高质量发展规划纲要》，中国政府网，2021年10月8日，http://www.gov.cn/zhengce/2021-10/08/content_5641438.htm。

的高度，这一发展方向既是实现中华民族文化复兴的必然选择，也是中国
提升国家软实力发展的必由道路。由此，在中央决策的引领指导下，沿黄
各省（区）、市先后开始谋划布局，并制定一系列发展规划与实施方案，
为落实黄河文化的保护、研究、发展和弘扬工作提供了强有力的政策保
障。不同时期和阶段，党中央与国家各级政府制定的各类黄河相关发展规
划与实施方案、制度文本、策略措施、运行机制等，均是我们今天进行黄
河文化研究重要的依据和基础。

第一章　从历史中走来的黄河文化

历史学家、人类学家，同时还是法国年鉴学派的代表人物费尔南·布罗代尔以事件史、局势史、结构史以及相对应的短时段、中时段和长时段作为划分历史时间结构的标准，带着"冥想"色彩和深邃的理性光芒，提出人们把握历史进程的路径，并提出唯有"长时段"是所有社会科学学科共同进行观察和反思的最有用的单位。文化史作为一种跨学科的历史观察与研究手段，属于长时段的，指向社会或结构的研究。纵观黄河文化的研究过程，文化史的探索与建构一直是学者的重要工作内容之一，在文献学、考古学、历史学、民俗学和文化人类学等各门学科的跨学科合作中不断实现积累与充实。

通过对各学科已有研究成果的细致分类与梳理，我们可以勾画出较长的历史发展时期中，多样化的自然地理等环境条件下，黄河流域作为中华文化早期主要形态的诞生地和发展空间产生的丰富亚文化类型，如草原文化、农耕文化、丝路文化等不断累积、相互影响与创新发展的过程。在中华民族融合多元文化走向一体的道路上，这些文化作为系统中的子集在不同历史时期被人们赋予了各种名称，在真实的历史时空和社会发展中一直交织、交融在一起，你中有我，我中有你，与中华民族共生共存，最终被塑造成为中华文化延绵不息的根与魂，成为中华文明绵延不断的基础与中华历史的印记。因而，讨论黄河文化形成的过程，我们有必要沿着较长时段的历史脉络，兼顾纵横坐标轴，尝试对黄河文化中多元文化汇聚、发展的过程进行探查与把握。

第一节　黄河文化的萌芽阶段

"黄河流域"不仅是一个地理区域概念，同时还是一个文化区系概念。作为中华民族起源和发展的中心区域，对中华民族文化的孕育、发展和壮大有着极为重要的意义。研究黄河文化，首先应该从其历史源头展开，但是这一时期有其特殊性，缺少文字典籍记载的历史，故而我们的目光需投向考古学，以已有的考古资料和史前考古学研究成果来填补充实。史前考古学以史前人类的遗迹、遗物为研究对象，用考古学的方法来研究史前社会的文化面貌、经济形态、社会生活和分期断代，同时结合地质学、古生物学、古人类学和民族学等学科的研究方法，复原自然环境的变迁、人类体质的发展和社会组织的变化，并通过现代科学技术在考古上的应用，为分期断代提供更具体的论据①。正是因为近几十年来中国考古学的长足发展，使人们对黄河文化的萌芽阶段，即中华文化的史前时期有了更多确切、具体的认识。

早在史前时代，甚至在晚更新世黄河形成海洋水系的年代之前，黄河流域就有许多不同的远古人类活动，是中华史前文化与古代文明多元汇聚的重要区域，留下了较多的文化遗存。这些文化遗存对勾勒中华文明的早期发展历史，填补我们对不同文化的认识缺环具有重要意义。从考古学和古生物学角度来看，黄河流域之所以各种各类动、植物化石等遗存埋藏丰富，应是在较大历史尺度的自然、地理气候演变中，有几个重要的时期具备较好的生物生存与繁衍的条件。黄河流域旧石器时代文化考古发现也间接证明了这一推断。在黄河中上游，甘肃东部的黄土高原是中国最早发现有明确层位旧石器文化遗存的区域。1920年，曾有法国神父在甘肃庆阳的黄土层中发现旧石器文化遗存，但长期没有查明具体出土位置。近一个甲子之后，国家专业考古队伍有计划地对当地旧石

---

① 中国大百科全书总编辑委员会：《中国大百科全书·考古学》，中国大百科全书出版社，2002，第476页。

器遗址展开科学发掘，出土各类石制品及野马、披毛犀等动物化石。经过对遗址的时代判断，应在旧石器时代中期到晚期，与黄河中下游汾河沿岸的丁村遗址时代相当，距今约10万年[1]。从发现于今宁夏灵武的水洞沟遗址、青海柴达木盆地小柴旦旧石器遗址等考古遗存，以及近年从山东省沂水县跋山水库下游发现的旧石器文化遗址[2]来看，至少在距今3万至5万年以前的旧石器时代晚期，黄河流域就广泛出现了人类活动，大量用于人类生产和生活领域的石器工具被陆续发掘，向我们展示了黄河文化在萌芽阶段瑰丽多姿的历史画卷。

一、远古人类的踪迹

考古学一般将距今300万至1万年左右的时间段称作旧石器时代。在中国境内已经发现的旧石器时代的遗址，大约有2000处，其中近一半分布在黄河及其支流流域的陕西蓝田、洛南盆地、洛河下游以及河南灵宝、陕县、三门峡、渑池等地，包括黄河上游的青藏高原[3]。经过半个世纪以来考古工作者的研究发现，最初人类文明萌芽阶段的远古遗存直接出自黄河流域的有陕西蓝田人文化、山西西侯度文化等，周边区域的有北京周口店猿人文化、甘肃庆阳的旧石器文化等。迄今为止在黄河流域发现的最早的古人类是蓝田人，1963年至1964年发现于陕西蓝田县公王岭[4]。公王岭产人化石的地层，古地磁断代的数据一为距今约100万年，一为距今80万至75万年，中国科学院地球化学研究所和瑞士苏黎世高工地球物理研究所磁性测量数据为距今115万至110万年。邻近的陈佳窝遗址出土动物群断代为距今65万至50万年。公王岭遗址具有强烈的南方色彩，陈家窝动物群则不同，缺少带有南方色彩的种类，反映出两者的时代不

---

[1] 谢俊义、伍德煦：《浅谈解放以来甘肃旧石器时代的考古》，《甘肃师大学报》（哲学社会科学版）1980年第3期。

[2] 《临沂跋山水库旧石器遗址最新消息》，搜狐网，2021年3月30日，https://www.sohu.com/a/458085682_120168514。

[3] 参考张森水：《西藏定日发现旧石器》，载中国科学院西藏科学考察队《珠穆朗玛峰地区科学考察报告：1966—1968第四纪地质》，科学出版社，1976；安志敏、尹泽生、李炳元：《藏北申扎、双湖的旧石器和细石器》，《考古》1979年第6期。

[4] 葛剑雄：《黄河与中华文明》，中华书局，2020，第96页。

同①。其次是山西西侯度遗址，是中国乃至东亚地区首次发现的早于100万年的人类文化遗存②。西侯度遗址的发现废除了人们长期以来秉持的"北京猿人是人类最早祖先"的陈旧观念③，因而成为中国考古历史上不可忽视的浓重一笔。距今3万至10万年的旧石器时代中期的人类化石还有山西襄汾县丁村的丁村人、内蒙古乌审旗萨拉乌苏河（红柳河）的河套人等④。可以想象，远古人类在黄河流域经过长期生产生活，已经积累了丰富的劳动经验与技能，同时，制造工具的技术也得到了很大的提升⑤，这些条件的成熟，昭示着黄河流域中国农业文明的伟大篇章即将开启。

二、农业文明的曙光

进入更晚近一些的历史时期，黄河流域已知的文化遗址中，比较有代表性的包括裴李岗文化、磁山文化、仰韶文化、大地湾文化、大汶口文化和龙山文化等，这些文化遗存共同支撑了黄河流域早期农耕文化发展起源的主要形态。

裴李岗文化分布于黄河中游，是在黄河流域发现的最早的新石器时代文化之一，同时还是仰韶文化的源头之一，以河南中部的新郑为中心广泛向四周发展。据考古专家考证，裴李岗文化的年代距今8000至7000年，彼时人们已经开始定居生活，从事原始的农业、手工业、家畜饲养业和渔猎业。基本同时期的磁山文化发现于河北武安，也是一处早期新石器文化遗址，除了同样的石磨盘、石磨棒以外，还发现了腐朽的栗类谷物⑥。显而易见，当时生活在这一带的远古人类已经进入了农业社会。

---

① 张之恒：《早期古人类在中国境内的迁徙和流动》，《中国历史文物》2007年第3期。
② 王益人：《远古遗踪——山西芮城西侯度遗址发现始末》，《文史月刊》2016年第2期。
③ 谢俊义、伍德煦：《浅谈解放以来甘肃旧石器时代的考古》，《甘肃师大学报》（哲学社会科学版）1980年第3期。
④ 葛剑雄：《黄河与中华文明》，中华书局，2020，第96页。
⑤ 谢俊义、伍德煦：《浅谈解放以来甘肃旧石器时代的考古》，《甘肃师大学报》（哲学社会科学版）1980年第3期。
⑥ 葛剑雄：《黄河与中华文明》，中华书局，2020，第97页。

图1-1 磁山文化·石磨盘、石磨棒

（图片来源：刘梦舒）

图1-2 磁山文化·小口双耳壶

（图片来源：刘梦舒）

1923年，瑞典地质学家、考古学家安特生（J.G.Andersson）在河南渑池仰韶村发现一处新石器文化遗址，并将其命名为"仰韶文化"。自此，安特生一路向西，寻找他所设想的中国文化西来证据，一直挖掘到甘肃、青海。安特生认为，中国的民族与文化，是从遥远的中亚经新疆、甘肃才到达中原的。当然，安特生最终也没有找到他希望找到的证据。仰韶文化距今7000至5000年左右，广泛分布于整个黄河中游流域，向黄河上游延伸，是新石器时期中原地区最具代表性的文化，也是中华大地上最先确立的考古学文化，宣告了中国近代考古学的诞生，揭开了中国新石器考古的篇章。西安的半坡遗址、河南三门峡的庙底沟遗址等都是仰韶文化的典型代表。从遗址来看，仰韶文化已经形成完整的村落布局，属于母系氏族公社时期，生计方式以农业为主，采集和渔猎为辅，彩陶是其文化的主要特征[1]。经过长期发展，仰韶文化不断吸纳周边的先进文化因素，逐渐成为中国史前文化的核心文化，成为黄河考古文化中不可或缺的重要组成部分。

在新石器时代遗址中，大地湾是中国新石器考古发现中最为显著的成就之一，其发掘与研究为中国黄河流域新石器时代文化的考古分期建立了坐标。大地湾遗址地处黄河支流清水河岸边的二、三级台地，是黄河上游华夏先民创造的最古老的文化类型，由此生发出更重要的老官台文化，再演化成仰韶文化。"大地湾遗址的发现不仅改写了甘肃史前史，确立了渭

---

[1] 参考苏秉琦：《关于仰韶文化的若干问题》，《考古学报》1965年第1期。

河流域的前仰韶文化，为新石器文化的产生、发展提供了一批弥足珍贵的科学资料，而且使西北地区史前考古研究取得突破性进展，同河北磁山、河南裴李岗、山东北辛等发现一道被学术界公认为黄河流域考古研究的重大突破。大地湾文化中，最早开发陇原的先民创造了中国最早的彩陶，同时种植生产了中国第一批粮食品种——黍，从而奠定了大地湾是中国原始农业发源地的重要地位。"①远古建筑群落是大地湾遗址有别于其他黄河流域新石器文化遗址最为特殊之处，其公共空间的设置，表明当时的人们已经进入较高阶段的社会组织形式，为考古、历史和人类学研究提供了黄河流域早期社会组织形式的研究起点和路径。"这是目前所知同时期最大的建筑群体，显然不是一般的居住空间……而901号建筑群体，是这个中心聚落进行公共活动的场所。建筑呈长方形，奇数开间，正面设门，以长的面为正；左右对称，前后呼应，木架承重，墙壁仅起间隔作用，是后世延续几千年中国土木结构建筑的传统特点。不仅充分表现了5000年前已有建筑艺术并且建筑水平相当惊人，也是后来几千年中国式殿堂建筑的一个雏形。"②大地湾遗址从多个方面提供了黄河中上游区域作为中华文明摇篮的考古证据，其考古成果把中华文明史推到距今7800年以前，显示黄河流域人类活动历史上限可能推至距今6万年。通过目前发掘的彩陶器物，可以证实甘肃东南部是中国彩陶的故乡；通过碳化的植物种子，可以证实以大地湾遗址为中心的清水河谷是中国最早的粮食和油料作物种植地，也是中国旱作农业黍、稷的发祥地③；通过上面述及的远古建筑群落，亦可以证实大地湾文化在社会组织、原始建筑、艺术和文字等多个方面，均是中华文明悠久传承的典型代表。

马家窑文化是距今5700多年的新石器时代晚期黄河上游的代表性文化，是齐家文化的重要源头。主要分布在甘肃中南部地区，西至青海黄河上游的龙羊峡，北抵宁夏的清水流域，南向则可到达四川的汶川一带。马家窑文化以彩陶器物为代表，占到所有陶器数量的一半以上，充分显现其

---

① 程晓钟：《大地湾考古研究述论》，载《大地湾考古研究文集》，甘肃文化出版社，2002，第2页。
② 陈连开：《中国民族史纲要》，中国财政经济出版社，1999，第31页。
③ 游修龄：《黍粟的起源及传播问题》，《中国农史》1999年第6期。

制陶业的发达程度，被称为世界彩陶发展史上无与伦比的奇观。马家窑生产文化主要以旱地农业为主，粟与黍是当时主要的粮食作物，在马家窑文化的典型代表彩陶器物上常常可以看到农耕文化中最基本的要素——水、植物种子等的图案。彩陶与其他生产生活用具可以证明，当时已具备生产和使用以提高农业生产效率为目标的农业工具的能力。可以说，马家窑文化是中华文化中农业文明的源头之一，同时也是孕育、滋养中国北方陶瓷、绘画等诸多艺术门类的文化源头。

图1-3　圆形十字纹瓮（马家窑类型晚期彩陶）①

（图片来源：赵宁）

图1-4　黄陶黑彩垂弧纹陶钵（马家窑类型彩陶）

（图片来源：赵宁）

① 张朋川、王新村主编《马家窑文化彩陶瑰宝新赏》，文物出版社，2004，第39页。

中国历史悠长，也盛产和历史有关的神话。史料记载中，有周穆王"执白圭玄璧，以见西王母"，无论是史实或是一个美好的神话，均表达了中国文化中对玉的崇拜。20世纪60年代，日本学者提出在中西方文化交往中，与丝绸之路并行的应该有一条"玉石之路"，到20世纪90年代，中国考古学者明确提出"玉石之路"概念，为中西文化交流和中国早期的民族交往开拓了新的研究空间。新石器时代晚期齐家文化遗址的发现与开掘，为此提供了有力支撑。齐家文化以黄河上游甘肃东部为中心，广泛分布在宁夏、青海等黄河中上游区域，因其遗址发现于甘肃临夏广河的齐家坪而得名，距今约4000年。按时代判断，齐家文化已经进入铜石并用阶段，以定居的农业经济为主，部落氏族开始了比较稳定的定居生活，大约已转入父系氏族社会，主要农作物是粟。同时，作为农业生产的重要补充，齐家文化中畜牧业也相当发达①。齐家文化中手工业生产相比马家窑文化也有很大发展，开始推广青铜冶炼技术，出现红铜器和青铜器，有冷锻也有冶铸，属生产工具和装饰品一类的小型器物，为后来青铜文化的发展奠定了技术基础。再回到玉，在齐家文化中，既有丰富的玉矿，更有器类在三十种以上的玉器，包括礼器、兵器、装饰器等。今天，在黄河流域考古文化中，对齐家玉器文化的认识、研究和利用的状况相比其应有的地位，依然还有很大差距。

黄河下游早期农耕文化的代表以大汶口文化和龙山文化为主。大汶口文化距今约6500至4500年，分布在今天山东的大部分地区和安徽淮北部分区域。大汶口文化的主要特征是特点鲜明的陶器，出土的陶器物也多为夹砂红陶和泥质红陶，烧窑技术已有改进，可以烧制出薄胎、质硬、色美的黑陶、白陶、黄陶和粉陶。居民盛行枕骨人工变形与青春期拔牙，墓葬中也已经开始出现夫妻合葬和带小孩合葬的情况②。

龙山文化源自大汶口文化，距今约4000年，属铜石并用时代文化，广泛分布于黄河中下游，以大量黑色陶器为特色，故也称为"黑陶文化"。龙山文化类型十分丰富，主要有庙底沟二期文化、河南龙山文化、陕西龙

---

① 王倩倩、甄强：《青海齐家文化时期生业模式的构成与差异》，《青海师范大学学报》（社会科学版）2021年第3期。

② 吴汝祚：《大汶口文化的墓葬》，《考古学报》1990年第1期。

山文化，以及在山西发现的代表性和重要性均非常显著的陶寺遗址文化等。龙山文化的农业已经发展到一定的程度，出现专人从事非生产性工作，社会阶层分化、阶级矛盾都已出现①。随着农业的发展，黄河流域逐渐奠定了进入邦邑国家建立阶段的基础，向着更高的阶段迈进。

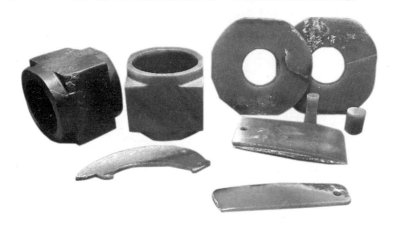

图1-5　齐家文化期玉器——玉琮（碧玉、青玉，礼器）、玉璧（青玉，礼器）、

玉刀（青玉，工具）、玉钻芯（加工玉料）、玉管（黄玉，工具）、玉鱼（青玉，饰品）

（图片来源：赵宁）

三、万邦时代

随着定居的农业文明初级阶段的到来，黄河流域的众多河谷地带，以黄土夹筑夯制而成的城墙所构建的城邦一个一个出现，"邦国林立"是今天学者对当时社会场景的想象，因而这个时期也被称为"万邦"时代。无论历史的真实情况是否符合"万邦"的景象，可以肯定的是这个时代已经出现了城郭、农业社会化生产以及手工业生产专门化和礼制规范化②；人群聚集在一起，享受着烟火人间的气息；这一时期开始萌发阶级，产生贫富分化；在文化艺术方面也有了初步的发展，以至于学者认为，"万邦"时代的到来在一定程度上意味着黄河中上游早期"国家"雏形的诞生。

---

① 黎家芳、高广仁：《典型龙山文化来源、发展及社会性质》，《文物》1979年第4期。

② 宋悦：《黄河文明的精神内核与时代价值》，《现代交际》2021年第12期。

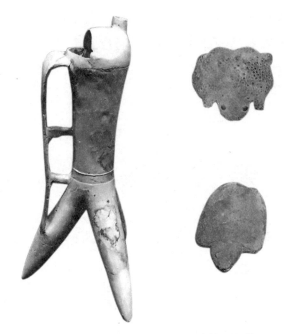

图1-6 二里头文化·盉、陶蟾蜍、陶鳖

（图片来源：张沤元）

随后，以黄河流域为核心区域的商文化共同体初步形成，"汤受命而王"，并"兼行兄终弟及之制"[1]，建立了奴隶制的商王朝（约公元前1600年至公元前1046年）。根据二里头文化中陶、玉礼器的分布来看，殷商所及，主要以今天的黄河流域为主，北至燕山以北，南至四川、浙江等地的长江流域，西达甘肃、青海，东至海岱地区，大概的范围显示，一个模糊的"中国"空间轮廓已经出现。这个公元前2000年左右就存在的具有文化传承内涵的人文地理区系[2]，为后来以汉族为主体的多民族文化共同体奠定了最早的空间基础。

至周朝，黄河文化已由城邦国家过渡到城邑国家的体制，政治中心也更加向黄河上游靠近。周的先祖名"弃"，还有一个官名，叫"后稷"。后稷的后代生活在豳地，也就是今天的陇东庆阳一带，这是地球上黄土层最

---

[1] 吕思勉：《中国通史》，民主与建设出版社，2015，第18页。

[2] 徐宏：《何以中国：公元前2000年的中原图景》，生活·读书·新知三联书店，2016，第160-163页。

厚的区域，农业耕种自有其优势，故而当地人"务耕种，行地宜"。豳地周边，戎狄环据，对定居的农业生产时而侵扰。起初面对"戎狄攻之，欲得财物"，周人选择"予之"，而戎狄"复攻，欲得地与民"时，周人选择离开豳地，定居于黄河最大支流渭河流域的岐山，延续农业文化发展。《诗经·鲁颂》咏之："后稷之孙，实维大王，居岐之阳，实始翦商"[1]。以农耕文化的高度发展，周的先祖成为"天下"共主，代表"天下"祭天于郊坛，祭地于社稷，祭祖于宗庙，从宇宙天地领悟到人间秩序[2]，并由此推动礼制的确立，在此后的封建社会里有小改而无大变化。此一时期，铁器在生产生活中被广泛使用，手工业分工细密化，思想、文化、科学技术都获得了突出的发展，成就了以《诗经》为代表的文化高峰，夯实了之后几千年中华文化的基础。周灭亡后，进入中国历史上第一个文化、思想大碰撞、大整合的时期——春秋战国时期，经过百家争鸣和中国思想体系的初步形成，在黄河上游出现了中国历史上第一个统一的封建王朝。

第二节 黄河文化的形成阶段

春秋战国后，秦汉至五代十国时期，是黄河流域各民族形成发展的重要时期。因为技术的进步所带来的人口增长和社会发展，推动中原农耕民族群体与草原游牧各民族在黄河流域展开生存空间的激烈竞争。大部分时间中，农耕民族群体凭借强大的军事和经济实力以及先进的文化，一直向草原推进，为黄河以北的广大地区带来数次农耕文化传播的高潮；当然，也有一些历史阶段，北方游牧民族将自己的生存领地向南推至原来的农耕地区，同时还有很多草原民族通过各种途径向东、南移动，融入汉族以及其他民族之中。因此，在大约1000年的历史烟尘中，黄河流域隐现着一条游牧与农耕的"分界线"，在不同的历史时期，分界线的南北东西不定期来回移动，由此产生一个边界并不固定的"游牧农耕混合带"。我们说

---

[1] 参考张经纬：《四夷居中国：东亚大陆人类简史》，中华书局，2018，第128-129页。
[2] 葛兆光：《中国思想史》（第一卷），复旦大学出版社，2001，第31-66页。

"混合"是就其经济方式而言，更多的研究者将此区域表述为"农牧交错带"。农耕民族通过这条"带"向西北输送农耕文化，游牧民族则反向输送草原文化、游牧文化。游牧与农耕之间的互动，成就了中国历史发展的规律，不同文化不断碰撞、影响，并且相互吸收、转化，随着人口的迁移、流动高潮，形成黄河流域文化的一次又一次大的融合与发展阶段。也正是在这一历史时期内，黄河流域以农耕文化为基础的中央王朝为巩固边防，接续在今天陕西、甘肃、宁夏、内蒙古等边地修筑长城、设置关障、戍边驻军，进行大规模移民屯边与开发经营，使历史上曾经的游牧地区逐渐向农耕经济转化。今天河西走廊、河湟地区、河套平原的大片草原、荒漠被陆续开发为以农耕为主或农牧兼营的区域。随着经济生产方式的转变，社会文化形态随之发生巨大而深刻的变化，交融共生的黄河文化态势逐渐形成。

一、儒家思想主导地位确立

关于"儒"的起源，很多学者做了不同的研究，结论也有很多，有巫觋说、教士说、礼冠说、乐官说，等等①。在孔子的时代，儒学因重礼、重名、重仁，在当时的思想世界中占据了重要位置，其后，孔子的学生与后继者一直接续行进在追寻内在"人性"的完善，在宇宙万物间与"天"的沟通，以及修齐治平的路径、天下合理秩序建立等方向的道路上。

儒学真正得到较大发展，成为众学之首，得益于秦汉之际大一统王国的建立。黄河上游的秦国之强"起于献公而成于孝公"，至统一时，"交通的便利，列国内部的发达……郡县的渐次设立，在政治上、经济上、文化上，本有趋于统一之势，而秦人特收其成功"②。公元前221年，秦帝国建立后，秦始皇实行了一整套强制性的文化统一政策，包括文字、权量、郡县、货币、律令、管制六个方面。这些政策为后期思想的统一和黄河文化的普遍认同打下了坚实的基础。秦朝灭亡，张楚之后，不过五年，天下又再次趋于统一。文景之后，西汉社会一片升平景象，元光二年至太初三年

---

① 参考葛兆光：《中国思想史》（第一卷），复旦大学出版社，2001，第88页。
② 参考吕思勉：《中国通史》，民主与建设出版社，2015，第23-25页。

是西汉历史的重要时期，对外制匈奴，通西域，四出征伐，开疆拓土，对内实施"罢黜百家，独尊儒术"等思想文化的改革……还有统一货币、管盐铁、立平准均输制等经济制度改革，黄河水患多次夺淮入海也是在此期间得到修复解决的①，文功武略，均至极盛。此时"独尊儒术"中的"儒"，我们认为也并不全是春秋战国之际纯粹的儒家思想，而是融合了道家、法家、阴阳五行家的一些思想，采取"以霸王道杂之"，以满足当时社会思想和文化的统一之所需。后世群儒溯本求源，推崇董仲舒的"天人三策"，把阴阳、天作为儒家学说的"核心"，认定"天"的具体内容，并将之拓展到政治、思想与人生的各个领域，从而形成儒学的大系统②。所以我们回头来看，秦汉之际，中国传统的哲学思想已然达到相当丰富成熟的高度，各种经世治国的思想在社会发展中彼此激荡作用，均有价值显现。同时，源于生产技术的发展，黄河中下游流域聚居人口得到快速增长，通过杂居相处，经济文化生活日趋一致，特别是来自北方各民族的文化与农耕文化逐渐相融，使得儒家思想在各种思想的融合中，得到国家的提倡而获得特殊的地位。此后，不同历史阶段的各个王朝在"儒家化"的道路上接续递进，儒家文化的发展潜移默化，包括大河上下各时期各民族的地方政权，也都不同程度地模仿汉制，提倡太学，接受先进的政治思想、经济技术和文化艺术。应该说，以教化抚民为主要色彩的儒家思想主导地位的确立，不仅维护了封建统治的秩序，强化了专制王权，还极大程度地实现了"中国"的延续，推动各民族在社会发展中的一体化意识加强，显现了各民族面向"文化核心"的向心力，也使"四方""渐慕华风"，认同中华文化。因而儒家思想与文化体系受到中国历代统治者推崇，逐渐发展成为古代中国传统文化的正统和主流思想。直至7世纪上半叶，唐代的统治者面对政权的合理性与合法性问题，除了军事上开拓边疆、平定四夷，政治上开明而怀柔远人，思想文化上依然通过儒法来垄断经典话语的解释权力。

---

① 参考田余庆：《秦汉魏晋史探微》，中华书局，1993，第31-32页。
② 参考鲁西奇：《何草不黄：〈汉书〉断章解义》，广西师范大学出版社，2015，第103-105页。

二、外来文化融入

大量考古材料以及相关文献典籍记载均可以证明在黄河文化形成阶段中，外来物种与思想文化不间断地接续传入，构成了黄河文化中重要的文化源流。

公元前2世纪初，匈奴从蒙古草原崛起，并将力量深入西域天山南北道"诸国"，把控东西方交通，对汉帝国形成较大的威胁。公元前139年，汉武帝获知在敦煌、祁连间有大月氏。大月氏原本雄踞一方，匈奴破之，以其王头颅为酒器。大月氏被迫西迁伊犁河、楚河流域，从而引发了中亚一系列民族大迁徙[①]。汉武帝希望能联络已经西迁的大月氏，东西夹击，以对抗匈奴，便招募使者出使大月氏。陕西汉中人张骞应募，带领100余人的团队前往西域，寻找大月氏。长安西去路程艰辛，张骞一行历尽周折虽遍访西域，但最终未能获得大月氏的支持，反而来回皆被匈奴所俘。十几年后，公元前126年，张骞趁匈奴内乱伺机出逃返回故土。实际上，汉帝国与北方、西北方各民族及政权之间的互动应该远比史籍记载的丰富有趣许多，张骞出使之前并非全然没有东西往来的交通道路，张骞出使之后的多次战事也推动了各民族部落迁徙不断，甚至几十年后仍有小月氏王举家迁入今山东诸城[②]。但无论如何应该承认，张骞"凿空"之行，成功沟通了汉帝国与西域的联系，让西域各地方政权知晓在遥远的东方还有一个强大的帝国，也让帝国深入了解了西域的政治、文化与风土人情，甚至对后来佛教进入中国产生了直接的影响。原本寻求战略盟友之行，客观上促成了后世闻名的丝绸之路雏形。公元前119年，西汉政府为游说乌孙回归河西故地，并与西域各国进一步加强联系，缔结军事联盟，再次派遣张骞出使西域。在张骞出使团队的努力之下，不仅达成了目标，同时也进一步强化了丝绸之路的建设。

---

① 苏海洋：《论气候变化与丝绸之路的形成过程》，《陕西理工大学学报》（社会科学版）2019年第1期。

② 参考林梅村：《西域考古与艺术》，北京大学出版社，2017，第61-68页。

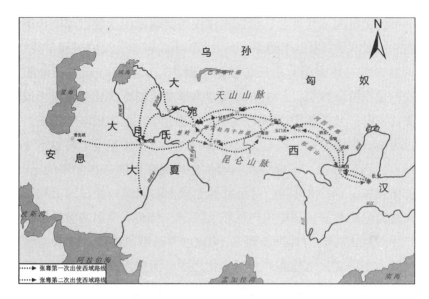

图1-7　张骞出使西域路线示意图

（图片来源：兰博）

　　丝绸之路的开通，使得汉帝国以外广泛区域的思想、文化、语言、艺术以及物种涌入黄河流域。发展到盛唐时期，唐王朝与300多个国家和地区有交流往来，于国家行政体系中发展出专司外交、礼仪的机构鸿胪寺，各国外交使节穿行于长安大街，驻留在中国的胡商侨民多达数千人。久居长安几十年，甚至娶妻生子的海外王公贵族、名家艺人不胜枚举。以西域寄居者为例，"唐代流寓长安之西域人，其梗概已约见上述。此辈久居其间，乐不思蜀，遂多娶妻生子，数代而后，华化愈甚，盖即可称之为中国人矣"①。外来文化的不断融入使中华文化日益丰富，并使中原帝国对"天下"的理解逐渐超越原有水平，为更大范围的民族文化融合奠定了认识基础。公元784年，曾担任过鸿胪寺官员鸿胪卿，后来更是担任过唐朝宰相的贾耽，受德宗之命，绘制天下舆图。公元801年，地图最终完成。像所有唐代地图一样，贾耽的地图已不复存世，但学者们相信，现存于西安碑林一方刻有《华夷图》的石碑，应当是贾耽《华夷图》的简化版本。此图完成于公元1136年，图中包括大约500个地名，有一些是唐代地名，

————————
① 向达：《唐代长安与西域文明》，河北教育出版社，2001，第40页。

还有一些已被改为宋代地名，但这也仅仅是贾耽地图上数百邦国中最为人熟知的一些地名①。根据李约瑟（Joseph Needham）在《中国科学技术史》中的估算，以《华夷图》中所包括的范围论，这应是一幅亚洲地图，由此，我们是否可以推想，至中唐时期，中华文化的开放性已经使得彼时人们的文化视野扩及了整个亚洲呢？开放性是中华文化的根本性特征，四大文明古国中，中国是唯一没有文化中断的国家，很大程度上得益于中华文化的开放性和包容性。开放性和包容性还体现在面向海洋文明的态度上。公元750年左右，广州可能已经是世界上最大的港埠。通过海上贸易的进行，大食的穆斯林开始在中国内地城市定居，从而成为对华贸易及经济发展中产生过巨大影响的首批蕃商②。文化生存自有其法则，外来文化不断传入，融入中华文化之核心的黄河文化之中，而黄河文化也显现了其强大的、自觉的包容性，吸收与融合外来文化，使之成为自身体系的有机组成部分。

这是一段辉煌的历史，"凿空"之行不但开启了东西方文明之间伟大的丝绸之路，甚至影响了其后世界发展的格局。唐宋时期，丝绸之路发展至鼎盛，通过各国使节、商业贸易、僧侣、民族迁徙、文献典籍等方式，极大地带动了黄河文化的东西传播与交流。丝绸之路东段的几条通道均处于黄河流域，在丝绸之路的作用下，黄河文化中融入了众多外来文化，同时大量异域物产传入，有郁金香、水仙、菩提树、菠菜、胡芹等植物，也有马匹等畜禽；有代表中亚、西亚、东南亚文化的金银器、宝石、香料、象牙、犀角等"奢侈品"；还有大量的技术文化，包括印度的制糖技术，西方的天文历法、医药以及丰富的艺术文化，以及西域的乐舞与绘画、宗教艺术等。

三、佛教与中国传统思想文化的结合

佛教进入中国黄河流域，成为中华文化的一部分，有很多文献记载和

---

① 参考王敖：《中唐时期的空间想象：地理学、制图学与文学》，王治田译，长江文艺出版社，2021，第16-19页。

② 参考张日铭：《唐代中国与大食穆斯林》，姚继德、沙德珍译，宁夏人民出版社，2002，第117-118页。

故事，真伪纷纭。历史上较多提到的有"永平三年，明帝夜梦金人，身长丈六，顶有白光，飞行殿庭；乃询群臣，傅毅始以天竺之佛对"①，记录了公元60年帝国上层最早对佛教产生兴趣并投以关注的故事。开凿于初唐的敦煌莫高窟第323窟北壁，留有一幅佛教史迹壁画《张骞出使西域图》，讲述了汉武帝得到匈奴祭天金人后，派张骞出使大夏去探寻金人名号的事迹。汤用彤先生在《汉魏两晋南北朝佛教史》中列出10个佛教入华传说，并进一步推论"但在西汉，佛法当已由北天竺传布中亚各国。其时汉武锐意开辟西域，远谋与乌孙、大宛、大夏交通。此事不但在政治上非常重要，而且自印度传播佛法益得东侵之便利。中印文化之结合即系于此。故元狩之得金人，虽非佛法流通之渐，但武帝之雄图实与佛法东来以极大之助力。依史实言，释教固非来自我国接壤之匈奴，而乃传自武帝所谋与交通之各国也。盖匈奴种族向来以信佛教著称。而传译经典于中国者，初为安息、康居、于阗、龟兹。但其与传法最初有关系者，为大月氏族"②。因而，我们大概可以推想佛教东渐的基本状况：公元前6世纪至公元前5世纪，产生于印度本土的佛教，渐次传入中亚各区域，西汉晚期通过丝绸之路进入黄河流域。外来宗教的进入或植入中国大地，必然要与原有的占主流位置的思想理论相辩相融，以获得必要的发展空间。例如僧侣或沙门不拜父母，亦不拜皇帝、王者、官长，这既不符合中国儒家文化浸润下的习俗，同时也不符合中国社会环境中的政治要求，因而在发展过程中佛教徒疏《盂兰盆经》，在行孝上做出解释与让步。在东晋时期，佛教明确提出佛儒二教"可合而明"的论点，继而发展成儒、释、道三教可合而明之说③。学界曾有观点认为佛教在中国的传播模式即是佛教文化进入黄河流域被动适应儒家文化并融入中华文化的过程，是否果真如此呢？陈金华总结学者们看待佛教与中国文化之关系大致有两种视角，一种是"佛教征服中国"的视角；另一种是"印度佛教的中国化"，并参考他人的观点，指出"在地化"或"同化"之说的不妥之处。进而，从"边地情结"角度，

---

① 蒋维乔：《中国佛教史》，商务印书馆，2017，第3页。

② 参考汤用彤：《汉魏两晋南北朝佛教史》（增订本），北京大学出版社，2011，第3-28页。

③ 参考陈寅恪：《陈寅恪魏晋南北朝史讲演录》，贵州人民出版社，2012，第291-294页。

提出中国"天下观"与印度"天下中心观"之间的相似性，阐释不同历史阶段佛教与中国文化的互动过程，认为至唐以后，中国发展之成就主要"归功于典章制度的高效能化、精神文化的多元化，以及商贸的国际化，而对于后二者，佛教都产生了非常关键的作用"。"唐朝的兴盛，召唤着一个新的世界秩序。佛教积极响应了这种召唤……中国期待着被塑造成新的世界中心，而印度佛教徒也乐于将佛教中心从印度转移到中国，这是一个愉快的合作。"①表明了文化融合的一般路径和内在机制：不同文化在生存的需求之下彼此交融共生，获得发展的空间和新的文化形态。因此，无论是法显、玄奘的发愿西行，或是无数僧人从印度半岛及中亚络绎不绝奔赴中土，皆为文化自身的生长和不同文化的彼此吸引所推动的主动结合的力量所致。佛教初入中国，多在上层社会传播，讲述万般皆有因果、脱离苦海、生死轮回和万般皆空等观念，与中国传统儒学、道家思想亦有所抵触。南北朝时，反对佛教之人亦甚多，多为儒者及道士。齐梁之际，范缜著《神灭论》，认为本无轮回，生死任其自然，佛教所视为生死之问题者，自不成问题。但同时，佛教进入中国后将中国传统之"人皆可以为尧舜"发展为"人人皆有佛性"，提倡"历劫修行，积渐始能成佛"，凡此种种，将印度佛学融入中国传统思想，使之最终成为中国之佛学。故"以至宋初，中国第一流思想家，皆为佛学家"②。在民间，佛教以更加丰富的形态逐渐深入民众的日常生活层面，与黄河流域原本广泛存在的儒道思想、地方信仰、多神信仰密切杂糅在一起，演化成黄河流域信仰文化的"合成形态"。"许多崇拜本身，或多或少是与道教的科仪紧密地联系在一起的，但是帝国的偏好是承认他们的道教只是一种控制以及与佛教的形而上学还有儒家伦理相融合起来的一种活动。"③直至今日，我们依然常常可以看到这样的场景：庙堂香案上同时供奉孔子、老子和释迦牟尼，皆受香火，并行不悖。毋庸置疑，佛教与黄河文化的融合是深层次的，既有历史的积累过程，同时也有现实世界的实践需求，从而形成今日中国的佛教文化。

---

① 参考陈金华：《佛教与中外交流》，中西书局，2016，第1-14页。

② 参考冯友兰：《中国哲学史》（下），华东师范大学出版社，2011，第87-106页。

③ 王斯福：《帝国的隐喻：中国民间宗教》，赵旭东译，江苏人民出版社，2018，第189页。

图1-8 张骞出使西域壁画（敦煌莫高窟323窟）①

（图片来源：见注释①）

四、农耕文化与草原文化的整合

前文述及，农耕文化与草原文化是黄河流域两种主流的文化形态，在长期发展过程中，形成了各自的发展道路。这两种利用自然资源方式差异性较大的文化，在黄河流域最早的国家形式诞生以来，彼此间的互动从未停止，从而在中国北方形成边界不固定的、生计方式混合的"农牧交错带"。讲到这里，则必须讲到长城。"长城区域与农牧交错带基本重合，这是历史与自然双重因素共同作用和互相影响的结果。这个地区宜耕宜牧，居住在这里的人们可以选择农业或牧业作为其生产的主要经济类型。一般来说，农牧交错带以北的人更会趋向选择牧业，以南的人则多选择农耕种植业，这是人类适应自然的结果。"②同时，这个带状区域也构成农耕文化与草原文化交往交流的空间，在漫长的历史中形成程度不一的冲突与交融。从长时段来看，草原文化是在经历由匈奴、鲜卑、突厥、契丹、蒙古

① 孙修身主编《敦煌石窟全集》（第12卷），商务印书馆，1999，第126页。
② 董耀会、贾辉铭：《中国长城志·总述·大事记》，江苏凤凰科学技术出版社，2016，第12页。

等民族发展带来的几个高峰期之后，与秦、汉、唐、宋等中央王朝政权发生密切交流，后逐渐融入以农耕文化为主体的黄河文化框架中，尽管不同的历史时期融合程度表现并不一致，但不可否认，同样历史悠久的草原游牧文化在黄河文化的形成阶段就已经逐渐成为黄河文化的组成部分。

早期人们的经济方式与自然环境、气候等条件密切相关，北方游牧人群南下进入黄河及其支流流域转为农耕生产，或是黄河以北蒙古、山西以及黄河上游河湟谷地原本农耕的区域再向游牧化的发展均是正常的历史阶段。故而，农耕文化与草原文化的整合是以自然气候、政治军事、文化传播等多方面复杂的条件为基础的。秦汉时期，对黄河流域的中央王朝产生最大影响的北方游牧力量是匈奴以及后来的乌桓、鲜卑等。匈奴主要活动区域是欧亚草原地带的东部，包括今俄罗斯外贝加尔地区、蒙古国和中国北方一带，其活动至迟在公元前7世纪左右[1]。按照学者王明珂的研究，匈奴组成具有"国家"规模的政治体，与汉帝国紧密互动的期间有400余年之久[2]。这一时期在黄河流域，社会经济已经进入较为发达的阶段，农业耕作与灌溉技术不断进步，手工业发展迅速，政治思想上也在延续业已成熟的"内诸夏而外夷狄"的华夏认同。"内"与"外"的边界开始出现，但并不清晰。古代中国，农业始终是立国之本，对中原政权来说，保护农耕就是保护国家的命脉，这也是农耕地区政权数千年间不断修建长城的重要原因之一。秦汉长城成为中国北方农耕和游牧的分界线，诸多游牧政权为寻求生存空间，时常举兵南下对长城以内的农耕社会构成巨大的威胁；同样，南方的农耕政权在条件具备时也会有选择地向外扩张[3]。因而，黄河流域的农耕民族与来自北方草原的匈奴为了保有并进而开拓各自的生存与发展空间，展开旷日持久的武力角逐，同时又有内附或外徙等各种形式的交往。匈奴同汉族的融合出现最早，一方面是由于同汉族以及其他少数部族发生过政治、经济、文化等各种密切的关系，同时还因为匈奴以及其

① 武沐：《匈奴史研究》，民族出版社，2005，第16页。

② 王明珂：《游牧者的抉择：面对汉帝国的北亚游牧部族》，广西师范大学出版社，2008，第104页。

③ 董耀会、贾辉铭：《中国长城志·总述·大事记》，江苏凤凰科学技术出版社，2016，第14页。

他同时迁入中原的各族在不同时期以各种不同的方式融合于汉族或其他少数部族之中。两汉时的匈奴降人迁入中原各地如长安、颍川郡等，很快就直接同化于汉族之内，另外还有其他一些部族，先与鲜卑、小月氏等融合，成为铁弗（伐）、卢水胡、稽胡诸族，然后再与汉族融合，成为汉族成分中各种不同的姓氏①。北方游牧人群南下进入黄河流域，在一定程度上丰富和发展了黄河文化的文化内涵，同时也使黄河文化所覆盖的地域范围日趋广阔，内涵更加丰富，影响进一步扩大。秦汉时期农牧文化融合有阶段性特征，不同阶段有不同表现，但都是中原农耕文化与草原文化融合推动黄河文化发展的重要历史时期，影响到南北朝乃至盛唐时期的全面融合。北魏孝文帝的改革是一个标志，表明当时以鲜卑文化为代表的游牧文化真正实现了社会文化的大跨越，与黄河流域的农耕文化交往日益深厚，交融共生的黄河文化初步形成，并呼唤着进一步的发展。隋唐时期，中原王朝与北方游牧民族的关系承北朝遗绪，呈现错综复杂的局面。突厥是这一时期北方最重要的民族集团，因为几次较大战争以及突厥各部族与中原王朝千丝万缕的联系，大量人口在不同时间南迁进入黄河流域。还有学者通过对自然气候与灾害的研究，分析北方游牧民族在这一时期大量南下的原因："隋唐时期，我国北方各游牧民族的兴衰，以及这些民族与中原王朝间关系的重大变化，往往与北方的气候变化有关，其间游牧民族的南侵和南徙，以及大规模向隋唐王朝降服，其实就是被迫迁徙和移民，反映的就是气候等环境变化的情况。"②无论何种原因，农耕与游牧之间的相互依赖、密切往来是显而易见的，两个关于游牧民族政权向中央王朝朝贡的故事也可以证明这一点。"642年（贞观十六年），铁勒献马三千匹，同时向唐朝提出联姻的请求……第二年，薛延陀亦提出请婚要求，因此向唐朝贡献了五万匹青白杂色和黑鬃的薛延陀马以及大量的牛、驼和羊。"③

---

① 参考马长寿：《北狄与匈奴》，生活·读书·新知三联书店，1962，第2-5页。
② 李宗俊：《唐前期西北军事地理问题研究》，中国社会科学出版社，2015，第89页。
③ 谢弗：《唐代的外来文明》，吴玉贵译，中国社会科学出版社，1995，第136页。

第三节　黄河文化的稳定发展阶段

蒙元时期在中国多民族国家的形成与发展历程中具有十分重要的地位，正是在这一时期，中华民族多元一体格局趋于形成，由于以往历史上分裂时期的彼此疆界已不复存在，为各民族间的交往进一步消除了藩篱和障碍[①]，促使黄河流域的民族文化有了更加广泛和深入的融合。经过一个时期的孕育，到元明交替之际，在黄河流域已经初步形成一些新的民族共同体，到明代中后期，新的民族格局基本定型，随之民族文化的融合达到了更高的发展阶段。在清代，中国再一次实现政治与疆域的大统一，随之推动了思想文化层面新的整合。今天黄河流域几个典型的多元文化融合区形成，例如河湟文化、陇右文化、河套文化、河西走廊文化等，使黄河流域多民族交融共生的区域文化进入了全新的发展阶段。

一、民族文化交融与共生的新高潮

自元至清，统治者分别为蒙古、汉和满族，引发后世史学界对少数民族政权合法性的诸多讨论[②]，但无论如何，对中国文化而言，这一阶段的确迎来了民族文化融合的高峰期。蒙古族从建立国家开始，虽然就存在民族层级的划分，但整个国家历史中文化间长期接触所发生的潜移默化的影响是客观的历史事实。蒙元文化并不是一个封闭系统，而是具有较强的包容性。以文字为例，元代通行的蒙古文、汉文、畏兀尔文、藏文皆为官方行政语文，除此之外还有西夏文。另外在宗教方面，蒙古统治期间宗教文化得到了一个大的发展契机，藏传佛教文化、中亚伊斯兰教文化以及欧洲基督教文化等多种宗教文化由西向东渐次进入黄河流域，均获得了一定的发展空间。元朝统治者的行政管理体系中，也无民族身份的限制，而是任

---

① 秦永章：《元代甘宁青地区的民族杂居与民族融合》，《中央民族大学学报》（哲学社会科学版）2005年第3期。

② 参考葛兆光：《宅兹中国：重建有关"中国"的历史论述》，中华书局，2011，第1-330页。

用各民族人才出仕为政。如中央行政机构中，有众多蒙古王公贵族，也有汉人姚枢、许衡等文官和史天泽、董文炳等武官，同时还有藏族官员八思巴等，畏兀尔官员廉希宪、塔海等，契丹族官员耶律铸、耶律阿海等，以及女真人赵良弼、西夏人高智耀等。作为社会中的核心力量，掌握一定资源与权力的权贵阶层的多民族结构，更加推动了各民族之间关系得到前所未有的发展，因此这一时期也是推动交融共生的黄河文化稳定发展的重要阶段。

明代是继唐朝之后又一个民族大融合、思想大交流的中央集权封建王朝。明代较好地继承了中国传统"华夷一家"的民族政策观，以至于在明初开国诸臣的诗文中，"心中笔下无华夷之别"。在文化方面则推行"以夏变夷"和"因俗而治"的民族文化政策，并随着大量的朝贡互市和移民屯田，极大地推动了黄河流域的民族文化一体趋向。例如明朝统治者重视教育，开国之初就大兴办学之风，明太祖朱元璋认为"边夷土官，皆世袭其职，鲜知礼义，治之则激，纵之则玩，不预教之，何由能化？其云南、四川边夷土官，皆设儒学，选其子孙弟侄之俊秀者以教之，使之知君臣、父子之义，而无悖礼争斗之事，亦安边之道也"[1]。统治者认为把儒家传统的文化思想传播到民族地区，推动民族地区的民众教育，有利于中央王朝的集权统治。这种从上而下推行的"儒化"教育政策与"因俗而治"的政治政策结合，为以黄河流域为核心的中华文明带来了一场极大的教育变革，推进儒家思想发展的同时，也对民族文化融合的新局面产生了积极影响。

清朝时期，民族文化的交流与融合达到新的高潮。官员作为封建社会的精英群体，其选用标准可以显现一个时代的文化发展趋向。清帝国建立初期，白山黑水间的民族群体随着清帝国的建立而南下，但统治阶层不仅任用大量满族官员前往各地任职，六部等机构同时实行满汉双轨制，满汉官员并用。帝国的统治者认为帝国"所用之人，大小文武中外一家之人也。所行之政，礼乐征伐中外一家之政也……"，因而在体统、用人、德

---

[1]《明实录·明太祖实录》卷二三九，中央研究院历史语言研究所，1962，第3475-3476页。

政等方面竭力符合儒家"德"的要求，所以"内而直隶各省臣民，外而蒙古极边诸部落……莫不尊亲，奉以为主"①。在治理制度方面，清朝承袭了"天下中国观"的政治理念，并在国家建构模式中进一步有所创新，将郡县制之外更广阔地域中的多民族群体分置于三个不同的治理空间。一是传统的土司地区；二是"外藩"或"藩部"，包括喀尔喀蒙古、外札萨克蒙古、西藏、青海、金川土司和南疆各部等；三是"域外朝贡诸国"。具有创新性的政治制度建设，将有效的国家治理和保持疆域内各个群体的文化多样性最大程度地统一起来，同时也自然而然地对各民族的文化交流交融发挥持久的影响和作用②。语言方面，满、汉、蒙、藏、回皆为"清文"，这在官颁《五体清文鉴》中有明确体现。另外，在这一阶段，以黄河流域为核心的文化融合不再局限于各个民族之间，而是随着政治治理的强化，区域文化间显现更多融合。从地域文化融合的趋势来说，这一时期，之前东、西方向农耕与游牧之间的文化融合依然在延续，南、北方向的文化融合有了更多实质的意义。其中既包括随着南下统治阶层、知识分子对北方文化的传播，又包括同样以农耕为基础，不同区域、不同类型的多样文化融合。比较有代表性的就是中国戏剧艺术"京剧"的形成。1790年，徽州商人组织戏班进京为皇帝祝寿，在徽调原有的传统基础上吸收昆曲温文尔雅之特色，在京城一炮打响，受到民众喜爱。在后来的发展过程中，徽调再积极吸收诸多北方戏剧特点，例如西皮、秦腔等，于19世纪形成新的艺术形式"京剧"，又在百余年的发展中浸染帝都王城的雍容气度，是典型的南、北戏曲融合发展过程中诞生的新的戏曲文化类型，由地方戏剧发展成为中国国粹，成为具有国家文化认同性质的符号。

京剧在黄河流域的传播，也影响了同时期其他同类艺术形式的发展趋势。相比京剧，秦腔显现完全不同的文化特质。秦腔扎根关中，传播过程中向西辐射陇山以西至河西走廊，向东影响华北平原众多的地方戏曲形式，是黄河流域影响较大、传播范围较广的传统戏剧。在黄河中上游地

① 武沐、冉诗泽：《中国大一统思想及各民族共创中华的集体记忆》，《民族研究》2022年第1期。
② 参考姚大力：《中国历史上两种国家建构模式》，载《追寻我们的根源——中国历史上的民族与国家意识》，生活·读书·新知三联书店，2018，第152-153页。

区，秦腔拥有绝对的群众基础，曲调高昂、气势磅礴，极富北方文化特色，与黄河下游的京剧遥相呼应。戏曲文化在黄河流域的发展趋势，恰恰反映出清至民国多元文化交融互鉴的发展特点。从历史发展脉络来看，这个时期是对今天黄河流域交融共生文化影响最大的阶段。农耕文化与游牧文化的融合程度已经很高，东西方向之间的文化对话深入而密切，同时南北间文化的交流也日趋紧密，以稻作文化为基础的长江文化广泛地融入黄河文化的系统，中华民族文化的整体形象已经呼之欲出。只是在近现代世界格局的新形势下，积贫积弱的中华民族正在面对国家命运的转折点，在不屈不挠的抗争中期待着民族振兴、民族文化再度辉煌的时机。

二、民族形成与发展的新格局

经过元代的整合和明代的持续发展，黄河流域除了在历史上已形成的稳定的汉、蒙古和藏族等诸多民族外，又逐渐形成了回、东乡、保安、撒拉、土、裕固族等一些新的民族共同体。随着这些民族共同体的形成，以及各民族间交往交流的持续深入，黄河流域特别是黄河中上游也孕育出了更加丰富的民族文化。这些新生成的民族，既具有一些新的民族特色，又承续了与民族源流相关的古代诸民族的文化特征。例如人口较少民族裕固族的文化系统，既继承了古代回鹘民族和13世纪蒙古族的很多文化元素，又在民族形成的过程中大量吸收周边汉、藏等民族的文化内容，最终孕育形成独具特色的民族文化。自唐末以来，河西走廊的一部分回鹘人在特定的历史条件下日益同中亚回鹘人相分离，与拖雷系幽王出伯的子孙及其军队长期共处，相互影响，相互补充，构成了新的民族特征[1]。裕固族成为一个民族的标志，是裕固族的东迁。16世纪初，随着关西诸卫东迁入关，回鹘后裔撒里畏吾尔人和蒙古人在血缘上相互融合，文化上相互移入，并形成了新的历史记忆和民族认同，继而推动新的民族共同体的形成[2]。新的民族共同体的形成为黄河中上游民族格局开创了全新局面，在其后的民族持续交往、交流和交融中，许多民族由于拥有共同的或相关的族源记忆

---

[1] 高自厚：《论裕固族源流的两大支系》，《西北民族研究》1995年第1期。

[2] 王海飞：《文化传播与人口较少民族文化变迁——裕固族30年来的文化变迁的民族志阐释》，民族出版社，2010，第38页。

以及共同的生活区域，在语言文化、宗教文化、生业文化等方面又形成了相互离不开的紧密联系，为黄河文化体系构筑了坚不可摧的文化基底。同时，一些新民族的形成也为交融共生的黄河文化注入了全新的内容，例如回族的形成与发展。回族人口较多、分布较广，黄河流域的宁夏回族自治区是回族主要的聚居区，除此之外，黄河流域还有青海、甘肃、内蒙古、陕西、河南等省区形成了较多的聚居区域。宋代和辽金时期的汉文文献中始有"回回"一称，早期或许与"回纥""回鹘"有混用，而在蒙古文文献中，则分开各有所指。今天所能见到的回族先民自称"回回"的最早证据，大概是写于1613年的北京牛街礼拜寺《敕赐礼拜寺记》碑。"回族"作为他称，最早似出现在乾隆时代。到20世纪之初，至少在"回回"知识人中，开始在满、蒙、汉、藏、回、苗族这样的多民族格局下思考自己的民族，意识到自己是构成"中华民族的一部分"，是中国"五大民族"之一。可以看出，尽管今日"回族"是在20世纪50年代的民族划分中最终被界定和形成的，但一个具备共同体基本特征的"回回"群体，早在明清之际便开始形成，对"共同血统"的记忆，已经有了比较巩固的感性意识①。语言是一个民族确认文化边界，区分"他者"，形成民族认同等的重要指标。回族先民在进入黄河流域初期，因为不同的来源，语言存在较大差异，但到了明朝中后期，这些差异逐渐淡化。明后期"回回人"普遍采用汉族姓氏，反映了一种更广泛的现象，即"回回人"在政治、经济乃至日常生活的某些领域内，已经在相当程度上采用汉语作为社会沟通的语言媒介了②。此一阶段，在黄河流域生成的其他新的民族共同体，如撒拉族、东乡族等，同回族一样，遵循着普遍的发展规律和文化交融的一般路径，在民族生存发展的同时，为黄河流域经济社会和文化的持续发展，均做出了巨大的贡献。

三、作物、思想与新技术的注入

黄河文化的兴盛离不开兼容并蓄的开放性特征。自元明清以来，西方

---

① 参考姚大力：《北方民族史十论》，广西师范大学出版社，2007，第64-109页。
② 参考姚大力：《北方民族史十论》，广西师范大学出版社，2007，第86-91页。

传教士越来越密集的宗教和文化传播活动，为黄河文化不断注入西方近代科学内容，主要表现在农作物及其栽培技术的引入和近代科学民主思想的传入等方面。

黄河流域有农耕文化的深厚底蕴，新作物的传入对黄河文化体系的形成影响巨大。仅明清时期传入黄河流域的西方原产作物就有玉米、番薯、马铃薯、辣椒、向日葵、花生、番瓜、番茄、菠萝、西洋参和烟草等近30种。当然其中有一些作物，例如花生之前在中国是否存在，目前尚有争论，亦有多处考古发现，似乎外来作物引进之前，本土就有一定范围的种植。但无论如何，大量外来作物进入中国，在黄河流域得到了推广和种植，改变了黄河流域原有的农作物结构，极大地丰富了黄河流域的农作物种类。其中对中国近代影响较为深远的作物包括玉米、番薯和烟草。例如玉米的种植面积在乾隆年间迅速加大，甚至成为部分地区的主要粮食作物。依据科技史、农业史的研究，玉米进入中国主要有三条路径，一是由海路经东南沿海各省至内地；二是由西北陆路经甘肃至陕至黄河流域；三是由西南陆路经云南再至内地。明人李时珍曾记载"玉蜀黍种出西土"[1]，指的就是由西北陆路传播的这条路线。玉米在中国的传播可以分成两个时期，由明代中叶到明代后期是初始时期。嘉靖中叶，河南襄城和巩县有种植玉米的记载，到明代后期为止，玉米见于记载的已有11个省份[2]。自清乾隆年间开始，伴随着人口大幅度增长，在粮食需求的推动下，一向鲜于种植玉米的黄河下游地区也有了长足的发展，不仅能在各地的方志中看到相关记载，而且成为继续北向传播的起点[3]。外来农作物的引入，很大程度上解决了黄河流域的饥荒问题，同时还改变了黄河流域的生计文化、饮食文化，进一步丰富了黄河文化的内容。

1852年，《海国图志》100卷共88万字完成，作者是近代中国"睁眼看世界"的代表人物魏源。《海国图志》介绍引进了西方天文、地理、制造业等方面的知识，鲜明地反映出作者强烈的"师夷之长技以制夷"的经

---

[1] 李时珍：《本草纲目》卷二三《谷》，人民卫生出版社，1978，校点本，第1478页。

[2] 陈树平：《玉米和番薯在中国传播情况研究》，《中国社会科学》1980年第3期。

[3] 韩茂莉：《近五百年来玉米在中国境内的传播》，《中国文化研究》2007年春之卷。

世意识①，是中国近代史上现代科学技术启蒙的重要节点，标志着古老的黄河文化对工业革命背景下对西方科学技术内容的纳入。随着鸦片战争等一系列殖民战争的发生，西方殖民者凭借其军事优势迅速打开了清朝封闭的大门。列强入侵和西方资本主义文明的传布，迫使中国不得不走向近代化，科技近代化首当其冲，洋务运动随之展开，成为中国科技近代化的先声②。科技近代化的结果是中国首次出现了近代生产力和生产方式，由此派生出新的社会阶级。近代科技在引进与传播中还直接催生了一批新的知识分子，成为近代中国发展的主要推动力量。近代科技的引进与传播导致了人们认识方法的变化，产生了对封建思想文化的批判与对资本主义新文化的构建，这一点在戊戌维新运动中表现得尤为典型③。面对数千年来未有之变局，从技术层面的"师夷长技以制夷"到学习西方先进的民主思想与政治制度，黄河文化在"救亡图存"的历史背景下发展出全新的内涵。

20世纪二三十年代，中国科技的近代化过程初步实现，工业技术的发展是其中一个重要的方面。据资料统计，1895年至1913年，我国内地各省如河南、湖南、山西等共新设工厂35家，西南地区川、滇等省新设工厂15家，西北地区仅新疆有1家小型制革厂。但根据1932年到1937年间在南京国民政府经济部注册登记的新建工厂数据，河南、湖南、山西三省6年内新设工厂237家，西南地区的云、贵、川、桂等地新设工厂163家，西北地区的陕西、甘肃等省在这一时期也有了20余家新式工厂，比以前有明显增多④。继续以黄河上游为例，20世纪30年代起，西北各省（区）逐渐开始建立起一些科研机构和技术推广场所，如陕西的棉产改进所，甘肃的农事试验场等，新疆在这一阶段农林畜牧机构设立的数量居西北之首。到20世纪40年代，西北工业科研也开始起步，陕西、甘肃境内均有当时政府设立的工业研究所。抗日战争全面爆发之后，半壁河山沦陷，西北因

---

① 陈玲、王东：《〈海国图志〉对近代科技知识的引进及其意义》，《厦门大学学报》（哲学社会科学版）2018年第3期。

② 李恩民：《戊戌时期的科技近代化趋势》，《历史研究》1990年第6期。

③ 沈春敏、李书源：《近代科技在中国的引进与传播》，《社会科学战线》2000年第6期。

④ 戴鞍钢、阎建宁：《中国近代工业地理分布、变化及其影响》，《中国历史地理论丛》2000年第1期。

偏处一隅，大批科研技术力量云集，推动了西北的工业技术勉力发展①。黄河流域的工业科技发展过程中，还有国际友人援助的案例，其中较典型的是"培黎工校"。1942年，新西兰教育家路易·艾黎与英国记者乔治·何克在陕西宝鸡凤县双石铺镇创办了"培黎学校"，目的是为"中国工业合作协会"培养输送人才。1943年，抗日形势日趋严峻，双石铺培黎学校迁至甘肃山丹，更名为"山丹培黎工艺学校"。学校聘用外籍教师承担专业课教学，学生一边上课学习，同时进行动手实践。迁校之际，学校仅有60余名学生，到1949年中华人民共和国成立，已培养500多名学生成为西北重要的生产技术人才，也是中华人民共和国成立后中国工业发展重要的储备力量。

中国种植、使用棉花的历史久矣，考古材料表明中国种植木本棉花可早至商周②。现藏于河北博物馆的清人方承观所作《棉花图》石刻，直观地反映了中国历史上种棉、采棉、制棉、用棉的情况。进入近现代以来，中国传统棉花无论产量还是品质，均与国外棉花呈现较大差距，要发展中国的民族棉花工业，唯有改良棉种，这一步也在黄河流域的山西、山东等地迈出。以山西为例，1917年山西为了改良棉种以提供国内棉纺工业优质原料，在临汾设立山西棉业试验场，测试美棉性能，比较中美棉种的优缺点，同时培育优良棉种，分发给农民，将全省分为河东、冀宁、雁南、上党四大棉区，派遣技术员下乡指导农民种棉③。至1919年，山西美棉栽培面积为67公顷，占全省植棉总面积的七分之一，产量提高了三分之一。到1921年，洋棉栽种面积达到总面积的三分之一。10年之后，据《中华民国史档案资料汇编》，1932年山西省中棉亩数31861公顷，美棉亩数48878公顷；中棉产量488.5万千克，美棉产量1004.83万千克。可能由于统计口径或部门的差异，当年山西棉田总面积和总产量与其他资料记载悬殊，但可以看到，美棉种植面积和产量已经占全省棉田面积和棉花产量的60.54%

① 景永时：《西北近代科技开发述论》，《宁夏社会科学》1992年第1期。

② 陈文华编《中国农业考古图录》，江西科学技术出版社，1994，第67页。

③ 郭志炜、郭慧敏：《美棉入晋与近代山西的农业生产、农家经济（1907—1937）》，《农业考古》2018年第4期。

和 67.29%[①]。在黄河流域对美棉的积极引入，不仅改进了山西棉花品种，增加了棉产量，更是保证了国内棉纺织等诸多工业的良性运转。引种美棉的故事也标示着近代以来，被欺辱、被压迫的历史给了中华民族重创后的反思。阵痛之后，以黄河文化为核心的中华文化进入了自强、自新的阶段，通过积极接受丰富的物种与先进的技术和思想，不断积蓄力量，等候涅槃重生的时刻。

第四节 黄河文化中红色文化融入阶段

黄河文化既包括中华民族在漫长的历史过程中创造的优秀传统文化，也涵盖中国共产党领导全国各族人民在建设新中国的征程中创造的红色文化和革命文化。在中华民族几千年绵延发展的历史长河中，爱国主义始终是激昂的主旋律[②]，近现代以来，面对内忧外患，中国各族群体奋起抗击，特别是在 20 世纪早期，"中华民族"成为中国人的整体认同。各民族在反侵略、求民主的革命进程中彰显和熔铸了以爱国主义为核心的伟大民族精神，在实现中华民族解放与自由的历史进程中，以及中华人民共和国社会主义三大改造时期，以马克思列宁主义为指导形成的红色革命文化，见证了中华民族站起来、强起来的历史过程，并融入中华民族 5000 多年积淀的优秀传统文化，形成了黄河文化中最具活力的部分。

一、长征中的红色文化积累

2016 年 10 月 21 日，习近平总书记在纪念红军长征胜利 80 周年大会上发表重要讲话，回顾了长征的时代背景和伟大历程，总结了长征的伟大意义和深刻精神内涵，提出了弘扬伟大长征精神、走好今天的长征路的要求。长征跨越了长江流域和黄河流域，面对上百万敌人的追拦阻击和接近极限的恶劣自然环境，以坚定的革命信仰，大无畏的革命精神，超人的革

---

① 任永玲：《浅谈民国时期山西棉花生产的发展》，《中国农业通报》2016 年第 11 期。
② 《习近平：爱国主义始终是激昂的主旋律》，搜狐网，2017 年 10 月 1 日，http://news.cctv.com/2017/10/01/ARTI1mKp41TQoddvvpH8q6v6171001.shtml。

命意志力，最终为中国革命找寻到正确的道路。黄河流域是长征西进与北上的主要活动区域和阶段性战略目的地，孕育、积累和集中显现了伟大的长征文化。为什么这样讲呢？首先，长征队伍在所到之处，通过宣传党的政策和主张，帮助民众创建地方政府并组建革命武装，在长征队伍的宣传和影响下，沿途民众的革命精神和自觉意识被唤醒，并将这种精神与意识深深根植在黄河文化中。其次，红军长征路途中，在日常补给严重缺乏的艰苦条件下，坚持辗转斗争，并创立西北革命根据地。这一过程体现出的强大精神信念深深扎根在长征经过的土地上，并在这片土地上留下了许多感人的长征故事与文化资源，这些文化资源至今在当地仍然发挥着深刻的影响，成为黄河文化重要的组成部分。正是因为有了艰苦卓绝的长征，中国革命才得以在痛定思痛中总结、探索前进的道路。刘伯承元帅在回忆长征的文字中写道："党中央到达陕北以后，在一九三五年十二月召开了中央政治局瓦窑堡会议。会议批判了党内认为中国民族资产阶级不可能和中国工人农民联合抗日的错误观点，决定了建立抗日民族统一战线的策略；指出了中国革命的长期性，批判了党内在过去时期内存在的狭隘的关门主义和对于革命的急性病。这些错误，都是党和红军在第二次国内革命战争时期遭受严重挫折的基本原因。"[1]

　　1936年，中国工农红军中的部分队伍在甘肃省会宁县胜利会师后，其中的红四方面军组成西路军，肩负"创建甘北革命根据地"和"打通国际通道"的重任，挺进河西，拉开了中国近代革命史上最为悲壮的征程。1936年10月24日，红四方面军抢渡黄河，进入河西走廊。从古浪、永昌、山丹到临泽、高台，面对敌人的围追堵截，奋勇战斗。1937年1月，部队进入祁连山，直到4月30日，李先念率余部到达甘、新交界的星星峡，半年之前渡河西进的2万将士，仅存420多人[2]。每每看到西路军的历史，都让人心中感受到巨大的震撼。2019年8月20日，习近平总书记参观高台中国工农红军西路军纪念馆，向革命先烈敬献花篮，强调"要讲好党的故

① 刘伯承：《回顾长征》，载中共天水市委研究室编《红军长征在天水》，甘肃人民出版社，2006，第98页。
② 参考中国人民政治协商会议肃南裕固族自治县委员会编《肃南文史》（第六辑），2014，第95–103页。

事，讲好红军的故事，讲好西路军的故事，把红色基因传承好"。总书记指出，西路军不畏艰险、浴血奋战的英雄主义气概，为党和人民英勇献身的精神，同长征精神一脉相承，是中国共产党人红色基因和中华民族宝贵精神财富的重要组成部分①。西路军用鲜血和生命谱写的壮丽诗篇，是黄河红色文化中不可或缺的组成，也是新时代长征路上的文化指引和不竭动力。

图1-9　河西走廊的红西路军纪念塔

（图片来源：柯长龙）

图1-10　瞻仰革命先烈的各民族群众

（图片来源：柯长龙）

二、革命根据地建设中的红色文化延续

中国共产党在抵抗侵略和解放战争时期，根据不同阶段的革命斗争需要，先后建立了大量革命根据地，并以此为战略基础，开拓出富有中国特色的"农村包围城市"的革命道路，得出"枪杆子里出政权"的著名论断，最终取得革命的胜利，建立了中华人民共和国。故而，革命根据地建设在中国革命史上具有十分重大的意义。四大革命根据地中除了井冈山根据地，沂蒙山根据地、延安根据地、大别山根据地均分布于黄河流域。此

---

① 《习近平谈如何传承好红色基因》，央广网，2021年4月13日，http://news.cnr.cn/native/gd/20210413/t20210413_525461005.shtml。

外，黄河流域还有著名的陕甘宁根据地、晋察冀根据地、晋绥根据地、晋冀豫根据地等，不仅在革命时期发挥了重大的历史作用，更是中国共产党在革命过程中，在带领全国各族人民实现民族独立、人民解放的伟大道路上形成的宝贵文化财富。

图1-11　太行山革命根据地的中央人民政府祭文碑

（图片来源：刘梦舒）

　　根据地红色文化伴随根据地建设而产生，是在黄河两岸、太行东西、大江南北、祖国各处的广袤大地上生发出来的，是在硝烟弥漫的战场上浴火而生的革命文化，因此具有强烈的战斗性、广泛的群众性以及长时间的"军民共建"等特征。在革命时期，党和边区政府十分重视根据地红色文化的建设，制定完善的文化建设方针、政策，以喜闻乐见的形式对根据地受各族民众拥护的红色文化进行大力宣传，成为教育团结各族民众抵抗敌人的有力武器，推动根据地红色文化在特殊时期发挥了文化的凝聚力和号召力，显现团结各民族的独特价值。

　　作为战争年代中国革命运动的核心区域，根据地不仅是中国共产党的革命阵地，更是党培育优秀干部、构造革命文化的重要场域，根据地红色文化中积累了治军、治党、政治与文化建设的丰富经验，并在黄河流域留下了大量的战争遗址、重大事件发生地点和纪念地点，以及大量的珍贵遗物等，如延安革命纪念馆、中共中央驻地旧址、抗日战争二战区旧址等，均成为革命根据地文化的历史证迹，是黄河文化中红色文化的重要代表。

三、社会主义建设时期与改革开放后的红色文化继承

1949年以后，随着中华人民共和国的成立，社会主义建设取得了一系列瞩目的成绩。这一时期，黄河文化发展呈现出的特征是独立自主、自力更生。黄河流域快速发展起被称为"共和国长子"的一批国有大中型工业力量，"两弹一星"的成功发射与航天事业的突破性进展令人兴奋，还孕育出王进喜等国家建设中的先进代表人物，创造了红旗渠、大寨、塞罕坝等无数个新中国建设奇迹。例如红旗渠展现出来的黄河流域各族民众自力更生、艰苦奋斗的精神，是这一时期红色文化的继承典范。红旗渠位于黄河下游的河南省安阳市林县，1960年开工建设，1969年全线竣工。林县自古缺水，中华人民共和国成立后，面对缺水的历史难题，林县群众想尽一切办法，最终历时10年，团结一致，自力更生完成了这一"改天换地"的建设工程。10年间，凭借着人民的积极性、主动性和创造性，凭借着党员干部的先锋垂范作用，凭借着艰苦奋斗、勤俭节约的精神，林县人民历经千难万险、克服重重困难，削平1000多座山头、开凿200多个隧道，架设渡槽150多座，于太行山中的悬崖峭壁上建成一条总长1500余千米的"人工天河"，工程难度震惊世界[①]。因承载着典型的不畏艰险的红色文化精神，这条渠特以"红旗"命名，成为社会主义建设时期人民创造历史的代表。在这一时期，黄河流域社会各界奋力拼搏，中国的政治、经济、文化和社会发展、国际地位均取得了巨大成就。可以说继承于革命年代，并不断发展的红色精神、红色文化是中华民族自立、自强于世界民族之林，开拓进取，全面建设社会主义现代化国家的力量源泉。

改革开放以后，黄河流域经济社会呈现出历史上从未有过的发展态势，红色文化在这一时期，随着时代变化从以往的革命、斗争、谋求独立与解放转向改革开放、创新发展的新阶段。这是一个极其特殊的历史时期，是历史对处于发展关键节点的中国的考验。继续以黄河中下游人口规模巨大的河南省为例，解放之初，河南因为历史原因和人口负担，一直是全国最为贫困落后的省份之一，因而党的十一届三中全会后河南也是全国

---

① 参考申伏生：《开凿"人工天河"红旗渠的历史启迪》，《党建》2022年第1期。

最早推动改革的地区之一。兰考等地的干部群众率先突破公社体制，实行"包产到户"，部分地方干部一度因此而被撤职。但河南没有退回发展的老路，历史上传承下来的红色文化、拼搏精神再一次发挥了重要的引领作用。自明朝以来，开封就是黄河流域有名的花生产区，1978年开封花生产量大丰收，当地领导率先响应号召，积极推行一系列激励措施，推动各种形式的生产责任制的试验发展。也正是从这一年开始，河南省农业发展一改历史局面，从农业调入大省转变为农业调出省份，更是从此一跃成为黄河流域经济发展的领先省份。农村改革蓬勃发展的同时，河南城市经济体制改革也进行了探索和试验，"开封制造"成为改革开放后黄河流域工业发展中的一匹黑马，机械、纺织、化工、医药等领域遥遥领先国内同行，甚至一些产品已达到国际先进水平。河南的案例清晰标示，改革开放以来中国的发展道路标志着黄河流域的红色文化在历史积累和时代背景的双重影响下，进入了全新的发展阶段。

第五节　黄河文化交融共生发展的新阶段

中华人民共和国成立之后，特别是改革开放以来，黄河流域进入全新的社会经济发展阶段。人民的黄河治理成就了黄河岁岁安澜，为世界江河治理提供了"中国智慧"和"中国方案"，中国历史上的黄河忧患成为中华文化的图腾与中华民族的骄傲。黄河流域形成的交融共生文化焕发出新的生机与力量，引领中华文化面向新的世界格局形成全球文化的新一轮交流与对话。我们可以通过国家通用语言文字推广、工业文化发展、西部大开发战略的实施以及非物质文化遗产保护、民族团结进步等一系列国家重大举措，来探查这一阶段黄河文化全面发展的崭新态势与成就。也正是在这一阶段，黄河文化完成了从多元走向一体的历史进程，为新时代中华文化的建设与发展，为中华民族伟大复兴奠定了坚实的基础。

一、国家通用语言文字的推广

中国是统一的多民族国家，多民族、多语言是基本国情。按照历史语言学的分类，仅在黄河中上游区域，就有汉藏语系中的汉语族、藏缅语族，以及阿尔泰语系中的蒙古语族、突厥语族和满－通古斯语族等。在长期的历史演进过程中，不同的人群在生产生活中首先创造了自己的语言，之后再基于语言系统创制出群体特有的文字，这些语言文字分布在一定的范围内，被人们不断使用和完善，也记载着不同群体的社会发展、思想观念和科学技术的整体样貌。不同的语言与文字系统长期共存于中国统一的文化系统中，各尽所能，为中华民族文化做出不可替代的贡献。伴随着族群间日益深入的交往与联系，"语言接触导致语言社会功能的调整，语言竞争难以避免，但可以通过国家的语言政策、语言规划来协调"①。学者经过研究达成共识：任何多族群、多语言的现代国家，为了巩固本国各族民众对国家的政治认同和文化认同，中央政府需要审时度势并非常稳妥审慎地处理好各种语言的相互关系。语言政策必须兼顾两个方面，一是设立一种国家通用语言，作为全体国民内部语言交流工具逐步推广，强化彼此文化认同……二是充分尊重少数群体继承和发展自己母语的情感性意愿②。在中国统一的多民族国家内部，基于各地区经济社会文化有机联系和各民族交往交流交融的共同语言文字需求，在漫长的历史进程中形成了汉语言文字在国家语言文字格局中的特殊地位。"汉语言文字作为中华民族的通用语言文字，是历史的必然选择，将其加以推广普及，是历代中央政权的一项治国方略。"③1954年12月，我国成立中国文字改革委员会，1985年更名为国家语言文字工作委员会，主要工作职责是拟定国家语言文字工作的方针、政策，制定语言文字工作中长期规划，制定汉语和少数民族语言文字规范和标准并组织协调监督检查，指导推广普通话工作和普通话师资培训工作④。国家通用语言文字在全国范围推广，有效地帮助原本持不同语言文字的群体顺利沟通交往，深入了解彼此的文化，建立起密切的社会

① 纳日碧力戈：《语言人类学》，华东理工大学出版社，2010，第171页。
② 菅志翔、马戎：《语言、民族国家建构和国家语言政策》，《学术月刊》2022年第9期。
③ 王启涛：《中国历史上的通用语言文字推广经验及其对铸牢中华民族共同体意识的重要意义》，《西南民族大学学报》（人文社会科学版）2020年第11期。
④ 《国家语言文字工作委员会》，中华人民共和国教育部官网，2021年12月20日，http://www.moe.gov.cn/jyb_sy/China_Language/。

联系，也建立起超越本民族文化认同的更高一级的文化认同，对发展文化事业、促进民族团结和社会稳定，提高区域经济发展水平，实现市场经济的利益共享起到了积极作用。作为国家、民族历史记忆的载体和文化传统的象征，正是对通用语言文字的高度认同与广泛使用，黄河文化的更深层次的融合发展才具备了更加坚实的社会基础和文化心理基础。

二、中华人民共和国建设初期国家工业文化的发展

中华人民共和国成立初期，国家面临的最重要的任务之一就是恢复经济社会发展。20世纪50年代，党中央明确提出改变落后农业经济大国的现状，实现工业现代化宏伟目标。在国家工业化发展的过程中，受诸多因素的影响，国有大中型企业大量向西部云集，其中有不少企业扎根黄河流域。随着工业化发展，黄河流域崛起了一批工业化城市，兰州是其中的典型代表。"一五""二五"规划期间，国家决定在黄河上游第一个省会城市兰州建设一批国家重工业基地，以服务国家需求。于是诸多对国家建设做出巨大贡献的国有大型工业企业在黄河之滨登上历史舞台，兰州炼油厂等企业与当时其他几家国有大型工业企业一并被称为"共和国长子"。1958年兰州炼油厂生产出新中国第一批柴油、汽油、煤油等成品油，结束了中国人依赖"洋油"的历史。1960年首次生产出航空汽油，1961年生产出航空煤油，1962年生产出航空润滑油[①]，随着一次次填补空白，为国内工业发展和新中国的成长做出了巨大贡献，谱写了不朽的篇章，也造就了新中国的工业文化。1965年到1975年的"三线"时期，兰州接纳了从东南沿海迁来的大型工业企业11家，兴办90多家大中型工业企业。紧随其后，兰州还兴建起一批国家军工企业。例如中国核工业总公司下属的核燃料企业，为新中国第一颗氢弹、第一艘核潜艇、第一座核电站提供了合格的核燃料，见证了中国核工业从无到有、从弱到强的发展历程，被称为"中国浓缩铀工业的摇篮"，体现了特殊时期黄河儿女自力更生、不畏艰险的艰苦奋斗精神。在整体工业城市发展格局下，带动大量轻工业兴起，例如1983年成立的兰州黄

---

① 《兰州石化"共和国长子"的成长足迹》，《甘肃日报》2021年2月9日，http://szb.gansudaily.com.cn/gsrb/202102/09/c236652.html。

河啤酒厂，建厂之后以其优良的品质迅速占领当地乃至整个西北市场，围绕"黄河"品牌形成"黄河啤酒文化"。黄河啤酒厂曾作为重要的技术指导力量帮助西藏建设啤酒生产企业，也是西北地区啤酒行业唯一一家在A股上市的公司。在黄河之畔生长、发展的工业文化，在不同时期改变了西北地区的社会面貌，促进了民生发展，为国家建设做出了重大贡献，同时极大地丰富、深化了黄河文化的内涵，成为黄河文化中的独特风景。

三、西部大开发等国家战略的实施

黄河流域人口众多，既有先天发展优势，兼具现实发展条件制约。在历史上，黄河流域因自然环境、人口分布等原因，显现出流域发展不平衡的特点。特别是黄河中上游区域，几乎全部包含在中国西部范围内，其中不乏革命老区、民族地区、边疆地区和贫困地区，战略位置重要，同时也是中国重要的资源输出地区，在全国发展格局中长期处于滞后位置。在"共同富裕"的执政理念下，党和国家先后陆续实施了"八七"脱贫攻坚、西部大开发、兴边富民等国家战略和积极举措，极大地推进了西部地区经济社会建设的快速发展，改变了黄河流域的整体面貌。其中"西部大开发"是中国政府面向新世纪做出的重大战略决策。2000年，国务院成立了"西部地区开发领导小组"，时任国务院总理的朱镕基担任组长，时任国务院副总理的温家宝担任副组长，组成人员包括时任国家部委的主要领导。经全国人民代表大会审议，"国务院西部开发办公室"于2000年3月正式展开工作。新世纪初始，中国借助这一战略的高效实施，推动西部地区社会经济得到全面发展，今天我们很熟悉的一些国家大型项目，例如西气东输、西电东送、青藏铁路建设等，都是在西部大开发的框架下实现的。经济的高速发展推动黄河文化形成前所未有的大繁荣局面，为国家非物质文化遗产传承、保护工程的启动，为我们得以在历史传承的基础上努力将黄河文化建设成为中华文化的高地奠定了经济基础。

四、非物质文化遗产传承与保护的成就

2022年11月29日，中国申报的"中国传统制茶技艺及其相关习俗"列入了联合国教科文组织人类非物质文化遗产代表作名录。从2008年到

2022年，中国共有43个项目列入联合国教科文组织非物质文化遗产名录、名册，数量居世界第一，彰显了中国日益提升的文化遗产保护能力和文化创新发展能力。2019年习近平总书记在甘肃考察时强调，要加强对国粹传承和非物质文化遗产保护的支持和扶持，加强对少数民族历史文化的研究，铸牢中华民族共同体意识，明确指出非物质文化遗产保护对文化发展的意义①。2020年，《中国非物质文化遗产》创刊，创刊号刊发中华人民共和国文化和旅游部非物质文化遗产司署名文章，指明"非物质文化遗产是中华文明5000多年绵延传承的生动见证，是中华民族生生不息、发展壮大的丰厚滋养，是联结民族情感、维系国家统一的重要基础"②。所以我们说，中国的非物质文化遗产在坚定文化自信，维护民族团结和国家统一方面有着重要作用。在国务院先后公布的五批国家级项目名录中，黄河流域的藏戏、蒙古长调、格萨（斯）尔史诗、"花儿"、热贡艺术等都被列入中国非物质文化遗产保护项目名录。2021年，文化和旅游部启动黄河流域重点非遗项目保护工作，其中涉及项目涵盖中华民族源流神话，可见黄河文化与中华民族的根源联系。在非物质文化遗产相关工作的推动下，黄河流域非物质文化遗产普查、保护计划的实施，文化遗产保护的理论研究和学术研讨，非物质文化遗产保护成果和经验的宣传，非物质文化遗产保护和研究人才的培训等多方面的工作获得了巨大成就，为服务国家重大决策部署，如乡村振兴战略、国家文化公园建设、文旅融合发展等做出实际贡献。非物质文化遗产，是今天黄河文化重要的支撑与表达，为黄河文化的创造性转化、创新性发展提供了制度性保障，作为一种文化保护与发展道路，开创了传统文化生机勃发的全新局面。

五、民族团结进步工作的逐层推进

民族团结是中国各族人民的生命线，是各民族文化相互交融形成中华

---

① 《习近平总书记在甘肃考察时强调　坚定信心开拓创新真抓实干　团结一心开创富民兴陇新局面》，中国政府网，2019年8月22日，https://www.gov.cn/xinwen/2019-08/22/content_5423551.htm。

② 中华人民共和国文化和旅游部非物质文化遗产司：《中国非物质文化遗产保护的生动实践》，《中国非物质文化遗产》2020年第1期。

民族文化的现实保障,唯有牢牢抓住这条生命线才能实现国家的长治久安和繁荣富强。民族团结以及共同体意识的形成在黄河流域具有深厚的文化基础,各民族在黄河文化统合下的共同的社会生活实践和社会结构过程又强化了民族团结的现实基础,这一点也在党和国家长期推动的民族团结工作中得到了证实。涂尔干认为,社会结构是社会团结的基础,二者之间存在对应关系,社会团结的结构必须从社会结构的塑造开始[1]。致力于在民族交往交流交融基础深厚的黄河流域建设各民族相互嵌入的社会结构和社区环境,以推动民族交往交流交融持续深入,引导民族关系与交融共生的黄河文化发展相互促进,是党和国家在新的历史发展阶段的必然选择。经过持续建设,黄河流域作为多民族共创中华的典型区域,各省(区)不仅涌现了大批民族团结进步市(州)、县、镇、社区等,进一步加深民族融合发展,而且为内容丰富、体系纷繁的黄河文化搭建起新的空间和文化发展载体。以黄河上游多民族文化积淀丰厚的甘肃省为例,经过多年的工作积累与创新探索,在已有民族团结进步工作的基础上,2020年,甘肃省实施"一廊一区一带"行动计划,打造河西民族团结示范走廊,建立陇东南民族团结进步巩固区,建设沿洮河—黄河民族团结进步提升带等[2]。作为推动民族团结进步事业深入发展,深化民族团结进步创建工作,促进省内各区域间民族工作协调发展的重大举措和重大行动,"一廊一区一带"行动方案体现了"一个都不能少"的民族团结生命线意识,强化了黄河文化中的民族团结主线,同时进一步有效促进了黄河上游各民族交往交流交融,推动黄河文化成为当下构筑中华民族共有精神家园的重要内容。

六、铸牢中华民族共同体意识的理论发展

黄河流域作为中国历史上多民族繁衍生息的政治、经济、文化中心,各民族在长期的交往交流交融的过程中,彼此影响、彼此依存,并在此基

---

① 埃米尔·涂尔干:《社会分工论》,渠敬东译,生活·读书·新知三联书店,2000,第33页。

② 《中共甘肃省委关于深入学习贯彻习近平总书记视察甘肃重要讲话精神 努力谱写加快建设幸福美好新甘肃 不断开创富民兴陇新局面时代篇章的决定》,人民网,2019年11月13日,http://cpc.people.cn/n1/2019/1113/c64387-31453373.html。

础上发展衍生出了"中华民族共同体意识"。"中华民族共同体"是对我国民族关系发展状况和本质特征的一种高度概括,而"铸牢中华民族共同体意识"则是对我国民族关系长期发展远景的一种期许。围绕"中华民族共同体意识"的相关表述,从最初的"牢固树立中华民族共同体意识"到"积极培养中华民族共同体意识"再到"铸牢中华民族共同体意识",经历了一个思想不断深入、目标不断清晰的过程。2014年5月第二次中央新疆工作座谈会上,习近平总书记明确提出"牢固树立国家意识、公民意识、中华民族共同体意识"。2014年9月,在中央民族工作会议暨国务院第六次全国民族团结进步表彰大会上,习近平总书记指出:"加强中华民族大团结,长远和根本的是增强文化认同,建设各民族共有精神家园,积极培养中华民族共同体意识。"2017年10月,在中国共产党第十九次全国代表大会上,习近平总书记指出:"全面贯彻党的民族政策,深化民族团结进步教育,铸牢中华民族共同体意识。"经过几个重要阶段,"铸牢中华民族共同体意识"的表述正式确定下来①。2021年8月,中央民族工作会议在北京召开,习近平总书记在讲话中强调,要把铸牢中华民族共同体意识作为党的民族工作的主线。铸牢中华民族共同体意识,就是要引导各族人民牢固树立休戚与共、荣辱与共、生死与共、命运与共的共同体理念②。2022年10月,党的二十大报告中进一步强调:"以铸牢中华民族共同体意识为主线,加强和改进党的民族工作。"随着铸牢中华民族共同体意识工作的不断深入开展,对相关问题的研究工作也进一步跟进。2020年初,中央统战部、中央宣传部、教育部、国家民委四部委联合发文,确定国家首批铸牢中华民族共同体意识研究基地,从理论研究到实践探索,把铸牢中华民族共同体意识的工作推向了新的发展阶段。

---

① 《简论"铸牢中华民族共同体意识"的提出》,兵团理论网,2021年8月23日,http://www.bingtuannet.com/btllw/lil/202108/t20210823_107723.html。

② 张峰:《铸牢中华民族共同体意识的理论价值与实践路径》,《山东省社会主义学院学报》2023年第1期。

第二章　黄河流域的多元生计文化

　　一般而言，人类社会某种特定文化的生成过程会遵循如下逻辑：在具有独特性特征的一定自然环境中，人们以自身掌握的生产技能和所处社会（群体）的整体生产力为基础，通过长期与环境互动，形成从特定环境中获取足以维持自身及群体生存发展所必需资源的方式以及经验的总和，最终构成一整套依附于此种方式和经验的技术、意识、语言、制度、规范、禁忌等，并在持续的生产生活中不断将其强化和固定为一个系统。因而，文化生成最基本的条件是通过适应一定环境而形成的获取生存资源的方式，我们称其为经济文化类型或生计文化。前辈学人经过多学科长时间的研究，大致提出了一些人类社会发展最为基本的生计方式类型，如狩猎、采集、园艺种植、游牧、农业、工业等。在地球上，除了极少数地区外，人们都曾生活在狩猎和采集社会中，其生计文化今天在世界的某些地方仍然存在。大约2万年以前，一些狩猎采集群体在不同环境下开始通过驯化野兽进而变成饲养家畜，这一部分人群延续了狩猎采集的移动方式；而另一部分人，通过开垦固定的小块田地进行园艺种植来维持生活甚至实现物质的积累。以此不同的分权，开始出现游牧和农耕社会。2个世纪以前，工业化社会出现，从而深刻地改变了当今人类世界的发展[1]。

　　1956年，苏联著名民族学家切博克萨罗夫应邀到原中央民族学院担任院长顾问，指导历史系和研究部工作，参与中国的民族学研究。此前，切博克萨罗夫与苏联民族学研究者托尔斯托夫、列文等人已提出了民族学、人类学研究重要的概念与理论——经济文化类型。1958年，切博克萨罗夫

---

① 参考安东尼·吉登斯:《社会学》（第4版），赵旭东等译，北京大学出版社，2003，第28-38页。

与民族学家林耀华一同带领学生前往广东、云南等地进行田野调查，之后
合作撰写了长篇论文《中国经济文化类型》①。两位学者对中国的经济文
化类型进行了详细的划分，并阐释了各个生计文化类型的特征与他们所处
的自然环境。经济文化类型理论经过半个世纪的不断发展，以其独特的方
法论与研究体系，成为民族学、人类学研究中的重要理论。在中国民族
学、人类学发展中，经济文化类型理论经历了中国本土化过程，林耀华先
生表述其定义为："经济文化类型是指居住在相似的生态环境之下，并操
持相同生计方式的各民族在历史上形成的具有共同经济和文化特点的综合
体。"②经济文化类型理论的提出，开启了在中国民族学、人类学中运用经
济文化类型进行研究的范式，影响了其后中国几代民族学、人类学的研究
者，直至当下。

　　伴随着文化人类学等学科的发展，对不同文化系统中的基础——生计
文化的研究日益深入，更多丰富的研究成果得以呈现，各有侧重的理论建
构在更广阔的范围中对人类面对自然环境的社会文化形成显现核心一致而
解读各异的阐释系统。总体而言，生计方式是人类在特定地理环境和历史
条件下发展起来的适应与改造自然、获取物质生活资料的方式，是人类逐
渐有能力改变自然的标志，也是拥有共同经济生活的民族得以形成和发展
的基础。人类学家一般认为，生计方式形成过程的本质是调适。调适确立
了人口需求与其环境之间创造的动态平衡，因为人像任何有机体一样，必
须具备调适于生态环境或成为生态环境一部分的潜能。调适可能导致的发
展有两种路径：趋同演化或平行演化③。无论何种演化，都不应将其发展
序列固化为人类社会的唯一发展模式，而应该深入考察不同条件的聚合及
其对最终文化形态的决定性影响。生计方式类型随着时空的不同而形态各
异，黄河横跨东亚大陆三级台地，贯穿整个中华民族历史，流域上下演化
出诸多丰富的、具有较大差异性的生计文化，为世界留下了珍贵的文化遗

---

① 参考王建民、唐肖彬、勉丽萍、张婕编《中国人类学民族学百年纪事》，知识产权出
　版社，2009，第331–347页。

② 林耀华：《民族学通论》，中央民族大学出版社，1997，第86页。

③ 参考威廉·A.哈维兰：《文化人类学》（第十版），瞿铁鹏、张钰译，上海社会科学院
　出版社，2006，第160–190页。

产。对其展开研究，应有两个基本出发点，一是不同类型的生计方式是中华民族在整个流域不同时间、空间里面对特定自然环境实现调适的产物；二是黄河流域的生计文化是在历史上生产力发展的不同阶段，多种生计方式相互影响、相互交融、相互依存、相互补充的产物，这是黄河文化生成的特点，也是中华民族交融共生的历史条件所致。依照传统的研究进路，以历时性视角，可以从自远古时代经过漫长的演变，一直到工业社会以后的生计文化调适与发展中探触到黄河文化交融共生的历史脉动。

第一节　追寻食物与原始丰裕社会：
采集－渔猎生计文化的发展

毋庸置疑，诸如采集野生的植物果实，或是猎获野兽、捕鱼等总是被人们视为简单的获取食物的方式。当然，也可能并不简单。无论怎样，这是人类最初普遍的生计方式，其在人类社会发展中的重要性仅低于农业生产。采集是伴随人类的身体进化而产生的生计方式。可以想象，因为直立行走等一系列的进化，在特定的季节中，人类伸手从树上摘下一枚成熟后散发着浓郁清香的野果的过程会多么理所应当。采集生计方式对人的体能要求较低，无论男女老少皆可不费什么力气就能完成这个过程。因而在这个阶段，可能并没有非常严格的家庭分工，同时，人群中应该没有明显的社会等级分化，年龄与性别是社会差异的主要特征。《诗经》中，黄河之畔的阡陌大地上，"夙兴夜寐，靡有朝矣"的吟唱、劳作的身影和掇、捋、袺、襭等动作，为我们展现出一幅古代中国的采集生活画卷。捕鱼与狩猎是生活在具有差异性特征的自然资源条件下的族群所采取的不同生计方式，但因其捕获的对象皆为野生动物，故而在大多数研究中将二者归于同一类型，即渔猎生计方式。从经济文化类型理论来看，渔猎生计方式与采集生计方式大致处于同一历史发展阶段，但在实际的社会发展中，采集和渔猎相结合的生计方式的存在时间可能覆盖了所有的人类发展阶段。中华人民共和国成立以后，东北地区的鄂伦春族、鄂温克族等，北方部分地区的蒙古族等，西北地区的部分民族，西南地区的佤族、苦聪人等，仍或多或少以组合的采集－渔猎生计方式作为主要经济方式。今天在世界范围内，纯粹靠采集植物或是猎获动物维生的生计方式已经很少，大约有不足25万人过着狩猎和采集的生活，只占世界人口的0.001%[1]。在黄河流域中的山林牧场，采集－渔猎生计文化作为其他主要生计文化的补充，依然还有一定程度的遗存。

一、采集－渔猎生计文化的发展空间

1922年，电影这一新生事物刚诞生仅20多年，一部重要的人类学电影在北美公映，获得了巨大的社会反响和票房回报，同时把生活在大都市中的人们的目光引向遥远的"野蛮人"的世界，推动了后来人们持续地对工业文明之外的"他者"世界的关注。这部影片是《北方的纳努克》，作者是有"纪录片之父"之称的美国导演罗伯特·弗拉哈迪。影片记录了在北美洲北部哈德逊海湾的茫茫冰原上，因纽特人捕鱼、集体狩猎、迁徙与移动、家庭结构以及与外部世界的产品交换等内容。影片中作者清晰表达了以主人公纳努克为代表的人群在一年中，具体到每一个季节每一天，要用几乎所有的时间来完成对食物的追寻和获得。影片完成以后，主人公纳努克因为食物储备不足而饿死，一度引发了人们对电影作者完成了电影而没有帮助拍摄对象解决饥饿问题的道德指责和伦理讨论[2]。在古典进化论的时代，工业文明背景下处于西方中心主义的人们普遍相信采取不同生计方式、生产力低下的"他者"是人类社会早期发展阶段的现代遗存，是人类进化链条上曾经的一个环节。并且，西方的人类学家在全世界找到了很多这样的"他者"世界，这在西方近一百年以来进化论框架下众多的民族志研究成果中已有明确呈现。如同罗伯特·弗拉哈迪所表达的，传统的人类学观点认为，人类早期的采集－狩猎阶段是经济匮乏的典型代表，人们的大多数时间均是用来找寻食物，无暇从事任何保证生存之外的活动，对

① 安东尼·吉登斯：《社会学》（第4版），赵旭东等译，北京大学出版社，2003，第29页。

② 《北方的纳努克》由罗伯特·弗拉哈迪从1918年至1921年拍摄完成，法国百代公司负责发行，1922年6月11日在纽约首映。影片被誉为世界"第一部人类学电影"，在全世界不断公映与传播。

自然资源的索取没有止境，并且没有任何食物的储存和积累。18世纪一部著名的探险日记中记载了类似的观察："他们一小群散居在海岸上，在湖边、河边和水湾边。他们似乎没有固定的居所，而是四处游走，像野兽一样寻找食物，而且我相信他们完全是依靠当天弄到的东西维持生活。"[①]

人类最早的社会生活中，人们真的是每时每刻耽于对食物的追求而无暇他顾，完全没有除食物之外的其他物质或精神的追求吗？是否会有向丰裕社会发展的趋势呢？近百年来对早期狩猎－采集社会的一些深入研究逐渐接近问题的核心，另外的一些民族志提供了答案。人类初期活动地点主要在河流流域、具有丰茂植被的二层台地或是海洋周边、海岛等区域，具备一定的自然资源优势或劣势，在采集－狩猎经济中，人们在与环境的互动中，根据所处环境的不同特征，发展出一系列的调节手段，来帮助人们克服此种经济方式的弱点，例如周期性的游居，采集与渔猎的互补，对财产与人口的限制，等等。这些手段，既出自经济实践的必要，也是对环境资源条件所完成的创造性的适应，在这样的结构中，原始丰裕社会得以成为可能[②]。

采集生计方式中最基本的矛盾是人的需要与野生植物生长的周期。野生植物天然存在，只是在特定的季节有规律地出现，在人类活动初期尚未具备驯化植物种子并有计划地获得种植回报的能力之时，只能依靠采集野生植物而存活。自然环境对人类的限制是绝对的，从采集生计方式中可见，适合人类饮食的野生植物的存在是偶然发生的，所以野生植物生长地域、生长周期的局限性决定了早期人类活动对于地理范围的选择性，同时也限制了人口数量的增加速度。早期人类生存地区往往相对富饶，这是人类表现出的主观选择性以及所处地理位置而决定的。考古活动中不断发现的文化遗存即可证明，如黄河流域中的龙山文化、大地湾文化等古文明，人们皆因选择地处依山傍水等易于获取丰富的自然资源的区域而得到生存、发展的空间。

---

① 詹姆斯·库克：《库克船长日记——"努力号"于1768—1771年的航行》，刘秉仁译，商务印书馆，2013，第416页。

② 参考萨林斯：《石器时代经济学》，张经纬、郑少雄、张帆译，生活·读书·新知三联书店，2019，第19-47页。

渔猎生计对象是野生动物，故渔猎生计的主要矛盾是人与动物种群生存、迁徙之间的矛盾。野生动物并不是天生为人类所需而存在的，因此，从事渔猎生计的族群认知和实践能力的主要方向在于如何发现动物的价值和如何捕获动物。野生动物的东奔西走决定了渔猎族群不可能与从事农耕的人们一样成为定居族群，所以游动性往往同样也是渔猎群体的基本生存特性。另外，渔猎族群需要一定面积的森林或者河流流域、海洋环境等，以提供足够的野生动物才能满足群体的生活需求。因为恶劣的生活条件和狩猎生活的迁徙性，使得渔猎群体不可能承载过多的人口。渔猎生计方式创造了适合且具有独特功能的渔猎工具，工具的发明与不断完善，是向更高级的生计方式发展的起点。渔猎生计中最初使用的工具主要以石头、骨头为主材料，如扎枪的枪头与弓箭的箭头最初皆为石制品或骨制品，中国诸多考古遗址中出土大量的石制、骨质武器。例如磁山遗址中发现石球132件、弹丸10件、骨鱼镖16件、骨镞73件、骨鱼梭11件，总计242件，都制作得非常精致，而且真正用于渔猎活动的工具可能并不限于这些[1]。在淮河流域考古遗址中也曾出土大量陶制、石制或骨制的渔猎工具和采集工具，有骨尖状器、蚌镰、鹿角尖锥形器、鹿角钩形器等，都是采集或收割的有力工具。渔猎工具如陶弹丸、投掷器、网坠、镞、矛等。淮河中游蚌埠双墩出土投掷器99件，陶网坠163件，网坠制作技术已比较成熟，器型较规整，且有多种形制[2]。采集狩猎工具的进步，应该在很大程度上为当时人们获得更大型的野兽和更多的食物产生革命性的推动力量。2004年，郑州市文物考古研究所进行旧石器考古专项调查时发现河南省新密市岳村镇李家沟村的李家沟遗址。2010年，郑州市文物考古研究院联合北京大学考古文博学院组成考古队对该遗址进行发掘，发掘面积约100平方米，发现文化堆积的上部为新石器中期裴李岗文化，中部暂定为新石器早期李家沟文化，下部为细石器文化，三层叠压，时间范围在新石器早期，距今12000至9000年之间。此三叠层的发现为中国华北地区探索新石器早期的文化遗存提供了地层学参照标准。遗址中发现动物骨骼的堆积，多为大型

---

[1] 王吉怀：《黄河流域新石器时代渔猎经济的考察》，《华夏考古》1992年第2期。

[2] 解华顶、张海滨：《淮河流域新石器时代采集与渔猎经济的观察》，《华夏考古》2013年第1期。

动物的肢骨、角类。从骨骼看动物类型多为大型食草类动物，有大中型鹿、马、牛等，从规模看可以反映当时的生产方式均为狩猎采集的经济形态，没有发生根本的变化①。铁器的出现开启了狩猎工具的革命时代，在更大程度上保证了人们获得丰富食物的能力。

根据已有研究，在一定的自然资源和采集－渔猎的工具、技术发展条件下，采集－渔猎生计方式可以满足人们所需的物质要求，特别是对食物的要求。同时，采集－渔猎的人群每天用于获得食物的时间并不比原始耕作者更久②。当然，这并没有使人类社会就此止步不前。采集－狩猎的经济方式高度依赖于环境条件，决定其群体的生活保持在较低的水平。人口的增长和人们对物质的需求变化，推动人们不断提升与自然环境互动的能力，加上黄河流域气候与环境条件的变化，我们可以看到人类向着更高阶段的发展，即采集－狩猎经济中早期农耕和畜牧生产的出现。农耕与畜牧生产不同于采集、渔猎，已不是对天然存在的植物、动物的获取，而是通过劳动获得新的食物，具备了真正的"生产"性质。也是因为早期农业与饲养的出现，自然界原有的植物和动物得到数量的扩大和种类增多，土地得到开垦，河流得到治理，金属工具出现，推动生产力获得巨大提高。但应该强调，早期农业与饲养是采集、渔猎生计方式的发展，即方法的复杂化、活动空间的扩大化以及劳动成果的丰富化过程，而不是放弃采集和渔猎新辟的生产方式③。

二、采集－渔猎生计的营养互补及其对早期农牧业的融合

或许因为相类似或接近的时间和空间，采集与渔猎生计方式常常相互依存，形成一种并行的混合型生计方式，故而在史前文化研究中也经常将两者并置。采集与渔猎生计方式索取目标各不相同，一为野生植物，一为野生动物，人类先民仅靠两者之一很难满足生存所需，所以将两种获取食

① 巩启明：《华北新石器文化早期遗存的发现及相关问题的探讨》，载《考古学研究》（第10辑），2013，第297–309页。
② 参考萨林斯：《石器时代经济学》，张经纬、郑少雄、张帆译，生活·读书·新知三联书店，2019，第48–50页。
③ 韩民青：《文化的转移》，《中国社会科学》1995年第6期。

物的生计方式结合起来，通过营养互补的方式保证人类在早期发展中的繁衍生息，这是很多区域人类发展过程中的一个阶段。

采集与渔猎两种生计方式其间的差异也是明显的。获取食物的目标不同，对体力与智力的要求不同。进行植物采集需求的体能较低，只需认识植物的使用价值，进一步对植物进行加工处理则是在更为高级的农耕生计方式中发展起来的。相较于采集生计方式，狩猎活动则需要更多的技术与智慧，更为强壮的身体，同时也需要更加密切的群体合作，这都对人群提出了更高要求。渔猎比采集所使用的工具也更加复杂，采集生计中的主要工具为石器、木棍，而渔猎生计方式所使用的工具则包括各种锐器，以及为捕获大型猎物而设置的各类陷阱等。采集与渔猎作为单独的生计方式，生活与获取资源均受到较大的限制和制约，所以人类先民智慧地将二者各自的优势完美结合起来，形成两者的互补系统。

当然，人类不会仅仅满足于采集与狩猎结合获取食物的状态。通过经年累月与自然的互动，人们发现了自然界的"密码"，逐渐发现了植物的基本生长规律，那就是落在地上的果核和果实在一定条件下会长出新的植株。"种瓜得瓜，种豆得豆"成为一种知识，应该与采集人群阶段性定居有密切关系。这一认知推动了人们创造新的生计方式，既然在固定的区域就可以得到新的食物，为什么还要如传统那样到处去寻觅野生植物呢？于是，黄河流域最早的农业种植雏形显现。这一阶段，不同环境下人们采取的主要生计方式大概会随外部条件而比重不同，采集与渔猎依然是很重要的食物来源，考古学也证实了这一点。河南邓州八里岗遗址出土植物遗存的发掘研究显示，前仰韶时期八里岗遗址居民的植物性食物资源获取方式是稻作农业与野生资源采集并存。但由于遗迹单位和植物遗存的数量均较少，很难判断最早的稻作农业和野生植物资源的采集活动在其生业经济中所占的比重[1]。磁山遗址同样显现采集狩猎与早期农业的融合，或许农业所占比重更大。"遗址中发现的动物骨骼，除饲养的猪、犬、鸡外，还有较多野生动物，如蒙古兔、猕猴、金钱豹、四不像鹿、短角牛及丽蚌。可

---

[1] 邓振华、高玉：《河南邓州八里岗遗址出土植物遗存分析》，《南方文物》2012年第1期。

见这时经济已以农业为主，家畜饲养和渔猎也相当发达，同时存在着木作、编织、纺织等生产部门。"①最初的农业种植是采集、渔猎群体对人类的伟大贡献，通过不断对植物的驯化，"种子"的概念便出现了。传统的采集生计方式，被农耕化赋予了新的内涵和存在意义。农业耕作出现之前，一切植物都被认作天然的存在，原因是当时没有掌握人工种植技术。"野生"的概念一定不是采集人群提出的，推想应是后人在获得了最初的农业生产技术，有了农作物培养经验后的总结。自此，植物才被分别定义为"野生"与"农作物"，并予以区分。

同样在畜牧生计方式发展中，亦能看到这一发展过程。如在早期的牧业生计出现后，才将动物定义为"野畜"和"家畜"，完全是渔猎生计发展到较为成熟阶段之后必然的趋势。在漫长的渔猎生计方式发展中，人对动物及其所处环境不断了解而逐渐走向成熟。在一定的资源条件下，一定范围内的野生动物数量会随着猎人的狩猎能力提升而锐减，使得人们难以维持长久的狩猎活动。在利用移动的方式获得更多猎物的同时，人们一定在不断尝试新的获取食物的方式。最初或许也是偶然，狩猎群体会因捕获猎物数量的上升而出现富余，于是一些动物幼崽和一些在捕猎过程中未受伤的动物就可能会被驯养。起初只是作为一种食物储备的方式，但很快一些易被驯养的动物繁殖出新的幼崽，为人类提供了食物的再生产，至此，有计划的畜牧生产方式开始出现。

大地湾考古中发现，大地湾各期文化中的经济结构由农业、狩猎、家畜饲养业等组成，但各期所占比重不同，总的趋势是农业逐步发展，家畜饲养业日益发达，采集狩猎逐渐下降。狩猎始终是大地湾先民为满足生活需要、获取肉食的主要来源。但是，狩猎活动在第四期已不甚活跃。四期鹿科动物标本量比二、三期均少，这种减少反映了狩猎经济比重在经济总构成中的下降。许多研究资料分析，狩猎的减少一般不是人类的主动行为，而是被动的、无可奈何的选择。与此同时，通过驯化的动物物种明显

① 华泉：《前仰韶时期黄河流域新石器时代的考古发现与研究》，《史学研究》1983年第3期。

增多，例如驯养的家猪①。采集－渔猎生计方式在今天已经很少有整体性的保留，在黄河流域中上游一些民族中有零星遗存。

以采集－渔猎生计方式为主的人们将全部能力集中在对动植物使用价值的认识与获取方面，至于进一步对动植物培植与繁育的历史任务则落在农耕与游牧生计方式之上。采集－渔猎生计方式支撑起中华民族早期的生计文化，为其后黄河流域农业与牧业两种主流生计方式的发展打下了坚实的基础，为中华民族生计文化的繁荣留下了最初的精彩。

三、采集－渔猎生计文化知识系统的生成与发展

采集与渔猎生计方式对自然的认知过程有所不同，前者主要在于识别自然中野生植物的好坏与效用，后者则主要在于识别野生动物的习性及其对于人类的价值。通过不同生计文化对自然的认知互补，使得人们对环境有较为完整的认知和把握，同时也推动了复合生计文化知识系统的生成与发展。

中华传统文化中将神农氏当作农业生产的始祖，传说神农氏是姜水流域姜姓部落的首领，其贡献主要在于创造了使用火的方法，发明了传统农具如耒耜，并教其子民制陶、纺织以及最初的农业技术等。《周易》中记载：庖牺氏没，神农氏作，斫木为耜，揉木为耒，耒耨之利，以教天下，神农确为教民稼穑之君②。我们可以推测，神农氏大概是人类初期掌握农业耕种技术的重要代表性人物。中国神话传说有"神农尝百草"，是通过直接服用植物去发现植物潜在价值的过程，这是人类在采集生计阶段超越自然限制的创造性尝试。人们通过朴素的试验，逐渐掌握不同植物的根、茎、叶、花、果、核等作用于人体带来的不同效用，形成具体的知识。最初的尝试充满风险，未知的野生植物经过口服，或许食而不化，或许食物中毒，甚至因此而付出生命。这是先民为人类的进步所压的赌注，一旦尝试成功，植物的价值被人们掌握，人类因此而受益。最典型的案例是中华文化的典型代表中医药，正是在中华民族前赴后继的试验中逐步成为世界

---

① 参考甘肃省文物考古研究所：《秦安大地湾：新石器时代遗址发掘报告》，文物出版社，2006，第704-705页。

② 吕思勉：《中国社会史》，上海古籍出版社，2007，第2页。

药学的重要组成部分①。天然的野生植物随时间而腐败消亡时，人类会面临选择，或迁徙别地，或改变生产方式，这都会推动传统的生计方式向多元化方向转变。今天，神农尝百草的故事有多个版本，但其目的皆是让百姓能够吃饱，以及解除身体的病患，以神农氏为代表的先民将所尝植物的信息一一记录下来，如草药的苦咸、温热，哪些能充饥，哪些能医病等，并终成《神农本草经》一书，造福天下②。

在人类文化发展史的研究中，对环境决定论的批判已经有很多。但是，从采集生计方式的变迁可知，我们无法忽视环境给人们带来的影响。如食物，在中华大地上不同区域、不同族群的饮食材料和烹饪方法皆有差异，背后自有一套文化作为依托，但对这一文化的生成起到决定作用的因素中，谁能否定区域物产与资源各异的原因呢？所以，在纬度、气候、降水、植被等一组条件的耦合中，独特的环境总是会为采集的人群储备下丰富的区域性知识体系，并在环境的变化中不断生成新的内容，传承接续。同时，在尝试性行为的刺激下，当人群对环境的把握愈加清晰和整体的时候，新的知识系统也会引导人们不断跨越原有的行为界限，获得更多获取资源的机会。以采集为生的群体接纳渔猎知识系统的融入，并继续向着初始阶段的农业种植、动物驯化发展，同样是在地理环境的根本影响下，已有知识系统的发展过程。研究表明，在距今1万年左右，中国由旧石器时代进入了新石器时代。特别是距今8000年以来，全球气候进入了温暖湿润的适宜期。这一时期的气候条件为新石器时代农业的发展创造了机遇，农业经济和文化发展至此进入了繁荣时期③。

狩猎经济方式的群体有一整套"动物崇拜"的系统。以北方狩猎民族为例，马、狼、虎、狗、野猪、蛤蟆、刺猬等动物都可能构成群体的神偶，庞大的动物神灵谱系充分表明了他们与大自然的依赖关系，以及在"万物有灵论"原始意识的作用下，对动物所形成的崇拜心理特征④。狩猎生计要求人群对野生动物的认知包括习性、利用方式等达到较高的把握程

---

① 参考刘永佶：《民族经济学》，中国经济出版社，2013，第110-113页。
② 参考王玉德：《试析炎帝神农文化的史源》，《学习与实践》2012年第4期。
③ 毛曦：《中国新石器时代的人地关系及其特点》，《人文地理》2002年第4期。
④ 鄂·苏日台：《北方民族的民俗文化与北方岩画》，《内蒙古社会科学》1993年第5期。

度，以保证狩猎活动的成功率，满足较长的时间阶段中对动物类食物的需求。进入新石器时代，世界不同地区的狩猎人群在捕猎时，其经验的积累可以做到"一兽一法"，尤其是大型动物，而能够形成这样的技术知识自然离不开群体长时间对动物观察。狩猎群体对人类的另外一项重要贡献是对动物使用价值的经验积累，如同采集群体对植物效用的认知及其对后世植物培育的推动作用，动物使用价值的知识体系对牧业生计文化的产生发展亦有重大影响。狩猎生计中的知识系统还包括对野生动物的驯化。现代狗的基因证据揭示，世界上不同地区最早的家狗都是由狼进化形成的。距今约1万年的河北徐水南庄头遗址考古发掘证实，狗是中国最早的家畜。家猪的祖先是野猪。目前所知，中国最早的家猪出现在贾湖遗址。家猪自起源之后，至今仍是中国的主要家畜之一[1]。

　　采集－狩猎所形成的文化系统并不是一成不变的。通过诸多的民族史和区域开发史研究成果，我们可以获知，因为大面积的森林与湿地被过度开垦，适合渔猎生计的自然环境遭到破坏，渔猎资源迅速枯竭，古老生计方式遇到了巨大的挑战。同时，新的生计方式进入这些区域，成为人们生存发展的基本支撑。发展的故事有很多，大致相同，主要是农业生计对其他生计方式的覆盖。农业生计方式改变了原来采集狩猎的自然生态环境，并且以先进的技术体系推动当地的经济社会发展，原有的知识系统不断融入新的农业知识内容，并持续影响生计方式结构的调适。生计方式是基础，在这个基础之上，不同的采集狩猎群体进一步通过与其他群体的交往，不断吸收其他群体的文化内容，实现自身文化的发展。

第二节　猪与羊：农耕、游牧生计文化的辉映与融合

　　今天中国人茶余饭后闲聊之间，"猪"似乎是个很不好的指称。《西游记》中二师兄的形象尽人皆知，如果将某人与猪联系起来，"猪头猪脑"

---

[1] 中国社会科学院考古研究所、陕西博物院：《文明的足迹：中国社会科学院考古研究所优秀成果集萃》，山西人民出版社，2012，第13-14页。

"懒猪"什么的，诸如此类，不但大不敬，更是骂人的话了。就连中国的成语当中，只要和"猪"沾上边的，似乎也都不那么好听，像是"泥猪瓦狗""豕突狼奔"等，这里的"豕"也是猪的意思，总之都不是好话。但就是这样一个被人们集体"污名化"的动物，恰恰承载了巨大的历史使命，标志着人类从采集－渔猎时代进入农耕时代的伟大跨越，换句话说，猪是带着农业文明的曙光来到这人世间的。猪是一种古老的杂食性哺乳动物，是人类最早驯化的家畜之一。人们为什么会最先选择驯养猪呢，可能有几个很重要的原因，也透露了彼时人类先民生产生活中的一些信息。首先是定居。猪并不是善于迁徙跋涉的物种，大量饲养猪可能标志着人们已经逐渐脱离采集－狩猎生计方式下的持续游动状态，开始进入一种半定居的生活。其次，猪的食谱与人类很接近，人类只要有剩余的食物便很容易满足猪的生长需求。当然，前提是必须要有剩余的食物，这也表明当时的人们已经走出了不断寻找食物以维持群体生存需要的阶段。最后，猪还有其他一些特点，如生长期快、世代间隔短、一胎多仔、性情温顺等，在原始技术条件下，先民们很快就在狩猎生活中掌握了野猪的这些优点，从而对性情较温顺的野猪进行控制，进而完成驯化。性情温顺很重要，未经驯化的野猪会带给人们威胁或惊吓。有故事讲公元前686年，齐襄公外出打猎，碰到一只凶悍的野猪，拔箭射之，野猪竟站立嚎叫，惊慌之下，齐襄公"坠于车，伤足"。依据考古发掘资料，薄吾成先生将新石器时期家猪骨骸遗址分为几个中心，包括甘肃秦安大地湾遗址、内蒙古赤峰兴隆洼遗址、河南新郑裴李岗遗址、河北武安磁山遗址、广西藤县北辛遗址、广西桂林甑皮岩遗址和浙江余姚河姆渡遗址。仅以甘肃秦安大地湾遗址为例，甘肃永靖秦魏家遗址46座墓葬中就出土猪骨340块，可见其在人类生活中所占比重之大。另外这一区域中还有其他一些出土遗址，如青海柳湾小岛、属庙底沟文化期的民和胡李家遗址，甘肃秦安大地湾、兰州西瓜坡、临夏大何庄和东乡林家等遗址[①]。因为猪的饲养与早期农业共生共存，并头发展，故而猪的遗存状况，例如数量、利用方式等，在考古学中就有了

---

① 黄英伟、张法瑞：《考古资料所见中国新石器时期家猪的分布》，《古今农业》2007年第4期。

特殊的判断价值。通过猪，今天的人们逐渐勾勒出原始先民从采集 - 狩猎到定居、园艺种植、农业发展的清晰线条。黄河流域新石器时代中期的河北磁山、河南新郑裴李岗、甘肃秦安大地湾等许多遗址都发现了粟和黍两种旱地作物遗存，大地湾还发现了油菜籽。其中磁山遗址有80多个储满粟的窖穴，换算成新鲜粟可达5万千克。饲养的家畜家禽已普遍发现有猪、狗、鸡等，以猪为主①。另外，根据一些学者的研究，猪不但标志着农耕文化在中国大地上普遍发展的状态，同时还昭示着对后来的中华文明有重要影响的另一条文化脉络——祭祀的产生。7000年前的磁山文化，已开始有意识地埋葬猪骨，这一习俗遗存大略以山东为中心，北达松辽，南逾长江，东濒大海，西至陕甘。许多墓葬都使用猪牙、猪下颌骨乃至整头猪随葬。在夏家店下层文化中，还发现了中箭的猪架②。作为家畜，自然是不需要射杀的。后世有"丞尝之祀，有射豕者""天子禘郊之事，必自射其牲"等祭祀礼制，表明猪是重要祭祀仪式中的牺牲。由此是否可以断定，猪在先民的经济社会生活中，还带有一种特殊的"神圣性"意义呢？

与猪在同一时期进入人类生活并昭示生计文化重大转型的动物种类还有牛、羊、马等牲畜。羊，大概是采集 - 渔猎文化向另一个人类重要生计文化——游牧文化发展过程中的最重要的畜种，进而发展成为游牧文化的标志性符号。作为古代驯化的"六畜"之一，羊在中国历史中至少存在了5000年。在整个人类社会中，作为最早被驯化的家养动物之一，羊的历史可以推至距今1万年以上。人类对羊的驯化，起源于西亚新月地带，后来形成若干个新的驯化中心，应该有一个逐渐传播的过程。在黄河流域，考古学家曾在水洞沟旧石器遗址东侧发掘出了羚羊、转角羊等十几种动物化石；也在青铜峡鸽子山遗址采集到了野羊等的牙齿和骨殖，考古证明其均为野生种，只是人类猎食的对象，而在贺兰山岩画中，出现了大量的驯化

① 参考张弛：《中国史前农业、经济的发展与文明的起源——以黄河、长江下游地区为中心》，载北京大学中国考古学研究中心、北京大学震旦古代文明研究中心编《古代文明》（第1卷），文物出版社，2002，第35-57页。
② 王仁湘：《新石器时代葬猪的宗教意义——原始宗教文化遗存探讨札记》，《文物》1981年第2期。

羊的图案①。学者在梳理考古出土的羊骨材料时发现，自新石器时代晚期，甘青地区的墓葬中开始出现埋葬或随葬的羊骨架、羊下颌骨，还有羊肩胛骨制成的卜骨，随后的龙山时期，以羊的肩胛骨所制卜骨开始出现在中原地区的考古遗址中，随葬或埋葬羊的现象到了二里头至商周时期则更加普遍，有单独埋葬的羊坑，也有与牛、马、猪等动物牺牲以组合的形式出现②。羊是一种食草反刍的哺乳动物，群居，善迁徙，这可以解释为什么早期一部分采集－狩猎部族会选择以羊作为驯化的对象。黄河流域上游的高寒草原、河流谷地，流域以北从山西到陕西，再到内蒙古、甘肃西北部，有大片的沙漠、戈壁，这些区域的先民逐渐脱离采集－狩猎生计方式后，掌握了管理饲养草食动物群落的技术，随季节和植被生长的规律而移动，衣食住行皆取自于所饲养的牲畜，从而形成游牧生计文化。在驯化包括羊在内的所有草食反刍动物的漫长过程中，因生计文化的浸染，人们对羊逐渐生成社会化或文化意义的解释和利用，以至于累积在中国的传统文化中，形成今天人们对羊的整体认知。《三字经》中讲"人之初，性本善"，"善"字从羊从口，表明人们对羊的品性判断；在游牧社会中，人们讲"美"，即"羊大为美"，这是对羊为人类所做奉献的肯定；食物好与不好，一个"鲜"字，反映了人们对何为好的食物这一问题的基本判断；人与人之间互致祝福，要祝对方"吉祥"，"祥"自然是祭祀与羊的组合了。考古材料可以证明，在丧葬和祭祀仪式中，新石器时代中晚期应该比较普遍出现羊牲。已经公开发表的中国北方自新石器时代至先秦时期文化遗址发掘报告中，有超过100处的仪式遗址，其中使用到羊牲的遗址超过90%。例如甘肃永靖的大何庄遗址和秦魏家墓地的齐家文化墓葬，大何庄遗址发现随葬有羊下颌骨，还出土有羊骨制成的骨锥，以及形似绵羊头的动物形器盖钮和陶塑。秦魏家墓地同样发现随葬了羊下颌骨、羊骨架以及羊骨制

---

① 谢梅、焦虎三：《"羊崇拜"的演化与变迁：早期岩画的文化意蕴与传播》，《四川戏剧》2022年第3期。

② 左豪瑞：《新石器时代至先秦时期家羊的仪式性使用初探》，《南方文物》2018年第2期。

成的骨锥等①。

　　猪与羊，带着远古人类在繁衍生息中不断提升对所处环境适应和把握能力的秘密，推动人类社会的生计文化向前迈出伟大的一步，并继续向两个方向发展。中国是传统的农业大国，农耕生计方式持续时间悠久，覆盖地域与自然环境类型最为丰富，涉及人口最为广博，对中华文化的影响也最为深远。从早期游耕到较为成熟的定耕，从原始社会到初级社会主义社会，农耕生计方式在农具、农作物、农艺、农产品等诸多环节都有着不同发展水平上的跨越式提升。也有一种普遍的观点将人类社会发展阶段与农耕生计的进步对应起来，人类在原始农业基础上诞生了族群与族群联合体，奴隶制时代下的农业生计产生了部族，封建制农业则产生了部族联盟，集权官僚制下的小农经济产生了最终的民族。今天的地球上，绝大多数人口仍然从事着农耕生计方式，在中国，许多世代从事农耕生计的民族至今仍然延续着在土地中讨生活的历史传承。而在农业生产之外的广阔区域，游牧生计文化大致与农耕生计同步发展，走出另外一条不同的发展道路。中华民族历史上历时悠久，或雄霸一方的北方民族匈奴、氐、羌、羯、高车、柔然、乌桓、契丹、党项、蒙古等，都是游牧族群或联盟。在中国的游牧生计类型中，依据自然生态环境与区域特征可以将游牧生计方式分为青藏高原型、蒙古高原型、黄土高原型、山地河谷型、绿洲边缘型和农牧交错带半农半牧型等。不似今天我们称呼某一个群体为游牧人群时需要慎重，历史上从事游牧生计方式的族群皆可称之为游牧民族。就世界范围而言，把视野放至整个亚欧大陆范围，游牧民族涵盖曾经在"亚欧大草原"活跃过的民族，主要以塞种人、匈奴人、哥特人、突厥人和蒙古人为代表②。大约3000年的时间里，东至大海，西至欧洲，北至西伯利亚，游牧人群在那些重大的历史节点中，时而显现各自群体的独特身影，并对世界的格局持续产生着影响。也许可以说，游牧文化最兴盛的年代，人们所讲的"世界史"可能仅仅是"欧亚史"，而完全不是今天我们所理解的世界史。

---

① 谢梅、焦虎三：《"羊崇拜"的演化与变迁：早期岩画的文化意蕴与传播》，《四川戏剧》2022年第3期。

② 项英杰：《中亚：马背上的文化》，浙江人民出版社，1993，第3页。

一、支撑农耕与游牧生计文化发展的知识积累及其互鉴

农业与牧业生计方式作为人类历史上两种主要的生计方式，在黄河流域都有数千年的发展历史，积累了人类对所处的千差万别的自然环境的了解与把握的知识与经验。从生存资源和生计对象来说，如果说从事游牧生计方式的牧民主要与动物打交道，包括从野生的猪、羊、牛、狗、鸡一直到驯化为家畜家禽的过程中人们所有的实践，那么从事农耕生计方式的农民则主要与植物打交道，当然亦存在从野生到驯化的过程。两种生计方式在发展中通过对自然的认知与适应，不断尝试探索和掌握规律，均生成独特的知识系统。另外，随着较大幅度的自然环境、气候温度的变化，两者之间的格局也并非一成不变，在漫长的人类发展史中，由农耕转向游牧，或者原本的游牧群体变为以农耕为主要生计方式的群体皆是非常正常的历史过程。例如黄河上游距今8500年时，气候开始由干凉向温湿转化，并一直持续到距今6000年左右；在距今6000至5000年时，气候又渐趋干凉，持续到距今4000年。在温暖湿润期，前期落叶阔叶植被较多，后期针叶植被居多，很适合人类生存繁衍，产生了大地湾文化、马家窑文化，人们以粟作农业为生。气候干冷时期，乔木减少，以齐家文化为例，整体显现经济文化衰退，逐渐向半农半牧演变，其后较长阶段持续了向牧业转化的趋势①。

在人们的日常生产生活中，对时间的规定总有一套文化作为支撑，不同的文化之中，时间的概念与内涵可能会有很大差异。我们所熟知的"一年之计在于春，一日之计在于晨"即为农耕文化中典型的时间含义表达，或者说是一种时间制度。农耕生计方式下最基本的关系是人与农作物之间，以及人与种植活动中的季节、气候之间的关系，生计中所有环节只有从这些关系出发才能得到恰当的理解。从事农耕生计方式的群体经过历史长河中的不断实践，积累了大量的经验与知识。现存最早的农业知识著作《齐民要术》大概成书于北魏末年，也是世界农学史中最早的著作之一，其后农事著作不绝于史。在农业知识积累中，关于农业种植的一些重要理

---

① 黄尚明：《新石器时代黄河流域的气候变迁》，《中原文化研究》2018年第5期。

论与实践成果集中在气候、地理和技术知识三个方面。气候即古人所讲"天时"，其规律与变化是农业生产能够顺利进行的重要条件，只有正确认识和把握天时，才能指导农业生产并获得回报。所以，从事农耕生计者的首要任务便是准确认知天时。《吕览·审时》有"凡农之道，厚之为宝"一说[1]，其中"厚"通"候"，指季节、时辰。在农耕群体看来，事物的变化有其特定规律。徐光启在《农政全书·农事·授时》中描述："盖二十八宿周天之度，十二辰日月之会，二十四气之推移，七十二候之迁变，如环之循，如轮之转。农桑之节，以此占之。四时各有其务，十二月各有其宜"[2]，指出天时是根据二十八星宿在天空中的位置、二十四节气的相互推移以及七十二物候的变迁构成的一个时间整体，成为农业生产时间节律的根据。中国古代的农官通过观测二十八星宿的变换来确定天时，因而可以说中国古代天文学的发展在一定程度上是源于农耕生计方式的发展所需，同时也体现了中国农耕文化的内涵。"二十四气"即二十四个节气，其中"气"是指"凉暖寒热"的规律转化。"二十四节气"作为表现气候变化和农事季节的一种手段，其理论的实践指向是最重要的价值。二十四节气的制定，是利用土圭实测日暑长度完成的。今天来看，土圭的原理很简单，将一根竹竿插在地面，然后在每天正午时候测量竹竿影子的长度，会发现每天杆影的长度在变化。简单的方法，背后是一个群体生产知识的历史积累。杆影最长的时刻是一年中白昼最短的一天，定为"日长至"或"冬至"，杆影最短时，便是一年之中白昼最长的一天，定为"短至"或"夏至"。"至"为极，是到顶点的意思，到这一点，事物开始向相反方向运动，"否极泰来"讲的就是这个意思。中国古人又各自找出春、秋两个季节中各一天，昼夜时长相同，将这两天分别定为"春分"与"秋分"，因而早在《尚书·尧典》中就有了"二分"与"二至"的概念[3]。"物候"指草木鱼虫对自然变化的信息反馈，是天体运动导致季节交替对动植物生长影响的规律。古代天文学家根据每日时长与季节的变换，在二分、二至之间，根据物候定义其他时间节点，终成"二十四节气"。明人徐光启在

---

① 毕沅校：《吕氏春秋·审时篇》，高诱注，上海古籍出版社，2014，第621页。

② 徐光启，《农政全书·农事·授时》，石声汉校，上海古籍出版社，2020，第183页。

③ 《尚书》，徐奇堂译注，广州出版社，2001，第2页。

《农事全书·农事·占候》中有道"二十四番花信风"①就是在物候认识的基础上总结的。"二十四节气"的把握，体现了从事农耕生计方式的族群在生产生活中的核心经验。"七十二候"是扩大的时间知识体系，农耕生计文化中将五日定为一候，一月六候，三候一节气，二十四节气共七十二候，成为农耕群体准确把握"天时"，规定农事相关活动的具体指导。

对农耕生计方式下的群体而言，除了辨识"天时"，还要掌握"地利"，即种植生产相关的地理、土壤等知识。土地是农业生计重要的生产基础，对土地的整体状况有清晰的把握，是农业生产对农耕生计群体提出的另一项要求，也是对农业生产者相关知识储备的考验。元代王祯论述土地条件差异："九州之内，田各有产。山川阻隔，风气不同，凡物之种，各有所宜。故宜于冀、衮者不可以青、徐论，宜于荆、扬者，不可以雍、豫拟，此圣人所谓分地之利者也。"②因此，对于农业生产者来说，若不辨"天时"，不识"地利"，想满足温饱是非常困难的。紧张的人地关系迫使从事农耕生计的群体在土地、土壤方面的知识达到其他生计文化群体不能比拟的高度，他们不仅认识到地势海拔的高低对农作物的分布具有不同的影响，还认识到土壤肥力对农作物的决定性作用。因土壤的性质、种类的不同而导致农作物产出的优劣与数量有较大差异，这对群体生计有巨大的影响，正所谓"每土有常，而物有次"，要求农耕生产遵循"因地制宜"的基本规律。耕作同样有着严格规定，既要考虑地势高低的差别，如高地深耕，低地浅耕等，同时也要考虑土壤肥力的不同，例如柔润肥沃的田地宜晚耕，干硬贫瘠的田地则适合早耕等。

气候知识与地理知识反映了农耕生计文化中的知识体系，生产技能则反映了农耕人群的实践能力。农业结构的主要构成是以"天—地—人"为核心元素，其中"天时"与"地利"是基础性条件，按自然界的时间节律而运转。但是如果离开人的具体实践和努力，自然也无法完成生产的全过程，因而生产者生产知识的学习与实践能力，被一些学者视为"人和"。"人和"大概包括"知"与"行"，分别从认识方面与实践方面确立了人在

---

① 徐光启：《农政全书》，石声汉校，上海古籍出版社，2020，第185页。
② 王祯：《王祯农书》，王毓瑚校，农业出版社，1981，第13页。

自然万物中的主导地位，是增强、改进和提高生产的决定性力量。

从根本而言，"游牧"是人类利用农业资源匮乏之边缘环境的一种经济生产方式。游牧利用食草动物之食性与它们卓越的移动力，将广大地区人类无法直接消化、利用的植物资源，转换为人们的肉类、乳类等食物及其他生活所需[①]。游牧生计方式相较于渔猎生计方式，除去人与动物的经济矛盾，还要面对牲畜与草场的矛盾，这是游牧生计为更高级的生计方式所决定的。游牧生计方式的最主要特征即为两点，一是"游"，二是"牧"，完全是在漫长的历史时期中适应这些矛盾的产物。从牲畜与草场的矛盾来看，每当牲畜在一块特定的草场进食了一段时间后，为了草场的休养生息，牲畜要先迁徙到另一块草场进行觅食，而人们要将已啃食过的草场暂时封禁，以确保其有足够的时间恢复生态活力。故而，有了游牧经济方式中最重要"游动性"的特征。游动性经历了从无规律移动到有规律地往返移动等不同阶段，无论哪一个阶段，以"游动"为第一特征的游牧生计方式很好地处理了资源匮乏区域中人—牲畜—草场三者间的矛盾。

游牧人群随着牲畜的迁徙而移居，是游牧得以持续的基本模式。应该说，不是游牧的需要选择了能东奔西走的动物加以驯养与繁殖，而是根据动物觅食的游动性决定了游牧民族的生计方式。在不同的生计方式下，人对自然界会产生不同的态度。在猎民的眼中动物是野生的，而在牧民的眼中动物则是家养的，甚至是家庭的一分子。在传统牧业生产环境中，对动物的拟人化或社会化处理非常正常。有一部蒙古国与德国合拍的纪录影片《哭泣的骆驼》，讲了一匹母驼产羔时遇到难产，之后拒绝哺乳幼驼，牧人以传统的方法用音乐解决问题的故事，涉及游牧文化中一种较为普遍的地方知识体系。在影片的片尾字幕中，每一匹骆驼都是有名字的，这是一种典型的牧业文化的体现。

动物虽然种类极多，但并不是每一种动物皆能被驯养成家畜。首先，要看一种动物是否易于驯化，一些野生猛兽至今尚具十足野性难以驯化，是因为野兽的天性所致。当然，人类的驯化能力也是随着技术手段不断提

[①] 王明珂：《游牧者的抉择：面对汉帝国的北亚游牧部族》，广西师范大学出版社，2008，第3页。

升而增强的，从前不能被驯化的动物，在未来未必不能被驯化。虽然有些动物的部分被人类驯化了，但仍有一部分还保持着野生的生活状态，故有"家畜"与"野畜"之分，家畜和野畜在一定条件下可能会形成对资源的竞争关系。今天在黄河上游的高寒草场中，依然经常可以看到家养的牦牛和野牦牛之间存在草场的竞争与博弈。其次，被驯养的动物要能在群体迁徙中抵抗自然灾害。游牧民族选择驯养的动物与动物之间必须具有合群的习性，否则牧民难以照料，被驯养的动物还要具备一定的抗灾害能力，要能够在恶劣的天气与环境下完成觅食与生长。在游牧民族长期的生计实践中，他们先后驯化了山羊、绵羊、牛、马、骆驼，这些动物最终被选择成为家畜是因为满足上述条件。牛、羊并不是天然的家畜，但是家畜天然为牛、羊，"五畜"是游牧人群对世界的伟大经济贡献。实际上，农耕也有"五畜"概念，其"五畜"是指猪、牛、犬、羊、鸡，与牧业文化截然不同。两种"五畜"概念是根据各自生存的地域空间而形成的，同时也是农业或牧业对自然生态的保护，以及人与自然和谐共生的生存智慧。再次，要看动物的经济价值。如草原上的牧民认为"羊浑身都是宝"，一些经济价值较低的动物从根本上大概不会被牧民选择来驯化。通常来说，只有肉、奶、皮、毛有价值且在一定程度上能帮助牧民更好地生存的动物才会被驯化，一般而言，大型动物的经济价值往往会更高。一般来说，因为生存空间的竞争，牧业生计中人们要保有一定的畜群数量，在食物选择上也较少直接以肉食为主而消耗畜群，而是以乳制品等作为主要的食物选择。今天在黄河流域北方，特别是集约化程度较高的牧业经济中，牧业"副产品"的比重可能占到很高，这也是来自牧业生产知识的积累与传承。在黄河下游中原地区的考古中发现，新石器时代末期到青铜时代早期，不仅存在以开发羊毛为主要目的的养羊经济，而且当时羊毛经济开发具有一定的普遍性[1]。最后，被驯养的动物皆为草食动物而非杂食动物，这是牧业生产环境所决定的。很多猛兽之所以不能被驯养，除了难以驯化之外，其根本原因是驯化肉食动物并不利于提升牧民的经济体系，而会成为牧业经济

---

[1] 参考李志鹏、Kathefine Brunson、戴玲玲：《中原地区新石器时代到青铜时代早期羊毛开发的动物考古学研究》，《第四纪研究》2014年第1期。

体系之外的多余消耗因素。草食类动物成为牧民的选择是经过了长时间历史实践的结果，最终选择它们是因为其食性适合于牧业生产经济。游牧群体的关键性资源是农田与林地之外广泛分布的草本植物的地上部分，游牧生产者关注牲畜，并因此而关注饲草。但是草原游牧生产只是利用和保护天然生长的饲草，鲜有种植饲草之举，这便是传统游牧生计文化的特殊之处。在农耕生计方式那里，由于通过种植饲料来蓄养动物，不仅能帮助其完成定居农业生产中的部分工作，而且还将不同于游牧生产方式的其他牲畜和家禽，如猪、鸡、鸭、鹅、骡等，完美地融入大的农耕经济体系中。游牧人群不事饲草种植，使得饲草生产外在于群体的劳动范畴，但饲草在整个游牧生计方式中又占据了重要位置，故而自然灾害对草场环境的影响会直接产生游牧经济方式的关键制约，也导致了游牧生计方式的脆弱性。这也是游牧生计方式产生与发展的几千年来，一直与农耕经济维系着相依相存、互助共生关系的关键原因。这一共生关系的故事，我们在后文中还要讲到。

无论农业或者牧业，皆是人类群体最直接面对自然的生计方式。地球上从北极圈以南至长城南北的纬度范围内，大致即是我们所讲的欧亚腹地草原范围，是牧业生计方式的人群实践并完善牧业生计知识的空间。在这个人与环境互动的空间里，完美体现了人与自然和谐共生的法则。游牧生计文化知识系统还有一个重要的面向，在与自然互动的生产关系中，牧业生产因其游动性，实现了对自然环境资源的最小化索取，并且形成一整套保护自然的观念与知识，体现了游牧生计方式的可持续化特征，承载着游牧文化与自然之间的和谐律动。以蒙古族传统游牧文化为例，大量史籍文献记载包括蒙古族在内的北方游牧民族其游牧生计方式为"逐水草迁徙"[1]，即前文所述及牧业生产的游动过程。在这个过程中，蒙古族视"天"为最高神，而草原、河流则为"父母"，在观念层面形成了天地万物的等级。日常生活中不但非常注重对草场中一草一木的保护，同时也特别珍惜水资源，久而久之便形成了保护生态的知识、方法以及行为规范。例

---

① 参考王博力涛、吴楚克：《生态环境和生计方式的互动影响探析》，《内蒙古民族大学学报》（社会科学版）2018年第3期。

如忌讳在草场上挖掘草根，因为此举会破坏地表层，从而形成沙漠化。他们充分利用蒙古草原的广阔地带来进行较为分散的游牧活动，避免了过度集中的放牧对草场可能造成的破坏；忌讳在水源如泉水边清洗，更不用说其他不洁的行为，因为会污染水源。蒙古族把水资源看作自己的生命线，因为蒙古高原干旱缺水，水资源匮乏。禁止污染水源的生活习惯，不仅保护了水源生态，也杜绝了水资源的浪费，同时起到防止草原人畜疾病暴发的作用；忌讳春天打猎或猎杀母兽，因为春天是产羔的季节，在这个季节猎杀母兽会影响所处生态中的动物种群平衡。在牧业生产与生活中的行为规范方面，蒙古族很早就颁布了保护草场的习惯法，并且以文字的形式流传下来。成吉思汗口授，后人写就的《大札撒》中第五十六条行为法有"禁草生而镬地，禁遗火而燎荒"以保护草场的明文规定①，禁止从初春起到秋末牧草泛青时挖掘草场，倘若有人违反，或因不当行为使草场遭到烧毁的情况，便严惩不贷，甚至会对其全家处以死刑。成吉思汗的继承人窝阔台汗在颁布的法令中强调："百姓行分与它地方做营盘住，其分派之人可从各千户内选人教做。"②从这条法令可以看出蒙古族相关生态知识对草场保护的自觉性、规范性和传承性。在黄河流域上游的青藏高原，因为生态环境更加脆弱、敏感和易产生永久性破坏，关于牧业生产生活中的生态知识体系更加细密，在不同区域的放牧种类、方式、迁徙的路线、对水资源的利用等，都成为指导当地人群几千年来实现与环境友好互动的具体指示引导，甚至对人群社会的组织关系、群体结构和互动过程都产生了深刻的影响。

由此可见，传统的农业生计文化与牧业生计文化对大自然的认知，共同构成了一个完整的中华民族自然生态观念体系。无论是对时间的把握与规定，还是对土地的分类与处理，抑或是在随水草迁徙而牧的过程中所形成的对自然生态实施保护的规则与律法，皆有异曲同工之妙，种种体现皆是两种生计文化适应自然，与天地自然对话的智慧之道。

---

① 内蒙古典章法学与社会学研究所：《〈成吉思汗法典〉及其原论》，商务印书馆，2007，第198页。

② 巴雅尔：《蒙古秘史》，内蒙古人民出版社，1980，第1442–1445页。

二、农耕与游牧生计文化中的技术互惠

在黄河中上游青藏高原与黄土高原交界的河流谷地间、甘肃南部与四川青海交界的川西以及河套平原、内蒙古南部、山西与陕西北部山区等广阔地域中，农耕生计方式与传统牧业生产一直并行发展，相依相存，在不同的自然环境条件下表现出不同形式的互惠与融合。

一种形式下，不同的生计人群以山地海拔分布，住在山上较高处的是从事牧业生产的人群，而谷底较平坦且有河流的区域开辟为农田，是农耕生计的空间。不同的生产方式在各自的区域遵循着各自的生产规律，恪守着属于自己的生产知识和技能。两个群体之间，有密切的日常交往和技术互惠，看似不起眼却又牢牢地将人们联系在一起。山下的农人有时间节律，春种秋收，一年忙活地里的生产，一到农闲，杀猪宰羊，婚丧嫁娶，空下了收割后的田野和散落的秸秆。山上的牧人也要随着草长草黄，操心自己的牲畜，不能在青黄不接的时候掉了膘。尽管这些区域一般没有较大型的畜群，但度过冬天依然有一定的压力。牛羊没有草吃，在干旱贫瘠的山区，一年的牧业生产便不足以维持一个四到五口人的家庭所需。于是在类似地区普遍存在一种农牧间的互惠形式——借牧，即在农闲时间，山上的牧人把牲畜赶到谷地已经收割完毕的田野中，啃食农田中遗留的作物根茬、秸秆，甚至会有一些遗漏的作物果实。一般情况下，一户农家的田地再加上购买一点饲草，基本可以支撑一个小规模羊群过冬所需。对农户而言，收割后的田地要清理还要花费人工，牛羊啃食过反而干净省力。关键是牛羊在啃食的过程中，把粪便都留在了地里，等到春天开耕前一翻地，算是极好的土壤积肥改良，对原本就需要精打细算的农业生产而言，算是节省了一笔开支。两种生计之间这种简单的互惠关系就这样形成并一直延续。为了在两个人群之间形成一种更稳定的联系，在农牧交错混居区域，长期存在一种非血缘的亲属制度关系，叫"栓干亲家"。顾名思义，这是一种"干亲"，亲属关系的确定多为农业生计和牧业生计的两个家庭之间的认定和承诺。两家一旦认了"干亲家"，除了婚丧嫁娶、岁时年节时两家之间相互帮衬和情谊往来，更重要的是确定了一种稳定的借牧关系。另外有了"干亲"关系，农户家里逢年过节的肉食、奶制品就由牧户亲家全

包了；而牧户家里的粮油禽蛋、瓜果蔬菜的供给，农户亲家也就全部承担了。在当地，的确不能小看这样以佑护孩子健康成长的"栓干亲家"名义缔结的社会关系对经济生活的重要影响，在长期物资匮乏的时代，此种农牧间的互惠解决了日常生活中的很多问题，也反映出两个生计文化群体之间的依赖关系。

另外还有一种并行发展的形式，在耕地和草场条件都非常有限的区域，为了更有效地利用自然资源，农牧兼营的生计方式成为人们努力补足资源匮乏的有效手段。在这些区域，往往生态环境较其他地方更为脆弱，或者海拔较高、雨雪多发、气候寒冷，或者常年干旱缺水，汛期又多有洪涝灾害等。农业生产方面缺少大片易于耕植的平整土地，只有山前山后零散的小块坡地供小规模粮食或经济作物种植。牧业生产方面又因为山大沟深，植被稀疏，缺少良好的牧草，而不足以支撑较大规模的畜群牧养。因而人们会在长期与环境互动的基础上，因地制宜创造出或以农业为主、牧业补充，或以牧业为主、种植饲草料补充的方式融合多元的生计文化，熟练地应用两种生计方式的技能和知识，以最大化生产中环境资源条件的支撑。一般人们理解游牧民族食肉饮酪，不事种植，其实这仅仅适用于牧业生产核心区域等部分环境条件下。实际的情况中，无论在农业生产区域或者牧业生产区域，生计方式从来不是像学者们描述的那样纯粹，适当的补充原本就是长期历史的遗存。在牧业生产边缘地带，小范围的农业种植一直存在，特别是在农业生产区域的边缘，比如黄土农业的边缘地带，以小规模的舍饲喂养作为副业补充农业经济收入的家庭生计模式是长久以来乡土社会的传统。就耕地而言，黄河流域近现代以来耕地增长的速度远远赶不上人口增长的速度，因而更加剧了农耕人群的生存压力，对农业生产区域便利的人群来说更是如此。根据黄宗智在华北小农经济与社会变迁的研究中所收集的黄河中下游山东、河南耕地面积与人口数据，以1933年为例，人均耕地不足三亩[①]，加上分配不均匀、自然条件有区别、土地产出悬殊等因素，平原农业产区边缘的人群选择农牧兼营的生计方式是无奈之

①参考黄宗智：《明清以来的乡村社会经济变迁：历史、理论与现实》（卷一），法律出版社，2014，第271-277页。

下的生存智慧。同时，因为生存空间夹在农业和牧业两个大的板块之间，两个板块交错区域生活的群体在生产技术、产品交换等方面又有了其他区域的人们所不具备的优势。

我们还可以从更大的视角来审视农牧生计文化之间的融合与互惠。传统上对中国的表述常常为"古老的农业大国"，但若换个角度来看，这种说法却显现了对中国传统游牧生计文化的忽略，也是对中国历史上一直存在的"农牧结合""农牧转换"等多样而复杂的生计发展历程的否定。马孝劻先生在20世纪80年代就通过研究指出中国早在春秋战国时期，就以因地制宜为原则，形成了农牧分区的状况，其中农业区以农业为主，农牧结合，牧业区以牧业为主，牧农结合[1]。农牧业生计方式的结合是一个宽泛的概念，但从畜牧业就可以划分为草原畜牧业与农业区畜牧业，所以不论是牧业生产群体的养育牛羊，还是农耕群体的圈养猪鸡，都属于畜牧业的范围。西方学者有一种观点，认为在同一片土地上进行农耕与游牧的轮作是农牧结合，那么中国的精耕细作与游牧圈养结合理应也被划为农牧结合的形式。如果我们放大视角，从整个中国板块的"南农北牧"上来看，也应是中华民族农牧结合生计方式的整体性体现。所以对"农牧结合"不应该狭隘视之，而应该是将此概念结合中国实际情况来做出判断。因为中国广阔的土地上自然环境和人文历史都有其巨大的差异性，仅仅黄河流域，就已是全世界独一无二的复杂生境体系，本身就具备庞大系统的研究基础。另外从历史的视角来看，我们也应该肯定农牧生计方式结合是历史存在的事实，其结合过程就是历史过程。黄河流域因特殊的历史条件与不同的地理环境、资源禀赋，在农牧结合的程度与方式上有别于其他任何一个地区，这也是形成丰富、多元的黄河文化的特质所在。我们不能因为游牧文化在中国晚清时期的没落就否认其曾经的辉煌和对中国历史的重要影响，也不能将中国的主要生计方式局限于农业区域，中国广阔的北方平原、高原以及半农半牧地区也是中华文化生成过程中重要的组成部分。

我们再以一个民族群体的发展为例来说明。蒙古族是黄河流域较为典

---

[1] 参考马孝劻：《发扬我国农牧结合、用养结合的优良传统》，《中国农史》1983年第4期。

型的体现农牧业生计方式融合与互惠的群体。在很长的历史时期中，蒙古族活动的范围正是或者覆盖我们前文述及的农牧交错带，农牧交错带的形成则意味着持两种不同生计方式的群体在生产与生活中频繁发生交流、碰撞，因而这个区域也是蒙古族与汉族交往交流交融的最好区域。清朝中期为了解决人口大量增长的问题，清政府先后实行借地养民和移民实边两个政策，使得大批的汉族进入蒙古地区。蒙古草原虽然历史上原本留存有一些小规模的农业生计，但大多属于游牧生计的副业，是补充性的生产，在大量汉族人口进入蒙古后，大片草场被开耕为农田，最终在清末时期形成广泛的半农半牧生计方式，甚至出现了完全从事农业生计方式的蒙古人。经过几百年的发展，近代以来，蒙古族的生计方式也在这一基础上从以畜牧为主、农作为辅的相对简单的生计逐步转向现代农牧业资源开发并举的多重生产方式①。由蒙古族的生计方式变迁可见，在其发展过程中与以汉族为代表的农耕民族始终保持着不断的交往与交流，并最终形成了我中有你、你中有我的农牧结合的生计方式，除生计方式的交融之外，其经济、文化以及制度等也都在一定程度与周边民族交融共生。

在农牧业生计方式结合的过程中，不同生计方式下工具的使用与发展是推动生产能力进步和促进农牧融合的重要条件。中华民族农业与牧业的传统工具在长期历史的演进中成为世界不同生计文化中的集大成者，闻名于世，巧夺天工的工具体系成为中华生计文化的基础和载体。从文化累积的角度来审视，工具不仅仅具备在劳动中显现的本体意义，同时也是农耕群体与游牧群体的主体性在农牧业生产中得以发挥的意义体现，是进步过程中人类主体性的物化成果。随着中华民族的一体化发展，农牧生产工具及其应用技术在农耕文化与游牧文化的交融中亦得到互通。所以我们今天能看到曾经的牧区逐渐开垦出了大片良田，阡陌纵横的农田边缘，牲畜养殖也随处可见，这是农牧生计文化通过人们的生计技术体系进一步交融共生的形态表现。

"器"在中国古代历史中，一直被指代所有具体的工具，被认为是

---

① 参考王博力涛、吴楚克：《生态环境和生计方式的互动影响探析——关于蒙古族生计方式变迁问题的讨论》，《内蒙古民族大学学报》（社会科学版）2018年第3期。

"形而下者"，不为倡导儒家思想的统治阶级所赞许。相反，作为以农耕生计方式为代表思想的农家却以朴素唯物主义视角看到"调习器械"能起到"务令快利"的作用，始终强调农具的重要性，主张"欲善其事，先利其器"[1]。铁犁是重要的现代耕地农具，由传统农具耒耜逐渐发展形成，形成于汉，体系化于唐，宋时功能逐渐多元化。播种机的鼻祖——耧车，最早出现在春秋战国时期，于汉朝时期由一脚耧、二脚耧改进至三脚耧车，播种效率得到了极大的提升，进而在全国范围内快速推广。龙骨水车作为农业灌溉技术的先进代表，也是在中国农业工具发展史上起到了跨时代的作用，在中国以黄河流域、长江流域为代表的农耕文化发达区域大放光彩。其工作原理被现代科技所采纳，成为现代电动水泵的设计源头，为农业现代化做出贡献。从《诗经》中所记载粮食作物的情况，可以断定西周到春秋时期，黄河流域普遍种黍和稷作为主要食物，但在战国时期，他们代之以小米和豆类为生。这种变化主要由于农业生产资料改进之故，例如铁农具的发明与使用[2]。从事农耕生计方式的群体因作物对土地的不可移动性决定了定居的基本生存模式。在一般的历史时期，定居群体相较于游动群体在文明发展方面会处于一个更有利的地位。因为与土地的联系以及不可移动的财富的积累，决定了农耕群体思想文化和价值体系中的"守"与"持"等观念，较少产生对外扩张的群体意识，除非所守的土地不足以支撑所"持"的生计，否则一定会"守其成"而不会"扩其地"。与之相对应，游民群体的游动性决定了他们必须不断地寻找新的草场以支持日益扩大的人口规模和畜群数量，因而显现出一定的侵略性，当然牧业生计的脆弱性也是不断推动其向农耕生产区域力量扩散的主要原因。这种差异体现在不同群体面对他者对自我进行保护的技术系统和观念系统。技术系统方面，游牧群体有快马长刀，纵横驰骋，农耕群体则有长城绵延，狼烟传信；观念方面，则体现在对土地的不同态度上。古希腊色诺芬很早便注意到农民对土地的态度特征："土地能鼓励农民武装保卫国家，因为庄稼都生长在露天之中，容易受到强者的掠夺。"[3]同时还对比分析了农耕民族与

---

[1] 参考刘永佶：《民族经济学》，中国经济出版社，2013，第127页。
[2] 竺可桢：《中国近五千年来气候变迁的初步研究》，《考古学报》1972年第1期。
[3] 色诺芬：《经济论　雅典的收入》，张伯健、陆大年译，商务印书馆，1961，第17页。

手工业生产者面对侵略时的不同态度："在农民与手工业者受到敌人侵略时，分别询问他们是赞成保卫国家，还是赞成撤离到安全的地带。在这种选择下，几乎所有与土地有关系的人都会赞成保卫土地，相反手工业者则一定不愿意与强敌斗争。"①此处的手工业者也多少具有一些游牧群体的游动性质。农耕生计方式所养成农民的这一性格与游牧生计方式所养成的性格形成了鲜明的对比，这种差异在他们发生联系时转变为激烈的矛盾冲突，这也是中国历史的重要内容。不同的技术系统和观念系统在两个群体长期的联系、冲突等形式的互动中，也得到了不断的发展，间接促进了两个群体各自的进步和彼此间从技术到观念的融合。

另外从人的发展方面来看，两种生计文化分别从采集－狩猎生计方式中获得营养，并朝着不同的方向发展，分别都为人的发展提供了场域，产生了不同的人的终极发展目标，共同丰富了中华民族文化中的琴瑟和鸣。按照学界的一般说法，农耕生计方式与游牧生计方式分别由采集与渔猎生计方式衍变而来，尽管我们知道这个过程要复杂得多，但也的确在发展中形成了不同的道路，并且相互补充，各得其所。采集生计方式中，劳动仅仅集中在对植物的收割上，农耕生计方式的生产环节远多于采集生计方式，需要对生产的整个过程进行全程干预与劳作，包括留种、选种、耕地、播种、施肥、灌溉、除草，一直到农作物结果，最后是收割，极大地提升了劳作强度，但同时劳动目标明确，保证了生产收获。与之相比，采集生计方式的活动大概仅有一个收割环节，可以说农耕生计方式发展为较为复杂的生产体系标志着人类发展能力的提高。再来看游牧生计文化中人的发展。游牧生计方式相较于渔猎生计方式上的进步，主要体现在人群生产能力的提升和对生产结果的把控上，正如农耕生计方式与采集生计方式一般。从劳动对象来看，渔猎生计方式所猎取的对象主要是野生动物，而游牧生计方式则主要依靠驯养牲畜并保持牲畜的代际繁育为生。牲畜是牧业群体通过长期的生产生活实践培养驯化且适于游动的牧业经济的动物，从牲畜的选种、交配、产羔，到草场四季轮牧，再到对皮毛、乳制品、肉

---

① 色诺芬：《经济论　雅典的收入》，张伯健、陆大年译，商务印书馆，1961，第19-20页。

制品进行加工，无论是劳动强度还是所需的技能支撑，都反映了牧业人群的认知与实践能力远远高于传统狩猎人群。生产的原则是用一定的知识体系尽可能地调节畜群和草场间的平衡，维持适当的畜群规模，躲避可能的自然灾害，最大化地利用养殖过程中产生的牧业副产品，如乳制品等，而避免直接消耗畜群，整个过程非系统的生产技能和高超的生产技术无法得以完成。牧业生计方式的发展成就不仅极大地丰富了群体的饮食选择，改善了传统的食物结构，提升人群体质，还为草原帝国的兴起提供了必要的基础。今天的甘肃山丹拥有亚洲最大的马场——山丹军马场，即不同历史阶段为不同的草原新兴游牧民族提供军马的主要区域，见证了游牧民族军事力量起伏兴衰的全部历史。当然，近现代以来，军马场也成为农耕生计向牧业经济融合的最主要区域，原本马场的职工就地转为农场的职工，农业种植成为生产主业。在冷兵器时代，以高质量的马匹培育与生产作为军事基础，草原军事力量获得从未有过的集团战斗力和军事动员力，骑兵也因此诞生，战争的样式也被改变，战马驰骋过的土地成为帝国从未有过的疆域，自然在某种程度上也改变了今天的世界格局。总体而言，由于生产环节的增多，生产技能的复杂和生产环境的变化，农牧业生产方式下的人群比起之前的生计方式获得了极大的发展，面对世界、把握世界的能力有了较大提升，为中国社会的繁荣进步奠定了基础，为生计文化的进一步多元发展、交融共生提供了可能。

第三节　白兰瓜与西门塔尔牛：
传统生计文化的现代化转型

中国传统的农耕与游牧生计在漫长的发展过程中，不但两种生计文化之间相依相存，不间断地融合互补，而且两种文化共同构成的生计文化也从未停止与周边不同文化的互动与交流。自汉唐至明清，承陆上与海上丝绸之路之便利，中国的丝绸、玉器、桑蚕物种源源不断地流向世界，同时，"四方"的物种，包括植物、动物也进入中国黄河与长江流域。更重要的是异域的文化也在长期的历史中与中华文化交流碰撞，最终融入中华文化，成为中华文化的篇章。例如狮子这一物种，从古代非洲、西亚和印度等地来到中国，并非作为一个物种被传播，因为狮子很难在以黄河流域或长江流域为中心的中华大地上生存繁衍，其重要的意义是作为一个文化的符号在中国的发展①，其结果就是我们今天在中国大地上随处可见的或威武庄严，或憨态可掬的千姿百态的狮子形象。其他在中华大地上扎下根来，并开枝散叶、繁衍不绝的物种，更是多不胜数了。文化交融的力量是强大的，无论是在漫长的历史中，还是在工业文明洗礼后的近现代。下面两个物种传播的故事，可以帮助我们理解近现代以来黄河流域传统农耕、游牧生计文化在新的历史背景中积极接纳外部文化以实现自身发展的过程。

白兰瓜，也称为"华莱士"，是20世纪引入中国的甜瓜品种。白兰瓜原产美国加州，1944年美国副总统亨利·阿加德·华莱士访华期间，应农业经济学家、时任甘肃省建设厅厅长张心一的要求，向甘肃省赠送了英文名称为"蜜露"（Melon）的白兰瓜种子，同时赠送的还有92个编号的牧草种子、一些水文仪器、数把三角齿铲子以及其他个人物品。这件事的起因是美国水土保持学家华尔特尔·克莱·罗德明自1942年至1943年，在兰州、陇南、河西走廊以及黄河上游考察结束后，鉴于对当地生态状况的了解，建议张心一向华莱士提出请求，并在回国后向华莱士转达了张心一的请求。赠送物品中的三角齿铲子是因为罗德明在兰州雁滩考察时，曾见到小脚妇女跪在地里除草很辛苦，所以也请求华莱士带给甘肃可以使人站着除草的农具②。白兰瓜引入甘肃后，就在兰州黄河岸边的青白石乡展开培育和种植，获得了极大的成功，青白石沿黄河的沙地几乎全部用来种植白兰瓜，甚至蔓延到天水和河西走廊，一时间成为享誉中外的著名瓜果品种，为当地农户带来了极大的收益。20世纪70年代，由于各种因素导致，白兰瓜品质逐渐退化，当地农户开始转种其他瓜种。2011年，甘肃省农科院集合研究力量改良白兰瓜种，2014年研究人员在美国再次找回"蜜露"原种，经过七八年的择优杂交，培育出编号"甘甜C61"的白兰瓜改良

---

① 参考尚永琪：《莲花上的狮子——内陆欧亚的物种、图像与传说》，商务印书馆，2014，第2~8页。

② 参考梁志宏、程鸿：《兰州白兰瓜引种史略探》，《干旱区资源与环境》2021年第4期。

品种①。

西门塔尔牛起源于中世纪瑞士首都伯尔尼附近的西门山谷，是世界第二大牛种，被称为"全能牛"，包括"肉乳兼用型""乳肉兼用型"和"肉用型"，约在100年前开始向全世界传播，但真正快速传播的历史大约有50年。第一批西门塔尔牛是在1960年从苏联进入中国的，至今有60多年的历史，期间还从多个国家进口过各种品系②。中国于1981年成立西门塔尔牛育种委员会，建立健全了纯种繁育及杂交改良体系。1990年，山东省畜牧局牛羊养殖基地引进西门塔尔牛品种。2003年，中国农业科学院北京畜牧兽医研究所"西门塔尔牛"研究课题组先后承担了国家外国专家局的一系列示范推广项目。2006年，山东省畜牧兽医局与相关牧业科技公司引进德系西门塔尔牛胚胎100枚，先后在山东高密、河北张北开展移植并获得成功。2008年4月，我国农业部国际合作司与德国巴伐利亚州农林部签署了关于推广应用德系西门塔尔乳肉兼用牛种遗传物质与相关技术的合作协议③。随着选育、杂交、改良面积的不断扩大，在太行两麓半农半牧区已建立了60万头西门塔尔牛的杂交繁育区，在皖北、豫东、苏北农区建立了45万头牛的改良区，松辽平原、科尔沁草原建立了100万头牛的杂交区。因为西门塔尔牛对原有养殖业经济效益提高明显，刺激了相关产业的发展，在部分地区已经成为支柱产业④。

数据都是比较枯燥的。2017年，我在锡林郭勒盟调研时，走访过几个旗，考察了当地牧户的牧业养殖情况，西门塔尔牛因为养殖经济效益高，是当地牧业养殖户的首选。在一位牧民家里，满脸沧桑的牧户看着牛对我说："放了一辈子牛，还真没见过这么好的牛，就是养起来太麻烦，技术环节太多了，要不断学习。"我相信牧户的话，包括前面讲的白兰瓜的故

---

① 参考兰州日报：《寻味白兰瓜》，腾讯新闻，2022年6月27日，https://new.qq.com/rain/a/20220627。

② 王雅春、陈幼春：《世界西门塔尔牛育种现状及其在中国的应用方向》，《中国牛业科学》2008年第6期。

③ 张淑二、孙仁修、李有志：《德系西门塔尔牛在国内的应用研究进展》，《养殖与饲料》2017年第10期。

④ 参考许尚忠等：《中国西门塔尔牛选育及其进展》，《中国畜禽种业》2008年第3期。

事，都证明了传统的农业、牧业生计方式在转型过程中被赋予了很多新的内容与知识，同时也在积极地进入工业化的世界体系。想一想传统生计文化发展的整个历史过程，何尝不是一直如此呢？只是在工业化的时代，来得更快、更密集。

　　事物不断发展变化，是天地间不变的法则。纵观人类发展史，生计文化有三次最重要的发展节点。首先是生计方式的诞生，这一过程历经数百万年；其次是采集－渔猎生计方式；通过园艺种植、小规模动物驯化向农耕、游牧生计方式变迁，形成稳定的农耕生计文化与游牧生计文化；最后是农、牧业生计方式向以工业发展为基础的现代生计方式转型，即工业化生计文化。如果说匍匐于自然力量之下，人类小心翼翼去触碰自然的采集－狩猎生计仅仅是人类生计方式的第一步，那么工业革命以来推动的传统生计文化的现代转型，也就是工业化生计方式的形成则是人类生计文化当下正在经历的过程，世界上所有的人群都身在其中，无论愿意与否。人类在工业化生计方式以前的各类生计方式之中，"自然"是人群要直接面对的对象，彼此之间有决定和被决定、改造与被改造等复杂的关系，由此人类产生如感恩、畏惧、欢乐、喜悦、绝望等情感，进而有了"信仰""膜拜""祭祀"等实践，以及与之相关的所有伟大艺术的创造。"自然环境"对人类的延续、生产起着决定性的作用，对人们的劳动成果产出的数量与质量影响都很大。进入工业化生计方式中，"自然"的作用力被压缩到较小的程度，大多数人在工厂、商店、办公室工作，在人与"自然"之间，横亘着城市——这一人类社会高度化密集和发展的产物，"自然"力量的影响似乎被遮蔽而不易察觉。这是工业化社会的一个显著特征，大量的人口居住在城市，人们的社会生活比以前更加非个人化和匿名化，人们日常交往的往往是陌生人而不是熟人[1]，但世界对于每个人而言，不是更小，而是更大了。建立在工业文明之上的新的科学技术完全覆盖了传统生计文化中形成的知识和技术体系，推动传统社会变革，并且以更大的力量影响着社会的经济、政治等各个方面。信息技术的产生进一步改变了传统

---

[1] 参考安东尼·吉登斯：《社会学》（第4版），赵旭东等译，北京大学出版社，2003，第33-34页。

上人们对"时间"和"空间"的理解，改变了人们面对世界和形成各种社会组织的方式，改变了世界格局，甚至改变了"人"这一本体。毋庸置疑，工业化是人类生计方式发展迄今为止的最高峰，超越了以往所有传统生计文化的边界，同时还在不断扩大，其革新的速度远远超过之前所有生计方式的总和，推动传统生计文化越来越快地向着一体化的方向迈进，对文化融合的观察与思考已经不能以之前的区域、地域为单位，而是要放置于更大的空间考量。

一、现代科技的传播及其对传统生计方式的影响

应该说，近代西方工业文明在船坚炮利的殖民主义的挟带下进入中国之前，现代科技的萌芽在中国的黄河流域已经悄然发生。中国人对火药的掌握和使用即是一例。"至明成祖平交址……设置神机营肄习。嘉靖八年，始造佛朗机炮，谓之大将军，发诸边镇……崇祯中，大学士徐光启请令西洋人制造，发各镇，明置兵仗、军器二局，分造火器，凡数十种。正德、嘉靖间造最多。"[①]可见中国火器制造开始得很早，工业化的生产制造业已露端倪，只是未能持续，落得近代被动挨打的结局。在传统儒家观念的影响下，社会主流风气对某种"技艺"的发展有明显的抑制，由"技"入"道"才是社会思想推崇的方向。但也不能说中国人的思想与观念世界就只有传统文化的资源。蒙元之后，世界的格局发生了很大变化，或许当时的知识分子对西方科技的了解要比我们所知道的更多。航海技术的发展，让更多西方的科学技术与思想随着西方探险家、传教士从蔚蓝大海进入中国，"西人的东来，有海、陆两路。而海路又分两路：一、自大西洋东行，于公元年1516绕过好望角，自此而至南洋、印度及中国。二、自大西洋向西行，于1492年发现美洲，1519年环绕地球，其事都在明武宗之世"[②]。从17世纪到18世纪，中国学者薛凤祚、梅文鼎，包括理学家张尔岐、李光等人，开始从兴趣出发，对西方传来但已融入当时中国知识思想整体语境中的科学知识有了热烈的反应。100

---

① 吕思勉：《中国社会史》，上海古籍出版社，2007，第580页。
② 吕思勉：《中国通史》，民主与建设出版社，2015，第138页。

年后，接替著名外交官张荫桓的翰林院编修、安徽人崔国因以二品顶戴出使美国、西班牙等国，他于日记中载："中国自开辟以来，皆以贵粟重农为本，以商为末，自是王道。然弧矢之威，一变而为枪炮，天堑之险，一变而为坦途，议守议战，其费百倍于前人。商务不兴，费必不给，物穷则变，圣训有明征矣。"①表达了一位帝国官员、知识分子面对进入以西方科学技术为主导的全球时代后，深感传统生计文化与社会秩序受到挑战，原本的精神世界、思想与信仰受到冲击，从"求强"转而"思变"的思想轨迹。1895年以后，新的传媒、新式学堂、新的学会和新的报刊出现，使西方知识和思想在这些媒体的支持下，更以前所未有的速度传播②，从而推动中国社会方方面面的深刻变革，传统的生计文化作为社会发展之根基，自然首当其冲。

　　今天回首观望中国人近现代以来走过的历史，洋务运动、民族资本主义工商业的发展、新中国的工业化运动、新型工业化道路的选择都是中华民族面对外部压力逐渐觉醒后对工业生计方式的不懈追求和举措。近代以来，国人对工业化的追求首先表现在太平天国后期领导人之一洪仁玕所撰的《资政新篇》中，认为各种工业产品"皆有夺造化之巧"，主张以"准其自售"的方式鼓励制造"精奇利便"的"器皿技艺"，主张"兴宝藏""兴车马之利""兴舟楫之利"等。洋务运动书写了中国近代工业化的第一篇章，孙中山先生则绘制了中国工业化的第一个较为完整的蓝图——《实业计划》。《实业计划》开创性地规划、设计了中国北部、中部和南部沿海的大海港建设，全国五大铁路系统和全国公路网的建设，运河与内河水道的开凿整修，煤、铁、石油、有色金属等矿藏的开采，以及农业机械化的实现、各种轻重工业的发展等。此书是孙中山一生所有文字中用时最久之作，耗时三年有余，在中英文版的出版过程中又遇到了诸多艰难，也从一个侧面显现了传统的中国面对突如其来的工业化、现代化所处的境地③。

　　工业化生计方式深入物质生产内部，将人类活动延伸至太空宇宙，细微到分子世界，极大地扩展了人类所处的物质世界和更高层级的精神世

① 崔国因：《出使美日秘日记》卷一，黄山书社，1988，第13页。
② 葛兆光：《中国思想史》（第二卷），复旦大学出版社，2001，第541页。
③ 参考徐涛：《实业计划成书考》，《学术月刊》2021年第3期。

界。马克思将采集－渔猎生计方式评价为还没达到"真正发展的起点"，但把工业生计方式看成是人关于本质力量的公开展示，认为"工业的历史和工业已经产生的对象性存在，是一本打开了关于人的本质力量的书，是感性地摆在人类面前的关于人的心理学"①。把眼光放置全球视角，整个第三世界获得民族独立之后，只有在工业化道路和模式上的不同，没有方向的不同，传统生计方式向工业化的靠拢是不可抗拒的。

中华人民共和国成立以来，工业化进入了前所未有的发展阶段。应该说，中国完整的工业体系建设是中国无产阶级领导下各劳动阶级的卓越贡献。改革开放以后，新一代学者在"以农立国"的实践基础上，积极寻找中国传统农业生计方式的发展出路。农业工业化是其中比较重要的理论建设。张培刚提出发展大中国的多元发展观，认为中国从东到西呈现多种生产力水平和多种社会经济形态的"多元"特征，区域发展十分复杂。他以曾经在农村放牛的体验，将东部地区比喻为"牛头"，西部地区为"牛尾"，中部地区为"牛肚子"，认为中部地区发展不起来，整个国家也难以整体发展。鲜明提出"先农业支持工业，然后工业反哺农业"②。这大概也将成为下一个阶段传统生计文化更快速进入工业化系统的发展道路。

二、农、牧业传统生计文化的发展

工业化生计方式与传统的农耕和游牧生计方式的主要区别之一在于后者依赖长期的经验积累。中国传统文化中之所以敬老，除了社会秩序的建构外，对于生产生活经验的推崇亦是原因之一。一个传统生计文化中经验丰富的老者，能够以经验解决生产过程中所遇到的绝大多数障碍与挑战。间接的经验有代际传承，直接的经验是在持续与自然界互动的过程中提炼出来的，最后形成一整套知识体系，然后再完成新一轮的代际传承和新的经验积累，如此世世代代，循环往复。而在工业化的生计方式中，"经验"可以被"度量"，是在实验室中通过各种模拟试验进而被数字化，成为可随时提取的数据式"应用知识"，并可以不断复制，甚至包括模糊率和容

---

① 马克思、恩格斯:《马克思恩格斯全集》(第42卷)，人民出版社，1979，第44页。
② 参考张建华:《农业与工业化》，《经济研究》2022年第3期。

差值。转换过程也将带来社会精英人群的重构，传统生计方式选择经验依赖优先，获得经验储备的老者往往会受到尊敬，成为一个社会中的精英群体；而工业化的生计方式中那些拥有新的知识体系且有操作能力的人才会得到社会的重视。做一个不恰当的比喻，经验依赖优先的系统有点类似传统医疗诊断方法，而数据依赖优先的系统则更接近现代医疗诊断方法。目前，在人类主动解决与自然之间矛盾的方式中，工业化的生计方式代表了大多数人公认的标准和水平，正因如此，在人类进入工业化生计方式支撑的现代化之后，传统生计方式所注重的通晓"天文地理"的经验性知识，逐渐被近现代以来工业化所依赖的实验科学所取代，随着数学、物理学、化学、天文学、生物学、气象学等学科的日益成熟，并下沉到社会生产劳动中，工业化生计方式的技术得到了极大的提高，从而进一步促进科学发展与科学革命[1]。从世界范围来看，一切前工业生计方式都面临着工业化的转型挑战，重要的是转型后的生计方式已经不再是闭合体系，而是被纳入整个工业化世界发展的一部分。工业化正在有效地为自身的再生产创造出越来越广阔的基础与条件。

农耕与游牧均为上一个历史阶段的两大主流生计方式，在数千年的较量中，彼此间相互依赖，相互补充。因为自然气候和其他一些历史原因，在不同的阶段，或农耕生计发展强劲，或游牧生计一片蓬勃。例如河西走廊，西汉前基本都是游牧民族的天然牧场，随着河西四郡的设置，中原王朝移民实边，走廊中的绿洲逐渐被开发为农耕区域。随着多个游牧民族先后建立统一政权，游牧经济区再次受到重视并迅速发展。更广阔的北方区域，类似的演化反复不断，最终，终结较量的力量既不是农耕生计方式，也不是游牧生计方式，而是突然出现的工业化。还有很多案例显现了传统生计方式无一例外皆被近现代以来兴起的工业化生计方式所覆盖。农耕生计与游牧生计之所以始终处于动态平衡状态，一个原因是生产力大致相当，而工业化的生产力远超这两种传统生计方式，这从近代以来的世界史中可得到清晰印证。直至当下，工业化一直在以有力的方式引导所有传统

---

[1] 参考王新哲、周荣喜：《工业文化研究综述》，《哈尔滨工业大学学报》（社会科学版），2015年第1期。

生计文化积极融入新的内容，融合形成新的生产模式。

　　传统农耕生计方式如此，游牧生计方式同样如此。游牧生计方式的工业化，首先从为工业发展提供原料开始，以支持相关工业对各类牧业产品的加工，再逐渐发展到大规模养殖、育种、人造饲料等，最终完全实现工业化的牧业生产体系。以黄河流域的乳业企业为例，企业发展的基本模式是由牧业生产户向现代化工业企业提供乳制品原料，企业生产出乳制品再进入市场。因为企业体系庞大，可以应对各种市场风险，牧业生产户在企业原料供应上游，作为企业的组成部分，处于安全的位置。如同新西兰的畜牧业因冷冻运输技术的发展为世界高端肉质市场提供了牛羊肉，英国圈地运动后发展的畜牧业为工业发展提供了羊毛，等等。今天我们看到大型乳制品企业因为掌握优质奶源得以大力发展，都是传统生计文化在工业时代被赋予新的生命力的体现。就像传统农业生计受到了工业化影响，融合成为现代农业一样，传统的畜牧产业也在经历类似的文化融合过程，间或透露出一些游牧文化底色。影响黄河流域生计文化发展的因素很多，中国产业结构调整与经济体制改革是宏观背景，各项扶贫政策、城乡移民以及文化环境等因素都会成为生计方式融合、变迁、发展的关键性因素[①]。生计方式是不同人群文化融合的经济基础，在工业化时代，传统生计方式中的大量劳动力乃至整个群体，都会以工业化生产为核心，呈现从未有过的"我中有你，你中有我"的交融景象，从而推动整个文化系统的融合发展。

[①] 巫达、王广瑞：《经济文化类型理论的学术图谱与当代际遇》，《西北民族研究》2019年第3期。

第三章　黄河流域丰富的民俗文化（一）

在文化的分类中，民俗文化无疑是一个主要构成部分，包括人们的衣食住行、婚丧嫁娶、节日系统与岁时习俗、交往娱乐、时代风气等内容。从历史的角度看，民俗文化是时代的产物，涵盖着一个时代的物质、精神、语言、制度等多种文化内容，有鲜明的时代特性。不同的历史时期和不同指向的研究中，民俗文化的范围、边界各不相同，但核心内容不会有本质变化。《中国风俗史》为民俗文化给出了一个定义：民俗，顾名思义是人民大众的风俗习惯。《说文》中指出："俗，习也。"《周礼》中有"以俗教民，则民不愉"，郑康成注："俗，谓土地所生习也，愉，谓苟且也。"这样我们大致可以知道，所谓"俗"，就是民间的做事方式、生活习惯等。社会中出现民间与上层、平民与贵族之类的区别，是阶级社会出现后的事，其区分标志是上层守礼，下层遵俗。也就是说，在阶级社会中，人民大众的文化即是民俗①。这是从中国传统社会中文化分层的角度给民俗文化所做的定义。另外，民俗文化的性质方面还有一个特点，即民俗文化是人们不断重复的行为。因为不断重复即为"习"，故而就引出"习俗"一词，成为习惯、风俗。最后，民俗文化还有一个条件，就是重复的行为并非个体或少数人的行为，必须是大众的行为。"集体性体现了民俗文化的整体意识，也决定了民俗的价值取向，这是民俗文化的生命力所在。"②

文化的边界多由异质文化共处时产生的坐标系决定，既然有民俗文化，就必然有与之相对应的雅文化。雅与俗有时是混为一体的，很难加以区分。梳理民俗文化和雅文化之间的关系，有助于我们对民俗文化的理

---

① 宋兆麟：《中国风俗通史·原始社会卷》，上海文艺出版社，2001，前言第3页。
② 钟敬文主编《民俗学概论》，上海文艺出版社，2000，第13页。

解。民俗文化经过大多数民众的实践形成一致的道德、审美、价值取向，就可能生成雅文化，反过来一个时代的雅文化普及到一定程度也可能变为民俗文化①。所以说雅与俗之间有区别，但并不是不可逾越，相反，我们在历史中能看到雅与俗从未停止过互动和交融。底层的"俗"很容易上升成为一个时代的"礼"，上层社会的喜好、志趣在一定条件下可能就会变成社会整体的风尚和追求。另外，民俗文化可以直接反映一个文化系统的活跃程度，显现来自不同质的多元文化之间的碰撞与激荡，中国历史上，从来就不乏这样的激荡时代。自秦汉至南北朝，对内的"大一统"与对外的开疆拓土并举，在多个方面和层次上形成中国历史上规模最大、持续时间最长、对后世影响最为深远的文化大交流的时代，包括以秦岭—淮河为界的南北文化之间，汉文化与周边的少数民族文化之间，以及汉文化与域外各国文化之间的相互交融②。隋唐之际，民族融合进一步加深，皇室家族的少数民族血统也在昭示"华夷一家"从观念到政治实践的过程。辽金即迁入黄河流域的契丹、渤海等族在蒙元时期逐步融入黄河流域的汉族，此时社会民俗文化中有几大亮点，文人画、元杂剧、元青花，其中杂剧、青花两项都是民族文化融合的产物。清朝政府实施"满汉一体"的民族文化政策，在统一的多民族国家内，社会风俗不但在内容上更加充实，更加多样化，外在表现形式也更丰富多彩。正是多个历史时期持续的累积决定了民俗文化的样貌。

以历史承续为基础的黄河流域的民俗文化，可以被视为中华文化中民俗文化的核心和代表，是黄河流域社会生活的直接反映。在长期的历史过程中，黄河流域不同的生计文化交错杂糅，不同的族体人群往来迁徙，营造出万千气象的社会景致。由此生成民众喜闻乐见、身体力行的民俗文化系统，在不同时期经人群代际传承、强化、整合与定型，成为指导人们生活实践的规范与样式。加上在文化内部，礼俗之间的交互从未停止，因俗、变俗、易俗、成新俗的历史脉动亦是规律。最终形成的民俗文化就如同一幅巨大的马赛克拼贴画，近处端详，色彩斑斓，穿插勾连，呈现文化

---

① 参考钟敬文主编《中国民俗史·先秦卷》，人民出版社，2008，第8页。

② 参考仪平策：《中国审美文化史·秦汉魏晋南北朝卷》，山东画报出版社，2000，第7页。

的多样性和文化间的混融性；而离开一段距离去概览则浑然一体，可以看出民俗文化成为中华文化底色的历史轨迹。探查民俗文化的进路有很多种，我们尝试以衣食住行、婚丧嫁娶、岁时年节等朴素视角，梳理黄河流域民俗文化的交融互鉴发展道路。

第一节　服与饰：衣裳流光繁花锦

　　服饰之于人类，首先应是御寒保暖的功能；遮体避私，显现人类的道德与伦理价值次之；彰显独特性，以及与他者有所区别应该是第三个功能；展现个体之美，引人注视则为第四个功能。通过功能排序可以看出，服饰最初的功能趋向于人与自然的关系，而越往后，就越趋向人与社会的关系以及文化的表征，凸显社会属性的取向。如同前文所述人类生计文化变迁过程，因为生产力的发展，劳动分工的细化，人群之间的合作日趋紧密，所以一步步逐渐远离与自然的直接对话而更加趋向社会层面的互动与联结。人类的社会生产进入快速发展的历史并不长，特别是进入以工业文明为背景的近现代也不过一二百年。尽管我们都知道这一二百年非常重要，其重要性可能不亚于之前所有历史的积累，但是文化自有其发展规律。经过漫长历史积累的服饰文化以其独特的方式承载着中华民族各个群体的文化基因，或者也可以称其为文化密码。通过对这样的密码释读、译解的过程，我们得以慢慢靠近中华民族文化的核心。服饰文化的发展历程与各民族文化的发展脚步一致，是各民族文化发展的典型参照，在发展历程中经历了从注重自我到注重他者的过程，特别是在自我观照的方面。很多民族发展历史中的重要信息，尤其是无文字族群发展的历史，如族源族史、生境生计、迁徙流变等，都被服饰以某种特殊的方式记录下来。我清晰地记得第一次见到海南岛黎族的服饰与刺绣，特别是服饰刺绣中对万物起源、民族迁徙等故事的叙事性表达时深感震撼。因而，我们可以这样理解，不同民族的服饰，就是人们穿着在身上的无字"史书"，深深刻录着某一群体文化发展的脉络与细节，是人们"以针为笔，用线做墨，去书写的自己的文化史"①。

服饰包括衣服、冠帽、鞋靴、其他身着装饰保暖用品以及文身等。在传说时代,中华先民已经发明了衣服。《周易系辞》:"黄帝尧舜垂衣裳而天下治。"《世本》又说:"伯余制衣裳","胡曹作衣"。早期先民因处于不同地域,故而可能会产生不同的服饰需求。在寒带和温带地区,人类为了防寒、保护身体,很早就披兽皮了。在热带,也有其他保护身体的措施,通常是在身体上涂抹油脂和黏土,披盖树叶、树皮等。"……此外,人类为了狩猎的目的,往往把自己打扮成猎物的形象,如戴兽角、兽头帽子,穿某些动物的皮毛,把自己伪装成野兽,以便靠近狩猎目标,提高狩猎效果,这与衣饰的发明也有密切的关系。"②通过对考古资料的综合分析,原始先民的服饰处于起步阶段,但各类装饰较为丰富,同时人们还注重身体的纹饰,既反映了其观念中的社会性,又体现了自然属性。经过长期的发展,春秋战国至秦汉时期,纺织业得到了极大的发展,罗、绮、锦、绣无不齐备,这一时期丝织业最发达的地区是以齐、鲁等地为中心的黄河中下游一带和以成都为中心的蜀地。丝织业在齐地有"号为冠带衣履天下"之说③。秦汉时期,服饰渐趋复杂,有上下、内外、单夹、长短等诸多分类,长服沿袭战国深衣形制,同时服饰分官服与常服,重冠饰,女性流行修眉、戴发髻,男子有蓄须之俗。在此时期,服饰已能够明确体现地域与文化的区别。如匈奴男子戴圆筒状或尖状高帽,其服装主要是上衣直襟左衽,下着长裤和皮靴。发式男子为椎髻,女子则梳发辫。随意时也不梳头而"被发",应劭谓其"被发左衽"④。魏晋南北朝以来,经过几百年南北分裂,政权更迭,北方由于长期受到少数民族的影响,服饰上逐渐偏向便于骑射的轻便装束,南方还保留着汉魏时期的峨冠博带、宽衣广袖,总体上鲜卑人的服饰在不同程度地"汉化",汉人的服饰也沾上了"胡气"⑤。

---

① 邓启耀:《非文字书写的文化史:视觉人类学论稿》,商务印书馆,2019,第282页。
② 宋兆麟:《中国风俗通史·原始社会卷》,上海文艺出版社,2001,第92页。
③ 彭卫、杨振红:《中国风俗通史·秦汉卷》,上海文艺出版社,2001,第107页。
④ 彭卫、杨振红:《中国风俗通史·秦汉卷》,上海文艺出版社,2001,第187页。
⑤ 参考包铭新主编《中国北方古代少数民族服饰研究》,东华大学出版社,2013,总序
　第5页。

隋初,隋文帝杨坚颁发了《衣服令》,更是进行了官服改革,南北服饰的大融合趋势开始显现。其实在各个时期的民族融合中,胡服都有不同程度的融入。不同历史时期的胡服指向不同,在唐朝有了更广泛的意义:一是指南北方各少数民族服饰;二是指西域民族服饰,如回鹘、突厥、吐蕃等;三是指外国人的服饰,如印度、波斯、阿拉伯、新罗、日本、越南人等①。至宋代,服饰方面的等级制度愈加严格。但在民间"服饰成为人们体现意趣、财富和身份地位及价值观念最直接、最普遍的自我表现"。"着胡服的现象也越来越普遍,徽宗不得不多次下诏严禁……但社会上依然如故,且有愈演愈烈之势……当时妇女所用的莹面丸、遍体香等用品,也都是自北传南者。女真人服装中盛行的茶褐、黑绿诸品间色,也在此时传入汴京。"②与此同时,汉族服饰也逐渐进入周边各民族的服饰文化中。远在吐鲁番盆地的回鹘人"老百姓中的男子……也采用汉人的发型"③。元代的服饰,既有不同民族间的差异,亦有南北地区的差别,更有不同社会等级着装的限制。在游牧文化与农耕文化的碰撞与交融中,形成了一种颇具特色的服饰习俗④。中央政府长期未对百姓服饰做出明确规定,造成臣民"靡丽相尚,尊卑混淆"的现象,但对民间饰品有严格限制,例如规定帽、笠等禁用金、玉装饰,妇女首饰准许用翠花和金钗各一件,耳环可用金珠碧甸,其他首饰皆用银制成。妇女缠足,始于五代,北宋时缠足妇女还不多,南宋时多了起来,到了元朝……妇女"札脚"蔚然成风⑤。清代推行改冠易服,穿着风俗色彩缤纷、形式多样,形成完整的服饰风俗文化体系。体系包括服饰形制与穿着方法、化妆与发式风俗等各方面,具有强烈的地域性、民族性等多元特色,又同时显现较强的共性特征。总体而言,服饰文化发展既有外力"强制"推行,又有主动"融入"与"吸纳",无

---

① 参考钟敬文主编《中国民俗史·隋唐卷》,人民出版社,2008,第47-53页。

② 徐吉军、方建新、方健、吕凤棠:《中国风俗通史·宋代卷》,上海文艺出版社,2001,第73-77页。

③ 冯佳班:《高昌回鹘王国的生活850—1250年》,邹如山译,吐鲁番市地方志编辑室出版,1989,第12页。

④ 陈高华、史为民:《中国风俗通史·元代卷》,上海文艺出版社,2001,第71页。

⑤ 陈高华、史为民:《中国风俗通史·元代卷》,上海文艺出版社,2001,第101-114页。

论何种形式，融合是发展的常态与主流方向。

黄河流域作为中华文化生成发展的核心区域，在历史上，内部文化传承从未间断，外部大量的异质文化不断融入，从而得以形成源流丰富的服饰文化。例如陕西汉中人在服饰风俗方面崇尚白色，"男女皆以白布裹头"[①]，或许与来自羌人等西北少数民族"尚白"文化，或者蒙古族文化有一定关系；青藏高原各民族的服饰各具特色，而与黄河中游各民族服饰有千丝万缕的联系。所有这些表现，自然也是文化的区域环境和相邻文化相互影响所致。从整个黄河流域来看，不同区域、民族的服饰，在很大程度上代表了中国北方典型的多民族交融共生文化。

一、服饰文化的民族特色

作为人类特有的文化表达形式，群体的审美观、价值观、习俗爱好都积淀并呈现于服饰。黄河流域不同区域的民族服饰具有鲜明的民族性、区域性特点，从服装类型到配饰都呈现出民族文化特征和价值观念。各民族多姿多彩的服饰，品种之多、款式之奇、色彩之艳、花样之繁，无不让人惊叹。我们以部分地区的藏族、蒙古族和回族的女性服饰为例，来看看黄河流域服饰文化中的民族特色。

敦煌吐蕃洞窟壁画中有身着左衽、头束双童髻的奴婢，这是一种蕃汉混合装，是吐蕃与汉族同在河西走廊的长期生活中，生活风气相互交融而自然形成的[②]。在黄河发源的青藏高原，女性服饰有日常服饰和节日服饰两种。日常服饰朴素简约，方便劳作；节日服饰色彩鲜艳、华贵端庄。区别主要体现在配饰，节日服饰多见珊瑚、松石、蜜蜡、贝、珠等饰品。在西藏昌都卡若遗址中曾发掘出四五千年前青藏高原的女性配饰，可见其传承悠久。藏族分布广泛，生计方式多样，不同区域的女性服饰都承载着当地的历史、习俗、生产生活等诸多文化信息。在现代化背景下，不同区域、不同年龄、不同职业以及不同场合中，服饰的特点显现出更大差异。黄河上游的青海及周边区域，因农业和牧业生产方式不同，反映在服饰上

---

① 林永匡、袁立泽：《中国风俗通史·清代卷》，上海文艺出版社，2001，第81页。

② 参考段文杰：《敦煌壁画中的衣冠服饰》，载谢生保主编《敦煌民俗研究（一）》，甘肃人民出版社，1995，第197页。

就有较大差别，既有毛皮，亦有薄绸，特别是配饰差异明显。以头饰为例，大部分区域的女性在未婚前要梳辫，并连接丝线，饰以松石等饰物，如卓尼、阿坝等地，青海海西的藏族姑娘十五岁开始佩戴发套，洮河沿岸的女性要戴平顶帽或带帽檐的尖顶帽。服装方面的很多差异其实来自生产生活的需要。海拔较高的牧区，气候寒冷，女性服装以皮袄、棉袍为主，传统上有花色缎或者十字纹镶边，配以红、蓝、绿、紫腰带，现在也有很大变化，穿着轻便的羽绒服的人更多。海拔较低的农业耕作区，日常服饰和周围其他民族无异，只有在盛大节日或有家庭大事时，女性才会着节日盛装，热烈祥和。

图3-1　甘肃天祝藏族服饰

（图片来源：王永忠）

图3-2　甘肃甘南藏族服饰

（图片来源：露露草）

同所有北方少数民族一样，蒙古族的服饰与环境、气候之间有着密切
的关系，同时从材料、工艺、款式和穿着过程等方面也体现出民族的固有
特点。例如从遥远北方的呼伦贝尔到锡林郭勒，再到鄂尔多斯，蒙古族女
性都有戴帽习俗，但帽子的差异却是极大的。一些区域的少女不戴帽子，
只用粉、白、绿颜色的丝绸巾裹住头顶，系一个活结，但在青海海西，红
缨圆顶帽又成了当地蒙古族女性在礼仪庆典上必需的正式装饰。日常生活
中，女性穿着与男性差别不大，但服饰材料及工艺更考究。随着城镇化的
发展以及流行时尚的影响，同时从事传统牧业生产的人日趋减少，今天的
蒙古族女性服饰有了很多变化。传统的饰品、帽子、靴子在节日中才会出
现，服饰不再以皮毛、锦缎作为主要的材料，但传统的镶边、绣花等工艺
仍被广泛应用，服饰上还是会看到许多象征吉祥的图式，同时蕾丝、棉麻
等新材料的应用给服饰带来了更多时尚元素。在非物质文化遗产保护的语
境下，以蒙古族传统服饰为基础，极具现代感却又富含民族文化元素的长
袍成为当下不同年龄段女性的普遍需求。在"祛魅"的科学主义时代，传
统文化中原有的一些禁忌也被"悬置"，例如一般情况下不穿浅黄或深黄
色的服装，因为黄色属于宗教的神圣色彩，但今天，黄色已成为服饰中惯
常的靓丽色彩，这印证了文化的适应性特征。

图3-3　内蒙古赤峰蒙古族女性传统头饰

（图片来源：安格力玛）

在中国西北的回族聚居村落，时常能看到女性戴着绿色、白色、红色或黑色的头巾，遮住头发和脖子，也成为外人判断其民族属性的一种标识，这就是"盖头"——西北回族、东乡族、保安族等民族女性标志性的服饰特征。盖头大多选用丝、绒、纱、绸或者棉布制成，有少女、已婚女性和老人的区别。一般来说，少女的盖头有绿色或粉色，能够显现少女的恬静与活泼；已婚女性和老人的盖头多为黑色或白色，近些年在田野调查中，还可以看到红色等更丰富的色彩，成为文化活力的表现。少女和已婚女性的盖头一般较短，到披肩的位置，老人的盖头较长，一直能垂到背心处。除了颜色差别，盖头的质地、刺绣、纹饰等细节的区别也让人能感受到民族服饰的独特魅力。回族传统文化中喜爱花卉，所以服饰中常见的纹饰就是不同的花卉与藤蔓，代表着不同的意义与情感。回族女性的传统服饰形式相对比较单一，日常着装一般都是大襟衣服，主体色彩以黑色、白色、灰色等颜色为主，年轻女性的服饰颜色选择比较多样。在一些重要的仪式上，有特殊的规范和禁忌，反映了民族文化中基本的审美标准与伦理道德。

以上个案仅仅是黄河中上游区域各民族丰富多彩服饰文化之沧海一粟，可以说，黄河流域各民族的服饰文化是黄河民俗文化的资源宝库。在黄河文化特有的思想基础、价值观念、审美情趣等方面的共同作用下，各民族服饰经过长期的历史发展，逐渐形成文化的共享与融合特点。

二、服饰文化的共享与融合

服饰文化是黄河民俗文化中显示度最高的部分之一，完美诠释了黄河文化的多元共生特征。各民族在长期的交往交流交融过程中，虽然很大程度上仍然保持有种类繁多、样式复杂的特性，但仔细审视辨别，各民族服饰文化中普遍存在大量共有、共享的文化元素，甚至一些民族服饰文化在历史性变迁下，清晰地表现出显著的文化融合特征。

（一）服饰文化的共享元素

首先是材料的来源与互补。黄河流域广大，物产资源丰富，在漫长的历史中为各民族服饰提供了足够丰富的制作材料，但由于区域不同而区别甚大，故而不同区域间的材料采借成为普遍现象。在农耕区域，主要以各类棉、麻等为主要材质，服装以布衣为主，也会从周边游牧群体那里换取部分补充材料，添加到自己的服饰文化系统中；传统畜牧业生产区域，以牛、羊、骆驼等皮毛为服装的主要材料，同样也会从农耕群体那里换购大量的棉、麻加入服装制作。服饰中的珊瑚、松石、贝壳、银饰等，广见于各民族服饰中，为黄河流域服饰文化增姿不少，尤其在女性服饰中应用广泛，显现出同一材质的文化价值认同和共享，充分体现了文化的接近性，并形成服饰文化共享的基础。另外还有同一自然生态区域内相邻民族因具有同样的生计文化，之间的文化共享表现出更丰富的内容。例如黄河流域上游青藏高原东北缘的藏、蒙古、裕固等民族的服饰中，均有将牛骨磨制成各种形状的装饰品添加于服饰之中的习俗，充分反映了相似生境给服饰文化带来的普遍性影响。

其次是服饰文化中的审美追求。各民族服饰中的刺绣工艺最能够体现各民族共同的审美价值取向，例如在黄河流域不同服饰刺绣中大量出现具有一致性的动植物图案。动物主要包括老虎、羊、骆驼、鹿、蜜蜂、兔子、蝴蝶等，其中羊、骆驼、鹿是人们生活中赋予吉祥寓意的动物，蜜蜂、兔子、蝴蝶是人们在大自然中比较喜爱的一些动物，皆为中国传统文化中的祥禽瑞兽。还有一些源于汉语中美好意愿的谐音，例如撒拉族刺绣中的鱼，黄河中游黄土高原上的汉族刺绣中的蝙蝠、大象等。还有很多美好的植物，在服饰刺绣中出现频率也较高，例如有牡丹、荷花、兰花、格桑花、忍冬花等。河湟区域各民族的服饰刺绣中大量出现梅、兰、竹、菊，其中一些植物并不是本民族生活区域中常见植物，但仍然广泛出现，充分显示了黄河流域各民族服饰文化的包容互鉴，反映了黄河文化与其他区域文化的高度融合。

与自然崇拜和传统思想文化相关的元素也在不同的民族文化中同时出现。例如一些象征太阳、月亮的文化符号，广泛出现在黄河流域各民族的服饰中。藏族服饰绚丽的襟边，蒙古族、裕固族服饰袖口的色彩搭配，裕固族荷包的彩线包边等，都是源于彩虹的配色。除此之外还有大量汉族传统文化的元素出现在其他民族服饰中，例如以太极图案为主的土族刺绣，还有大河家保安族男性服装刺绣中较多出现的汉式八宝图案纹样等，也充分显示出黄河流域各民族之间服饰文化的深度融合。

（二）服饰文化的融合显现

众多共有的服饰文化元素，将黄河流域各民族服饰文化串联在了一起，在生计方式、居住格局等多种因素的影响下，形成了一体性极强的服饰文化体系。并且在历史的持续作用下，不同文化元素不断借鉴与融合，最终呈现多元民族文化融合后相似度很高的民族服饰文化。例如在西北长期交错生活在一起的蒙古族、藏族、裕固族等民族，服饰中的帽、靴、腰带、配饰、头面等，均显现出较强烈的融合性特征。

图3-4　青藏高原东北缘的裕固族服饰

（图片来源：安妮）

图3-5　青藏高原东北缘的蒙古族服饰

（图片来源：郎雯瑛）

同一生活环境，相似的生计方式，长期的密切交往是多民族之间形成较高相似度服饰文化的主要原因。黄河上游的保安族，与13世纪成吉思汗从中亚带来的大量中亚"回回人"、工匠以及其他蒙古士卒有很密切的关系。自元以来，保安族一直生活在今天青海同仁隆务河畔的保安、下庄、尕沙儿三地，被称为保安三庄，元代属河州路，明代属河州卫。大约在清咸丰年间，沿黄河迁往今天甘肃省临夏回族自治州的大河家，在大墩、梅坡、甘河滩三地聚居，仍称为保安三庄，后来把甘河滩、梅坡算作一地，加上高赵村，称为新的保安三庄①。在青海同仁保安三庄生活的时期，保安族与藏族、土族、撒拉族长期杂居在一起，在共同生活、交往的过程中，服装与周边日趋接近。例如男性服装多为黑色礼帽，身着白色短褂，外穿斜襟羊皮袍，一边的胳膊露在羊皮袍外面，与同仁当地的藏族服装非常接近。略有不同的是藏族的羊皮袍要长一些，保安族的则略短一些。明代中期，蒙古部落大量进入青海，据一些保安族老人讲述，在更早的时候他们的服饰与周边蒙古族的服饰也有很大的相似性，但今天已经见不到了。保安族移居大河家之后，与回族、撒拉族、东乡族等民族混居一处，服饰文化方面又逐渐出现新的趋同。男性日常生产生活中戴白色或者青色的帽子，节庆时要穿着马甲、短褂。保安族女性传统上戴圆顶帽子，帽子左边下垂一根挂有香包的穗子，经过长期的共居，也与当地回族、东乡族女性一样头戴纱巾，并遵循着同样的年龄段分类原则。

在民族地区经济社会快速发展的大背景下，民族服饰文化面对现代社会更普通的社会情境与审美时尚，正处于新的变迁趋势和文化融合阶段。在民族聚居区域，传统上我们时常会根据人们的着装来初步判断对方的民族属性，但是在今天，这样的判断经验已渐渐没有可供施展的空间。日常的生活世界中，黄河流域各民族群众都是身着当下潮流的服装，与世界同步，服饰文化随着时尚的发展趋势而不断更新。独特的、传统的民族服饰都被小心翼翼地收藏在衣柜中，只有在重大节庆活动、婚宴和一些特殊场合，人们才会郑重地穿戴起来。传统中"以衣示人"的文化价值与核心意义依然还在，只是变换了方式，越来越趋向于展演化、符号化的方向，承

---

① 参考杨建新：《西北少数民族史》，民族出版社，2003，第612-625页。

载民族的历史记忆。

第二节　食与饮：胡姬当垆笑春风

20世纪70年代某一个平常的日子，酒泉嘉峪关附近的牧民在牧羊时，无意中发现了一个地洞，就此揭开了一个丰富的地下世界，将1600多年前的生活展现在世人面前，这就是嘉峪关魏晋壁画墓群。魏晋壁画墓群体量极大，有1400多座墓葬，在墓葬中发现了大量彩绘砖壁画，形象、直观、系统地反映了魏晋时期的政治、经济、文化、艺术、农业、牧业、养殖和桑蚕活动等，其在历史、民族、艺术等多方面的价值无可比拟。据专家研究，壁画墓所处时间比敦煌壁画的时间尚早100多年，很多绘画内容在敦煌壁画中可以看到延续脉络，因而判断敦煌壁画是魏晋壁画墓的继承和发展。我们很难想象是一个什么样的画匠群体在茫茫戈壁的地底创作了如此规模庞大的艺术工程，又如何与西去400千米外的敦煌勾连在一起，绘就了一座人类的宝库。大量的壁画中有非常多的精品，包括被确定为中国邮政标志的《驿使图》。使我们感兴趣的还有另外一组作品，作品中的人物或坐或立，无一例外的是手中均持有一把三齿的叉子，叉子上串了肉，在火上炙烤。凝视画面，仿佛能够听到肉在火中"滋啦"欢奏的乐章，这是我们能看到的最早的烤肉场景，是人类掌握火这一事物后对天地万物的礼赞。炙烤是一种非常古老的饮食方式，壁画砖上的烤肉图传递出非常重要的历史信息，那就是中原汉地的饮食方式和西域胡人的饮食内容很早以前就在以农耕方式为主的汉族社会中交相辉映，并且有可能作为一种"时尚"在中原大地传播。

在嘉峪关魏晋壁画墓1号墓的一幅《烤肉图》中，有人物做官吏状，标有"段清"字样，可知是墓主，甚而可能是西晋敦煌段灼家族中人。墓主之外，壁画中还有许多从事生产活动和正在执役的人。这些人当是佃客或奴婢，其中高鼻深目者很可能是被役属的西域少数民族[1]。另有陕西泾

---

[1] 赵向群：《甘肃通史·魏晋南北朝卷》，甘肃人民出版社，2009，第89页。

阳石刘村唐墓遗址中的《宴饮图》，图3-6中可以看到两位胡人高鼻浓须，席地而坐，手中端着酒杯，地下放置着盘、盏、食物等。这是唐代考古材料中为数不多的反映胡汉共同宴饮的场景，也可以从侧面证明当时胡人在汉地积极融入社会交往的活力①。

图3-6　壁画彩绘砖上的烤肉图景

(图片来源：《甘肃嘉峪关魏晋壁画墓彩绘砖》)

　　汉乐府《羽林郎》载：昔有霍家奴，姓冯名字都。倚仗将军势，调笑酒家胡。胡姬年十五，春日独当垆。长裾连理带，广袖合欢襦，头上蓝田玉，耳后大秦珠……后世李白继而又书：催弦拂柱与君饮，看朱成碧颜始红。胡姬貌如花，当垆笑春风。笑春风，舞罗衣，君今不醉将安归。汉唐盛世中胡人胡食，烟火酒肆，灯红酒绿，人声鼎沸跃然纸上。"天宝乱后，回鹘留长安者常千人，九姓商胡冒回鹘名杂居者又倍之，此九姓胡是昭武九姓……此辈殖资产，开第舍，市肆美利皆归之。""当时贾胡固有以卖酒

---

① 参考葛承雍：《新出土中古墓葬壁画中的下层胡人艺术形象》，《故宫博物院院刊》
　2022年第8期。

为生者也。侍酒者既多胡姬，就饮者亦多文人，每多形之吟咏，留连叹赏。"[1]辽金以来，特别是元代，中国北方又有几次大的民族交融，蒙、回、维等民族南下东迁的很多，西域各族也有很多人陆续进入中原，同时中原世家南迁边陲者也不少，地域间的民族流动和文化交融日益密切。明朝时，中原内地的食谱中就已经加入了不少兄弟民族的经验，到了清代，推动了更广泛的民族文化大交融。其结果是中国的食谱内容更加丰富多彩。例如元明以后，北京城中就不仅有汉食，还有大量的"回回饮食""女直食馔""畏兀儿茶饭""高丽糕点"在市场出售[2]。

中国酒的历史应该很早，起初可能是田野中的野生果实成熟后，遇到酵母菌自然发酵而酒化，被人们认识到"酒"这一事物[3]。有意识的酿酒过程应在采集时代，多余的收获难以储存，便制作为酒。也或许因酒能使人兴奋继而致幻，在原始巫术的推动下，酒的生产成为人们生活的一部分。此时，酒是人们与天地沟通的媒介。农耕与游牧经济时代，大概出现了成熟的制酒工艺，包括使用粮食、谷物或动物乳酿酒。《诗经》中的《大雅》《小雅》中，记载了大量关于酒的诗歌。《豳风·七月》中，人们吟唱着寒来暑往的节律和人世间的哀苦，而酒在其中，承载着人们对美好生活的全部期盼：六月食郁及薁，七月亨葵及菽，八月剥枣，十月获稻，为此春酒，以介眉寿……四之日其蚤，献羔祭韭。九月肃霜，十月涤场。朋酒斯飨，曰杀羔羊。跻彼公堂，称彼兕觥，万寿无疆。《史记》中亦有商纣王"以酒为池"的记载。黄河下游和长江下游的考古工作证实，中国境内至晚到新石器时代晚期，人们已经开始食用葡萄。1980年，在河南省考古发掘的一个商代后期的墓葬中，发现了一个密闭的铜卣。经北京大学化学系分析，铜卣中的液体为葡萄酒。汉帝国打通联通西域的交通，把葡萄和苜蓿引入西北一带种植，以后不断引进和推广，到唐代已经遍及全国。唐宋以来，酒更是成为中国人与伟大精神和自我之间不可或缺的精神桥梁。"花间一壶酒，独酌无相亲""且乐生前一杯酒，何须身后千载名"

---

[1] 向达：《唐代长安与西域文明》，河北教育出版社，2001，第36、40页。

[2] 参考陶文台：《中国烹饪史略》，江苏科学技术出版社，1983，第40—41页。

[3] 参考陈柏霖、麻秀荣：《北方渔猎民族采集业和酿酒的起源》，《黑龙江民族丛刊》2002年第4期。

"明月几时有，把酒问青天"等关于酒的诗词佳句不绝于史，可以说，整个中国传统文学灿烂辉煌的发展过程中，酒，一直氤氲在其间，像催化剂，激发千古文字，春秋文章。

一、黄河流域的美食荟萃

从黄河中上游甘青区域到黄河下游海岱文化区域，新石器时代考古中广泛存在一种独特的炊煮器具——陶鬲。考古证实，陶鬲最早产生于河套地区，其袋足造型使人们不禁联想到与游牧生活的关系。其后陶鬲向南，特别是向黄河下游的东南方向传播，一直到太行山以东的广大区域。由此可以进一步推测，黄河下游山东龙山文化发展中受到了当时族群大规模迁徙的影响①。从一种古老的食物炊煮器具发展的时空路线来看，不难想象黄河流域饮食文化的交融景象。黄河流域民俗文化中的饮食文化，既是黄河文化的重要内容，也是中华民族传统文化的重要组成部分。我们都知道，黄河流域从东到西的食物无论类别、材料、内容、技术，以及衍生出的文化系统，其覆盖地域之广、体量之巨大、种类之丰富不可言说，绝不是这一本小书可以完成的工作。我们以不同的流域为视角，尝试撷取其中知名度较高且大家喜闻乐见的一些案例，来做一个浮光掠影的展示。

（一）上游：习俗多样，特色各异

黄河上游是中国多民族长期以来密切交往交流交融的典型区域。农牧兼营的经济生产方式，为上游的饮食文化发展提供了多元的食物来源选择，从而也造就了黄河流域上游地区丰富多元的饮食内容和特色各异的文化习俗。根据食物来源，可以将黄河上游的食物大致分为面食、肉食与奶食三类。

1.面食

作为历史悠久的农业大国，黄河流域是中国农业的主要发源地之一。考古材料证明，黄河上游是中国黍作、粟作最早的地域，后来其中大部分区域转向麦作，并且在历史上延续直到今日。在此历史背景下，黄河上游农耕生产中最重要的收获是以小麦为代表的各种谷类作物，相应也就催生

---

① 参考曲亚楼：《素面陶鬲的发展研究》，《东方收藏》2022年第6期。

了饮食习惯中以面食为主。提到吃饭，黄河上游大多数地方的人只会有一个念头：吃什么面？面为首要，肉次之，配食蔬菜再次之。多数时候，蔬菜甚至可以忽略不计，主要因为黄河流域上游多为高原大川，或黄土塬梁，传统中蔬菜种植较少，所以人们往往是无视其他，只一碗面，便"胜却人间无数"。

最为普遍的是煮制的面食。黄河上游的气候条件适宜种植荞麦、莜麦、小麦、玉米、青稞等农作物，经过各民族独具匠心的制作手法，形成众多地方特色美味。煮制的面食中最为普遍的是面条，唐时称为"汤饼"，一般用小麦面粉制作。面和上水，在手与面板之间，千揉百展，再经饧面，方成基础。其后可以有各种制作方式，或擀，或拉，或切，或削，入至沸腾的清水中，煮熟后捞出，配上不同的炒菜、浇头或佐料食用。除面条外还有无数其他形态，例如切成旗花状薄片，或揪成大小不一的面片，也可以手搓制成两头尖中间圆的"搓鱼"，还可以先拉制成面条，再切成一段段的"炮仗"，剪刀剪、筷子拨、笊篱漏，种类庞杂，工具与技巧多样。面食有干调而成，也有和汤同食，干面的吃法多在午饭，北方方言多说晌午饭，汤面多在晚上食用，煮面的同时按不同口味调制好汤，煮熟后与汤一起盛出，庄户人家的汉子端上一大碗，"吸溜"声中连吃带喝，是劳作一天后对肠胃最好的慰藉。小麦成为北方面食的主要原料之前，有其他作物长期占据这一位置，被统称为"杂粮"。直到今天，很多地方依然会以荞面、玉米面、青稞面、豆面等来调剂人们漫长的面食人生。宁夏黄河岸边伴河而生的村落中，河湟谷地遥遥相望的庄户里，各民族妇女擅长使用各种"杂粮"来制作面食，例如荞面饸饹、青稞"板凳腿"、荞剁面，等等。

黄河流域的一种传统面食，几乎成为中华饮食的标志，那就是饺子——中国传统饮食文化的"符号"。饺子的分布地域很广，覆盖中国北方乃至整个中国，甚至远传西亚、俄罗斯、欧洲等地，因为欧洲很多语言中有与饺子相对应的名称，但其源起之地应为黄河中游河南、河北区域。不同地方的饺子发展出完全不一样的称呼和吃法。黄河上游如在青海的较大范围内，将饺子称之为"扁食"，这是元、明之际人们对饺子的称呼。当地饺子的制作方法在传统基础上融入了大量的地方文化，用擀制成的面皮包裹油炒面，做成鱼的形状，出现在人们日常生活中的重要场合，是十分受当地民众喜爱的食物之一。

兰州牛肉面，是黄河流域特色美食的一张重要名片，也是黄河上游地方传统面食文化的典型代表。一碗面中，融合了高原牧业生产的产品——牦牛肉和北方农耕作物的代表——小麦，是黄河上游多民族交融共生文化在餐桌上的物化。传统的兰州牛肉面以"一清（汤）、二白（萝卜）、三绿（香菜和蒜苗）、四红（油辣椒）、五黄（面条）"的特色享誉天下，面条的种类也十分丰富，有大宽、韭叶、荞麦棱，还有二细、三细、细、毛细等，食客可随喜好自行选择。长期以来，兰州牛肉面无论在本地或是走向全国各地，有"中华第一面"的美誉。2021年，国务院批准文化和旅游部确定的第五批国家级非物质文化遗产代表性项目名录，兰州牛肉面成为全国唯一入选国家级非遗项目的面食手工制作技艺，"第一面"的说法算是实至名归。

图3-7　兰州牛肉面

（图片来源：马瑞丰）

除了煮制的面食外，还有通过蒸、炸、烤、焖等多种方式制作的各类面食。蒸制最常见的就是馒头、包子，这是北方共享的主食。炸制面食在黄河上游可圈可点，岁时年节，无论贫富人家都备有炸制成的油饼、油粿、馓子、麻花等待客。有学者考证了中国五大名宴之一的唐代"烧尾宴"，其菜单食谱流传于民间，后在《清异录》等文献中收辑转录。《烧尾食单》中有一样食物称为"巨胜奴"，源自大宛，"巨胜"指产自大宛的胡麻，"巨胜奴"被后世注解为"酥蜜寒具"，是添加胡麻、酥酪和蜂蜜的一道油炸面点，即为今天黄河上游家户宴席上常见的油炸馓子①。烤制的面食大概源自西域胡人传入的"胡饼"，主要由面粉、清油加入水或者牛奶将面团和制好之后，擀成较厚的饼状，放在专门的烤炉或烤锅内，烤至两面金黄、中间松软，即可食用。烤饼味道酥脆，便于保存，西北人多称之为"锅盔"。在黄土高原边缘的平凉、静宁一带，制作的"锅盔"可经久不坏，当地人相传古时穿行于丝绸之路的客商在平凉地界买了"锅盔"，可以一路吃到新疆。另外还有一种极具地方特色的烙制面食，在青海、甘肃被称为"油胡璇"，一过黄河，就有了另外的名称。从"油胡璇"这个名称中，不难与胡人、胡食联系起来。油胡璇要用烫面，面中卷入葱花、苦豆，切段制成面剂，再垂直压扁擀成饼状，入锅烙制而成。1969年新疆吐鲁番阿斯塔那唐代墓葬中出土一枚直径19.5厘米，类似"馕"的食品，即为唐代胡饼的实物。今天的"馕"有油馕、素馕之分，唐代的"胡饼"也有油胡饼、肉胡饼几类。油胡璇亦可能由当时的油胡饼发展而来，其后不断演化，传播到更广泛的地域。唐代著名僧人鉴真东渡日本，准备的干粮中也包括"干胡饼二车"。我们不妨大胆推测，当时不仅扬州流行胡饼，而且胡饼还可能东传到了日本②。小小一块饼，背后勾连的是从西域到东海的文化传播大历史。

图3-8　临夏小吃街上的各类油粿子

（图片来源：黄钰晴）

① 参考张金贞：《另类唐朝：用食物解析历史》，浙江大学出版社，2018，第13-14页。
② 参考黄正建：《唐代衣食住行研究》，首都师范大学出版社，1998，第5页。

2.肉食

黄河上游是中国重要的畜牧业生产区域，分布在青藏高原、河西走廊、蒙古高原的优质牧场，自古以来是北方民族发展牧业经济的重要空间，历史上各民族迁徙游动，在自然条件和生产节律的影响下，形成了具有地方特色的肉食文化。

来自"五畜"的各类肉食和相关的肉制品是牧业生产人群最主要的食物，也是黄河上游饮食文化非常重要的组成部分。肉食有牛羊肉、驴马肉、驼肉、鹿肉等；肉制品包括灌肠、脂裹干、牛杂割、羊杂汤、羊肉粉汤、藏包等。中国北方各处的特色美食中，羊肉总是不会"缺席"，不同的羊，不同的炮制方法，琳琅满目。另外，羊肉在美食中有一个特点，无论走到哪里，当地人总说自己的羊肉天下无双，有意思的是从来也没有其他地方的人反驳。于是乎，食客从东到西，吃过无数皆称"天下第一"的羊，远至东北、新疆，近到一山之隔。清煮是北方各民族共同推崇的最基本的羊肉烹饪方法，古老、纯粹而简单，程序或许稍有区别，背后的文化内核高度一致，是自然赐予的人与万物的关系的反映。不同地域的称呼也不同，内蒙古称"手把羊肉"，青藏高原的人们称"开锅肉"，河湟地区又叫作"手抓"，均指出烹制和食用方法的核心特点。日常生活中，称呼便没有那么多区别，无论高山平滩的牧户人家中，听到的多是更为温暖朴素的一句话："我们煮些肉吃"，这应该是黄河上游千百年来未曾改变过的人与人之间最好的致礼方式。直到今天，当地人对远方尊贵的客人表达真诚的心意，依然还是端上桌的那一大盘羊肉。烤全羊也是北方民族擅长烹制和酷爱的一道美味佳肴。文献记载唐代即有专门用于烤全羊的器具，唐代宗时，太常博士程皓曾以三十万钱雇铁匠专门打造了熏烤羊肉的"铁床"，用以烧烤肥美的羊羔肉[①]。烤全羊时将羊羔宰杀后不剥皮，用滚烫的开水褪去羊毛，去除内脏，在羊肉较厚的部位割开若干小口，用调料和盐反复搓擦入味，配以葱、姜、花椒，然后挂在铁钩上放入烤炉，或架在火上反复烤制，直至羊皮呈酥脆金黄色，即可取出装盘，一般会先将整羊用木盘盛好，端至宾客面前供其欣赏，再由专人将其分装，依次献给客人食用。

---

① 吴玉贵：《中国风俗通史·隋唐五代卷》，上海文艺出版社，2001，第38页。

另有一种烤全羊的做法，是比较少见的。羊宰杀后从羊脖处将羊的骨骼、肉、内脏全部掏出，要确保羊皮完整无损，在羊皮内层涂抹调料，之后将烧制滚烫的石头装入羊肚，再装入羊肉以及洋葱、胡萝卜等辅料，扎紧脖口开始烤制。烤制中将羊毛全部烧掉并清洁干净，表皮金黄酥脆即成。整个制作过程不用水以及其他任何炊具，除了一把小刀，可谓游牧群体独有的生活技能和"艺术"。

肉制品中各种肠类的食用方法，充分体现了黄河中上游饮食文化地方性与交融性并具的特点。肠类大致可分为肉肠、血肠、面肠等。将切碎的牛羊内脏与肉搅拌，加入准备好的葱、蒜等调料，灌入洗干净的牛或羊肠内煮熟即为肉肠；同样的方法，将牛羊血混入碎肉，加入不同佐料灌制而成即为血肠；面肠则在其中加入和了动物油脂的面，制作方式大致相仿。无论肉肠、血肠、面肠，均是与肉一同煮制，方得彼此香味。临夏河州"面肠"很有特点，将羊肠洗干净后，灌进去拌有花椒、食盐、清油的面糊，两头用线扎住，放入蒸锅蒸制。中途需要扎孔透气，熟后切成段，配上醋、油辣椒、蒜泥等佐料食用，肉面之香兼具。

图3-9　正在制作的河州"面肠"

（图片来源：马瑞丰）

藏包是另一种肉面结合的美食，是黄河上游高原地区的人们最为喜爱的食物之一。藏包采用牛羊肉的都有，生活中见到的似乎牛肉略多。藏包的诀窍是要在剁碎拌好的肉馅中掺入适量的羊油和肉汤，一并包起来。为防止汤溢，包子的包口还要高，在最上方留一个小孔。蒸熟之后，晶莹剔透，第一口一定要小心，没经验的人会被汤汁溅到甚至烫伤。

3.奶食

奶食指各类乳制品，也被称为"白食"，是黄河上游牧业区域的民众须臾不离的食物种类。动物乳汁存放时间有限，在长期生活经验的积累下，人们将动物乳汁制成各种不同的乳制品，可长期存放，进而成为人们日常生活中乃至宗教活动中的重要物品。奶食种类很丰富，一些地区甚至创制了"全奶宴"，最为常见的有酸奶、奶豆腐、曲拉、奶皮子、酥油等。

大部分奶食的灵魂是发酵，与人类千百年来积累的果类、谷物发酵成酒、成酱醋的经验并无二致。酸奶最为简单易得，将新鲜乳汁煮沸腾后倒入干净的容器，等牛奶温度适宜时，加入酵母搅拌均匀即可。发酵的时间根据气温决定，一般到结块微酸时即可食用。奶豆腐是酸奶的衍生品，将发酵好的酸奶倒入锅中反复熬煮，待其成为豆腐渣形状后，捞出装入纱布，挤压干净水分，装入模具阴干，切成薄片可直接食用，也可泡入奶茶。

图3-10 青海酸奶

(图片来源：拉姆)

白居易诗中有"稻饭红似花，调沃新酪浆"。酪，是一种精炼提纯的乳制品，但不知是否就是今日牧业生活中制作的酥油。酥油的制作方法特殊，较难获得，优质上等的酥油更是如此。传统上牧户家中都有打制酥油的木桶，内置长柄活塞式"甲罗"，需要人工上下用力抽动千百次以上，油脂方可从奶中分离，相当费时费力。现代牧业生产中出现了机器打制的酥油，但似乎人们还是相信手工打制的酥油更好。酥油的热量很高，就如同其价值一样。在高寒的牧业生产区域，酥油是牧人们每日除了肉食之外摄入的热量保证，贯穿在所有的饮食中，例如酥油茶、酥油糌粑或者酥油蕨麻米饭。糌粑是深受各民族喜爱的一种特色食品，由炒熟的青稞面粉、酥油、糖、开水搅拌而成，其核心是搅拌过程必须以手反复揉捏而成，制作方便，营养丰富，是牧业生活中的又一种主食。蕨麻米饭是牧业生产各民族待客的上等食品，产自江南的大米，加上高原上独有的被称为"人参果"的蕨麻，再加上奶食中的精华——酥油，才成就了一碗稻作与高原采集、游牧经济融为一体的美食。

图3-11　酥油糌粑的制作过程

（图片来源：王守辉）

（二）中游：传承悠久，和合共生

黄河中游的陕西，有一种非常古老的食物——石子馍，很多人吃过，但吃过的人未必知道，这其实是一种新石器时代的食物遗存。中国远古时代火食熟谷，也用烧石，但起初未用水……是烙炕成熟的，而不是水煮的，这种方法一直被后代沿用，就如同今天的石子馍。不仅汉族用，少数民族也用，如西南怒族的"石板粑粑"[①]。黄河从青藏高原一路百折千回而下，再向北奔腾着冲向黄土高原，如同一位少年，经历过上游文化的洗礼，完成了力量的积蓄，在鄂尔多斯高原和吕梁山脉的共同作用下，忽转向南，穿行晋陕峡谷，进入中游。在中游，曾经的少年青涩不再，沉稳、刚毅、含蓄，透露着自信与成熟。考古已经证明，中华文明最初的曙光，正是在黄河中游发达的农业经济基础上得以显现而光照四方的。肥沃的土地、便利的交通、发达的技术、兴盛的商业，最关键的是延续不断的文化脉络，使历史上无数的政治、军事力量在这片古老的大地上此消彼长，接续延绵，也使黄河中游长期占据中国历史上政治经济文化交流中心的位置，以开放的心态汇聚东南西北多元文化，传承悠久，和合共生。其中，自然也包括丰富的饮食文化，从漫长的新石器时代一直行至今天的积累与沉淀。

图3-12　山西汾阳的各色面食

（图片来源：解婷婷）

---

① 参考陶文台：《中国烹饪史略》，江苏科学技术出版社，1983，第8页。

1. 文献里的盛世繁华

"忆昔开元全盛日，小邑犹藏万家室。稻米流脂粟米白，公私仓廪俱丰实"，这是杜甫记录开元盛世长安一带富庶景象的诗句，也形象地反映了黄河中游的气质。隋唐五代时期，黄河中游平原上人们饮食中的主食有稻、粟、麦等，表明南北的粮食作物已经在黄河流域有了广泛的融合，寻常人家皆可随意吃到南稻北麦。这一时期的饮食文化特点，可以代表较长时期内黄河中游饮食文化的特点。一是在当时人的饮食结构中重肉食而轻蔬菜；二是无论肉食还是蔬菜都特别讲究鲜嫩。此外，外来蔬菜较之前代也明显更为增多，表现了外来文明对唐朝饮食风俗的影响①。

肉食方面，前文述及黄河上游对羊肉的重视，在黄河中游，各种肉类食材更加丰富，有家畜、禽类、水产等，其中羊肉依然还是最主要的肉食之一。河南汝州人孟选在《食疗本草》中对唐朝各地出产羊的优劣进行了评价，称"河西羊最佳，河东羊亦好"，而南方的羊不堪食用。有学者认为"河西"所指为今天的河西走廊，我想还有一种可能性，以长安所处位置而言，此处"河西"也可能是指黄河中游以西的陕西北部地区，当地多盐碱山地，亦有相当广泛的牧业生产经济，所产羊肉无腥膻而味美。河东应该就是今天山西北部，与陕北隔河相望。河西走廊以西的羊能够以一定数量进入长安千家万户的食单或许不易，但是烹羊的技术确实毫无疑问与当地实现了融合，五代后周时，宫廷就流行一种"于阗法全蒸羊"。发展到后世，"蒸全羊"已经能进入满汉全席成为一道名菜，只是不知来自于阗的蒸制方法是否仍有传承。对肉食的青睐，也表明背后强大的社会经济基础，《唐六典》中记载唐时政府规定："亲王以下至二品以上官员，由官方供应的食料包括每月有羊十口；猪肉六十斤；鱼三十头，各一尺；酒九斗。"②由这一规定可以看出，羊在唐时黄河中游人们的食谱中所占据的重要位置，同时也可以看出当时人们的肉食种类中的南北东西荟萃。《中国风俗史》中引用《云仙散录》记载："唐文宗开成年间（公元836—840年）物价非常低廉，村落路旁卖鱼肉者，俗人买以胡绢半尺，士大夫买以乐天

① 吴玉贵：《中国风俗通史·隋唐五代卷》，上海文艺出版社，2001，第32页。
② 吴玉贵：《中国风俗通史·隋唐五代卷》，上海文艺出版社，2001，第40页。

(指白居易,白居易号乐天)诗一首。"可见食鱼在当时的黄河流域已经非常普遍,食鱼方式有炙、煮等多种,鱼已经成为当时宴会上一道必不可少的菜肴,甚至有官员违反朝廷禁令到长安城南边的曲江钓鱼,只为在家中设宴招待宾客[①]。

　　鱼羊为鲜,代表了饮食文化中的食肉文化。蔬果的传播,则代表了黄河中游饮食文化交融共生的另一个方面。菠菜,是我们今天司空见惯的一种普通蔬菜,究其来源,或许并不普通。公元647年,即贞观二十一年,中国古代文献中记载的"泥婆罗国"向唐帝国进贡了许多稀有的蔬菜,其中就包括菠菜,这个"泥婆罗国"是今天的尼泊尔。"这种植物最早似乎是来源于波斯,而且它也的确被道教方士称为'波斯草'。'波斯草'作为一种带有神秘色彩的名称,到了唐代以后大概就已经不再行用了。对于方士而言,这种蔬菜或许有一种特殊的用途。因为……菠菜能够解酒毒,'服丹石之人食之佳'。"[②]当时还有一种属于球茎植物的甘蓝,能够"益心力,壮筋骨"。甘蓝最初是欧洲植物,很可能是经西域、吐蕃、河西走廊的通道传至唐朝。还有一种来自朝鲜的松子,果实硕大,香甜可口,当时被称为"海松子"或"新罗松子"。同类的食物还有一种坚果,当时称其为"阿月浑子",也被唐时的人称为"胡榛子",原本生长在粟特、波斯等地,自公元9世纪时,在岭南开始种植[③]。

　　2.传承中的泱泱古风

　　黄河中游的饮食,在氤氲着汉唐盛世胡风旋舞的历史中从容传承,绵绵不绝。如果说在今天黄河中游的饮食文化中,除了多元文化的融合之外,一定要再找寻到另一种特点,那应该就是"古",古风、古韵、古食、古音,超过五千年的文明传承,使黄河中游饮食文化中蕴含的"古意",在中国其他区域都不曾具备。

　　中国至迟大约在商代就已经有相当规模的小麦栽培,栽培的区域可能就在黄河中游至淮河之间。从河南安阳殷墟出土的甲骨文中,即有小麦收

---

① 参考吴玉贵:《中国风俗通史·隋唐五代卷》,上海文艺出版社,2001,第40-41页。

② 谢弗:《唐朝的外来文明》,吴玉贵译,中国社会科学出版社,1995,第316页。

③ 参考谢弗:《唐朝的外来文明》,吴玉贵译,中国社会科学出版社,1995,第317-318页。

获后举行仪式的卜辞"登来乙且","来"即为小麦的古称①。因而，论"古"还应从以小麦为主要原料的面食说起。山西面食，是黄河中游面食文化中最具代表性的。民间有俗语说"世界面食在中国，中国面食在山西"。在黄土高原南部，以黄土麦作的历史延续为基础，丰富多彩的山西面食文化享誉全国乃至世界。山西面食之丰富，种类之多，可称为世界面食文化之极致，已经到了让外人目不暇接的地步。据有关媒体调查，今日山西的面食可统计的就有280多种②。其千万般变化，变的不仅仅是形状，还有种类繁多的原料，各式各样的工具以及包罗万象的烹饪方式。面食的材料非常广泛，从大众化的小麦粉，到普通的粗粮玉米面、高粱面、绿豆面，再到山区作物荞面、莜面等，都是山西人制作面食的常用原料。去山西面馆吃面，与其他地方吃面不一样，不但要挑选"浇头"，还要挑选吃什么"面"。外来的食客往往贪心，总想多吃几种样式，不及几种不重样的面下肚，就已经撑得不行了。再说山西人制作面食的工具，更是各式各样。有特制的工具如饸饹床、抿甲床、擦甲床等，我作为山西人，从小在家中见惯了这些工具，今天再来看，这些工具以及通过它们做出的面食，实际是我与故乡的联系。也有取自日常用品的，任意寻常人家中，一根筷子就可制作出一碗香喷喷的剔尖面；一把剪刀就可以制作出一碗美味的剪刀面；一把刀既能制作出长短不一的面条，也能做出柳叶面、斜齐齐（山西方言）等不同样式的面食。面食的烹饪方法更是名目繁多，有煮、蒸、煎、炸、烤、炒、烩、煨、烂、贴、摊、拌、蘸、烧等。正因为如此多的种类、原料、工具以及烹饪方式③，使得山西面食能够一面百味，一面百样。其中不少面食的制作和食用方法，均是在传承传统的基础上，融合了东南西北不同的做法，最终汇聚起中华面食文化集大成的高地。

在黄河中游，羊肉泡馍是一道重要的地方美食。一碗清汤，羊肉切大片，煮透的白萝卜片和晶莹透亮的粉条沉浮其间，撒上蒜苗、香菜，充满

① 参考靳祖训：《中国小麦面条的历史考证》，《中国粮食经济》1994年第5期。
② 《280种面食顿顿换样吃不完》，新浪网，2019年8月5日，https://news.sina.com.cn/o/2019-08-05/doc-ihytcerm8525887.shtml。
③ 《280种面食顿顿换样吃不完》，新浪网，2019年8月5日，https://news.sina.com.cn/o/2019-08-05/doc-ihytcerm8525887.shtml。

游牧文化与农耕文化交融的美感，一碗下肚，荡气回肠。黄河中游"羊肉泡馍"的制作与食用方式与上游的大相径庭。食客至店中，迎面扑来是店家震耳欲聋的一声大喝："来咧！大碗小碗？"依据自己的食量点好后，店家先是一个空碗和一两个干面大饼"甩"过来，然后就去招呼下一位食客了。此时食客要坐在桌边，非常细致地将烤制好的馍掰成小碎块，放入碗中，越碎越好，否则可能招致店家甚至其他食客鄙视的目光。之后把盛了碎馍的碗递回后厨窗口，就可以静静等待了。碎馍要再回锅烩入熬制好的羊肉汤，加入粉条等辅料。多数情况下都是一碗一碗烩制的，以便按个人口味添减佐料，多汤、少汤甚至无汤，变化有很多。烩制好后出锅、上桌，一碗料重味醇、肉烂汤浓的羊肉泡馍才算大功告成。食用过程中，配以糖蒜、辣椒酱等，食后满嘴留香，经久不绝。同样一碗羊肉泡馍，显现的都是农耕人群与游牧饮食文化融合的精华，不同的制作和食用方式，在我理解大概是由于黄河中游农耕文化的浸染更为深厚的原因，食物讲求绵、软、烂，更符合农耕群体"食不厌精"的孜孜追求。

图3-13　西安羊肉泡馍

（图片来源：王小宁）

　　肉与面两相不厌，共赴一锅的美食在黄河中游还有很多，羊肉饸饹面也是其中之一。饸饹面来自荞麦，做法与小麦不同，要用专门的饸饹面床压制成细长的面条，这才被称为"饸饹"。面下锅煮熟后，浇上特制的羊肉汤，故而称羊肉饸饹面，食用时还要配以特制的油辣椒、蒜和芥末。

（三）下游：百川归海，集大成者

公元740年，诗人李白移家东鲁，寓居在山东济宁、泰安等地，两年之后登上泰山，留下了《游泰山六首》。其中一首描写到黄河：平明登日观，举手开云关。精神四飞扬，如出天地间。黄河从西来，窈窕入远山。凭崖揽八极，目尽长空闲①。诗人看到的黄河此时正缓缓由西南向东北而去，一路阅尽千山，曾经的喧嚣奔腾，已化作浩浩荡荡。或许恰恰是此刻的黄河，能让不再肆意豪情、狂放不羁的诗人获得某种精神上的共鸣和纯粹的彻悟。黄河下游的长度约有上游的六分之一，正是这700多公里的流段，涵盖了鲁、豫、冀、皖、苏等广阔的地域，形成了一个以山东为核心的饮食文化区。黄河下游饮食文化区与中上游的饮食文化结构呈现较大区别，由于逐渐远离游牧经济区域而靠近入海口，除了与中原农耕文化相同的五谷杂粮作为主食外，牛羊肉等中上游很重要的肉食在这里的饮食比例中整体下降，取而代之的是鸡、鸭、鹅等禽类，特别是种类繁多的鱼、虾、贝类等海鲜，堂而皇之进入黄河流域饮食文化之中，在补充人类高蛋白的肉食中占据不小的份额。中国人食用的最早的盐，很有可能就是在黄河中下游的东部沿海生产出来的。中国最早关于饮食的很多理论，都来自黄河下游，同时因为受到儒家文化的深刻影响，这一区域的饮食更加精致，饮食文化中对"礼"的追求和规范比中上游严格了许多，成为文化传承中显著的特点。老子有"治大国若烹小鲜"，就将庖厨之事与天下政治紧密勾连起来。在中国思想史发展的道路上，"食"作为"八政"之首也一直在中国的政治治理中占据重要的位置，"民以食为天"反映了历朝历代的统治者对这一政治理念的认同。因而，吃什么？怎么吃？自人类掌握用火之后，就不仅局限于充饥果腹，而具有更多的政治思想和社会规范指向。而在"吃"的社会性、规范性和礼仪性等方面集大成者，当数黄河下游的饮食文化。起源于山东的儒家，以"礼"为基础，塑造了中国人的饮

---

① 参考于年湖：《唐代诗人的齐鲁文化情结》，齐鲁书社，2018，第15—16页。

食观念。钱穆认为，如论中国传统文化之正统者，首先要推山东人，这大概也是其中缘由之一吧。在一段历史时期，黄河中下游处于中国文化核心区域，明清以后，中国经济中心南移，但政治中心北上燕赵，黄河中下游又成为南北之间的文化交流重地，因而在黄河中下游形成一个新的文化交汇中心，沟通南北的同时，一面将上游、中游西来的文化交融累积成果轻揽入怀，一面在儒家文化绵延传承的基础上，吐故纳新，东向大海。在这样的大背景下，齐鲁大地上的饮食文化折射于庙堂之上，是钟鼓馔玉，而在江湖之远，人间烟火也自显现其文化中豪侠忠义的另一面。

1.庙堂上的珍肴玉馔

思想家孔子同时还是一位"美食家"，明末史家张岱在散文《老饕集序》中开篇即言：中古之世，知味唯孔子。"食不厌精，脍不厌细"。其中的"食不厌精"大家都听过，我理解这个"精"应该有两层意思，一是指"精致"，二是指"精细"，是指饮食文化中去粗取精的经验。说"肉要剥皮脱骨，除去筋膜，然后才切配烹调，烹鱼前要辞鳞及去内脏，用枣要先去掉枣上的灰尘，使之外表一新，用栗，要一个一个选，虫蛀蚀过的则不要，桃子要将外面的绒毛拭刷掉，粗梨，要一一看它的虫孔，要除去坏的"[1]。产生于2000多年前的这一套去粗取精的饮食经验，成为后世黄河下游饮食文化的代表——鲁菜传承发展的核心。中国饮食文化中传统有八大菜系、四大菜系等，说法很多，还有观点认为中国的菜系应该分为五种，北方是河南菜、山东菜，南方是四川菜、福建菜和广东菜[2]。无论何种分类方法，鲁菜都是当之无愧的一支，代表了黄河流域饮食文化发展的历史和文化高度。春秋战国至秦、汉之际，鲁菜即有所发展，曲阜、淄博俱是当时很重要的都市，饮食行业兴盛发达。在其后2000年的发展中，鲁菜承续传统，融合新知，到今天已是自成体系，成为黄河流域宝贵的文化遗产。应该说，是得天独厚的地理优势、优质丰富的烹饪食材、深厚积累的儒家文化等，合力造就了鲁菜的传承与地位。鲁菜以咸鲜口味为主，讲究"精雕细琢"，多数菜肴要用葱姜蒜来增香提味，最有特点的烹调方法

---

① 陶文台：《中国烹饪史略》，江苏科学技术出版社，1983，第20页。

② 杰克·古迪：《烹饪、菜肴与阶级》，王荣欣、沈南山译，浙江大学出版社，2017，第144页。

是爆、扒、拔丝，用"清汤"和"奶汤"制作的菜品特别多。2016年，淄博的博山被确认为鲁菜的发源地，济南菜、胶东菜、孔府菜皆为鲁菜的不同流派。

济南菜代表鲁菜的主体，指济南、泰安、德州一带的菜肴。食材来源丰富、烹饪技艺千变万化、菜品红润光亮都是济南菜的典型特点。济南菜擅用爆、炒、烧、炸，尤其擅长"爆"菜。各样的食材经过酱爆、油爆、葱爆等技法，香味浓厚，回味无穷。"九转大肠""糖醋鲤鱼""锅烧肘子"和"汤爆双脆"等是济南菜的代表。另外汤菜是其一大特色，分为清汤和奶汤，制作方法在《齐民要术》中已有记述，"清汤干贝鸡鸭腰""奶汤全家福"和"奶汤蒲菜"为济南汤菜中的代表菜品。

胶东菜的特点是对海参、扇贝、鲍鱼、海螺、大对虾、加吉鱼等贵重食材的使用，辐射范围包括青岛、威海和烟台。由于胶东地区位于山东半岛沿海处，三面沿海的自然环境为当地百姓提供了丰裕的鱼虾扇贝等海货，因此胶东菜便就地取材，不同于东南沿海烹饪海鲜的方法，胶东菜中的海鲜不仅注重原汁原味，也更讲究汤汁酱料的使用。代表菜品包括葱爆海参、油爆海螺、扒原壳鲍鱼、烤大虾、炸蛎黄等。

孔府菜起源于宋，以再现圣人饮食之礼为己任，是后世"官府菜"的代表，在明清饮食文化中占有重要地位。孔府菜大致可分为两类，一类是宴会菜，一类是家常菜。宴会菜名典雅，盛具考究，制作精细，对火候、颜色、滋味、造型的要求极高，其代表菜品命名皆有来历。例如"诗礼银杏"，孔子教习诗礼时讲道："不学诗，无以言；不学礼，无以立"，其后人修建诗礼堂，堂前有银杏两株，果实硕大饱满，入菜便被称为"诗礼银杏"。另外还有"一卵孵双凤""八仙过海闹罗汉""孔府一品锅""白扒通天翅"和"神仙鸭子"等，均为雅名。菜品还有一个讲究，叫"精菜细作，细菜糖炒"，仅虾仁一项，就可烹饪出"翡翠虾仁""雨前虾仁""松子虾仁"和"玉带虾仁"等数十种菜肴。

2.江湖里的人间烟火

以山东等地为故事发生环境的中国古典名著《水浒》中，有武松一连吃了十八碗酒，上到景阳冈上打死老虎，为民除害的故事。第十一回是《朱贵水亭施号箭　林冲雪夜上梁山》，其中有一个情节，林冲进门问道：

"有甚么下酒？"酒保道："有生熟牛肉，肥鹅嫩鸡。"林冲道："先切二斤熟牛肉来。"酒保去不多时，将来铺下，一大盘牛肉，数般菜蔬，放个大碗，一面筛酒[①]。一路故事读下来，满篇扑来的都是齐鲁大地上的豪强之风，侠义之气，是中华传统文化中的英雄主义精神。在黄河下游的饮食文化中，自然而然也渗透了此种豪爽劲迈的气息。大口吃肉、大碗喝酒的生活，肉是少不了的。《礼记》中对肉的炮制方法已经有了详细规定，出土于诸城前凉台、微山夏镇、泰安大汶口、临沂五里堡等遗址中的画像石中都有炭烤肉串的内容，烤肉串的工具、形态与黄河上游河西走廊魏晋壁画墓中的烤肉图非常接近。黄河下游的饮食文化中有一样食物不得不说，那就是山东人的大葱就煎饼。在鲁中、鲁西南地区，大葱煎饼是标志性的美食，孔武大汉、窈窕淑女、皓首老人、青涩小儿，无一不是一手煎饼一手大葱尽显风流。大葱就煎饼有三项关键内容：大葱、酱、煎饼，三者都是山东当地的骄傲。大葱文化最集中在章丘，每年都有"葱王比赛"，还有大葱文化节。山东人对葱的偏爱与地理位置和环境有关，北方冬季寒冷而漫长，无霜期短，时鲜蔬菜品种与数量都远不如南方丰盛，所以冬日收获的大葱在山东人心目中有超越其他地方的重要性。酱在传统饮食中是调味品统帅，取将领之"将"的意思，因而孔子说过"不得其酱不食"[②]，《齐民要术》详细记载了制作酱的时令与方法。煎饼是山东的传统特色面食，明代地方文献中有煎饼以及制作器具的记载，清代蒲松龄专门写过《煎饼赋》。山东煎饼多用杂粮，这是山东粮食作物种植结构决定的。小麦、大豆、高粱、玉米等粮食作物，很早就在山东经过长期的驯化、培育和种植选择，形成、积累了丰富的品种资源[③]。

　　黄河下游地处中国沿海区域，庙堂之上的珍肴玉馔与江湖里的人间烟火相得益彰，为黄河流域的饮食文化增添了不一样的滋味。随着黄河流域上、中、下游文化之间的相互影响、融会贯通，黄河下游原本风格独特的饮食结构也在逐渐发生变化。应利用黄河下游对外开放的便利条件，以及"鲁菜"的品牌效应，借助当下儒家文化在海内外蓬勃发展的势头，大力

---

① 彭卫：《〈水浒〉食物、食肆考》，《中原文化研究》2015年第3期。

② 李泽厚：《论语今读》，安徽文艺出版社，1998，第244页。

③ 陈冬生：《山东历史上主粮作物的农家品种资源》，《古今农业》1997年第3期。

推动黄河下游饮食文化的建设与发展，将黄河下游打造成为黄河流域饮食文化的主要输出窗口。

二、黄河流域的酪酪流芳

"饮"与"食"共同构成饮食，是人类维系生命的基础，在长期历史的作用下也形成民俗文化中重要的内容。人类最初的时候，人们饮用的必然是江河湖泊中自然形态的水。当生产技术发展到一定程度，人们掌握了打井的技术，才获得了更为纯净的饮用水。山西陶寺文化出土的两口水井，口径3米，深度均为15米，表明当时人们已经掌握了较高的打井技术和经验，才能达到这一深度①。除此之外，靠山吃山，不同民族采取山中各类植物作为饮品可能也有较长的历史。另外游牧人群在驯化各种家畜后，饮用牛羊马驼之乳也是人们重要的饮品。从解饥消渴到成为一种审美的生活样式，进而成为不断累积的文化模式，是黄河流域饮食文化发展的基本脉络，也是多样的饮食文化融合生成的历史过程。从饮的角度而言，能够充分显现黄河流域文化特点的，无非茶酒。1900年，敦煌向世人打开了一个巨大的宝库。5万卷浩瀚古籍中，有一篇关于茶酒的俗赋，让人们觉得颇有意趣，这就是唐代进士王敷所撰，现藏于法国的《茶酒论》。文章不长，只有1200字，以第一人称，各从"茶""酒"的角度互辩高下，最后是"水"出来解围，讲了一个"和"的道理。其中几句如下，茶为酒曰："我之茗草，万木之心，或白如玉，或似黄金。名僧大德，幽隐禅林，饮之语话，能去昏沉。供养弥勒，奉献观音，千劫万劫，诸佛相钦。酒能破家散宅，广作邪淫，打却三盏已后，令人只是罪深。"之后，酒为茶曰："三文一盏，何年得富；酒通贵人，公卿所慕。曾遣赵主弹琴，秦王击缶，不可把茶请歌，不可为茶交舞。茶吃只是胃疼，多吃令人患肚，一日打却十杯，肠胀又同衙鼓。若也服之三年，养虾蟆得水病报苦。"结果旁边水出来，对茶酒曰："阿你两个，何用汹汹。阿谁许你，各拟论功！言词相毁，道西说东。人生四大，地水火风。茶不得水，作何相貌？酒不得水，作甚形容？米曲干吃，损人肠胃；茶片干吃，只粝破喉咙。万物需水，五

---

① 参考宋兆麟：《中国风俗通史·原始社会卷》，上海文艺出版社，2001，第13页。

谷之宗，上应干象，下顺吉凶。江河淮济，有我即通；亦能飘荡天地，亦能涸煞鱼龙。尧时九年灾迹，只缘我在其中，感到天下钦奉，万姓依从。由自不说能圣，两个何用争功！从今以后，切须和同，酒店发富，茶坊不穷。长为兄弟，须得始终。"有趣亦有深意的一篇文章，后来甚至对其他民族文学产生了影响，如藏族的《茶酒仙女论》，布依族的《茶和酒》，等等①。最有意思的是对话中有很多语气词，俨然就是今天在黄河上游西北的山川大地间依然飘荡的乡音。

(一)青瓷嘉木大河流

中国是茶的原产地，茶叶的最初应用，可能作为药材被人们用来治病，久而久之，才变成人们喜欢的一种饮料，同时也成为一种贵重的商品。在中国历史上，历代中原王朝都有"以茶治边"的一些政策，中原王朝与西北游牧民族之间非常重要的一种经济联系就是茶马互市。自唐以来的"茶马互市"以及发展到后来的"茶土交流"都从客观上把内地汉族和边疆少数民族联系起来，成为民族间交往的纽带，促进了彼此的文化交流和经济往来。中原王朝需要产自西北大漠草原上的优质战马以保证自己的军事力量，而不食菜蔬的北方游牧人群则需要依赖茶叶来填补自己的饮食结构缺陷。有一则故事，发生在唐王朝与回纥的茶马交易中，显现了一本写茶之书的价值。某年金秋，又值一年中的交易之际，唐王朝与回纥的使者在边境线上再度聚首。此次回纥使臣没有像往常一样直接换茶，却执意要求以千匹良马换一本书。天子命人遍寻此书，一无所获。最终，诗人皮日休献出一个手抄本，这桩公案最终得以了结②。这本价值千匹良马的书就是后世嗜茶之人都知道的《茶经》，书的作者是唐人陆羽。

《茶经》共三卷十章，是现存最早的关于茶的专著，内容丰富全面。例如茶有很多名称，陆羽在《茶经》中对这些名称做了细致分析，同时书中还讨论了盛茶的器具，烹茶之方法，甚至连煮茶的各种水质和煮茶用的燃料都有分类叙述。《茶经》中有这么一句话，将中国人用茶、饮茶的历

---

① 陈静：《敦煌写本〈茶酒论〉新考》，《敦煌研究》2015年第6期。
② 张金贞：《另类唐朝：用食物解析历史》，浙江大学出版社，2018，第156页。

史追溯到远古时代："茶之为饮，发乎神农氏"①，奠定了黄河流域作为茶之故乡的地位。公元804年，日本僧人空海从中国带回大量的书籍，其中也包括《茶经》和中国的茶文化，成为后世日本"茶道"的源头②。中唐时期，禅宗逐渐向中国北方发展，带动了黄河流域饮茶之风的盛行。所以我们说黄河流域的茶文化，既是源于本土文化的长期积累与传承，同时也是南北方文化交融的具体表现。千百年来，茶文化已渗透黄河流域人们生活的方方面面，处处皆可感受到茶文化的存在。

陆羽之饮茶，清澈高远，众生可望而不可即。在黄河流域的饮食文化中，茶则摇身变化，成为人群不可或缺的日常，列为老百姓"开门七件事"之一，田间劳作歇口气，远行万里初归家，餐食饭后助消化，三两好友闲聚时，都少不了一口茶相伴。平日里走亲访友，人情往来，奉茶更是必不可少的礼仪之一。茶的品种也是种类繁多，有单一的茶饮，也有在茶中加入各类具有营养价值的干果、干花、中药等制成的果味茶、花茶和药茶，喝茶的人有了更多选择，根据自己的喜好、不同的季节、时间、场所来确定喝什么茶。一般情况下，不同的地域、不同的生计方式，会形成某种独特的饮茶习俗和文化，不同的人群之间，饮茶文化又会相互交流、相互影响，最后形成黄河流域既有地域性、传统性、民族性特色，又在大众时尚的调和下浑然一体的饮茶文化。

沿黄河流域，山东、山西、陕西、甘肃等地均有产茶，故而茶文化的精髓不在茶，而在喝茶的方式。特别是在黄河中上游，众多体现民族文化、地方文化的喝茶方式，堪称和合共生的经典。

"盖碗茶"，也称为"三炮台"、八宝茶，覆盖地域很广，上至河湟谷地，下至河套平原，广受汉、藏、回、东乡、撒拉等多民族群众的喜爱，并随着各民族日益频繁的交往逐渐成为黄河流域最为流行的茶饮。其名称来源于独特茶具。茶具由茶碗、碗盖和小碗托三部分组成，文化解释很多，其中之一是讲以器具对应天、地、人三才，据说其设计来自唐时蜀地。传统上茶碗内的配料有绿茶、大枣、桂圆、冰糖等，随着时间的积

①陆羽：《茶经校注》，沈冬梅校注，中国农业出版社，2007，第40页。
②参考千宗室：《〈茶经〉与日本茶道的历史意义》，萧艳华译，南开大学出版社，1992，第57-64页。

累，配料越来越丰富，里面加有百合、葡萄干、果脯、芝麻、枸杞、菊花等。满满一碗配料，沸水冲过，碗盖刮过碗沿，清脆悦耳，每每啜饮两口，旁边马上有人提壶续水。泡茶的水很是讲究温度，临夏河州一带的人称其为"牡丹花"，意指水烧至沸腾后形成的波浪翻滚如同牡丹花绽放般美丽。在宁夏吴忠一带，有喝"早茶"的习俗。与广东早茶不同，吴忠的早茶都在清晨的牛肉面馆中，早起的食客往往进门先泡上一碗盖碗茶，然后来一碗红红火火的牛肉面，接下来三五成群围坐在一起，品茶聊天，茶喝好了，方飘飘然尽兴离去。

图3-14 甘肃临夏盖碗茶

　　　（图片来源：马瑞丰）

图3-15 宁夏吴忠的盖碗茶商品

　　　（图片来源：丽丽）

　　罐罐茶，一种天然带着历史沧桑感的饮茶方式，在陕西、甘肃和宁夏南部有悠久的传承历史。明初，六盘山地区的西吉设立茶马司，成为北方的"旱码头"，按老百姓的说法，彼时当地人已有喝罐罐茶的习俗，另外罐罐茶还有可能与更早的时候宋人煮茶的习俗有直接联系。喝罐罐茶时，要用小瓦罐或者小铁罐盛水放于炉火上，沸腾之后将茶叶投入，反复熬煎，之后篦出一小口倒入杯中饮用。煮茶的同时要将大枣放在炉子上烤至微焦，放入茶中一起煮，这是一罐好茶的诀窍。罐罐茶很浓、很苦，没喝过的人喝不惯。也有年轻人，喝的时候加入桂圆、芝麻和冰糖，为了压苦，老人看到直摇头。传统上，人们喜欢在天凉的时候，围坐在炉火边，边熬着罐罐茶，边烤一些馍，或者土豆，吃一点，喝一点，聊聊村里村外的事，便是岁月了。

在大河上游，广阔的草场上，纵马扬鞭的人们流传这样的谚语："宁可一日无饭，不可一日无茶"，这个"茶"是指各式各样的"奶茶"，既有很纯粹的"奶茶"，也有"酥油奶茶""青稞炒面奶茶""干肉奶茶"等，不同区域，人们的喜好不同。牧业生产生活中，人们多以肉食为主。虽然个别时候在牧区边缘有一些零星农产品，和农区连在一起的地方交换也很普遍，但总体上牧业人群的饮食结构中较少绿色蔬菜等构成，而茶与奶的完美结合帮助牧人解决了人体所需维生素的问题，同时去油腻、助消化。所以对传统牧业文化中的人群而言，熬制一壶奶茶，不是喜欢或者口味的问题，是千百年来延续下来每日里生活的第一件要紧事。在草原上，清晨天未及亮，炊烟便已在蓝色的雾霭中升起。家中的女主人为全家人烧好茶，首先要到蒙古包外给天神腾格里敬献奶茶，其后再回到蒙古包里，按照长幼尊卑一一为大家盛上奶茶。在黄河源头的高海拔区域，盛产优质的酥油，取一块放入茶碗，加上一点曲拉，将熬制好的奶茶汤冲入，金黄与乳白共同荡漾，顷刻间酥油的清香便弥漫在全家人的笑容中。在河西走廊，人们煮食奶茶时要放入当地沙漠中野生的沙枣，会有一种其他奶茶没有的特殊香味。青稞炒面也是茶碗里重要的内容，所以叫"炒面茶"。当地人有俚语：一天一顿炒面茶，要喝得人沟子麻。牧业生产中一般不能按时按点做饭吃饭，晨起赶羊出门前的这顿茶很重要，要喝好喝饱。茶中的炒面原本就可以充饥，再就一点干粮就够了。"沟子麻"是指人们喝茶时盘腿而坐，喝的时间长了，腿发麻以至于站都站不起来。在整个黄河上游，不同的喝奶茶习俗之间的交融很明显，无论是当地没有取自他处的材料，还是程序、礼仪、习惯、禁忌，皆有诸多的互通相似之处。

(二)曲水流觞琥珀光

张光直先生曾提出商代以前东亚的"文化相互作用圈"和向文明转进的"连续性中国形态"，这在黄河流域酒文化的发展中似乎都可以找到相应的脉络。黄河流域的大汶口－龙山文化中，大量出土新石器时代一种独特的陶器——陶鬶，这是山东及周边史前文化的代表器型。有一件橙黄陶乳钉纹鬶，以鸟为形，昂首向上伸喙，袋足如同两只鸟足，鸟尾呈羽状，划出一条很优美的弧线与颈部相连，巧妙地形成器具的提手。整件器物制作规整，生动精巧，是山东博物馆的镇馆收藏之一。陶鬶被专家考证为新石器时代的一种酒器，证明黄河流域新石器时代已经开始广泛存在酿酒、用酒等活动。先民们对酒的发现，应该源自生产生活中的偶然，但是对酒的使用，则不仅仅是简单地饮而醉之，在各种原始祭祀仪式中以祀神为目的对酒的使用或许是酿酒技术在后世不断发展进步的另一种动力。河南二里头文化遗址出土的青铜器中，有很多器型不一的铜尊，明显也是酒器，有盛酒器、饮酒器等，从器型的丰富程度来看，起码可以说明在夏代，酿酒技术和用酒的方式已经有了长足的进展。中国民间有很多关于"杜康"与酒的传说故事，大概也是讲这个时期的事。于中国的酒文化而言，殷商是一个重要的承上启下、奠定中国酒文化基础的时代。首先，殷人嗜酒成风，甚至到达狂热不已的状态。"肉林酒池，为长夜饮"的故事是讲王室的昏乱奢靡，但民间的纵酒狂放大概也形成了一种普遍的文化基础。1973年，河北藁城台西村商代遗址出土46件酿酒陶器和成套的青铜盛酒器、饮酒器，同时还在遗址中发现完整的酿酒作坊，并出土8.5千克酵母残留物，被确定为距今最为古老的酒曲，证实了《尚书》中"以曲为酒"的说法，也证实了其时的饮酒之风。其次，"酒以成礼"是商人对酒文化的贡献。上文说过，或许自从酒被人们掌握的那一天起，就开始在祭祀仪式中具有重要地位，只是殷商以巫礼治国，便将这一点推至极致。甲骨文卜辞记载，商人一次祭祀天地的仪式要用到"百鬯""百牛"，鬯即为酒，可见其祭祀规模[1]。在仪式中，"酒一方面供祖先神祇享用，一方面也可能是供巫

---

[1] 参考廖群：《中国审美文化史·先秦卷》，山东画报出版社，2001，第163-164页。

师饮用以帮助巫师达到通神的精神状态"①。相比较沉浸于神话与酒之热烈的商,周人是冷静而克制的。例如一次祭天,仅"用牲于郊,牛二"。再如周武王之弟康叔被封于殷墟故地,额外得到周公的一篇《酒诰》,令民众勿"荒湎于酒",唯祭祀方可用酒。在这样的社会氛围下,从黄土高原出发的周人越来越靠近"人"的世界,酒,依然是重要的,但已走出殷商之迷狂状态而趋于平和的"岁月静好",所以我们能看到《诗经·郑风》中夫妻间会有"弋言加之,与子宜之。宜言饮酒,与子偕老"的对白。

　　后人追寻周人饮酒风俗,记载周公在洛水之阳营建洛邑,"因流水以泛酒,羽觞随流波",后来更是发展成为文人雅士对酒吟诗的一种活动。最有名的是在公元353年的三月初三,书法家王羲之邀约一众友人在山林间"曲水流觞",饮酒赋诗。"觞"是一种有鸟翼状沿口的酒器,将其放置流水之上任其漂流,流至某人面前,则须饮酒作诗,其后王羲之兴之所至,将众人的诗作集书而成,这就是名耀古今的《兰亭集序》。兰亭在今天绍兴的兰渚山麓,但王羲之等人在春日里组织的这一名为"修禊"的祈福禳灾仪式,却是很早以来就在黄河流域盛行的祭典。黄河流域丰厚的农业文明决定了黄河流域的饮酒史。从古至今,黄河流域不但盛产美酒,而且有很多载入史籍的名酒。在今天的陕西临潼东,有一座古都城,为汉代新丰城。新丰城的新丰酒最早进入历史,是南北朝时梁元帝所写"试酌新丰酒,遥劝阳台人"的诗句。唐宋以后,新丰酒更是闻名遐迩,李白有一首依据乐府曲创作的情诗《杨叛儿》,开篇即是"君歌杨叛儿,妾劝新丰酒",酒中欢愉气息丰满。李白好酒,一生中对酒不离不弃,因酒而诗,因诗而酒。开元年间,诗人游走东鲁,在今天的山东临沂吟出"兰陵美酒郁金香,玉碗盛来琥珀光"的诗句。以郁金香入酒是殷商时即有的习俗,用黑黍酿制的鬯酒中调入煮过郁金香的汁水,便成为祭神和赏赐王臣的"郁鬯"。不知道1000多年前李白诗中的郁金香是否来自"郁鬯",但我们似乎可以看到诗人描绘的景象:金黄色的琼浆,芳香扑鼻,如琥珀般的光泽晶莹剔透。尽管身在客中,一碗兰陵美酒,便再无他乡,与君欢醉,天下皆为归处。唐朝另外一位重要的诗人杜甫留下了"坐开桑落酒,来把菊

---

① 张光直:《中国青铜时代》,生活·读书·新知三联书店,2013,第287页。

花枝"的诗句，讲秋月里与朋友一同把盏抒怀的事。桑落酒是一种古法酿制的发酵酒，因在秋冬之际桑落之时酿成，所以得名"桑落酒"。酒的产地有两个说法，一为黄河以西的陕西蒲城，二为"河东"，即今天的山西运城永济一带。晋陕之间另有流传于世的佳酿，如山西杏花村的汾酒、竹叶青，陕西的西凤酒、黄桂稠酒等。另外黄河中下游还有扳倒井、孔府酒、琅琊台、杜康酒等，都是具有清晰历史传承的美酒。在上游地区还有具有独特地域风格的马奶酒、青稞酒等。更不必说在不同历史时期从外部传入的各种酪酪佳酿，如西域的"葡萄美酒"，波斯的"三勒浆"，都是其中之代表。自古一条"黄河酒带"，实至名归。

　　不仅李白与杜甫，在中国传统文化中，因人与酒的华丽碰撞而留下名垂青史的佳作还有很多。曹操的"何以解忧，唯有杜康"，使得杜康酒名扬四海，也奠定了曹操在文学史中的地位；杜牧的"借问酒家何处有，牧童遥指杏花村"，使得杏花村的酒身价百倍，也抒发了诗人清明时节的愁思与追寻生活意境的情趣；苏轼的"明月几时有，把酒问青天"更是开启了宋词中的旷达境界和人道情怀。酒与诗文的相互激荡，既丰富了中国的饮食文化，也充实了黄河文化的诗词歌赋，但同时，在高原牧家、乡野村落、闹市陌巷之间，酒与万千百姓生活的勾连缠绕催生了更加丰富、鲜活和生动的饮酒民俗文化。其中最具趣味的，莫过于黄河流域寓娱于饮、丰富多彩的酒令文化。行酒令是人们在酒席间饮酒助兴时的特有方式，有记载西周时期即有酒令兴盛于民间[1]，而完备于隋唐。周人宴饮宾客时流行一种"投壶"仪式，大概是比较早的酒令仪式，前面讲过的"修禊"也是一种形式的酒令。为什么讲行酒令完备于隋唐呢？1982年元旦，在江苏丁卯桥遗址出土窖藏唐代金银器共950件，包括酒瓮、银碗、银高足杯等酒器，其中最有意思的是一件银涂"金龟负论语玉竹筒"和50枚银涂"酒令筹"，上有文字，文字涂金。文字内容分为两部分，上半段采自《论语》，下半段是酒令内容，包括饮酒对象、行酒方式及饮酒数量。行酒方式有饮、劝、处、放四种，"饮"为自斟，"劝"为敬酒，"处"为罚酒，"放"为重新下筹。不同酒筹酒令不同，如"死生有命，富贵在天。自饮十分"

---

[1] 参考薛麦喜：《黄河文化丛书·民食卷》，山西人民出版社，2001，第315页。

"四海之内，皆为兄弟。任劝十分""与尔邻里乡党乎，上下各七分""乘肥马，衣轻裘。衣服鲜好处七分""择不处人，焉得智。上下各五分""恶居下流而讪上者，末座两人十分"等①。这样的酒令游戏方法已经和今天人们欢聚一堂饮酒为乐时采用的酒令几无二致。当然，唐代也有更直接的喝酒方式。杜甫所作《饮中八仙歌》中的苏晋，招呼朋友喝酒，在地下铺五万余块砖，每砖上置一壶酒，众人次第饮之，直至取尽。《红楼梦》当中有"射覆"酒令的记载，人分两队，一方将物覆于某一器皿之中，让对方来猜，以定喝酒者。另外还有对古文、对曲牌等方式。总体来说，酒令形式有雅有俗，雅令见于士人、文人之间的诗词相对，而平民之间的方式就十分简单，常见猜拳、掷骰、数数、轮庄等方式，这也是今天在黄河流域最为常见的饮酒之乐。猜拳是最为简单易行的酒令，包含了各民族中丰富的文化特征。一般要有人坐庄，轮流与诸人划拳，也有以"好拳"或"挑战"名义单独与某人划拳来加深情感的。开拳先叫"哥俩好"，喊数字都以吉祥语代表，如"三星高照""六六大顺"等，体现了传统文化中人们向往美好生活的价值取向。在黄河上游的甘青一带，各民族群众聚在一起喝酒，最传统的酒令是对歌。有一唱一对者，也有分两组，每组出一人唱、众人和，再由对方组出人唱的。唱腔皆为当地的固定曲调，内容则多是即兴所赋，可以唱人、可以唱事，唱笑打趣间，尽是民间的智慧与幽默，其中最著名的有青海酒曲《尕老汉》《数麻雀》等。猜拳行令的饮酒方式之外，黄河流域酒文化中的敬酒礼仪也是黄河流域民俗文化中的重要内容。中下游敬酒文化细密繁复，受到儒家礼仪文化影响较大。宴席间谁敬酒，敬几杯，为什么敬，接下来的程序，如何回敬等，均有细致规定。中上游各民族敬酒的习俗在礼仪文化的基础上，又多了几分豪迈与洒脱。主人给客人敬酒多用碗，双手奉上，一些民族还要同时手捧哈达，客人双手接过酒碗，先用右手无名指点蘸三下，洒向天空，以示敬天敬地敬人，然后一饮而尽。唐代敬酒习俗中即有类似礼仪，杜牧在送友人诗中称：为

---

① 参考刘建国、刘兴、丹徒县文教局、镇江博物馆：《江苏丹徒丁卯桥出土唐代银器窖藏》，《文物》1982年第11期；吴玉贵：《中国风俗通史·隋唐五代卷》，上海文艺出版社，2001，第98页。

君蘸甲十分饮，应见离心一倍多①。两者间应是有一定的传承关系。

　　黄河流域还有一种极富特色的地方饮品，主要传承、分布于中上游，其制作过程有点类似发酵酒，但却不是酒，名为"浆水"。浆水制作、传承历史久远，据说最早可追溯到秦朝末年。前些年有台湾学者在西北访学，吃过传统的浆水后，非常感兴趣，言说与台湾一些少数民族所做的食物非常相似，为此特别与我合作撰写了一篇小文。传统浆水制作的食材种类较多，常见的有包心菜、芥菜、芹菜、萝卜缨、苜蓿等，依据当地人的喜好而变化。制作的时候将菜蔬洗干净用沸水焯过，放入干净的容器，将煮面后滚烫的面汤浇入，待面汤降温后，掺入适量的浆水引子，即酵母，然后静置几天便能食用。浆水可单饮，尤其在酷暑时节，兑入糖、蜜，冰镇后即是绝佳的健康消暑饮品，亦可伴食，西北很多地方的人们喜食"浆水面"，味道酸爽可口，冷热皆宜，深受当地人的喜爱。随着现代科技手段的介入，传统酪浆在新时代焕发出新的生命力，今天浆水也有了很多延伸产品，例如浆水酸奶等②。

① 参考黄正建：《唐代衣食住行研究》，首都师范大学出版社，1998，第44-45页。
② 参考《兰研浆水酸奶正式发售》，新浪网，2021年11月29日，https://k.sina.com.cn/article_7517400647_1c0126e4705901uqfc.html。

第四章　黄河流域丰富的民俗文化(二)

第一节　居与行：室车之用明明德

从天然的空间到人造的空间，从地穴到半地穴都是人类面对自然界伟大的进步。古代文献中有关于殷人居住习俗的一些记载，如"殷人重屋，堂修七寻，堂崇三尺，四阿重屋"等①。根据考古材料，商代的民居建筑已经不仅是为了满足当时人们遮风避雨的需求，而且开始显示阶级地位的高低，贵族聚居区域集中在一起，一个家庭的房屋面积可能达到数百平方米。殷商的居住文化来自更早的文化传承，在黄河上游的黄土高原南缘，新石器时代的居住文化于甘肃大地湾遗址中得到充分显现。考古学将甘肃大地湾考古遗址分为四期。第一期所清理的4座房址均为圆形半地穴房基，其复原应为圆形攒尖式建筑。第二期发掘成果颇丰，不仅有房址，还有大量与人们生活息息相关的灰坑、排水小渠、墓葬等。第三期房址共有19座，另有房屋以外的一些残存零星灶坑23个。从较完整的房屋遗迹看，均为方形或近方形的半地穴式建筑，依穴室面积可区分为大、中、小三种类型。从二期房址长、宽二维分布图中可以看出，较完整的9座房址中，居住面积在56平方米以上的大型房址有2座；居住面积在56平方米以下，25平方米以上的中型房址有4座；小于25平方米的小型房址有3座。第四期共发现房址56座，主要分布在遗址的山地部分。最为重要的发现是一座编号为F901的房屋遗址，规模宏伟、工程浩繁，从规划设计经选材备料到

---

① 参考钟敬文主编《中国民俗史·先秦卷》，人民出版社，2008，第187页。

精心施工，在5000年前的生产条件下，需要耗费成千上万的劳动力付出艰辛的努力和心血，需要动员一个部落或几个部落的力量共同修建。其出土物与一般房址截然不同，日常生活用具和生产工具基本不见，无论陶器还是石器形制均较为罕见。出土物的特殊性说明这些器物以及房址在社会生活中的特殊作用。在附近近千平方米的范围内，不见同一时期遗迹，也证实这是当时一处宽阔的公共场所。根据考古学家的判断，应是部落或部落联盟的公共活动场所，用于集会、祭祀或举行某种宗教仪式，换言之，这是大地湾乃至清水河沿岸原始部落的公共活动中心———一座宏伟而庄严的部落会堂①。中国古人说"巢居知风，穴居知雨"，说的是在居住空间建设的发展中人们积累的相关知识与文化。我们可以将甘肃大地湾遗址中居住文化的考古研究成果视为中国民俗文化中居住文化的起点，从这个起点出发，中国人将自己的居住建筑文化推向了彼时的民居建筑巅峰，其背后是中华文化一脉相承的力量。

人群的流动是黄河文化形成的重要因素。新石器时代以后，黄河流域不同区域即有为寻找新的生存空间而出现的较大规模的人群移动。从两足行走到各种交通工具的出现和利用，出行文化逐渐形成，伴随着黄河流域居住文化的快速成熟，出行文化也得到同步发展。藏于北京故宫博物院的北宋画家张择端的著名画作《清明上河图》，为我们描述了历史上黄河流域兴盛繁华的经济社会状况，透露了舟船车楫、人流涌动的出行文化。画面上有行人、驼队、舟楫等各种车船20余辆艘。从交通工具来看，可分为驼队与骑行，骑行包括马、驴等，还有车辆与轿子以及客船、货船、小舢板等。出行及运输之方式之丰富自不必说，还有学者注意到一个细节，可以说明当时交通技术的发展状况，即"图中的临河路边就有一家修车行，锤子、刨子、凿子和锯等各种工具应有尽有，一老一少两位修车匠正在忙乎着"②。

出行文化中车辆的制作技术是很重要的技术基础。甲骨文中"车"的写法有很多，复杂的字形包括车轮、舆架等，都形象地表达了最初车辆的

① 参考甘肃省文物考古所：《秦安大地湾——新石器时代遗址发掘报告》，文物出版社，2006，第21-427页。
② 郑学富：《〈清明上河图〉中有哪些交通工具》，《书屋》2022年第2期。

结构。因为过于复杂而不便书写，在小篆中"车"字被简化为只包括车轮的形状，上下加两条横线表示车的其他构造，中间一条竖线则是车轴。车辆的制作是需要多种工艺技术相配合才能够完成的，《考工记》中将制车工艺分为轮、舆、车三工，是中国古代技艺中集成程度最高的传统工艺。20世纪50年代末，黄河上游青海一处遗址考古中发现了距今3800年以前的车辆，出土残车毂2件，以松木制成，中间留有一个穿轴的圆孔，孔径6.5厘米。毂的外形呈凸状，长约26厘米，复原后可以安装16根辐条。辐条用更细致的木材制成，安装辐条的孔内还涂有红色颜料[①]。如果说这个时候我们看到的车辆还比较粗放，那么1000多年以后，黄河流域的人们制造出来的车辆就绝对堪称"豪车"了。2006年，甘肃省天水市张家川回族自治县一起盗墓案件引发的马家塬墓葬考古发掘，为我们呈现了2000多年以前黄河流域少数民族豪华的车马阵容。墓葬中所发现不同形制、用途的车辆、车饰、马具等遗存的数量，装饰精美华丽的程度都是其他考古遗址所未曾见过的。其中大多数车辆均有装饰，装饰材料以金、银、铜、锡及料珠等材料为主，主要集中在左右侧板和后门。多数侧板上以金银条贴出大小不一的纵横网格，网格相交处以包金铜泡固定，网格内贴方形金箔或银箔镂空饰件，网格外围再装饰以玛瑙，或金箔、银箔制作的虎、羊等图案，或是料珠、红漆等。2012年，经国家文物局批准，甘肃省文物考古研究所牵头启动"中国古代车舆价值挖掘与复原研究"项目，于2014年复原了马家塬出土马车，先后在北京、兰州、西安、杭州、济南、上海等地展出，其豪华程度令世界震惊。据专家考证，马家塬墓葬中包含欧亚草原东部的中国北方系青铜文化，欧亚草原地带中、西部的斯基泰、塞克、巴泽雷克等文化和秦文化，以及甘青地区传统文化等多种文化因素[②]，极好地阐释了黄河流域多种文化交汇与融合的典型特征。

一、黄河流域特色鲜明的民居建筑

居住空间的营造是人们根据自身与所处环境互动的过程中，在对人与

---

① 吴汝祚、青海省文物管理委员会、中国科学院考古研究所青海队：《青海都兰县诺木洪搭里他里哈遗址调查与试掘》，《考古学报》1963年第1期。

② 参考王辉：《张家川马家塬墓地相关问题初探》，《文物》2009年第10期。

环境关系理解的基础上，将自己对世界的认知物化为一个空间的过程。在原始社会所造的景观中，人们的住所就有可能是圆形的，如蜂巢一般。农耕文化的景观则不缺少方正的外观。一块块田地基本都是方形的……一间农舍都是匠气的，里面放着不少四四方方的物件，比如桌椅板凳、卧榻地毯等①。不同的环境会影响和制造人们的感知、态度和世界观，自然也会影响人们对自己居住空间的营造和居住文化的形成。黄河流经中国整个北方区域，经过青藏高原、黄土高原、内蒙古高原和华北平原，不同的海拔、地形、地貌条件影响着气候、温度与湿度，与不同的区域文化共同造就了各流域特色鲜明的民居建筑，有黄河中上游的篱笆楼、山地庄廓，有黄土高原的窑洞民居，也有青藏高原和内蒙古高原的帐篷、蒙古包等诸多民居建筑形式，各区域各民族的人们充分展现了才智与技艺，为黄河流域打造了多彩的民居建筑文化体系。

(一)黄河流域的环壕聚落与山地庄廓民居

黄河下游有距今约八千年的环壕聚落遗址，如后李文化小荆山遗址、大汶口和龙山文化中的环壕聚落遗址等。今天大家都知道，河谷地带自古就是人们安居乐业的最好环境，黄河中上游距今约7000至5000年的仰韶文化中，在河岸台地，特别是两河交汇处，已发现聚落遗址1000多处。例如西安东郊浐河东岸的半坡遗址，聚落平面为南北稍长、东西略短的不规则椭圆形，周围有一条人工挖掘的壕沟围绕，壕沟宽约6～8米，深约5～6米，主要功能在于御敌，围护着聚落的安全。另外还有渭、临两河交汇处的临潼姜寨遗址，也是不规则的椭圆形，东北和东南两面为人工壕沟②。从环壕聚落到用围墙圈起的院落，是人群向聚居发展的过程。今天老百姓常说的一个词"院子"，来自宋代孟元老所著笔记体散文《东京梦华录》，其中记载了北宋开封平民流行的住宅：其后街或闲空处团转盖屋，向背聚居，谓之院子，皆小民居止。

河湟谷地处于河西走廊和民族走廊的交汇处，是中国多民族文化交流融合的典型区域，在民居方面也有同样的特征显现。在河湟谷地及其向东

---

① 段义孚：《恋地情结》，志丞、刘苏译，商务印书馆，2018，第110-111页。
② 参考方拥：《中国传统建筑十五讲》，北京大学出版社，2010，第24-25页。

南延伸的山川河流间，庄廓是当地多民族共同拥有的代表性建筑形式，具有就地取材、构造简洁、施工方便经济、与自然环境相适应、节约能源等许多优点，承载着地区的历史文化和当地人民的生存智慧。庄廓院落类似于北方平原地带的四合院，为封闭的"内向型"布局，有利于御敌、防风、采光，高度符合山地居民内向、闭合的生活观念，河湟谷地的典型山地庄廓民居有两类，一类是在山地或河谷台地上将地面取平建设，另一类是依据山地形态，随山势建设的庄廓民居。后一类建筑难度较高，建筑所处的山地环境，如山地坡度、自然地理结构等因素，都会对山地建筑的总体或单体形态特征带来一定影响。从建筑单体来看，要尽可能借用山地形态，使同一建筑存在数个标高不同的地平面。总体而言，山地庄廓民居具有以下几个方面的特征。第一，民居都由高大厚实的庄廓墙将建筑包围其中，其功能类似于环壕聚落的壕沟，形成相对封闭的内向型空间。第二，庄廓民居房屋与北方大多数民居一样，以柱、梁为承重结构，夯土或土坯为围护墙体，正立面以精细木雕进行装饰，一般在院落东南向开大门，门墩以青砖为材质，门顶上覆青瓦，是典型的土木结构。第三，因降雨量较少，屋顶形式普遍采用平缓屋顶，秋冬之际，可以看到家家户户屋顶上晾晒农作物，一派富足祥和的景象。

(二)黄河上游藏族传统建筑

黄河上游地区的藏族传统建筑具有鲜明的地域特征、民族特征和多样化特征，承载了当地的藏族及其他民族群体的天地万物观念、社会道德思想以及艺术审美体系，是黄河文化中民居建筑文化不可或缺的重要组成部分。黄河上游地区的藏族传统民居建筑有一些共同的特点，建筑敦厚结实，与环境契合度极高，多使用石材、木材，个别区域使用其他材质。建筑整体色彩艳丽、直接，外观多使用大面积的色彩平涂，给人强烈的视觉冲击，最常使用的颜色是红色和白色，一般民居外墙是白色，门窗的周围有一圈黑色，温和庄重；而佛教寺庙外墙多为绛红色，屋顶为金色，辉煌威严。因为居住自然环境和生计方式的差异性较大，不同区域的民居又呈现多种建筑形式，皆为厚重历史文化内涵的外在体现。

碉房是青海三江源地区藏族常见的居住建筑形式。碉房建筑整体厚实朴素，一般为平顶，石木结构较多，两三层的建筑，空间区隔清晰。最上层往往是佛堂，与生活空间分离，下层供人们起居，功能布局映射出人们的思维与观念。门扇、门楣、窗口等处强调彩色装饰艺术，色彩亮丽，对比夸张，同时配以彩色雕刻图案，以及七彩经幡等，装饰效果强烈。建筑外墙墙体下宽上窄，以石材砌成，浇涂白浆。石材的性质、加工方式、形状都有一整套文化解释和工艺传承，所以在当地有一些传统的石匠村落，传承体系悠久。木质材料主要作为房屋的梁、柱、檩等结构，在结构汇集处以斗拱和榫卯的方式相连接。斗拱自3000多年前的西周初现，东汉、三国时期发展成熟、广泛应用，与榫卯结构俱为中国古代建筑文化中最核心的本土创造性内容①，但在民居中应用较少，多用于宫殿、官署等建筑，代表建筑的等级。在今天青海循化的黄河小积石峡上，北魏时的吐谷浑人曾修建过一座大跨度伸臂木梁桥，名曰"河厉"，"节节相次，大材纵横"②。以河厉桥为蓝本，唐代在兰州又建造了著名的"握桥"。由此可见，在黄河上游石木结构的建筑中，充分融合了黄河中下游土木结构的工艺技术，加上本地区的石木建筑文化传统，融合形成独具特色的建筑文化。

图4-1 青海海东循化县道帏藏族乡藏族院落大门装饰

（图片来源：刘世龙）

---

① 参考刘敦桢主编《中国古代建筑史》，中国建筑工业出版社，1980，第3-8页。
② 方拥：《中国传统建筑十五讲》，北京大学出版社，2010，第212页。

从三江源向黄河下游行进几百公里进入甘肃南部，是甘南藏族聚居区域，同样也是黄河、长江的水源涵养区和补给区，位于青藏高原和黄土高原过渡的接合部。其地理位置和生态环境决定了牧业、农业和农牧兼营各种生计方式并存。区域内南部到东部，由岷迭山区向丘陵山地延伸，农牧兼营，西部是草原草甸，以牧业生产为主，反映在民居建筑方面，也产生了响应环境条件的各类民居交错并存的村落景观。在农业生产区域，建筑多为一层结构，院落方正，空间较大，一般分为前后两个区域，前院居住、生活，后院储存农具、种子、化肥等。家家户户的院墙与大门上都绘有吉祥图案、文明新风等宣传彩画，门头上彩绘或者浮雕牦牛、猕猴、鹿等动物形象，龙、凤凰、麒麟等传统文化符号和门口的石狮子是各民族共享的建筑文化元素。牧业生产区域的民居建筑分几种类型，夏季牧场、秋季牧场因居住时间较短，房屋相对简单，冬季牧场和春季牧场房屋比较讲究，设施也更加完备。房屋多为新式的砖木结构，红瓦白墙，廊下有呈几何纹样或者体现当地民族信仰的装饰。

(三)河州传统民居建筑

河州地区生活着汉、回、东乡、保安、撒拉等多个民族，自古工匠云集，民居建筑文化丰富。明、清至民国时期，融合大量外来建筑文化特征，包括回族砖雕、汉族木雕、藏族彩绘等众多地方特色建筑文化，形成独具特色的河州建筑样式。河州城中围绕8座历史悠久的清真寺以及周边区域的13条街巷，构建起一片融民族建筑和民俗生活于一体的古街区"八坊十三巷"。其占地约615亩，较完整地保存着30座四合院和109座古民居[①]。建筑群中院落多坐北朝南，院院相连，一些人家还配有偏院、车马院。其中"大公馆"是八坊民居建筑的典型代表，建成于20世纪初，共有正院四座，占地面积宽广，院内亭台楼阁俱全，曲径回廊通幽。正院之外，还有后院、南院、车院、花园及库房，均与正院相连。建筑群四周有高大的围墙及哨楼，具有较强的军事防御功能。建筑整体由砖雕、木雕装饰，内容与形式均完美地体现了当地各民族民间艺术的融合统一。

"蝴蝶楼"也是河州一处著名私家园林，建成于1943年。建筑群坐北

---

① 资料由甘肃省临夏市八坊街道办事处提供。

朝南，东西宽83.61米，南北长89.45米，占地面积8000平方米，总建筑面积2615平方米①。四四方方的院落，集山、泉、石、木之灵秀，绿柳掩映，牡丹、芍药、玉兰等名贵花卉和盆景点缀其间，四周环绕小桥流水景致。当年主人在后院饲养鸽子、百灵、画眉等名贵鸟类，园中花鸟相映，动静结合，情趣盎然，体现了西北园林艺术发展的高度。主体建筑面阔七间，歇山顶挑檐，两边房舍随楼呈半圆相连，左右两廊接于长方形六角亭阁楼，远望犹如展翅的蝴蝶，因此得名"蝴蝶楼"。蝴蝶楼上下四周皆有回廊环绕，楼内设有起居、会客、游艺、梳妆等空间，正中客厅，边楼为书房，随楼前段为卧室，其后依次为梳妆室、卫生间等。蝴蝶楼最令人称叹的地方在于整幢建筑集传统木质建筑之大成，采用榫卯技术，未用一枚铁钉，为西北民居建筑中罕见。

(四)黄河中上游的特殊民居——帐篷

长期的历史中，黄河中上游广泛的牧业生产区域普遍存在帐篷居住方式。在森林大漠、雪山草原等具有差异性特征的自然环境下，不同区域的帐篷制作方法、形制、结构、用途甚至名称各不一样，但无论帐篷、毡房或蒙古包，其核心一致，都是游牧生产人群适应环境和移动生产方式的结果。今天，在实际生产生活中，随着广泛的牧民定居和畜牧业生产方式的转型，各种类型的帐篷正在逐渐消失，多数情况下只是作为旅游景观出现在人们眼中，但作为如此广泛的大地上曾经存在的一种独特的居住方式，在黄河流域居住文化中亦留下了一笔重彩。同时，帐篷居住文化在今天越来越成为一种人们阅读大地的方式，成为不同人群破除藩篱，进入自然、感触自然的路径。文化的传承与变迁，自有其道。

在青藏高原的黄河上游，从高原寒带向东依次为高原亚寒带、高原温带，直至河湟谷地西侧，具有一些相同的气候特征，年平均温度低，气温年差较小，太阳辐射强，垂直分布特征显著。当地所处的各民族群体经济类型也大致相同，生活中"喜居毡帐"，与其东部的羌氐文化具有更多的相似性，这也是吐蕃文明最终东向发展的重要因素之一②。历史上的汉文

① 资料由临夏州文化广电和旅游局提供。
② 参考石硕：《西藏文明东向发展史》，四川人民出版社，2016，第95-116页。

文献中，大多数时候对青藏高原的帐篷以"毡帐"一语带过，实际上仅仅在高原之上，帐篷就有诸多类型。其中，有一种在传统牧业生活中很重要，今天已经基本消失了的"黑帐篷"值得记述。"黑帐篷"以牦牛毛制成，其分布区域从青藏高原向北一直到祁连山北麓，海拔2000米以下便不见踪迹。有文献记载使用黑帐篷的时间早在3世纪中叶，将以牦牛毛编织的褐子连接起来，搭成一个三角形的避风遮雨之所，应该是青藏高原最早的帐篷雏形，之后才发展出各种复杂形制的帐篷。黑帐篷保暖性很好，还具有一定的防水性，经久耐用，移居便利，其中蕴含、体现了高原人群的生态观念。

黄河中游以及西至河西走廊一线北部的蒙古高原上，蒙古包作为温带草原游牧文化的重要组成部分，是从游牧文化的移动性与环境特点中生成的生活空间。蒙古包多为圆形，搭建方便，同时也易于搬迁。南宋人的笔记中记载过两种不同的蒙古包："燕京之制，用柳木为骨……可以卷舒，面前开门，上如伞骨，顶开一窍，谓之天窗，皆以毡为衣，马上可载。草地之制，以柳木织成硬圈，径用毡挽定，不可卷舒，车上载行，水草尽则移。"①草原上有旱柳，其枝条柔韧可弯成圆形而不折断，从而形成蒙古包的骨架，称为"哈那"。顶端所开"一窍"为天窗，称为"陶脑"。"伞骨"部分，是橡木杆子，称为"乌尼"，连接陶脑与哈那。哈那与乌尼之外以毡覆盖并捆扎结实。陶脑上边有以毡子做成的盖毯，一般在白天打开通风采光，晚上或阴冷天再盖上。门一般与哈那高度相同，由门框、门楣和门槛组成。整个蒙古包只用木头、毡和鬃毛制成的绳子三种材料，既反映了蒙古族人们的生存智慧，也显现了群体的生态观念。蒙古包使用过程中有一些游牧文化中特有的规范与禁忌，例如日常生活中的长幼以及待客时的主宾所坐位置，均有明确规定。与大多数北方民族一样，蒙古族认为火是神圣的，绝不可跨过火盆或是用刀斧等利器接近火源。蒙古包内的物品摆放也有规则，体现人们对于空间的认知。例如火盆一定要在蒙古包正中间，火盆两侧是供人们盘坐的毡垫，火盆后西北部是佛像及祭祀用品，东北方向一般摆放柜橱等。

① 陈高华、史为民：《中国风俗通史·元代卷》，上海文艺出版社，2001，第115页。

(五)以窑洞为代表的黄土高原民居

　　黄河中游的黄土高原，是世界上黄土堆积最厚的区域，中华民族的先民们在这片黄土地上稼穑耕织，开山通路，创造并传承伟大的中华文明。窑洞，作为伴随中华文明发展整个过程的人类居所，是黄河流域历史传承最为悠久、生命力最为顽强的建筑形式，是黄河中游黄土高原最典型的民居建筑。从新石器时代中期开始，中华先祖已有了半穴居式的房子，开始营造村落，在黄河流域诸多考古遗址中，如武安磁山、密县莪沟、西乡李家村、秦安大地湾，都发现了不规则的圆形洞穴式房屋遗址。多数洞穴并不是很深，洞穴下方穴壁深入较浅，地面直径3米左右，面积八九平方米。多数室内有灰烬或灶遗存，房址周围有柱洞，复原后大概形成蘑菇状窝棚，窝棚顶伸出地面，属于最早的土木结构建筑①。

　　甘肃陇东、陕西北部、山西的西部和南部、河南西部以及宁夏的部分区域，形成了一个广阔的窑洞文化区，在黄河、黄土共同构成的空间中经过漫长的发展、延续，生发出营造方式、特点各不相同的窑洞民居建筑。在黄土高原的南缘，坐北朝南的山梁随处可见，人们依据山势，将山坡垂直削平，靠崖面阳，开出单孔、双孔、三孔甚至上下两层的台阶式窑洞。此类窑洞修造过程中，几乎不需要大量购买建筑材料，黄土的特性使人们仅使用简单的工具就可以开挖出窑洞雏形，挖出的黄土向前延伸铺平即成院落，材料、工具的简单易得充分显现了黄土高原上人们的智慧以及与黄土之间的依存关系。因为厚厚的黄土具有良好的隔温保温效应，冬天保暖、夏天隔热，所以人们都知道窑洞具有冬暖夏凉的特点，自带"空调"。故而黄土高原山区之外的平原或川区的人们建造房屋时也仿造靠崖式窑洞，设计出冬暖夏凉的独立式窑洞，有土坯材质，也有砖石材质，砖石材质的也被称为"砖锢窑"。这种房屋建筑虽然是砖砌而成，但其最重要的特征是将房顶设计成拱形并放入大量黄土以增加保温隔热效果。豫西、山西南部有很多砖锢窑分布，我的家乡山西吕梁山区的城镇中也有很多这样的砖锢窑。砖锢窑建筑过程中要购买大量材料，并且要解决运输问题，所以家境比较殷实的人家才有财力和人力修建。

---

① 参考宋兆麟：《中国风俗通史·原始社会卷》，上海文艺出版社，2001，第130页。

图4-2　山西汾阳窑洞

（图片来源：解婷婷）

黄土高原的地貌有塬梁峁川，其中的塬是指因流水冲刷而形成的一种平台状地貌，往往四周陡峭，但塬顶非常平坦。黄河上游第一大塬"董志塬"是黄土高原最大的一块塬面，其上生活的人口约有50万之多，既是周王朝的发源之地，也是中国农业文化的起点，故号称"天下黄土第一塬"。行走在董志塬上，随处可见一种古老而极具特色的窑洞建筑形式——地坑院。地坑院被称为"地下四合院"，建造过程是从地面向下采挖，形成一个方形的院落，距离地面约3～5米高，之后在院落两壁或三壁再向内开挖，形成窑洞，再挖出人行的斜坡道路。"中国传统建筑中将庭院称为天井，很可能源出于此。"①地坑院在豫西也有分布，以河南巩义、洛阳、三门峡最为典型。一般窑院有7～15孔窑，正北面为正房，由长者居住，门向南开，东西再有数孔窑，家中晚辈居住，其余空间用于饲养牲畜，存放粮食、农具等②。

二、黄河流域的行旅与交通文化

中国人文始祖黄帝被称为"轩辕氏"，原因大概是指黄帝善于制作可

---

① 方拥：《中国传统建筑十五讲》，北京大学出版社，2010，第125页。
② 参考杜琳琳、刘刚田、翟莹莹、周力：《豫西窑洞民居的现状和保护策略研究》，《美与时代》2022年第7期。

以长距离行游的车辆。"轩"为北斗星的斗魁四星组成的车舆，"辕"是指北斗星的斗建三星组成的车辕。斗魁与斗建组合起来，就是北斗七星。《史记·天官书》记载"斗为帝车"，是说北斗七星被称为"帝车"，也被视为黄帝的化身。古人观察北斗七星不同季节中处于夜空的不同位置，因而在古人以"我"为天地中心的充满想象力的精神世界中，诞生了黄帝驾乘北斗巡游天下的神话故事。这也是中国古人在有限的活动范围中对无限的"行游"的浪漫想象。关于行游的故事在古代文献中一直在延续。公元281年，一位名为"不准"的盗贼盗窃了一座战国古墓，被抓获后人们得以打开古墓，获得十余车竹书，被称为《汲冢竹书》，其中包括一部著名的史书《穆天子传》。《穆天子传》中记载，约在公元前963年，周穆王驾"八骏之乘"，西巡天下，凡几万里，抵达"西王母之邦"，在一个吉日向西王母献上白圭玄璧和彩色丝带，瑶池之上，乐而忘返。后世有人因此贬斥周穆王无道："意不在天下，好道士说，得八龙，骑之西游，同王母宴于瑶池之上，歌讴忘归。"[1]今天再来审视，此事若为史实，周穆王能西行千里，与西王母共同荡漾瑶池之上，联通中原王朝与陇山之西的广大地域，其先决条件就是自殷商以来，马与马车等精致耐用的交通工具已经发展到较高程度，中国历史上的行游交通文化已逐渐形成[2]。

黄河流域在很长历史中是中国文化、经济、政治的核心区域。西周之前，中原王朝已经与遥远的西亚、中亚有了诸多的交流，其通行运输的技术与能力是交流得以发展的先决条件，多样的经济发展模式和地貌条件，造就了人们多元化的通行、运输方式，进一步把流域内外各民族紧紧地联结成一个不可分割的整体。及丝绸之路开通，"发自敦煌，至于西海，凡为三道，各有襟带"[3]。公元7世纪以后，草原丝绸之路、海上丝绸之路均进入繁荣发展阶段，中国人的视野与行走的范围扩大到前所未有的程度。在古都长安的东北有一条河，秦穆公时称其为"灞水"，河上建桥，名其"灞桥"。今天能看到的灞桥遗址为隋时所建，约在公元583年。灞桥处关

---

① 屈守元、常思春：《韩愈全集校注》，四川大学出版社，1996，第2105页。

② 参考李玉洁、李丽娜：《山西在先秦中亚交通中的重要地位——以〈穆天子传〉记载的西行路线与考古学为视角》，《山西大学学报》（哲学社会科学版）2020年第6期。

③ 张星烺：《中西交通史料汇编》（第1册），朱杰勤校注，中华书局，1977，第61页。

中交通要冲，东来西去的人们总要经过灞桥，因为人们的行游流动日益普遍密集，故而在隋唐之际的长安，形成了一种独特的送别文化，亲友送别远行之人直至灞桥驿站，并折下桥头垂柳，以柔软缠绕的柳枝表达留念与祝福。灞桥折柳赠别的情意绵绵，成为中国传统文化中行旅文化的一个优雅注脚。

行游、行旅文化在发展中也逐渐形成一些规范和制度，其中典型的是舆盖等级制度。所谓"舆"，就是指车、轿之类的交通工具；所谓"盖"，是指交通工具上遮风避雨的伞。在中国传统文化中，车、轿等不仅是出行必需的交通工具，而且也是一种出行时的礼仪，从而也就形成了一整套基于"礼"的等级规范。舆盖制度，历朝历代都有发展，齐备于唐宋，严格于明清①。基于"礼"的规范很细密，也包括人们行走在路上的方式。《尔雅·释宫》中称："室中谓之時，堂上谓之行，堂下谓之步，门外谓之趋，中庭谓之走，大路谓之奔。"其中"時"为徘徊、缓行的意思。在路上遇到不同的人，亦有一整套不成文的礼俗，遇到长者、长官须下马、下轿、避行等。我们今天能看到20世纪初西方传教士在中国一些城市中拍摄的影像，其中一些记录了街道中熟人相遇时的礼仪。一方要将手放置身体一侧，站立双膝微屈，并向对方点头致礼，另一方则如样回礼，应该也是历史中形成的行路礼仪在晚清民国之际的传承。

黄河流域的行游与行旅文化体系庞大，内容丰富多彩，以下选择其中有特点的黄河水运、桥梁、驼队等内容以概述。

(一)黄河上的交通与桥梁

黄河在上游、中游大部分流段内都是波涛汹涌、水流湍急的，上游到中游之间，中游到下游之间，有几段著名的峡谷，例如官仓峡、龙羊峡、积石峡、青铜峡和晋陕大峡谷等。通过这些峡谷，从海拔4800米一路跌落至500米以下，李白所赞"黄河之水天上来"，名副其实。同时，我们都知道黄河并不是一条安静温顺的大河，它既承载着灿烂的文化，也孕育了无数的灾难，历史上经历多次改道，入泗夺淮。从先天条件到灾害历史，黄河的桀骜不驯不但使人们很难利用，甚至给黄河沿线的人们留下了很多历

---

① 陈宝良、王熹：《中国风俗通史·明代卷》，上海文艺出版社，2005，第397-400页。

史的苦痛记忆。但自"大禹治水"的神话时代起，黄河流域的先民们就从未停止过对黄河规律的认识以及认识基础上的实践探索。此种认识和探索是保卫生存家园，并与更广泛的世界和文化产生联系，以拓展自我生活世界的必然选择。世代繁衍生息在黄河流域的人们从黄河出发，进而借助技术的进步跨越黄河，联通东西南北，加强各民族之间的交往互助，日渐凝聚成今天博大辉煌的黄河文化。

中国历史上有一个"泛舟之役"的故事，发生在春秋时期秦晋两国之间。晋国连年饥荒，使臣前往秦国借粮，秦国不计前嫌，派了很多船装载粮食经渭河、黄河、汾河运到晋国。其后秦国遇到旱灾，再向晋国借粮，却遭到拒绝，于是爆发战争，最终以秦国的胜利告终。"泛舟之役"是黄河历史上最早有记载的大规模航运事件，其后承续不绝。黄河及周边流域的水运，也在历史中得到了长足的发展，至隋唐之际，已经有了很高的发展水平。隋炀帝在历朝历代的基础上修浚开凿大运河，沟通了海河、黄河、淮河、长江、钱塘江五大水系，将长安、洛阳、幽州、汴州、宋州、楚州、扬州、杭州等繁华的大都市关联起来，形成了一个跨越东西、通贯南北的水路交通网络①。隋唐大运河包括广通渠、山阳渠、通济渠、永济渠等，对中国的历史发展和社会进步起到重要作用，为唐代的经济大发展、大繁荣奠定了坚实的基础②。

在黄河上游，河身狭窄，水流湍急，不能航行舟筏，仅有渡船。出贵德县李家峡后，始有皮筏、排子、木船等航行。青、甘、宁之间，皮筏毫无疑问是最具特色的水上运输工具，包括牛皮筏子和羊皮筏子。皮筏在古时候也称"革船"，距今约有1500年的历史，是典型的游牧文化与农耕民族智慧的结晶。甘肃的皮筏从清光绪中叶开始使用，是从当地人装衣物于皮胎中，利用皮胎漂浮不沉之特点，怀抱渡河的习俗发展而来。远途运输中，最大的牛皮筏用牛皮120张，载重可达20～30吨；最大的羊皮筏需羊皮600张，筏上安装6把桨，载重与最大的牛皮筏相当。远途运输的牛皮筏、羊皮筏可担负兰州至包头2400多公里的运输任务，另外还有一些仅使

① 吴玉贵：《中国风俗通史·隋唐五代卷》，上海文艺出版社，2001，第271页。
② 参考韩茂莉：《中国历史地理十五讲》，北京大学出版社，2015，第272-276页。

用十几张羊皮制成的小皮筏，仅做黄河上的短途运输或渡送黄河南北两岸的往来行人①。制作皮筏子是黄河上游一项传统的高超技艺，最重要的是用整张牛皮或羊皮制作，不能有丝毫破损。一般在宰杀牛羊后，制作匠人先把整张羊皮或牛皮剥下来，用盐水浸泡脱毛，然后以油脂涂抹羊皮的四肢和脖颈处，使皮质吸收油脂变得松软，之后将皮胎扎成袋状并往内部吹气，气满之后封孔，再将其依次固定在提前备好的木架上，即算完成。黄河上游水流湍急，因此需要"筏子客"，也就是水性较好、经验老到的掌筏人专门负责来往运输。羊皮筏子下水，一般是木架一面在上，放几个坐垫，待人们坐好后，筏子客掌筏离岸。筏子渡河也不是人们想象中的直线往返，而是会随着水流方向向下游漂出一段距离，如果想回到对岸原地，则需要"筏子客"肩扛筏子，步行走到更上游处向对岸放筏。

图4-3　兰州黄河岸边作为历史文化遗产的羊皮筏子

（图片来源：李建华）

除了"筏子客"，黄河上还有一种依河为生的古老营生——黄河纤夫。纤夫与黄河漕运历史紧密相连。公元前202年，汉高祖刘邦称帝，戍守陇西的一介戍卒娄敬面见高祖，陈言定都关中的优势。之后高祖询问张良，张良肯定"娄敬说是也"，并说了一段话，其中有一句"河渭漕挽天下，西给京师"②，准确地阐明了黄河漕运的历史地位。河南三门峡漕运的发展历程，就真实显现了中国自秦汉一直到近现代的黄河漕运历史。自西汉始，黄河中下游开凿栈道，征集民夫，以挽漕舟，这是黄河纤夫的由来。在黄

---

① 参考魏永理主编《中国西北近代开发史》，甘肃人民出版社，1993，第344-349页。
② 司马迁：《史记》卷五五《留侯世家》，中华书局，1959，第2044页。

河中下游流域一些船运比较发达的地区，运输货物的船经过部分特殊航段必须依靠纤夫在岸边栈道上人力拉船前行。《新唐书》载：挽夫系二鈲于胸，而绳多绝，挽夫辄坠死，则以逃亡报，因系其父母妻子，人以为苦①。危险性和高强度的劳作使这一特殊群体在历史上也留下了自己的文化印记。例如历史形成并持续传承的船工口号，还有河边栈道上因长期拉船而在岸边岩石上留下一道道绳索印痕的"纤夫石"。面对"讨生活"不得不为之的求生之道，纤夫群体创造了独特的语言词汇来满足精神层面的安全感需求，例如"碗"不能称之为"碗"，因避讳"完"，要称为"莲花"，对"陈"姓人要避讳"沉"，故不称呼其姓氏原音，改作其他吉祥的发音等。

河运的发展催生了渡口，渡口又成为黄河流域诸多城镇集结发展的源流之一。直到今天，黄河上还依然保留着一些古渡口，例如临津渡、金城渡、横城渡、风陵渡、孙口渡、大禹渡、茅津渡等，都是在历史中延续使用了几千年的古渡口。相传最早的古渡口是扎陵湖渡口，流传着文成公主和松赞干布的美丽传说，是人们对黄河流域各民族之间相亲相爱的历史记忆。实际上，可以想象，从人们踏上沟通东西的丝绸之路之前很长时间开始，东来西去必须面对的最大障碍之一就是跨越黄河，因而黄河古渡口的历史应该可以推至更早。特别是在黄河中游及河套平原的流段上，地势平缓，河滩宽广之处皆有可能成为渡口。渡口关联经济民生、军事国运，所以能够留在历史文献中的渡口，一定是那些在历史中的某些时刻发挥了重要作用的地标。例如隋朝隋炀帝率领40万大军，浩浩荡荡从"临津渡"渡过黄河，招降吐谷浑部落10余万人，从那时起，位于今天临夏积石县大河家镇的"临津渡"便闻名华夏②。

人们往来运输黄河流域的物产资源，围绕着渡口便利的条件逐渐发展起诸多享誉四方的城镇，黄河穿行而过的兰州城即是其中之一。兰州也被称为"金城"，取自《汉书》"金城汤池"，言其地形"固如金汤"。兰州城北面对白塔山、金城关有一座黄河桥，被称为"天下黄河第一桥"。据记载，宋代金城关曾架设浮桥，明代架设的浮桥较为有名，前后挪移过数次

---

① 欧阳修等：《新唐书》卷五三《食货志三》，中华书局，1975，第1365页。

② 参考《临津古渡桥如虹》，积石山保安族东乡族撒拉族自治县人民政府网，2015年5月28日，http://www.jss.gov.cn/Article/Content?ItemID=a124dd4c-10c2-4606-bad2-af26c7656b67。

位置。公元1372年，明将徐达等人在黄河以东的定西击溃王保保的主力队伍，为追击残余力量，首次在城西七里之处建设浮桥。后邓愈将桥移至城西十里处。10年后，再次被移至今天黄河铁桥的位置，名为"镇远桥"。浮桥的建设过程彰显了黄河人的智慧。为了增加浮桥的稳固性，首先要在黄河两岸浇筑巨大的铁柱，还有其他木柱，备好跨河铁链两根。春天冰融之后，数百人集结在河边，以船装载大石，行至适当位置，沉石入水，靠石头重力稳固船只，再将船只用粗壮的麻绳或铁缆连接在跨河铁链上，浮桥遂成。明代徐兰在其《河桥记》中说：镇远浮桥"造舟二十有八，常用二十有五。河涨则用其余以广之。舟相去一丈五尺。上流定以石鳖，如舟之数。舟上加板，栏楯两傍以卫行者。桥南、北岸各树铁柱一、木柱六。铁锁大绳贯桥令相属。随波升降，帖若坦途。"[1]直至今天，黄河岸边依然矗立着一座沧桑而平静的"将军柱"。"将军柱"的功能不仅仅是用来固定浮桥的，还可测定水位，为下游的防汛预警。镇远浮桥架设之前，金城关只是黄河上游的普通渡口之一，镇远浮桥则打通了跨渡黄河、联通西域最为便捷的道路，成为明代黄河上游南下西渡的唯一一座浮桥，进而将兰州推至中原王朝西北要塞的地位。今天我们见到的兰州黄河铁桥主体启建于1907年，由清朝政府与德国商人签订协议，从国外购买钢铁材料，聘请美国工程师和天津工匠，历时两年修建完成，在黄河交通史上留下中西携手合作的历史见证。

图4-4　兰州镇远浮桥铁柱和中山桥

（图片来源：李建华）

---

[1] 陈振民主编《中国历代建筑文萃》，湖北教育出版社，2001，第385页。

(二)黄河流域其他特色交通运输文化

黄河流域各民族虽然傍河而生，但河运并不是其主要甚至唯一的行运方式，在辽阔的草原和阡陌交错的田野上，还有诸多凝结各民族才智与技艺的陆运方式，成为黄河流域交通行游文化的重要组成部分，在历史上留下了痕迹。如蒙古高原的勒勒车、青藏高原的牦牛、平原地区的驴骡、驼铃叮当的驼队以及奔驰大河南北的骏马，在长期的历史中，共同谱写了黄河流域的陆上交通运输发展历史。

黄河中上游草场肥沃，牧业发达，自古便是中国育马业发展的优选之地，造就了闻名世界的山丹军马场和红山军马场，为中国马文化做出了巨大的贡献。实际上中国古代产马的区域可能基本覆盖黄河流域，据有关研究，上古时期的中国有记载的产马区域包括豫州（今河南省部分地区）、兖州（今山东省西南地区）、雍州（今陕西、甘肃部分区域）、幽州（今河北、北京、天津部分地区）、并州（今山西、内蒙古、河北部分地区）等[1]。因分布区域广泛，适应环境能力较强，马匹在相当长的一段历史时期内都是黄河流域人们主要的运输工具。马匹使用极其灵活，在山路崎岖的羊肠小道，或运行速度有要求的情况下，快马单骑是最为便利的方式；地势平坦的平原上则以马驾车，不但承载量成倍增加，人或货物还可利用车厢御寒防晒，是人们出行以及货物运输极佳的选择。但不可否认，历史上马匹一直是较为昂贵的畜种，并不是人人都可以役使。御马出行也是身份与财富的象征，前文述及马家源遗址出土的豪华马车即是如此。宋徽宗赵佶临摹了唐代画家张萱所绘的一幅优雅的画作《虢国夫人游春图》，描写皇亲国戚骑马郊游的场景，人物衣带华丽，马匹肥硕俊美，气势热烈壮观，给人以阳光明媚、春意盎然之感，很容易使人联想到杜甫的诗歌《丽人行》：三月三日天气新，长安水边多丽人[2]。历史上留下相关马的著名画作还有很多，如韩干的《夜照白》，李公麟的《五马图》。另外在古代的出行礼制中，也有诸多对不同阶层的人出行骑马、驾马的具体规定。无论如何，马匹作为运输工具在黄河流域的发展史与人类文明的历史几近相等。

① 参考刘文锁：《骑马生活的历史图景》，商务印书馆，2014，第111页。
② 陈炎：《中国审美文化史·唐宋卷》，山东画报出版社，2000，第172页。

19世纪初期，马匹运输才逐渐开始退出黄河流域的远距离运输，直至20世纪末，才逐渐从农村生产运输中退出，成为黄河运输文化的一页历史。

勒勒车是蒙古高原上各民族必备的运输工具之一，也称辘轳车、罗罗车、牛车等。勒勒车很有可能源自北方古代民族高车，其车身较小，但车辐辘较大，一般直径都在2米左右，以草原上常见的桦木和榆木制造。近现代在蒙古高原和河西走廊北部，依然可以见到此种运输工具。勒勒车可以载重250～500千克的货物，且构造简单，便于修理，可用于一年四季群体生产性流动，也可用于日常走亲访友的脚力替代。不作为运输工具时还可将其容量作为家庭储物所用，存放一些不常用的物件。遇到部族间的战事，还可作为战车使用。随着生产方式的改变和现代交通运输业的快速发展，勒勒车已经退出了历史舞台，但因其承载的丰厚历史文化价值与高超的制作技艺，2006年被列入中国国家级第一批非物质文化遗产名录[1]。

驼队运输是在黄河上游地区重要的运输方式。一匹成年骆驼，负载重量可以高达200千克，适合在干旱的戈壁和沙漠地区进行长途运输。骆驼有耐旱、耐高温、耐寒的特点，均源自其鼻腔内的特殊构造，可调节分泌，将更多的水分保持在体内，反复循环利用。一次饮食之后，骆驼体内能够存储足够的能量和水，可以在高达40摄氏度的高温沙漠中长达十多天不饮水。并且骆驼还有极强的嗅觉，能够在3千米之内辨别水源方向，这是沙漠中必需的生存技能。因此，在黄河上游广袤的寒旱缺水区域催生了专门从事驼队运输的骆驼客，也称"驼户"。骆驼客是非常辛苦的职业，长期行走在人烟稀少的沙漠与戈壁中，纵有驼铃声叮当伴随，也无法赶走长路上的酷暑严寒与单调寂寞。因此，人们便在长期的驼队运输过程中创作了大量的驼户小调和故事，在很多北方民族传统民歌中，"驼户歌"是经常可见的内容，这些都为黄河文化平添了几丝意蕴和趣味。

黄河流域很多古老的行游、交通运输方式已经湮没在历史的长河中，被一代又一代不断更新的技术和运输手段所替代，今天的汽车、摩托车、火车、飞机等现代交通工具，使曾经的遥遥古道瞬间可达。但是传承数百

---

[1] 参考《蒙古族勒勒车制作技艺》，中国非物质文化遗产网，2022年10月2日，https://www.ihchina.cn/Article/Index/detail?id=14353。

年，甚至上千年古老的行游、运输文化，那些"在路上"的观察、思考与经验，已深入中华民族的文化记忆，是黄河流域各民族人民智慧的集中体现，是现代运输工具、行游文化发展的基础，同黄河流域其他民俗文化共同编织出绚丽的景象，成为中华民族珍贵的文化遗产。

第二节　技与艺：乐舞妙手人间事

唐宋史料笔记《教坊记》中记载了一位歌者的神奇故事，其中有两段描述歌者的技艺。其一："开元中，内人有许和子者，本吉州永新县乐家女也。开元末选入宫，即以永新名之，籍于宜春院。既美且慧，善歌，能变新声，韩娥、李延年殁后，千余载旷无其人，至永新始继其能。遇高秋朗月，台殿清虚，喉啭一声，响传九陌。明皇尝独召，李谟吹笛，逐其歌，曲终管裂，其妙如此。"其二："又一日，赐大酺于勤政楼，观者数千万众，喧哗聚语莫得闻鱼龙百戏之音。上怒，欲罢宴，中官高力士奏请命永新出楼歌一曲，必可止喧。上从之。永新乃撩鬓举袂，直奏曼声，至是广场寂寂，若无一人，喜者闻之气勇，愁者闻之肠绝。"①古人言物或有夸张，但能使"数千万众""寂寂若无一人"，并"闻之便使人气勇，使人肠绝"，是何等的歌唱技巧。笔记中提到的韩娥、李延年都是中国古代歌唱技艺的集大成者，特别是李延年，历史上的记载与永新一致，言其"能变新声"，意即吸收外来的音乐文化而成新的表现形式。黄河流域的歌唱技艺自黄帝时的狩猎歌曲《弹歌》即有萌芽，到《诗经》的时代已有高超的声乐技艺记载："声振林木，响遏行云""余音绕梁，三日不绝"，乐与舞紧密结合在一起，承礼制，舒心性。汉唐传续，不但有层出不穷、技艺精湛的声乐表演者受到民间的追捧，同时出现了培养、训练艺人的专设机构，胡音胡舞传遍中华大地，北地楚风共构中华乐舞。这一时期系统的声乐表演理论、技艺总结逐渐成形，上文《教坊记》即是一例。不同的艺术形式彼此滋养，以诗入歌，以歌传诗，诗词与乐舞的交融共生，塑造了中

---

① 崔令钦：《教坊记·外三种》，吴启明点校，中华书局，2012，第125页。

古时期黄河流域文学发展的整体样貌。庙堂之上的"声出朝霞",极大地影响了社会文化环境中声乐技艺的发展。至宋元明清之际,"民间音乐时代来临"①,继承乐府歌谣、汉唐大曲之外,南北东西丰富的小曲、杂剧、散曲、民歌日益汇集到黄河流域的乐舞文化之中,成为黄河流域不同历史时期的人们所追逐的"时尚文化",引导人们的喜怒哀乐,牵动着人世间的万家灯火。

技艺来自经验,来自一个群体累积的审美过程,由此构成一致的社会文化发展思潮,最集中的显现就是民俗文化,因而民俗文化就成为传统文化鲜活的表征和载体。技艺包括两大类,一类以身体的表演为核心,包括歌唱、舞蹈、杂耍以及多种艺术表演复合在一起的戏剧、演艺等;另一类以某种手工技艺为核心,包括营造、雕刻、金属制造与锻炼、绘画、木版年画、刺绣等。黄河流域因得天独厚的地理环境和资源条件,既有先民与天地万物互动中形成的中华文化之根源,又在历史发展中吸收融合四方文化的汇聚而成新的支脉,这个过程在手工技艺文化中得到了清晰的表达。

手工技艺的发展,与人类的历史等长。最早的手工技艺应该是对生产工具的制作,其后可能会逐渐延伸到游戏、祭祀、审美等其他目标指向的人类活动中。中国古代神话传说中有女娲抟土造人的故事,或许只有黄河流域的先民们,昼夜面对着黄土、黄河,才能够想象出如此美丽的人类起源故事。同时,也说明了在人类早期,人们已经可以熟练使用易得的材料(如黄土)制作出生产生活中需要的各种器物。今天我们已经不太容易想象,第一位制作出可盛装水或食物的中空容器的原始人是获得了什么样的灵感启发去尝试,而在器物上再附着以手执或系绳的装置又需要多少经验的积累,完成的陶器又在什么偶然的因素下使先民获知,经火烧制后会更加坚固完美。新石器时代考古材料中的各种陶器器物,能够向我们透露出黄河流域的先民在技术和艺术思维两个方面达到的自由与高度,黄土与黄河水在火的作用下,成就了无文字时代中华民族的史书。手工业从其他生计文化中分离出来,形成特殊的群体,是原始社会末期人类发展的一件大事,随着技术的不断发展,手工业又被划分为不同的类型,分工日趋细

---

① 袁建军:《中国古代唱论文献的回眸与检视》,《歌唱艺术》2021年第10期。

致，与当时社会的经济文化联系也日趋紧密。周至春秋战国，不同民族、不同地域的手工技艺，包括手工业者开始出现融合现象，至魏晋南北朝，黄河流域的手工艺中，既有"化胡"，亦有"胡化"，有大量域外文化传播到黄河流域，融入中国传统技艺文化，也有中国向西方积极学习技艺文化的案例。早于中国瓷器制造约2000年，西亚与埃及已经拥有成熟的玻璃制作工艺，这一技术大约自公元前10世纪到公元前8世纪传入黄河流域，"同时有一批掌握玻璃制作技术的工匠来到新疆，利用当地丰富的矿石资源熔制出玻璃珠"[①]。尽管通过研究，有学者认为中国亦有自己的玻璃自创历史[②]，但毫无疑问，是在西方玻璃制作基础技术的影响下，通过鲜卑、突厥、回鹘等游牧民族传播，逐渐形成黄河流域的玻璃手工艺体系的。这进一步说明，正是由于文化融合导致中国古代从器物审美到生活样式的变化，推动了中华文化的不断更新与发展。经过元、明、清时期，黄河流域各民族杂居共处格局基本形成，民族间的经济文化交往更显现出从未有过的深度，也推动各民族原有的手工艺文化在新的社会环境中相互促进，各美其美，获得更快的发展和更丰富的呈现。

一、清商胡旋汇长安

中国的音乐和舞蹈来自史前时代。今天的人只能推论，最早出现的歌舞，或许源自模仿，如《尚书·尧典》中有"百兽率舞"的记载，或许源自对神灵的祭献，抑或与日常的生产和氏族间的战争有密切的关系。古代文献认为黄帝始定音律，《吕氏春秋·古乐》记载，黄帝命人取来昆仑山北侧的竹子，制成乐器吹奏，由此得到的声音为"黄钟之宫"[③]。舞蹈的初现则有实物的证明，1973年，青海大通上孙家寨出土的舞蹈纹彩陶盆令世界震惊，也为黄河流域史前时代的音乐舞蹈艺术研究打开了一扇新的大门。这件仰韶时期的器物整体呈陶土自然的红色，盆内壁用黑色环绕绘制一圈人物舞蹈图，分三组，每组五人，共十五位舞者。他们牵着手，步伐一致，动作整齐，发辫向着一个方向摆动，透露着欢快且庄重的气息，显

① 干福熹：《中国古代玻璃技术发展史》，上海科学技术出版社，2016，第211页。
② 陈姝聿：《我国古代玻璃的起源和发展》，《文物鉴定与鉴赏》2019年第4期。
③ 参考钟敬文主编《中国民俗史·先秦卷》，人民出版社，2008，第427页。

现秩序的美感和神秘的意蕴。看着舞蹈的小人，仿佛看到他们身后燃烧的篝火与映在岩壁上舞动的身影，仿佛能够听到脚步在大地上的整齐的拍打和周围人们有节奏的应和与狂热的欢呼。这是祭祀神灵的舞蹈？祝贺胜利的庆典？抑或只是一次情感宣泄的"歌之舞之"？伴随舞蹈的诵唱一定是有的，应该可以肯定，在人类发展出成熟的语言之前，就已经会使用不同音调构成的"歌声"来传递信息或表达情绪，这在今天的灵长目动物行为研究中已经得到证实。在黄河上游很多民族中有这样的说法：能歌善舞的民族，孩童还不会讲话的时候就会歌唱。这又似乎与远古先民的行为有了某种跨越时空的呼应。殷商之际，舞蹈有可能逐渐脱离民众的欢愉而成为一个群体专业化的活动，这个群体就是"巫"。《说文解字》中对"巫"的解释是"巫者，祝也，女能事无形，以舞降神者也……像人两袖舞形"[1]，表示此时的舞蹈可能均与祭祀等仪式相关。商汤在一次求雨仪式中，几乎将自己作为牺牲以献祭神灵，后世的子民在乐舞中继而延续此类巫术的内容。伴随舞蹈，乐器的出现是人类发展必然的结果。考古材料中最早出现的乐器是骨笛、陶埙，背后显现了从偶然向自然取材到有目标地创造之间的跨越。河南郑州二里岗早商遗址出土的陶埙，呈椭圆形，圆底，有三个按音孔。到安阳殷墟，出土陶埙已有五个按音孔，前后刻兽面纹，制作更加精美[2]。青海民和出土的4500年前陶制的鼓，年代大致与舞蹈纹彩陶盆相当，吹奏和打击乐的组合，是否正是彼时先民顺应天地、膜拜神灵所需之"乐"呢？至周，思想观念的变化反映在乐舞的内容和形式中，以"人"为核心的秩序逐渐取代神灵巫觋占据了乐舞活动的核心，出现不同场景、不同目标的乐舞系列。融合舞、乐、歌的《大武》在周王室的大型典礼上演出，原本也是祭祀周人先祖的舞蹈，但内容更加接近叙事，表达武王灭纣、周召之治等历史过程。孔子将其描述为"夫乐者，象成者也"，意思是通过乐舞表演，再现事业成功的过程；《万舞》是用于祭祀宗庙、山川的乐舞，可能源自殷商时期，场面盛大壮观；《小舞》大概是专门用于演出的舞蹈，趋向专业表演。可以看出周时礼乐越来越专业化，歌、

---

① 许慎：《说文解字注》，段玉裁注，上海古籍出版社，1988，第201页。

② 参考钟敬文主编《中国民俗史·先秦卷》，人民出版社，2008，第431页。

乐、舞实现初步分离，广泛出现专门从事乐舞表演的"女乐"。礼乐文化
一面趋向伦理教化，一面强调情感抒发①。春秋时，直接延续周朝的礼乐
文化发展，乐舞的应用范围更加广泛，《大武》《万舞》等商汤之乐、周武
王之乐延续创新，不但有雍容典雅的雅乐，还有民间乐舞"散乐"和"四
夷之乐"。《左传》记载吴公子在鲁国观乐，鲁国乐工为之歌《颂》，吴公
子季札评价"至矣哉！直而不倨，曲而不屈，迩而不逼……"②，意思是
这样的礼乐直率而不倨傲，曲婉而不屈折，亲近而不过密，恰到好处，中
和至极。说明此时在知识分子中开始出现关于礼乐文化的讨论，由此黄河
流域乐舞文化理论逐渐显现出丰富的内容，恢宏的气象。

　　历史流传下来的"女乐"，在汉代称为"倡"。《汉书》中有一篇《李
夫人传》，开篇即言"孝武李夫人，本以倡进"③，这个"倡"是什么样的
呢？李夫人的胞兄李延年为汉武帝边舞边唱：北方有佳人，绝世而独立，
一顾倾人城，再顾倾人国……在中国文学史上能留下这样优美的文字，很
大的原因是汉代歌舞伎乐的发展与兴盛。西汉前期宫廷中的乐，大概有以
下几种：一为雅声，即从周人传承而来的雅乐；二为楚声，表现了此一阶
段中国南北之间文化的交融；三是秦声，指秦时之乐。另外，胡乐已经进
入黄河流域，上文提到的李延年善造新声变曲，应该是改造胡乐而成，将
西域民歌引入长安宫廷④。由此可见当时黄河流域与西域之间的文化接触
和互动。因而在汉代，歌舞伎乐渗入社会生活的方方面面，其流布之广，
浸滋之深，形制之繁，势焰之烈，影响之巨，致使歌舞伎乐成为汉代全社
会的文化景观⑤。

　　黄河流域的歌舞文化呈现出多元文化大交融、大发展的局面，在自两
汉到隋唐之间，至唐时，达到高峰。"唐初在音乐舞蹈方面最值得引起我

① 参考廖群：《中国审美文化史・先秦卷》，山东画报出版社，2000，第149-188页。
② 杨伯峻：《春秋左传注》，中华书局，1981，第2164页。
③ 班固：《汉书》卷九七上《外戚传上・李夫人》，颜师古注，中华书局，1962，第
　3951页。
④ 参考鲁西奇：《何草不黄：〈汉书〉断章解义》，广西师范大学出版社，2015，第25-
　33页。
⑤ 仪平策：《中国审美文化史・秦汉魏晋南北朝卷》，山东画报出版社，2000，第13页。

们注意的一件事情，即是贞观十四年唐太宗平高昌，得其乐部，于是在原隋制九部乐的基础上增为十部……原九部乐为：燕乐、清商、西凉、扶南、高丽、龟兹、安国、疏勒、康国"[1]，再加上第十部高昌伎。其中仅有燕乐、清商是本土的乐舞，其余八部皆为外部文化传播而来，因此学者们认为唐初是乐舞文化发展的重要时间节点。从一个侧面反映了自隋至唐初，各民族、各地区的乐舞以本来面目汇集中原，逐渐相互吸收、融合以及发展的整体趋势。当时具有代表性的乐舞是胡旋舞、胡腾舞。历史上安禄山即有高超的胡旋舞技巧，几百斤的体重，依然能够旋转如风。《旧唐书·安禄山传》中记载安禄山"至玄宗前，做胡旋舞，疾如风焉"[2]，当时的文学作品中也有呼应，白居易的诗中描写："胡旋女，胡旋女，心应弦，手应鼓。弦鼓一声双袖举，回雪飘飘转蓬舞。左旋右转不知疲，千匝万周无已时。人间物类无可比，奔车轮缓旋风迟……中有太真外禄山，二人最道能胡旋。"文献中的胡腾舞与胡旋舞仅有一字之差，应大致相似，胡腾舞的特点在于"腾"，胡旋舞的特点在于"旋"。以胡旋舞、胡腾舞为代表的西域乐舞传播不仅仅在黄河流域，甚至远布南方，湖南长沙窑唐代瓷器中就有许多胡腾舞的形象。同时传播的时间也很长，至五代时的陕西墓葬中仍见有彩绘浮雕砖和塑像，宋辽铜器、玉器中也有看似已逐渐汉化的形象[3]，可见文化交融之深。

　　除去东西南北不同的多元文化汇集，成就黄河流域中古时期襟怀天下、多彩辉映的乐舞文化高峰，就乐舞文化自身，也从不同的艺术形式中汲取营养，交融互鉴，并持续激发更多的艺术创造。最典型的案例是公孙大娘舞剑。舞剑成为一种舞蹈形式在古代文献中记载最早为春秋时期，孔子的弟子子路曾为老师舞剑致礼，项庄拔剑起舞也说明在当时确实已有以剑为舞的艺术形式。唐代剑舞已成风气，李白在诗中描写过"将军自起舞长剑"。公孙大娘是盛唐开元年间著名的舞伎，关于她的来历有很多说法，

①　沙武田：《唐韵胡风——莫高窟第220窟舞蹈图与长安风气》，载陈建正主编《陕西历史博物馆馆刊》（第20辑），三秦出版社，2013，第192页。
②　刘昫等：《旧唐书》卷二〇〇（上）《安禄山传》，中华书局，1975，第5368页。
③　参考张庆捷：《胡商、胡腾舞与入华中亚人——解读虞弘墓》，山东出版集团、北岳文艺出版社，2010，第134–156页。

有可能为胡姬，或许是来自中亚的粟特人。公孙大娘的剑器舞很精彩，杜甫的《观公孙大娘弟子舞剑器行》中做了形象的描述：昔有佳人公孙氏，一舞剑器动四方。观者如山色沮丧，天地为之久低昂。㸌如羿射九日落，矫如群帝骖龙翔……杜甫在童年时曾观赏过公孙大娘舞剑，半个世纪之后，他又看到公孙大娘的一位并不年轻的徒弟李十二娘，舞出公孙大娘闻名于世的《西河剑器舞》，唏嘘良多，依据童年记忆，做出以上的吟唱。最后四句"玳筵急管曲复终，乐极哀来月东出。老夫不知其所往，足茧荒山转愁疾"，直指一个辉煌时代的黯然转身与谢幕。杜甫在自己的诗序中提到另外一位受到公孙大娘舞剑启发的唐时著名的书法家张旭，言其"见公孙大娘舞西河剑器，自此草书长进，豪荡感激"，成就了金蛇狂舞、恣意浪漫的"草圣"之书。民间还有传说画圣吴道子亦是从公孙大娘的剑舞中体悟出运笔之法，形成独特绘画样式，被后人称作"吴带当风"。一直到1000多年后的著名画家任伯年，依然受到公孙大娘剑舞的艺术召唤而作《公孙大娘舞剑图》，可见传统舞蹈艺术对其他艺术形式的影响。

从汉唐盛世一路走来，在历史的长期浸润下，经过元、明、清多元文化的持续累积，黄河流域的歌舞技艺从未失去文化交融这一基本特色。再加上黄河流域，特别是黄河中上游自古以来便是各民族和合共生之地，各民族优秀的歌舞艺术传承历史，勾连当下，既保有自身特点，亦不乏彼此借鉴影响，推动多样化的歌与舞在不同民族间激荡互动，一直保持着旺盛的生命力和创造力。蒙古族有长调、短调和四胡、马头琴；藏族有弹唱、口弦、羌姆和锅庄；土族有赞歌、叙事曲和安召。至于黄河流域的"花儿"，是藏族、回族、汉族、土族、撒拉族、东乡族等诸多民族共同热爱的民间艺术形式；信天游是黄土高原上汉族、蒙古族、回族祖祖辈辈对生命的歌唱；更不用说"八百里秦川一声吼"的秦腔，还有无数各具特色的地方戏曲与歌舞，都是黄河流域各民族喜闻乐见的艺术表现形式。共同的地域与共同的精神世界，使多样的艺术形式成为民族间文化交融的具体载体。

以黄河中上游草原歌曲为例，可以清晰地看到北方各民族民歌艺术的相互融通。以畜牧业为主要生计方式的北方各民族民歌分类大致相同，有劳动歌、情歌、仪式歌、酒歌、山歌等大类。蒙古族长调中的劳动歌多为歌颂蓝天、白云、草原、骏马和牧人的生活等，音调高昂，旋律悠扬，带着挥之不去的忧伤。藏族的劳动歌分得很细，包括打酥油歌、剪羊毛歌、挤奶歌等，大多曲调轻快，旋律自由，易于上口。蒙古族、裕固族等很多游牧民族的劳动歌中包括一类特殊的歌曲，称作"奶幼畜歌"。在牧业生产中，因母畜难产或其他因素，会出现母畜拒绝为自己的幼畜哺乳的特殊情况，奶幼畜歌是唱给母畜听的歌。为使幼畜不致饿死，牧民便将幼畜偎在母畜乳下，一边抚摸母畜，一边唱这种歌。歌声中母畜慢慢平静下来，认领幼畜，并给幼畜喂奶①。一般情况下，牛羊等牲畜遇到这种情况，家中的女主人就可以用"奶幼畜歌"来解决问题，但若是马、骆驼等大畜遇到同样的情况，则需要专门请来乐师做一个音乐仪式，才能达到效果。这也算是一种独特的"地方性音乐知识"。从各民族的仪式歌也可以看到一种普遍的联系，婚礼歌中有一类"哭嫁歌"，在黄河流域的藏族、蒙古族、土族等民族中广泛存在，甚至在西南的彝族、土家族、傈僳族等民族中也有深厚的历史传承。每当家中有女出阁，定会响起凄美婉转、如泣如诉的哭嫁歌，歌唱父母的养育之恩，倾诉离家的万般不舍。还有一种宴席歌，也在诸多民族中传承沿袭，内容彼此接近。在传统牧业生活中，每当遇到嫁娶、祝寿、安房、节庆等家中大事，人们总要邀约亲朋好友齐至家中，欢聚一堂，共同分享彼此的欢乐。宴席可能不是很丰盛，或许大家就在羊圈中席地而坐，因为羊圈往往是一个牧业家庭中最大的场地。但是吃肉喝酒之余，欢快、诙谐的宴席曲总是大家不可缺少的娱乐。东家请来的歌手即兴演唱，内容包括天文地理、生产知识、礼仪习俗，最后要唱到今天的宴席，大家欢聚的意义，间或有对主人善意的戏谑，调笑主人没有拿出最好的酒肉招待大家，是否要等大家散去才独自享受，诸如此类。席间亲友或会唱答，或提出刁钻问题，引得众人喝彩，往往通宵达旦，一场民众的狂欢方可散去。其他还有如十二生肖歌、敬酒歌等，是各民族共创、共享、共同乐在其中，或铿锵有力，或强烈炽热，在广阔的高山峡谷、草原大漠上绵延不绝。

---

① 杜亚雄：《裕固族的奶幼畜歌》，《黄钟（中国·武汉音乐学院学报）》2006年第4期。

二、巧做传续春秋时

黄河流域作为中国传统民俗文化中手工技艺起源最早、类型最为丰富、传续最为完整的区域，呈现出其他任何地方的手工技艺文化都不具备的多元性、广泛性、连续性等重要特质。其中许多内容具有中华民族文化的代表性，成为中华文化的"名片"，还有一些内容是区域性文化的代表，是多元文化的集中体现，多层次的文化结构共同构成整体的技艺文化。今天黄河流域仍在传承的手工技艺大多在元、明、清等时期逐步形成，继而形成专业的市场。同时期手工业的各个行会开始萌芽，其宗旨是维护本行手工艺匠人的利益，如有需要可以代表手工艺工匠与社会各界联系。当然也有不属于行业而完全与日常生活融为一体，成为生活艺术的手工技艺，例如黄河流域广泛存在的剪纸技艺。民间手工技艺因其开放性往往显现巨大的活力。以染织刺绣工艺为例，自清代起政府设立织造局，征集大量优秀的民间工匠到官营作坊工作，但同时"流行于民间的手工艺制品刺绣在清代异军突起，无论是在题材、造型、色彩以及针法等方面，都超越了宫廷刺绣，表现出蓬勃发展的势头"[1]。这也从侧面证明了文化的开放程度对文化发展的影响。我们从黄河流域众多的手工技艺文化中选择兼有共享文化特质和地方文化特色的雕刻技艺、唐卡技艺、腰刀技艺、剪纸技艺和皮影技艺来做简单概述。

（一）雕塑技艺

黄河流域最早出现的雕塑技艺，是陶土做成的人物、动物雕塑或是依附在彩陶器物上的人物、动物、植物形象。在仰韶文化半坡遗址中，发现了一件造型简单，略有夸张变形的陶塑人像，同时在一些标志性的器物中发现了人物形象，最典型的就是人头形器口彩陶瓶。1973年大地湾遗址出土了一件彩陶瓶，在同时期上千件彩陶器物中格外引人注意。"人头的形象塑造得细致生动，头发的发式刻画得很具体，头的左右和后部都是披发，前额上也垂着一排整齐的短发。鼻呈蒜头形，眼和鼻都雕空成洞孔，因而显得目光深邃，并且鼻翼有生气地鼓起，呈现着勇敢而坚毅的表情。

① 林永匡、袁立泽：《中国风俗通史·清代卷》，上海文艺出版社，2001，第451页。

嘴微张着似正言语。"①类似的雕塑还出现在其他几件同时期的器物中，表明新石器时代的人们已经有明确的意识以雕塑形式表现自己的形象。除了人物形象，仰韶文化中也普遍出现猪、狗、鸡等动物陶塑，或许能够证明先民的生计方式和驯养动物的状况。新石器时代人们的雕刻技艺在陶塑之外还有骨雕、石雕、玉雕等，山东大汶口出土过雕刻的象牙制品，或可以说明远古时期黄河下游的生态环境状况。

闻名世界的秦始皇陵兵马俑是秦代雕塑艺术的最高成就。目前可见7000余尊武士俑，另还有战车、战马等，皆与真人真马同大，规模惊人却无一雷同，体现了当时国家工程中雕塑技艺的最高水准。汉代的造型艺术高峰在武威雷台出土的铜奔马的器型和艺术价值上有清晰的反映。大概同时期，同样是武威，出土了一件彩绘铜饰木辂车，同样造型精美，气度不凡。木辂车是古代一种只有一匹马驾驶的轻便马车。木雕包括车、马、御奴共三件，御奴跪坐，做双手持缰状，以黑、白两色勾出眼、鼻及冠服②。马的造型与神态要生动许多，嘴微张，目圆睁，沿袭始皇陵鞍马俑造型特征，似乎已做好了远行的准备，正在等待主人的命令。今天山东、河南等地出土的较多汉代画像石，雕刻内容丰富，生活气息浓郁，包括生产劳动、宴饮祭祀、狩猎出行，也显现了当时的石雕技艺水平，有高低浮雕、阴线刻雕等。黄河下游的山东东南部嘉祥县武梁祠建于公元151年，就在距离黄河不远的地方，被持续的黄河泛滥冲得"七零八落"。1786年清代学者黄易建起一个"保管室"，收置了原祠堂中的大量画像石。法国学者爱德华·沙畹于1891年、1907年两次探察，并记录于其著作《中国汉代石刻》和《中国北方考古记》中。武梁祠画像石"就其艺术的完美和主题的丰富而言，在那个时代堪称是最出色的"③。黄河流域石雕技艺更为典型的体现，是在佛教石窟造像方面。从南北朝到隋唐，大致沿新疆、河西走廊到黄河中游，形成一条伴随着"西佛东渐"的石窟走廊。因为佛教传

① 张朋川：《甘肃出土的几件仰韶文化人像雕塑》，《文物》1979年第11期。
② 山西博物院、甘肃省博物馆、武威市博物馆、高台县博物馆：《陇右遗珍：甘肃汉晋木雕艺术》，山西人民出版社，2013，第103页。
③ 参考巫鸿：《武梁祠：中国古代艺术的思想性》，柳杨、岑河译，生活·读书·新知三联书店，2015，第49-82页。

播过程与路线导致的不同发展趋势,使中国的石窟雕塑技艺在北方大地集中得到显现,特别是从西到东,以敦煌莫高窟、武威天梯山石窟、永靖炳灵寺石窟、天水麦积山石窟、陇东南北石窟寺、山西云冈石窟和河南洛阳龙门石窟等为代表延续而成的石窟走廊,脉络清晰地反映了佛教文化从"进入"到"融入"中华文化,逐步中国化、世俗化,并依照中国审美经验"美化"的过程,特别是反映在云冈"昙曜五窟"中,雄伟造像与帝王之间的融合,"令如帝身"是当时统治阶层意志的直接反映①。可以说,石窟雕像的发展脉络既是中西方文化交流、碰撞的过程,同时也是中华文化中南北审美文化结合、交融的过程。

陶塑、木雕、石雕,包括其他各种材质的雕刻技艺,经过不断传承接续,逐渐形成后世各个门类的雕刻技艺,立足传统,同时持续相互借鉴、交融并行,使既有本土特色,又兼具流域多种文化特征的雕刻技艺在黄河流域呈现百花齐放的局面。河州砖雕在黄河上游流域负有盛名,集中于古称"河州"的临夏,延续秦汉石雕艺术,在明清之际达到最为成熟的状态,2006年进入中国第一批国家级非物质文化遗产代表性项目名录②。河州砖雕中巧妙地利用捏活与刻活两类手法,雕刻出有寓意吉祥的梅、兰、竹、菊、松柏等植物和龙、凤、喜鹊、孔雀、仙鹤等动物,以及一些动植物相结合的景色。一些大幅砖雕以八仙过海、龙凤呈祥、狮子滚绣球等传统图案刻画完整主题,往往需要数块砖雕拼接而成,常见于寺院或者大户人家的门口、照壁、走廊,其手艺之精妙令人叹为观止。

(二)唐卡技艺

唐卡是青藏高原上因佛教文化的传播、发展而诞生的一种独特绘画艺术表现形式,是青藏高原绘画艺术的重要组成部分,在青藏高原具有极高的神圣性和极广泛的群众性。"唐卡"为藏语音译,有平川、展开、广阔、平坦宽广之意,是用彩缎装裱后悬挂供奉的佛龛状平面画③。唐卡艺术起

---

① 参考宿白:《中国石窟寺研究》,文物出版社,1996,第76-88页。

② 《临夏砖雕》,中国非物质文化遗产网,2020年9月26日,https://www.ihchina.cn/project_details/14016/。

③ 康·格桑益希:《唐卡艺术概论》,文物出版社,2015,第15页。

源于松赞干布时代，在佛教传播的背景下，原有的佛教壁画艺术形式不能满足人们的需要，特别是在牧业生产迁徙移动的状态下，就产生了便于悬挂、移动、收藏，方便游牧人群信仰的唐卡艺术形式。

从公元7世纪初开始，青藏高原的吐蕃与河西走廊北部的党项、羌之间有了密切联系，一直持续到13世纪初西夏亡国，长达600多年，其间你来我往，水乳交融，人群杂居共处，文化交流融合。1908—1909年，俄国人科兹洛夫率领一支探险队两次对额济纳旗黑水城展开挖掘，获得了大量文物，其中就包括一百多件西夏唐卡，这可以充分说明历史上吐蕃和党项之间的相互往来[1]。同时也表明唐卡这一民间艺术形式是在不断与中原汉族以及西北、西南其他各少数民族密切的文化交融中逐渐形成的，既有鲜明的地域性、民族性，又有典型的文化交融特征。

唐卡的题材、内容早期均以佛像为主，经过不断发展，内容逐渐充实，涵盖了宗教、文化艺术、社会生活、民族风情、天文历算、藏医藏药等诸多方面，包罗万象。唐卡体量浩瀚，很多作品传世百年依然璀璨夺目，当代唐卡作品中又注入了更多的时代精神，具有明显的创新性。在青海"热贡艺术之乡"吾屯村，艺术家创作了500米长的《中国藏族文化艺术彩绘大观》，继承传统形式，创新内容表达，是黄河流域罕见的民间技艺恢宏巨制。2021年，唐卡（拉萨堆绣唐卡）经中华人民共和国国务院批准列入第五批国家级非物质文化遗产名录[2]。

唐卡的艺术形式有很多，最为常见的是绘制唐卡，另外还有用丝绸、锦缎等各种材料堆、织、贴成的堆绣唐卡，用各种名贵珠宝镶嵌而成的加珍唐卡以及用泥、沙、金属混合制作的唐卡，特别是近几十年来，具有创新性的新形式、新工艺不断出现，极大地丰富了传统的唐卡技艺。其中绘制唐卡以质地来分，还能分为纸质、布质和丝质唐卡三种。黄河上游青海省的藏娘唐卡、班玛马尾灯线绣唐卡以及化隆唐卡，甘肃省的天祝唐卡、

---

① 参考谢继胜：《西夏藏传绘画：黑水城出土西夏唐卡研究》，河北教育出版社，2002，第186-199页。

② 《国务院关于公布第五批国家级非物质文化遗产代表性项目名录的通知》，中国政府网，2021年6月10日，http://www.gov.cn/zhengce/content/2021-06/10/content_5616457.htm?_zbs_baidu_bk。

甘南藏族唐卡，以及四川省甘孜藏族自治州的郎卡杰唐卡、噶玛嘎孜唐卡等各地唐卡都有艺术流派相继形成和发展。唐卡的绘制要求严苛，程序复杂。唐卡技艺发展的传统上，绘制唐卡的画工大多为寺院僧人，例如甘南藏族自治州的拉卜楞寺喜金刚学院至今仍在坚持这样的传承形式，在制作过程中严格按照经书的仪轨和要求完成绘制，佛教造像要严格遵循量度比例。更多的区域，唐卡技艺传承方式也在不断创新，更多的艺术家加入了唐卡创作的行列中。

唐卡技艺不同于其他传统绘画形式，在绘制工具、颜料以及其他材料方面具有一些特殊的要求，以至于一幅唐卡经过几百年流传，依旧色泽艳丽，宛如新绘。唐卡画师将所用颜料分为九类，分别为土、石、水、火、木、草、花、骨和宝石，从分类中可以看出颜料的来源，每一类下才是具体的颜色。例如属于石类的颜料有银矿石、黄铜矿石、云母、石青石、铜绿石、朱砂、玳瑁石、紫赭石等，而属于木类颜料的有红树、金树、硬树、紫梗、木本靛树等，皆是取自大自然的矿物、动物、植物或其他材料。一般颜料的加工完全需要手工操作，过程长久，颜料中还需调进骨胶和少许牛胆汁以防腐，程序复杂[①]。

(三)保安腰刀技艺

保安腰刀技艺是黄河上游的保安族独具特色的民间工艺。保安腰刀与阿昌族的户撒刀、维吾尔族的英吉沙小刀一同被列为中国少数民族三大名刀。一把保安腰刀由刀身、刀柄、刀鞘三部分组成，蕴含了保安族深厚的历史文化积淀，具有深刻的文化象征意义。

保安族自其形成直到19世纪初，一直生活在青海保安地区，与藏族、蒙古族、土族、撒拉族等各民族杂居共处。"大约到清咸丰年间，保安族开始由青海同仁保安地区迁至今天保安族撒拉族东乡族自治县境内的大河家地区。起初只是少数住户的迁徙，后来逐渐形成大规模的迁徙。"[②]保安腰刀的技艺与中亚有密切的关系。13世纪，成吉思汗西征，兵锋所及，中

---

① 参考吴苏荣贵：《浅论唐卡的色彩及颜料》，《内蒙古大学艺术学院学报》2009年第1期。

② 杨建新：《中国西北少数民族史》，民族出版社，2003，第623页。

亚各城纷纷陷落。攻陷的城市大多手工业极其发达，工匠众多。每克一城，成吉思汗要将大量当地人编入蒙古军队，其中征集最多的就是当地各类工匠。1225年，成吉思汗经中亚返回蒙古，将大量工匠带入并留驻于黄河流域，这些人应该是今天保安族的重要来源。因为有历史上的技艺传承系统，加上今天保安族居住的区域大部分为山地，耕地面积有限，除了农业经营，手工业生产就成了非常重要的地方产业，因而在几百年的历史传承下，形成了技艺完备、独具特色的保安腰刀文化。另外，积石山位于黄河上游甘青间高原沟壑区，正是民族走廊与古代丝绸之路交会的十字路口，周边生活的各个民族多以畜牧业生产为主要生计，日常生产劳动和生活饮食中需要随身携带刀具，给保安腰刀提供了足够大的市场需求。所以保安族在长期的历史过程中，特别是定居于大河家以后，越来越精于腰刀制作工艺。在沿袭传统的基础上，又积极吸收兄弟民族的技艺与经验，腰刀技艺逐渐超越日常生产生活用刀范围，成为闻名黄河上游的民间艺术产品。保安腰刀的传统类型有"十样锦""波日季""雅乌其""折花刀"等，制作材料主要有铁、钢、铜、牛角、铜皮、铜丝、木料，制作步骤是先刀，再柄，最后是鞘。刀的重点在于锻打和包钢，柄的原则是坚固难用，鞘的关键在于精致与华美。1950年，周恩来总理曾经以精致的保安腰刀作为国家级高贵礼品赠送给外宾，保安腰刀一度海外闻名。

保安腰刀技艺传承以师带徒形式为主，近几十年来也在当地形成一些保安腰刀工厂，以带动地方经济发展。如同其他传统手工技艺，在社会转型的背景下，保安腰刀要面对市场与传承两方面的挑战。古老技艺的传承再一次充分显现了文化交融的力量，积极结合景泰蓝等其他生产工艺，保安腰刀的艺术价值和收藏价值大幅提升。2006年，保安腰刀锻制技艺被列入国务院第一批公布的国家非物质文化遗产名录[①]。

（四）剪纸技艺

中国发现迄今为止最早的剪纸，是20世纪五六十年代在新疆吐鲁番考古发掘中发现的对马、对猴团花，时间大约在南北朝时期。黄河流域另外

---

① 参考《保安族腰刀锻制技艺》，中国非物质文化遗产网，2022年9月28日，https://www.ihchina.cn/Article/Index/detail?id=14340。

的考古材料中，可以看到商周时期用金箔、银箔镂空制作的装饰品，还有用皮革、织物镂空装饰器物的情况。因为纸质材料的特殊性，可以将其视为剪纸艺术的萌芽。南北朝时的乐府民歌《木兰辞》中有"开我东阁门，坐我西阁床，脱我战时袍，著我旧时裳。当窗理云鬓，对镜帖花黄"。唐时崔液亦有诗歌"彩女迎金屋，仙姬出画堂。鸳鸯裁锦袖，翡翠贴花黄"。大概都是指当时女性的一种妆容习俗，用金箔或金黄色的纸剪出花朵图案，称为"花钿"，然后将之贴于额头或面颊以示美①。这也算是剪纸艺术早期的一种形态。有主题内容的剪纸应该在唐代之前已经出现，但却不是为了追求审美或装饰。在敦煌北区石窟和藏经洞出土的一些红色剪纸，大多与佛教相关，有菩萨像、佛塔等内容。一幅五代时的剪纸，画面中间是一座佛塔，两边各有一只鹿，向着佛塔跳跃，鹿的身体后拖着类似祥云的纹样，形态逼真，整幅画面饱满均衡，可能是纸张对折后剪成的对称图案。还出土有以梅花、忍冬纹样剪成的二方连续图案，均是用作丧葬仪式的纸幡。

杜甫长诗《彭衙行》中有一句"暖汤濯我足，剪纸招我魂"，大概讲出了剪纸最初的用途，在招魂之类的民间仪式中作为媒介或是一些仪式上的特殊用品。在黄河流域的陕、甘、宁和内蒙古的一些区域，今天依然存在一种古老的剪纸类型——抓髻娃娃，双手向上举起，两腿分开，类似金文中的"天"字，与彩陶纹饰中的"神人纹"，或被称为"蛙纹"的图案非常接近。抓髻娃娃衍生有很多变体，例如"招魂娃娃""送病娃娃""燎疳娃娃""扫天娃娃"等，在当地民众的日常生活中具有一定的功能。家中如有孩子总是无缘无故地哭闹，并且无法安静，当地老人会认为孩子是丢了"魂"，会请来人剪一个"招魂娃娃"，做一个仪式，家人便心安了。"送病娃娃"的仪式功能类似，家中有人久病不愈，剪一个"送病娃娃"做仪式，家人便相信病人很快就能恢复健康。"扫天娃娃"更具公共性，在庄稼收获的时候，如果天下雨，就会做一个群体仪式，请出"扫天娃娃"，将天上黑云扫开。每种变体造型均有差异，以对应其功能。"送病娃娃"是一串五个手拉手的人物造型，"扫天娃娃"则两手执扫帚。作为萨

---

① 参考李芽：《中国古代妆容》，中国中医药出版社，2008，第40-42页。

满文化在北方大地的遗存，以上这些仪式由专人来做，在当地多被称为"纸扎匠"，不同地区也有其他称谓。很多学者认为"抓髻娃娃"可能就是剪纸中最早的人物形象，其源起或许与女娲造人的传说故事有密切关系，因而生殖崇拜也是剪纸艺术发展的重要推动力量，或许也可归为传统剪纸纹样中最大的一个类别。"生命树"是其中重要的题材，立春之日，黄土高原上的农事活动开始，家家户户的女性长辈用红纸剪出形似鹿头鹿角的图案，中间变形为人首，两边各有一只鸟，也被称为"鹿头花"。其后这一图案逐渐向具象植物形态的树发展，图案愈加丰富，既有双鸟，还有猴、鹤、蝴蝶等动物变形纹样[1]，应该是较为晚近的变化。另外还有一种"喜神"剪纸图案，用于婚礼仪式张贴，主体为青蛙造型，中间镂空，有两个娃娃的形象，借用青蛙"多产"的意象，祈愿新婚夫妇拥有更强大的生育能力。

剪纸在生活中的应用范围很广泛，逢年过节、婚嫁喜事、祝寿满月，家家户户的女主人都要用各种剪纸充满自己的空间。贴在窗上是窗花，贴在炕上是炕花，贴在柜上是柜花，贴在门上是门花，还有贴在窑洞顶上的是顶花。同时，剪纸在中华大地上的分布也很广泛，甚至再也没有其他民间艺术像剪纸一样遍布大江南北、各个民族。从黄河源头到入海口，从东北的林中百姓到西南的山地民族，从西北内陆到东南沿海，没有哪一个群体没有自己的民间剪纸艺术的。区域性的风格或许略有差异，但文化内涵指向一致，一些典型的符号也惊人地相似，充分显现了民间民俗文化的交融活力以及中华民族精神世界的同一性和审美情趣的一致性。

民间剪纸不同于其他技艺文化传承体系，多为家庭代际传承。在传统的黄河流域乡土社会中，未嫁女性在娘家所继承的剪纸技艺高低与否，可能会成为族人或是未来的婆家亲友判断是否达到嫁做人妇的标准之一。中华传统文化中自古便有以女性手巧为一种美德的崇尚，五代时的《开元天宝遗事十种》记载有"乞巧楼"风俗。"宫中以锦结成楼殿，高百尺，上可胜数十人，陈以瓜果酒炙，设坐具，以祀牛、女二星。宾妃各以九孔

---

[1] 参考王光普、王辅民：《民间传世剪纸纹样》，甘肃人民美术出版社，2002，第23-25页。

针、五色线，向月传之，过者为的巧之侯。动清商之曲，宴乐达旦，士民之家皆效之。"[1]后世北方民众在每年七月初七过"乞巧节"应该也是因循此俗。因而，在中国传统文化的传承体系中，一直有以针线、刺绣、剪纸等技艺为核心的"女红"传承线索。大河南北的劳动女性从小就在奶奶或妈妈等家中女性长者的指导下学习技艺，并终身实践，再一代代将技艺传承下去，生命终止方为艺术实践和技艺传承的终点。

(五)皮影技艺

皮影也被称为"影戏"，是人们利用光影，用光线照射下影子的活动进行戏曲表演的民间艺术形式，广泛流传于黄河流域，其中上、中、下游皆有分布，中游最盛，上游、下游次之。另外在长江流域的湖南、湖北、四川、江西、福建、广东等地亦有分布，多为北方流传所致，但也均形成了独特的系统。关于皮影戏艺术的确实文字记载，最早见于宋代张耒所著《明道杂志》中："京师有富家子，少孤、专财，群无赖百方诱导之，而此子甚好看弄影戏，每弄至斩关羽，辄为之泣下，嘱弄者且缓之。"[2]说明在宋代，皮影戏已经有了比较成熟的表演体系和固定的表演内容。比《明道杂志》记载更早的，还有一些故事。相传西汉帝刘桓时，宫女陪太子玩耍，为逗太子开心，用桐叶剪了人形，将其映在窗户上，配以声音演绎，果然太子很有兴趣。其他还有方士招魂传说等，多为后世人们根据零星文献记载推测而来。很多学者认为唐代在文化艺术与宗教的传播过程中，或许利用了皮影的艺术表现形式达到传播目的。

皮影技艺包括两个大的方面，首先是皮影制作。皮影制作的材质有牛皮、驴皮等，但在黄河中游的陕、甘、宁地区，皮影制作匠人坚持只用上等牛皮，而拒绝使用其他材质。选好皮后，要净皮，通过反复浸泡，将皮上杂质去除，最终使皮薄厚均匀，几近透亮，阴干即成。这一环节中大概有的匠人会用一些特殊的方法或是独门技术。一次我在与陇东皮影制作匠人的交谈中，提出一些更具体的技术问题，对方笑而不答。其后是画稿，稿样多为匠人家中几代人传承的老皮影，当地人称"老影子"，无论是制

---

① 王仁裕等撰《开元天宝遗事十种》，丁如明辑校，上海古籍出版社，1985，第98页。

② 崔永平：《略论中国皮影戏艺术》，《文艺研究》1993年第3期。

作皮影的匠人还是表演皮影戏的艺人，均有几套"老年间"传承至今压箱底的"老影子"。再下来就是将稿样拷贝在皮面上，拷贝过程中要注意依据皮面部位、光泽程度选择雕刻的内容，透亮而无瑕的部分，往往用来制作人物的面部，以更清晰地显现细节。之后就是雕刻，雕刻工具繁复，技艺多样，不同地域有微妙差异。最后一个环节是缀接组合，完成一个完整的人物形象。大约在100年前，美国人类学家玛格丽特·米德与丈夫格里高利·贝特森前往巴厘岛完成人类学田野调查，期间使用影像技术细致地记录了当地人刻制皮影的工具和全部过程，通过影像我们可以看出除了相较黄河中游制作匠人使用的工具较为简单外，其他程序基本一致。因而我们可以大胆猜测，13世纪初期，中国的皮影戏可能已经传入南亚各国，文化的相似性也能够证明民间技艺发展的普遍规律。

皮影戏皆以传统的"戏班子"形式组织表演和完成技艺传承，每个戏班子有不同的字号。一年到头，戏班子都在固定的范围走乡串村，乡土社会中较少群体娱乐形式，庄户人家见到戏班子进村，便如同过年一般。皮影表演在各地称呼不同，山西称"纸窗戏"，陕西称"牛皮灯影子"，陇东称"吼塌窑"，青海称"灯影戏"或"皮影戏"。20世纪90年代，青海还有以藏语表演的皮影戏。"皮影戏最大的特点是完全口头传承，没有书面传承"，表演艺人大多未受过教育，"既无影卷可读，也不抄录剧本，更不以文字形式进行传承。几乎所有的皮影戏艺人以极大的兴趣和毅力连年跟随影班耳听心记，逐渐内化……一般来说，一个成熟的艺人能表演30～50部戏，且与乐手们配合默契，能圆满成功演出。不仅如此，他们还能即兴创作，滴水不漏地表演大部头戏剧"①。陕西关中地区是皮影戏的发源地之一，皮影技艺积累深厚，表演风格繁茂多样，流派有碗碗腔、道情、弦板腔、阿宫腔等，其中以碗碗腔中的老腔皮影最为古朴。也有分类中将老腔从碗碗腔中分离出来单列为一支的。在表演团队方面，各流派至少能达到二十家戏班，每个戏班放置皮影的"影箱"，都是经过几代、十几代传承的"老箱子"，历史烟云，帝王将相，说来就来。

黄河流域的传统皮影造型精细，象征性、装饰性浓郁，皮影戏表演豪

---

① 赵宗福：《论河湟皮影戏展演中的口头程式》，《文艺研究》2000年第4期。

迈激荡，气贯山河，两者所结合的民间艺术形式中浸润着黄河流域的精神气质与天地道法，勾连着雕刻、剪纸、民歌、宗教等诸多民间民俗文化因子，是一个巨大的民间文化宝库，对长江流域、东南沿海和国外相关艺术都曾产生过巨大影响。皮影，不仅仅属于黄河流域，也是中华民族乃至全人类共有的文化遗产。

第三节　岁与祭：总把新桃换旧符

中国历史上，黄河流域一直是各民族文化交流、碰撞、融合与共生的集中场域，因而在民俗文化形态上所显现的多元性、共享性和普遍性成为其他地域所不具备的基本特质。反映在岁时节庆和祭祀拜祖民俗方面，在长期的文化融合中，形成了大量起源不同、目标各异、特色鲜明但核心趋于一致的内容。岁时节庆文化最初在生计文化基础上得以产生和发展，是人们在独特生境中长期与自然互动形成的稳定生计系统对应四时交替、寒暑变化而确定的时间制度。任意一种独特的生计方式中，人们对时间的感知并不完全来自钟表或日历，更多是依附于自己的生业完成对时间的把握。在北方旱地农作中，"日出而作，日落而息"，农人一年中的时间或许是由"播种"和"收获"构成的，甚至可能用地里"浇了几次水"来描述一个季节；而在青藏高原上，牧人会用"产羔""剪毛""上夏季草场""下冬窝子"等环节来构成自己的时间。这些由经验构成的对时间的把握，彼此之间各不相同，与都市中高楼大厦中的"时间"更是相去甚远，我们可以暂且称其为"有差异性的时间感"。各种"有差异性的时间感"中，都有划分生产周期的时间节点，每个节点因功能和意义不同而被赋予了不同的内容，最终形成各个群体中以"节日"为标志的时间制度。几千年的历史中，黄河流域曾出现过诸多民族群体和区域性政权，更多时候是在"大一统"的国家框架内各地区、各民族共同发展。元、明、清之际，黄河流域各民族分布格局基本形成。在长期的共同发展过程中，各民族和各区域文化相互渗透，相互融合，在相似的道德观念、心理特征等基础上，逐渐形成多元文化共有、共享，具有跨民族、跨地域的广泛认同基础的节日系统，例如春节、元宵节、清明节、端午节等。这些节日的存在与发展，成为凝聚多元文化向心发展的主要力量，以跨越"有差异性的时间感"，建构起普遍性的时间秩序。特定的时间、空间加上节日仪式，三者构成具体的中华民族的集体记忆。"节日和仪式定期重复，保证了巩固认同的知识的传达和传承，并由此保证了文化意义上的认同的再生产。仪式性的重复在空间和时间上保证了群体的聚合性。"①

节日系统中祭祀文化是很重要的内容。中国的祭祀文化可能是所有民俗文化中根源最深、结构最稳定、内容最庞杂的文化系统，同时也是对内维护宗族血脉团结，统一意识形态最主要的系统，故而方成为"国之大事"。祭祀行为应该源起于史前时代，至于殷商，已经达到非常繁复的状态。《周礼》关于祭祀中不同的祭祀对象与祭祀规模做出了相对应的规定：大祭祭天地，中祭祭宗庙，小祭为五祀。五祀包括司命、司中、风师、雨师和山川百物。另外还有祭祀地点的规定：周人祭天于郊坛，祭地于社稷，祭祖于宗庙。这些祭祀仪式与宗法制度逐渐被政治的权威与普通的民众确认之后，人们从这些仪式中获得生活的安宁，也从这套制度中获得秩序的感觉②。历史的发展中，黄河流域形成祭祀主体和祭祀对象各不相同的、层级鲜明的完整系统，在民众中成为普遍知识和普遍规范，对民众的观念及行为持续发挥较强的引导和规范。首先是国家层面的祭祀，例如祭天地、祭伏羲女娲、祭黄帝等；其次是地方性、民族性的祭祀，例如祭鄂博、祭神山、祭海、祭河、祭湖等；再次是地方神灵祭祀；最后为祖先祭祀。祭祀仪式、规模在不同的历史阶段有不同的表现，但人们对祭祀的重视程度在各个历史时期基本一致。清代青海蒙古族档案史料中辑入一条资料，大概可以说明这一点。公元1815年，也就是嘉庆二十年，时任西宁办事大臣的福克精阿给嘉庆皇帝上了一道奏折，名为"蒙古王公等祭海误公，请旨办理以昭炯戒折"。具体内容为："窃奴才于本年八月循例祭海查旗，并查蒙古五卡，向例一月之先行文传调乌拉。奴才于八月初三日由西宁起身出口，行至东科尔寺，所调乌拉未到，及各旗蒙古王公等亦未齐

---

① 杨·阿斯曼：《文化记忆：早期高级文化中的文字、回忆和政治身份》，金寿福、黄晓晨译，北京大学出版社，2015，第57页。

② 参考葛兆光：《中国思想史》（第一卷），复旦大学出版社，2001，第21-39页。

集，仅到郡王沙克都尔。奴才随于初七日会同西宁道龙万育，带同已到之
王公驰赴祭所，敬谨恭祭毕。即派贝勒扎木巴勒多尔济，谨赍祭品往黄河
源鄂敦他拉等处山岳致祭去讫。奴才当即面询已到王公等，向年例应陪
祭，先期到齐，何以今年来者甚少？况祭海乃每年大典，查旗乃向来定
例。今尔等蒙古如此玩误，必当参奏……本年恭遇祭祀，该蒙古王公等又
复贻误……究属玩误。相应循例恭折参奏，应请敕交部议。恭候命下之
日，查明另开职名清单，咨部办理。"①这一年，是福克精阿做西宁办事大
臣的最后一年，即将调任。在调任前一次例行祭祀青海湖的仪式中，当地
蒙古王公因故未能及时赶到，福克精阿大发雷霆，向嘉庆帝呈上措辞严厉
的奏折，请求处理。青海湖畔的祭湖仪式，惊动了万里之遥的北京城，嘉
庆帝在此奏折上的朱批为"理藩院查明议处具奏"，说明嘉庆帝接受了福
克精阿的建议，准备"查明"并"议处"②。或许当时还有其他的社会政
治背景因素，但无论如何，从帝国皇帝到一方重臣对这件事的态度可以看
出祭祀仪式在中国传统文化中的重要程度。

　　节日文化与祭祀文化在生活世界中往往融合在一起，不分彼此，多数
情况下，祭祀是节日的内容，而节日则为祭祀提供了规定性的时间和空
间。近现代以来，黄河流域的节日类型和形态均日益丰富。除去历史形成
的传统节日外，还有在中国近代史上形成的五四青年节、中国人民抗日战
争胜利纪念日等，也有中华人民共和国成立以来为了庆祝国家与地方政府
成立而确定的国庆日、州庆日和县庆日等，还有不同的行业各自形成的行
业节。应该说，丰富多彩的民间节日，不但构成了黄河流域地方民俗文
化的集中载体，还在最大程度上使黄河文化包含了多元文化的时间谱系。

一、源于生计方式共享的岁时节日

　　生计方式与节日系统有直接的联系。自神话时代神农氏"教民稼穑"
起，到周人自豳地而周原再至镐京，农业生产在黄河流域得到重要发展，

① 参考哲仓·才让：《清代青海蒙古族档案史料辑编》，青海人民出版社，1994，第56-
57页。
② 参考哲仓·才让：《清代青海蒙古族档案史料辑编》，青海人民出版社，1994，第
57页。

并在之后的几千年中，"民之大事在农"，一直作为中华民族的基础生计方式绵延承续，成就世界重要的农业文明体系。农业生产中的节日最初来自围绕农业生产所进行的一系列祭祀活动。如"立黍""立粱"指商王、王妇参与春播礼俗；"求年""受年"是拜求年成丰收；"祭风""祭雨""告秋""告麦"礼俗皆为祈求自然佑护生产；"登尝"礼俗是农作物收获后献于祖先尝新，恰是今天诸多少数民族"尝新节"的源起。商人实行适合农业定居生活的阴阳合历，以太阴纪月，太阳纪年，平年十二月，闰年十三月，将一个完整的农业生产周期视为一年，一年中若干重要的农业生产时间节点成为节日①。由此，源于农业生产的部分节日在历史发展中逐渐定型。

春节是农业生产习俗下形成的最隆重和最核心的节日，俗称"过年""过大年"。作为新旧生产周期的时间交界点，"此时此刻，天神地祇、列祖列宗来到人间，天地人沟通汇集、协调合作，共同对付邪祟，共同维护人间的幸福安康，共同营造美好的未来……人们修好世间的人事关系，创造家庭和谐，巩固亲族团结，凝聚群体，增强文化认同、民族认同、国家认同。"②人们为了欢庆收获而感恩天地与祖先，为了祈祝新年平安采用各种方式取悦神灵，同时利用这一时间节点实现社会组织的结构调整与再凝聚，这都是春节重要的意义内涵。由内涵衍生出庞杂的节日内容，拜灶、祭祀、除夕、团聚、闹春等，背后都有清晰而深刻的文化解释，作为中华民族民俗文化最集中的展演载体，在全世界的节日文化中独一无二。2006年5月，中国春节民俗被列入中国国家级第一批非物质文化遗产名录③。

社火是春节民俗活动中一项具有传统性、代表性、集体性和公共性的内容，历史悠久，传承有序，在黄河流域分布广泛，群众基础深厚，是民众最盛大的狂欢。在中国传统的农业文化中，"社"是人们祭祀赖以生存的土地的仪式活动，而"火"是从远古时期就被人们神圣化并加以崇拜的对象，因此在对土地与火的崇拜中，形成了对"社"与"火"的祭祀习

---

① 参考朱镇豪：《中国风俗通史·夏商卷》，上海文艺出版社，2001，第438-496页。

② 刘魁立、萧放、张进：《传统节日与当代社会》，《民间文化论坛》2005年第3期。

③ 《春节》，中国非物质文化遗产网，2022年10月14日，https://www.ihchina.cn/Article/Index/detail?id=14904。

俗。随着历史发展，社火的功能、形式发生了很大变化，增添了更多的社会文化功能与娱乐功能。黄河流域不同区域的社火表演形式也有很大的差异，例如陕西社火中各式各样精美的脸谱是其主要特色，尤其是凶猛的"破脸"与恶神"悬脸"为陕西社火中所独有，人们相信画上脸谱后便不是原本的自我而进入"阈限"阶段，延续了相关巫术习俗。另外河南灵宝有独特的"骂社火"风俗；甘肃陇南有特有的灯曲高山戏，以说唱演为主，曲调兼容秦腔和川剧特点；山西太原社火的主要特点是分日间社火与晚间社火两类，即便同样的内容在日夜重复表演，却有迥异的效果；山东社火以种类繁多的秧歌著称，既有粗犷奔放、风趣幽默，亦有舒展飘逸、温婉抒情。社火表演一般都开始于农历正月初五，社火队伍所到地方都有接社火的习俗，人们会提前准备好鞭炮、烟酒和礼物，队伍到来时，点燃鞭炮，大家一起围观叫好，伴随着社火队伍的锣鼓声，气氛十分热闹。

　　春节之外，还有一些因二十四节气节律变化而形成的重要岁时节日。冬至节于每年12月21日至23日交节，俗称"冬节""长至节""亚岁"等。冬至这一天是一年当中白昼最短的日子，"日行南至"，过了这一天，则日行"向北复返"，进入人们常说的"数九寒天"。因此，冬至是四季运行的一个转折点，过了冬至，白昼越来越长，是一个值得庆祝的日子。自古中国人就有"冬至大如年"之说，各地有诸多民间习俗，要为老人拜寿、吃汤圆、吃羊肉、酿酒、养生，等等。黄河流域的习俗是吃饺子，至今仍有"冬至不端饺子碗，冻掉耳朵没人管"的谚语广泛流传。

　　欢庆丰收是喜悦的日子，黄河流域不同区域的人们根据丰收季节会选择某一特殊时间集体祭祀庆祝。有黄河中下游山东、河北等地农业生产区域的丰收节，也有黄河上游兼农兼牧生产区域的望果节与纳顿节等，还有区域在每年农历十月初十，人们从朴素的愿望出发，取十月初十谐音，即象征着十全十美。2018年，国务院公布自当年起将每年农历秋分日定为"中国农民丰收节"①。丰收节的仪式内容由历史上的祭祀"炎帝神农氏"逐渐演变为各地的农商会和大型的文艺汇演活动，例如2022年9月的中国

---

① 《国务院关于同意设立"中国农民丰收节"的批复》，中国政府网，2018年6月21日，
http://www.gov.cn/zhengce/content/2018-06/21/content_5300129.htm。

农民丰收节山西忻州主会场，就举办了形式多样的庆祝活动，有各类杂粮的展销，各种农耕文明和现代农业文化的展示，还有黄河流域各类美味佳肴，同时举办了摄影、绘画、书法、技能比赛等沉浸式体验项目，彰显了黄河流域新时代农民风采①。

望果节原本是黄河上游藏族聚居区域庆祝丰收的节日，随着各民族长期的交往交流交融，越来越多的各族民众共同参与节庆活动，已发展成为区域范围内各民族共享的传统丰收节日。望果节为藏语，意思是围绕着即将丰收的庄稼转圈，最早在西藏农区形成，后来在黄河上游流行开来，并结合地方区域特色形成形式各异的庆祝活动。节日中有祭祀活动，还有赛马、摔跤、演戏、唱歌、跳舞等娱乐内容，其中最重要的仪式是绕村行游。一般是寺院僧人乘马高举箭翎引导行游队伍，其后跟随村内男子组成的马队，最后是全村百姓，也有些地方是德高望重的老人带领着村落众人行游。行游队伍要围绕着村落边界行走一周，期间歌声和口号声不断，人们相信队伍行走过的田地将不会遭受冰雹、干旱等灾害的威胁。以绕村行游祈福禳灾、庆祝节日的形式有很广泛的地域分布，在黄河中上游各民族乡土社会中较为普遍。

"纳顿节"是黄河上游青海以土族民众居住地为中心举行的庆祝丰收活动，以庙会的形式举办，活动中有为了庆祝丰收、祛病消灾而进行的傩舞和傩戏表演。对节日的称呼不同群体有差异，土族民众称其为"纳顿"，藏族、汉族民众则称其为"六月会"。傩舞和傩戏表演之前，首先要进行祭祀，祭祀对象多为一些地方神，有龙神、王子神等，较多地方为二郎神。傩舞和傩戏形式多样，仪式特征较为明显。表演结束后，由地方上德高望重的长者带领在场群众跪拜神灵，感谢神灵与民同乐，赐福大地。

黄河流域各区域的岁时节日活动既有具普遍性特征的，也有长期在不同区域内举行的具有鲜明地域性或民族性特征的。经过各民族长期的交往交流和文化传播交融，大多数节日系统逐渐发展成为一定区域内各民族共享的节日，甚至成为国家的节日。"随着人们主体意识的增强，社会力量

① 参考《庆丰收、迎盛会！"丰收节"山西忻州主场筹备有序推进》，中华人民共和国农业农村部官网，2022 年 9 月 22 日，http://nmfsj.moa.gov.cn/dfzt/shanxifsj/zxzx_25732/202209/t20220922_6411376.htm。

的强大，人们更强调国家与社会在人们生活中的影响与地位，岁时节日中的自然时间性质日渐淡漠，季节性献祭的时间仪式也逐渐转化为家庭或社会的聚会庆祝活动，岁时节日成为社会性与政治性的时间表达。"①

二、源于价值观念共享的祭祀节日

祭祀与仪式的历史发展是黄河流域文化传承中的一条清晰脉络，很多重要的历史传统和民俗文化都是通过祭祀中固定的仪式得以传承的。共同的神话与传说，共同的历史故事，共同的历史人物和人们共同的精神资源、心理期盼构成了祭祀节日的核心支撑。黄河流域的祭祀活动从祭祀对象来划分，大致有三类：一类源于原始崇拜，以天地、日月、山河、海湖、火、石等自然事物为对象的祭祀；一类是以各民族、各地域神话传说、源起历史中的动物、植物为对象的祭祀；还有一类源于祖先崇拜，例如对家族内祖先的祭祀，对历史英雄、名人的祭祀等。无论是哪一类祭祀活动，开始时都集中于某一区域范围，随着更广泛的民族迁徙和交往，逐渐打破了原有的区域范围与部族界限，扩大为普遍的人群活动。同时，文化间的整合不断发生，相同或类似祭祀对象的祭祀活动趋向融合，在共同价值理念的推动下，逐渐成为各民族共享的节日系统。

"天神"信仰在中国古代神话传说中即有反映，中国各民族中对"天"的祭祀都是最为隆重与庄严的祭祀活动。古代帝王皆自称"天子"，均以祭祀天、地为最重要的国事。因此，对"天"的崇拜可以说是中国各民族传统信仰体系中最高级别的崇拜。在黄河流域的祭祀活动中最为广泛、流变形式最多的祭祀活动也是对"天"的祭祀。以黄河上游为例，对"天"的祭祀活动在各民族中呈现不同的形式。蒙古族有祭"敖包"仪式，"敖包"即祭祀用的祭坛，一般用土、石块或树枝垒成。学者搜集到早期的敖包祭祀祭词："向你，完全实现我们祝愿的神，向所有的守护神，从腾格里天神到龙神，我们表示崇拜并以祭礼而颂赞"②，说明敖包祭祀仪式面向的诸神有其序列，首先是天神腾格里，其次才是其他神祇。在人们的观

---

① 萧放：《传统节日：一宗重大的民族文化遗产》，《北京师范大学学报》(社会科学版) 2005 年第 5 期。

② 图齐、海希西：《西藏和蒙古的宗教》，天津古籍出版社，1989，第 500 页。

念中,"腾格里"乃是所有神灵中最至高无上的,是"长生天"赐予了人们生命与自然万物,因而祭祀也最为神圣。祭祀敖包仪式根据参与人群的不同而有差异,最为隆重的是由部落首领或汗王带领整个部落举行。《元史》卷七二记载:"元兴朔漠,代有拜天之礼。衣冠尚质,祭器尚纯,帝后亲之,宗戚助祭,其意幽深古远,报本反始,出于自然,而非强为之也。"①

世代居住在青藏高原与蒙古高原交界处河西走廊地区的裕固族有非常传统的祭祀活动——祭祀"鄂博","鄂博"与"敖包"同义,在裕固语中称"乌垒",本义是"石堆"②。"鄂博"下埋放装着五谷粮食、金银珠宝的宝瓶和经文,其上用石块垒起,中间插有很多幡杆,向四周拉上牛、羊毛绳,绳子上挂满哈达、牛羊毛和经幡,旁边较平坦处建有煨桑台。传统上祭鄂博仪式周期性举行,通常在每年农历的二月、四月或六月、七月举行,各地的祭祀时间和仪式内容不尽相同。裕固语中天神是"汗点格尔",人们通过祭祀鄂博来祈求上天佑护、风调雨顺、人畜兴旺、家人平安。

青藏高原藏族的"拉则"祭祀与"敖包""鄂博"本质相似。"拉则"同样是由地下和地上两部分组成,地下挖的坑中央竖一截木桩,称为"命木",要绑白羊毛绳,"命木"的周围放置装有粮食、金银、珠宝之类的宝瓶、兵器等物,地上部分垒有石头,插有箭、长矛等武器,上系白羊毛、哈达、经幡等③。人们的群体心理中,"拉则"通过"命木"与上天相接,同时还代表"山神"与"战神",位置在山顶最靠近天的地方或者垭口处。"拉则"祭祀显现人们的信仰对象"从个人、家族、氏族的保护神上升为地缘国家的保护神,走向更高的天神"④。

裕固族的"鄂博"祭祀、藏族的"拉则"祭祀、蒙古族的"敖包"祭祀,三者在仪式核心指向、仪式过程等方面上大同小异。在祭祀的前一天,人们要准备好祭祀用品,如柏香、哈达、青稞、曲拉、酥油、牛奶、

① 宋濂等撰《元史》卷七二《郊祀志上》,中华书局,1976,第1781页。
② 贺卫光:《裕固族地区的"荤祭"鄂博祭祀活动调查研究》,《河西学院学报》2016年第1期。
③ 才让:《藏传佛教信仰与民俗》,民族出版社,1999,第102页。
④ 吕大吉:《宗教学纲要》,高等教育出版社,2003,第175页。

酒等，历史传统上基本都是由汗王、部落首领或邀请寺院僧人主持仪式，仪式开始时先有僧人念经祈福，而后民众煨桑、献上哈达，"煨桑"本身即有对"天"的敬献意味。之后参加仪式的人们从左向右转三圈，在这个过程中用柏树枝蘸上茶、酒和牛奶，边走边撒向天空，大声颂扬祈福用语，印有经文的风马在空中飞舞。祭祀活动结束后，往往还有人群的狂欢，一般有赛马、摔跤、歌舞等。日常时候，人们行路时若经过"敖包"或"鄂博"附近，也会下马上前祭拜，还会捡来周边的石块或自己身上的珍贵物品垒在其上。分布在不同区域的三种祭祀活动，均来源于黄河流域先民自然崇拜中的"天神"祭祀，因所处地域环境的不同而流变为形式各异的仪式内容，在各民族广泛的交往交流交融的过程中，更多共享的文化元素进入各个区域的仪式活动中，跨地域、跨民族的文化交流交融态势明显且集中。

寒食节，相传起源于春秋战国时期黄河中下游的晋国，一种流传广泛的解释是为纪念以忠诚著称的历史人物介子推而形成的传统节日。介子推是春秋战国时期晋国大臣，晋国公子重耳为避祸曾在外流浪19年，介子推无怨追随，甚至危难时刻"割股啖君"。后重耳重返晋国，成为"晋文公"，介子推则与母避世归山。晋文公为逼介子推下山相见，放火烧山，但介子推最终拒绝下山，被焚而亡。晋文公感念之至，便下令每年介子推亡故之日禁火寒食，以纪念一代忠臣。由此，寒食节的习俗伴随着历史被一代代的人们传承了下来，成为黄河流域重要的传统节日之一。寒食节时间在每年清明节前，也称冷节、禁火节。人们在寒食节当天，只食用冷食，冷食内容大多失传，我们已经看不到历史中的全貌。至今得以保存的个别食物中具有代表性的，是河北仍有流传的"寒食十三绝"。寒食节在春天，依照古俗，人们还会举行踏青、插柳等活动，以迎接春回大地，文人们还会相约咏诗，也在历史上留下了大量关于春天的不朽名篇。从寒食节的发展过程来看，原本只是在一段历史时期内黄河流域中游人群对历史人物的纪念活动，而在不断赓续的过程中逐渐演变成"四海同寒食，千秋为一人"的固定节日。主要原因在于介子推背后所蕴含的忠烈、廉洁等理念，是黄河流域各民族人民所共同推崇和遵守的价值观念。因此，区域性的历史人物纪念，随着各民族的广泛交往交流受到更多群众的认同，进而成为更大范围内民众共同的祭祀文化，成为黄河节日文化的组成部分。黄河流域作为多民族共有的家园，人们在长期交往交流交融的过程中，类似于寒食节这样由区域文化逐渐扩散、发展为黄河流域各民族共享的节日文化，并以各种相应的仪式完成节日过程，强化群体记忆，实现文化塑形的案例还有很多，包括人文始祖伏羲、女娲祭典、祭月的中秋节，祭灶王的祭灶节等，均是黄河流域各民族源于价值观念共享的祭祀节日。

三、源于传统文化共享的娱乐节日

生活在黄河流域的各民族在长期交融共生的文化体系内，许多原本属于单个民族或区域范围内的节日逐渐演变成为各民族共享的欢庆佳节，其中最容易受各民族民众接受和喜爱的是源于娱乐活动的一些节日，在这些节日中没有过多的祭祀活动和行为规范，气氛更加轻松活跃。

"花儿会"是典型的多民族共享的节日。"花儿"是流行于甘、青、宁三省区的一种民歌，深受汉、回、土、东乡、保安、撒拉等民族人民的喜爱[1]，历史传承悠久，影响范围广泛，被当地群众称为"心上的话""活命的水"。从地理分布上看，"花儿"传唱最集中的地区恰恰就是黄河干、支流流经的区域，国内学术界按地域分布、演唱特点等将"花儿"分为河湟"花儿"、洮岷"花儿"、六盘山"花儿"三种类型。河湟"花儿"主要分布在古称河州的临夏与青海省湟水流域，黄河在临夏回族自治州境内百余公里，流经积石山、临夏、东乡、永靖4县，湟水流经青海省海北州、西宁市、海东市等地，最后注入黄河。洮岷"花儿"主要分布在洮河流经的临洮县、岷县等地，洮河是黄河上游第二大支流，流域范围涉及青海省黄南藏族自治州，甘肃省甘南藏族自治州、临夏回族自治州与定西市的岷县、渭源县和临洮县等地。六盘山区同样是黄河重要的水域补充地，泾河、清水河等重要支流均发源于此，学术界认为六盘山"花儿"渊源于河湟、洮岷"花儿"，但在发展过程中也受地域文化的影响而发生变异，融入地方民间民俗文化的因子，成为一种相对独立的系统[2]。中国自古以来，

---

① 柯杨：《"花儿"溯源》，《兰州大学学报》（社会科学版）1981年第2期。
② 薛正昌：《宁夏花儿析论》，《宁夏师范学院学报》2007第5期。

歌谣与节庆便紧密相连在一起，"花儿会"是民间演述"花儿"的集中场域，关于"花儿会"的起源，柯杨先生认为主要起源于民间的迎神赛会和祭祀活动[①]。每年农历六月左右，正是黄河上游农业区作物生长的关键阶段，在气候干旱的西北地区，降水是决定作物生长的关键因素。如在互助丹麻地区，每年农历五六月间便要举办规模盛大的青苗会，祭祀龙王等地方神祇。源于明清时期、现为国家级非物质文化遗产的丹麻"花儿会"即依托当地庙会，由汉族村庄"拉庄"与土族村落"东丹麻""西丹麻"联合举办。当地土族、汉族群众中仍然流传着唱"花儿"祈雨的民间传说与集体记忆，恰巧能够与祭祀、农业生产相互印证。在固原市张易镇举办的西海子"花儿会"，也依托于当地庙会举办，每年有来自海原、固原、西吉、同心、彭阳等附近区域和银川、中宁、吴忠等较远地方的各民族"花儿"歌手接近百人，四处商贩簇拥而至，趁着节日的人流兜售商品，显现出鲜明的民族交往交流交融特色。正如郝苏民先生所言，"花儿"在各民族民众中达到了不同语言语境中的文化认同，且表现出涵化共融的特点，是中华民族关系"多元一体格局"的生动诠释和实证[②]。从现实来看，"花儿会"已经超越单纯的民间娱乐的文化功能，成为当地各族人民共同参与，集表演、传承、娱乐、聚会、贸易等多种功能于一身的各民族共享群体性民间节日，是黄河流域各民族交往交流交融的重要例证。此类基于文化共享的娱乐节日，禁忌较少，轻松愉悦，人们在游玩嬉戏的过程中，潜移默化地接受多元文化的感染，实现不同地域和群体间的文化交融。

四、源于民族记忆共享的节日

（一）纪念性节日

中华民族的近代史就是一部各民族共同追求国家独立和民族复兴的历史，西方帝国列强用鸦片、战争打开中国大门，中华民族自此开始了伟大的反侵略斗争。整个近代史中，华夏儿女团结一致，在黄河流域用生命谱

---

① 柯杨：《"花儿"溯源》，《兰州大学学报》（社会科学版）1981年第2期。
② 郝苏民：《文化场域与仪式里的"花儿"——从人类学视野谈非物质文化遗产保护》，《民族文学研究》2005年第4期。

写了悲壮的历史。为了纪念反抗侵略、建设新中国的革命英烈，在近代历史演进的过程中，产生了许多纪念性的节日，例如五四青年节、中国人民抗日战争胜利纪念日等。这类纪念日、节日为强化民众对国家历史的记忆而设立，扬·阿斯曼在《文化记忆》中指出仪式与节日是文化记忆的首要组织形式，定期重复的、具有特殊意义的群体仪式，保证了"文化意义上的认同的再生产"①，纪念的意义在不断重复中，加深了各民族对共同历史的记忆，并在此基础上产生对国家强烈的认同感。同时，这些纪念性节日因其背后包含着的集体记忆和精神理念为各民族群众所共享，因此有着非常广泛的民众基础。通过国家确认，此类纪念性节日成为"制度"，不仅使其具有一定的政治符号性质，更进一步加速了各民族对其认同与接受的过程②。因此，这类节日历史虽不足百年，却已经成为黄河流域节日文化中不可缺少的重要组成部分，并发展成为弘扬爱国主义精神与强化各民族凝聚力的主要节日形态。其中最具有代表性的就是为纪念中华民族抗日战争胜利而设立的中国人民抗日战争胜利纪念日。1945年9月2日，日本投降签字仪式在东京湾密苏里号战列舰上举行，标志着第二次世界大战结束。这是中国在近代反侵略战争历史上第一次取得的全面胜利，9月3日，当时的国民政府举行胜利庆典。自此之后每年9月3日被确定为中国人民抗日战争胜利纪念日③。2014年2月27日，第十二届全国人大常委会第七次会议经表决，延续了中央人民政府政务院和国务院关于抗战胜利纪念日的规定，以国家立法的形式将9月3日确定为中国人民抗日战争胜利纪念日，将12月13日确定为南京大屠杀死难者国家公祭日，以更好地缅怀在中国人民抗日战争中英勇献身的英烈和所有为中国人民抗日战争做出贡献的人们，铭记中国人民反抗日本帝国主义侵略的艰苦卓绝的斗争④。另外

---

① 参考扬·阿斯曼：《文化记忆：早期高级文化中的文字、回忆和政治》，金寿福、黄晓晨译，北京大学出版社，2015，第51-54页。

② 参考冯颜利等：《中国特色社会主义文化制度研究》，经济科学出版社，2013，第5页。

③ 《抗日战争暨世界反法西斯战争胜利75周年纪念日》，腾讯网，2020年9月3日，https://new.qq.com/rain/a/20200903A079OV00。

④ 《中国人民抗日战争胜利纪念日、南京大屠杀死难者国家公祭日确定》，中国政府网，2014年2月27日，http://www.gov.cn/jrzg/2014-02/27/content_2625090.htm。

还有"二七"纪念日、"五卅"纪念日、"七七"抗战纪念日、"九一八"纪念日等，均是以具体的历史时间节点设立的具有对中华民族和中华人民共和国建设有特殊意义的纪念日，被中华民族广泛认同和实践。

(二)庆祝新生活的节日

在近代历史演进过程中，形成很多庆祝新生活的节日，此类节日设立主要集中在中华人民共和国成立之后。黄河流域各族儿女在中国共产党的领导下，开启了全新的社会主义新生活，享受各民族人人平等的权利，成立了民族自治区、自治州、自治县、民族乡等。人们每年会在新家园成立纪念日，举行盛大的文化庆祝活动，进行纪念与庆祝。其中最为隆重的是国庆节。国庆节顾名思义就是庆祝国家成立的节日，国庆节日在历史上早有记载，西晋的文学家陆机在《五等诸侯论》一文中就曾写有"国庆独飨其利，主忧莫与其害"①。历史上帝王登基的日子便是国庆日，这一天除了隆重的庆典仪式、祭祀天地、宴席歌舞，还会实行赦免制度。从唐朝起出现了"生辰国庆"，唐玄宗因生日恰在中秋节，便于公元729年定中秋节为国庆日，又名"千秋节"。此后每逢中秋节，全国放假三日，从皇室至平民都换上崭新的衣物，举行祭祀、宴席等庆祝活动。自唐后"生辰国庆"便于各朝代常设，但称谓不同，例如宋太祖赵匡胤的诞辰为"长春节"，宋仁宗的诞辰为"乾元节"等，皆为举国庆祝的节日。历史上黄河流域各民族政权也产生过辽太宗的"天授节"，辽兴宗的"永寿节"等②。此类国庆节虽以强调君王地位为核心内容，但其作为古代节日中非节令体系之外的重大节日，是在民间强化国家认同、塑造国家形象的直接载体。

1949年12月2日，中央人民政府委员会第四次会议接受全国政协的建议，通过了《关于中华人民共和国国庆日的决议》，决定每年的10月1日，即中华人民共和国宣告成立的伟大日子，为中华人民共和国国庆日③。自此，"国庆日"不再以强调君主的地位来强化国家认同，而是作为各民族

---

① 陆机、陆云：《陆机文集》，上海社会科学院出版社，2000，第96页。

② 马芷妍、杨华：《传统中国的"诞日"与时间记忆》，《文化软实力研究》2022年第2期。

③ 《中华人民共和国国庆日》，中央人民政府网，2019年10月2日，http://www.gov.cn/guoqing/2005-09/13/content_5043913.htm。

的心理归属载体，成为各民族共享的、纪念新家园建立的崭新节日。国庆日承载了中国近代历史上各民族争取独立自主和平等自由的群体记忆，成为中华人民共和国所代表的凝聚力、号召力和强大政治、军事力量的象征。每一次隆重的庆典都激荡着全民族对艰难岁月的回忆，都在展示中华民族的凝聚力和强烈的国家认同，给予中华民族儿女自强不息的信念与团结一致的决心。

国庆日之外，黄河流域各民族、各地区还在特定时间举行形式多样的州庆日、县庆日、乡庆日等节日活动，表达各族群众对区域性历史时刻的铭记，以及对未来美好生活的祝愿与希冀。

第五章　黄河流域的传统政治思想与道德文化

政治思想与道德文化是一个民族传统文化中最为核心的部分，是与其他民族相区别的本质特征，是维系特定社会结构的基础。自春秋战国起，中国的政治思想与道德文化开始形成系统的文字和鲜明的主张，而更早之前的史前时代到夏商周几代的情况，亦绝非空白。春秋及后世史官依赖历史记忆和个人情感构建的文献资料，加上可以重现商周政治结构的神话、故事，以及近百年来逐渐丰富起来的考古材料和器物，依然可以指引后人去推测和探索。

中国政治思想与道德文化的起点，在于"天道"。以"天"为核心，初民在精神世界中构建起一个由神灵统治、神人共处的世界体系，后世史官将这一想象的体系以对话的方式记载下来："于是乎有天地神民类物之官，谓之五官，各司其序，不相乱也。民是以能有忠信，神是以能有明德，民神异业，敬而不渎，故神降之嘉生，民以物享，祸灾不至，求用不匮。"①在全世界的范围内，对这个阶段的描述都是惊人的一致，包括神与人的关系，"互相往来，杂乱不分"，"没有区别"②。从血缘关系进入社会组织，人们进一步构拟了神与人之间的三皇、五帝。五帝之一的颛顼任命重、黎二臣分别管理天与地："颛顼受之，乃命南正重司天以属神，命火正黎司地以属民，使复旧常，无相侵渎，是谓绝地天通"③。"绝地天通"正是史官对最初政治形态形成的总结。而此时掌管人世间万民秩序的王者，亦来自"天"，如"天命玄鸟，降而生商"，"王"是"天生之子"，因而具有了统治的合法性基础，集神权与君权于一身。与"天"交流是人间

---

① 左丘明：《国语》，鲍思陶点校，齐鲁书社，2005，第275-276页。
② 顾颉刚：《国史讲话·上古》，上海人民出版社，2015，第28页。
③ 左丘明：《国语》，鲍思陶点校，齐鲁书社，2005，第275-276页。

最重要的礼仪，是只有"天子"才拥有的权力。于是，"天子祭天地""祭四方""设六玉"即考古研究中发现的大量"礼天地四方"的玉器，是与"天""地""四方"沟通的媒介。在中国传统哲学中，《孟子》《荀子》《中庸》《诗》《书》《左传》《国语》等经典对"天"均有阐释，可以归其为五义：物质之天、主宰之天、运命之天、自然之天和义理之天。因而在"天子"之下，"至于社会中种种之制度，人初皆以为系天帝所制作"，此处所谓之"天"，为主宰之天，与《论语》中孔子所谓之"天"相同[①]。"天授君权"自此成为中华大地上政治思想的一条主线。至周时，周人的祖先仍与天、与神保持密切的关系，并延续了殷商以"中央"为核心，四方环绕的空间秩序想象，但与商不同的是，周人的祖先本身已经不再是神，而是受有"天命"治理人之世界的"人王"，拥有一个人间的"宗法系统"。同时，周人强调"天命"并非唯周人所有，因"天命靡常"，故而天命可自商至周，更重要的是，天命必将授予"有德者"[②]。"德"之概念的确立，是西周对中国政治思想的一大贡献。

西周以前的"中原"，"不过自泰岱以西，华岳以东，太行以南，淮、汉以北，为今河南、山东的大部分，河北、山西的小部分"[③]。西周兴起之后数百年，渭水流域得到开发，到春秋时代，兴起于边地的秦、晋、楚、越等国争相拓展疆土，使"中原"的边界西北至甘肃东部，东南延伸至华南沿海，从地理疆域层面，为即将到来的统一帝国打好了空间基础。文化层面的表现则更令人兴奋，黄河中游以汾、渭、伊、洛为中心的地域，与周边的"相互交流、相互渗透、吸收与反馈十分频繁，文化面貌你中有我，我中有你，这种文化交流趋势随着时间推移而加速……在包括江、淮、河、汉四大水系范围内，列国在文化面貌上的接近，从考古学文化角度观察，已达到空前的程度，民族文化的融合已突破原来六大考古区系的分野"[④]。另外，加上以儒、墨、法、道、阴阳等为代表的诸家学说逐渐兴起，多种治国理政思想彼此交锋，相互照耀，中央集权官制的建

---

① 参考冯友兰：《中国哲学史》，华东师范大学出版社，2011，第27-32页。

② 参考张光直：《中国青铜时代》，生活·读书·新知三联书店，2013，第429页。

③ 吕思勉：《中国通史》，民主与建设出版社，2015，第21页。

④ 苏秉琦：《中国文明起源新探》，生活·读书·新知三联书店，2000，第97-98页。

立，郡县制的成熟，一切都已做好准备，中国政治历史上一个崭新的时代
呼之欲出。

公元前221年，秦统一六国，从此"海内为郡县，法令由一统"，中国
历史上第一次建立了统一全中国的专制主义的中央集权的王朝[①]，这是中
国最早的"大一统"政权，紧接其后的两汉延续并发展了"大一统"的统
治，并且影响了其后2000年"大一统"作为中国政治发展的理想方向。秦
帝国建立之后，始皇帝采用法家主张，间杂阴阳家、儒家学说，对西南少
数民族设官治理，统一南越，建置南海郡、桂林郡、象郡，迁徙民众垦
荒，使当地群体和中原各民族日益融合。这些措施适应了中国古代民族融
合的趋势，强化了统一的多民族国家。秦汉时期华夏和帝国出现了密切的
对应关系，可称为华夏帝国。经过这一时期数百年，两者间的结合牢不可
破，秦汉制度成为东亚高级政治体的典范，而变身华夏已成为建立秦汉式
帝国的内在要求，这一点在汉唐之间表现得尤其明显[②]。汉初借鉴亡秦教
训，慎刑、重德，此时之"德"已与西周时受天命之"德"不同，而趋向
"仁政"。经董仲舒等人发展过的"新儒学"杂糅百家，使统一帝国的国力
发展至顶峰，进一步推进了"外儒内法"，"霸王道杂之"的政治道路，有
效地加强了中央集权。同时，延续发展的"汉人地域"、周边区域高度自
治的"内属政权"以及长城之外的"外臣之国"三重"天下国家"的帝国
构造，给其后的中国统一之政权提供了一个理想范本。此时统治阶层与统
治者的合法性、正统性早已在实质上脱离"天命"，转向血缘、宗族以及
文化的传承与延续。如出身于关陇集团贵族"八大柱国"之一的李唐皇
室，一方面对自己承北周及隋"家世之贵"的政治地位颇为骄傲，另一方
面对强调"门阀"和文化传统的社会地位亦是无奈[③]。由此也推动了"华
夷之别"思想的进一步发展，蛮、夷、戎、狄通过后天的学习掌握农业社
会的"礼"，完全可以成为"华夏"之正统，"四夷"与"华夏"可以发生
"变位"。因此，后世由"四夷"建立的"征服王朝"也能够被承认为"正

---

① 杨宽：《战国史》，上海人民出版社，2016，第467页。

② 胡鸿：《能夏则大与渐慕华风：政治体视角下的华夏与华夏化》，北京师范大学出版
　社，2017，第47页。

③ 参考汪篯：《唐王朝的崛起与兴盛》，北京出版社，2018，第106-127页。

统","中国"也通过"四夷"不断地"中原化"和"华夏化",呈现出不断扩大的趋势①。

从黄河中游伊、洛之间走出的何尊铭文中的"中国",如何发展为多元、统一的中华帝国,是中国历史研究中面对的重要问题。不同学者提出诸多阐释体系,从思想、政治、地理、疆域、生计、军事、文化等路径尝试解释这个过程。达成共识的是多数学者认同在这个过程中,多元性、多样性是特质、是先天条件、是历史的具体表现,而一致性、统一性是根本、基础,是大势所趋,是历史的发展方向②。梳理其中具有代表性的、被后世所重视的部分政治思想与道德观念,不足以刻画出这一过程的全部细节,但可以使我们大致理解这一过程的若干核心推动力量,以更深入地了解黄河文化的发展脉络。

第一节　黄河流域的传统政治文化

中国传统政治文化中有一类非常独特的官员——"谏官"。谏官于春秋初期在黄河流域的齐国最早设立,其职能是直言规劝君主在语言或行为方面的过失,其后在历史更替中,谏官一直以不同的形式或隐或显地存在于中国的政治结构中。谏官的设置,是传统政治文化的特点,也是中国政治文化活力与高度的直接体现。黄河流域历来就是中国的政治经济文化中心,这一点可以从文献与考古两方面结合来考察。文献方面,从先秦的诸多政治思想到秦汉、隋唐之间系统的政治理论的记载、阐发与传承,都是在以黄河中下游为中心的农业文化发达区域产生并得到发展的;考古方面的材料也充分说明中国国家的起源与黄河流域的洪水以及不同时期的治水密切相关。自然环境条件和生业方式决定了文化的发展空间和方向。沿京汉线到陇海线之间,发现的古代邦国上规模的遗址,其绝对年代基本在距今4500年前后,与传说《五帝本纪》后半期尧、舜、禹治水的时期大致吻

---

① 参考王柯:《从"天下"国家到民族国家——历史中国的认知与实践》,上海人民出版社,2020,第67页。

② 参考鲁西奇:《中国历史的空间结构》,广西师范大学出版社,2014,第23-28页。

合。另外，多种文化交融汇集的陶寺遗址，证明了仰韶文化沿黄河、汾河和太行山山麓上溯至山西、河北北部至内蒙古河曲地带，与红山文化碰撞，实现了花（华）与龙的结合，演化成后世中国人对"中华民族""龙的传人"概念的认同和向心汇聚①。纵观中国发展演进历史，农业对政治文化最大的影响，就是宗法关系对治国之政的强力塑造，远近亲疏、长幼尊卑的伦理等级关系对社会结构的强力塑造。各个时期政治制度的制定者和实践者，正是在黄河流域农业文化充分发展的基础上，催生了大量体现中国智慧和传统哲理的政治文化和治理实践。例如源起于先秦，发展贯穿整个中国历史，并对当下中华民族文化产生深远影响的"大一统"思想，还有以维护国家统一，促进民族交融为目标，在边疆以及诸多少数民族区域推行的"因俗而治"的羁縻政策和土司、土官制度等，都是黄河文化中具有代表性、典范性的中国传统政治文化。

一、"大一统"思想

中华民族在起源时代即表现出交流与统一的趋势，"天下一家"的思想于先秦时期在黄河流域显现。"大一统"一词最早出现于战国时代的《公羊传》中："王者大一统"。当时的"大一统"包含三个层面的内容，即"尊王"为核心的政治一统、"内华夏"为核心的民族一统和"崇礼"为核心的文化一统②。春秋战国时期诸子百家思想对大一统思想产生了巨大的影响，《老子》中提出"道生一，一生二，二生三，三生万物"，讲"万物"生于"一"而归于"一"，以"道"的规则，阐释万物发展的规律，成为政治思想的基础。在《论语·颜渊》中，孔子提出"四海之内皆兄弟也"，意即统治者的"德"也应被及"四海"而达"四夷"。《孟子·梁惠王上》中记载，孟子见梁襄王，王问天下如何安定，孟子答曰"定于一"。孟子的政治理想在当时或许不具备适合的环境，但也与孔子、老子的相关思想一并成为先秦"大一统"思想的滋养来源，均为当时学者对天下政治格局的理想化设计。"大一统"思想到秦汉时期逐渐发展成熟，尤

---

① 参考苏秉琦：《中国文明起源新探》，生活·读书·新知三联书店，2000，第158-161页。

② 马卫东：《大一统源于西周封建说》，《文史哲》2013第4期。

其是汉朝时期,更进一步发展为系统的治国理政观念,影响到整个中国历史上"大一统"思想贯穿于整个社会发展进程始终,成为中华民族共同体发展壮大的理论基因和历史基因。

由"大一统"思想发展到"多民族中国观"是一个必然的过程。纵观中华民族历史发展过程中多民族中国观的形成,尤其是从元朝到清朝,北方游牧民族两度统一中国,历史性地证明少数民族在中华民族中已经占据了重要地位。无论是历史上的"华夷一统观""中华民族观",还是今天的"中华民族共同体意识",始终贯穿于"大一统"的思想脉络中,认知和理解中华民族共同体意识,依然可以将"大一统"思想的发展脉络作为一个把握路径。不同时期的"脱夷统华""我本中国"等重要理论贡献融入"大一统"思想的理论框架,不仅直接表达了少数民族统一中国的客观条件和主观诉求,折射出少数民族身居中华大家庭的自豪[1],还极大地丰富了"大一统"思想的理论内涵,使这一思想体系逐渐发展成为中华民族共同体的整体意识。在"大一统"政治思想的影响下,各民族一直保持着对统一国家的渴望和追求,这也是中国各民族共同推动现代国家转型的认同力量,为多民族国家建设与发展提供了历史和现实的认同与支撑。因而我们说,"大一统"思想体系由各民族共同创造、不断充实,是各民族中华民族认同和国家认同的思想来源,"各民族共创中华"正是这一思想的实践过程。当前,中华民族整体上空前团结不是偶然的,而是在"大一统"思想基础上中华民族凝聚力与向心力的历史发展必然。

"大一统"思想还深刻影响着中国人的"文化心理结构",随着历史演进的不断充实与强化,塑造了中国古代"家—国—天下"的政治格局,铸就了中国2000多年的"超稳定结构体"。在中国历史上,不管是分裂、割据时期,还是统一时期,各个政权无不以"大一统"作为理想的政治模式和行动方向,无不以国家统一大业作为首要任务。王朝的分分合合、政权的更替变迁,也无不发生在"大一统"的框架体系内[2]。无论帝王将相,

---

① 武沐、冉诗泽:《中国大一统思想及各民族共创中华的集体记忆》,《民族研究》2022年第1期。

② 陈喜波、韩光辉:《中国古代"大一统"思想的演变及其影响》,《中共中央党校学报》2005年第3期。

还是平民百姓，追求国家统一的心理特质是一致的，正体现了中华文明发展历程中"大一统"思想的浸染力量。

从历史发展进程来看，黄河流域是中华民族"大一统"思想形成的重要场域之一。自尧舜禹时期，黄河中下游地区已经发展成为文明程度远远高于周边地区的、具有一定凝聚力的中心。上古神话到中国统一之帝国出现，再到汉唐盛世之国力巨大发展，均发生在这一地区。中原统一的政治局面，反映出中华民族崇尚和谐统一的民族心理。自"大禹治水"进而形成的"水利共同体""水利社会"是多方力量聚合为一的过程；秦始皇完成"吞二周而亡诸侯，履至尊而制六合"的统一大业，建立统一王朝[1]；汉武帝开疆拓土，将今日中国大部分疆土并入版图，应该说都是"大一统"思想的历史实践过程，并直接影响到中华民族共同体的形成和发展。故而，在黄河流域，追求民族统一的"大一统"思想观念，既是历史的不断延续，也是各个时期的发展趋势，充分显现了中华民族传统政治思想中的方向性、凝聚性和包容性。

二、中央官制

公元304年，刘渊建立匈奴汉国，定百官。《资治通鉴》有记载：以右贤王宣为丞相，崔游为御史大夫，左于陆王宏为太尉，范隆为大鸿胪，朱纪为太常，上党崔懿之、后部人陈元达皆为黄门郎。可见刘渊所定官制，皆为恢复汉朝的典章制度，将三公制当作五部匈奴与汉人的共存体制，巩固胡汉联合，使地方政权向中国封建王朝发展。这也从侧面说明了源自春秋时期的中央官制对其后的政治发展以及各民族地方政权的深远影响[2]。

"我国官制当分为五期，三代以前为列国之制。秦制多沿列国之旧。而汉因之，以其不宜于统一之世；东汉以后，逐渐变迁至隋唐而整齐之。然其制与隋唐之世又不适合，唐中叶后又生变迁而宋因之……（元）治法有与前代不同者。明人固多沿袭，清又仍明之旧，故此三朝之制，又与唐宋不同。此我国官制之大凡也。"[3]可以看出，中央官制是在漫长的历史发

① 朱伟利：《刍议黄河文化的内涵与传播》，《新闻爱好者》2020年第1期。
② 李椿浩：《匈奴汉国的中央官制特点》，《中国边疆史地研究》2008年第4期。
③ 吕思勉：《中国社会史》，上海古籍出版社，2007，第478-479页。

展中，不同时期的执政者依据具体的社会情况通过不断实践而逐渐完善的一整套体制。中国2000余年的政治史表明，每个朝代的官制既是前代政治制度发展、演化的累积结果，也是后世制度建立的基础和起点。一些发展中的、不固定的变革，一旦制度化，便是走向新的变革的开始。

　　从中央官制的起点来看，自春秋时列国的官制就已经较为齐备。其特点是军事与政治的统一，执政首领在平时是诸侯以下全国的政务官，在战时就是最高的军事长官，如鲁的司徒，郑的当国、为政，宋的右师、左师，齐的"二守"，晋的中军将等均是。到战国时期在中央才开始形成以文官之长丞相和武官之长将军为首的官僚机构。春秋战国时期的中央官制，直接影响到秦汉乃至以后的官制设置，特别是秦汉的三公九卿制度①。也有学者提出，"三公九卿"不足以概括秦代中央主要官职及其官制的特点②。诚如同吕思勉先生所言，中央官制"至隋唐而整齐之"。隋唐之际的三省六部九寺五监体制，逐步取代了三公九卿的传统制度，职能更为扩大，分工更为明确细致，在一段时期内更适应中央集权的需要，体现了中国古代官僚政治已逐步趋于完善的状态。但发展中亦有变化，宰相的职权在制度上虽然规定得很大，但随着政治局势的变动和任命外官的出现，宰相的权力被蚕食，到唐末变得衰退，这与皇权的强化有关，再次证明了中国历史上中央官制中内朝官向外朝官转化的倾向③。因而，唐代中期以后，社会政治形式和以三省六部为特征的官制就有了实质的变革，六部九寺和五监的职权逐渐被各种临时差遣的使官所据，这些被称为"使职"的使官名目繁多，如节度使、盐铁转运使、枢密使等，其权势深入各个机构。特别是地方节度使，手握一方的军、政、财大权，形成强大的割据力量，有些甚至逐渐形成可以与中央王朝对抗的势力。这一情况在唐末、五代，直到北宋之际，发展成一切实权均归使官，原来的"省部寺监"官制反倒成为虚衔体制的状态。整体而言，在中国历史中，中央集权与地方分权一直处于博弈状态，背后的焦点是土地和劳动力等。不同时期表现各异，甚至

---

① 参考韩连琪：《春秋战国时代的中央官制及其演变》，《文史哲》1985年第1期。

② 参考林剑鸣：《秦代中央官制简论》，《西北大学学报》（哲学社会科学版）1983年第1期。

③ 胡戟等主编《二十世纪唐研究》，中国社会科学出版社，2002，第90页。

在一个时期中前后亦有很大变化，总体规律是在"大一统"的历史时期中，中央官制能够得到延续和巩固，这也是中国政治文化发展的主流，此后的发展模式大致如此，元、明、清各个时期一直延续。

强大的中央官制体系自秦始皇统一中国以后一直是维系国家稳定的重要政治制度。统辖辽阔的疆土，管理众多而分散的人口，需要一个权威、有效的官制体系。中央官制体系发展完善的过程，恰好也是中华大地上各民族交往交流交融不断强化的过程。制度体系在实践中不断吸取各民族的优秀政治思想，不断获得更新，逐渐形成具有明显交融共生特征并被各民族高度认同的政治文化。

三、"夷夏之辨"与"华夷一家"

自从历史上出现"尊王攘夷"的旗号，"夷夏之辨"就一直是中国历史发展中一个重要问题。学者一般认为在先秦时代，逐渐产生了区分"夷"与"夏"的观念，并且这一观念在儒家学说的创始者那里表现得尤为典型，孔子就曾非常严肃而明确地提出严格区分"诸夏"与"夷狄"的主张[①]。但实际上，根据一些学者的研究，"夷夏之辨"在中国历史上可能出现得要更早一些。1986年，在陕西安康发现一件有长篇铭文的青铜器，称为"史密簋"，铭文记载了周王率领的诸侯与几支夷族之间的战争[②]。这一件器物证实在西周时，夷夏之间就已经有常规性的冲突。同时，学者经过研究发现，西周时确立"夷夏"身份的标准很有意思，并不是像后世以居住方位、血缘关系、经济、文化发展程度和礼俗的差别等方面为区别标准，而仅仅是以与周王室的联姻或同盟关系做出区分，而且此种区分会随着关系的变化而变化，换言之，"夷夏之别"从刚开始时便无明确的界线和清晰的界别。诸多民族的融入才形成后世之汉族，甚至很多原本的"夷"在人种学和文化方面于组成的汉族中均居主导地位[③]。"夷夏之辨"

---

① 刘峰焘：《艰难的抉择与融合——浅议"华夷之辨"观念对中华民族史的负面影响》，《文史哲》2001年第1期。

② 沈长云：《由史密簋铭文论及西周时期的华夷之辨》，《河北师院学报》（社会科学版）1994年第3期。

③ 参考李白凤：《东夷杂考》，河南大学出版社，2008，第11—17页。

思想对中华民族史之积极影响是在很大程度上促成了民族凝聚力与向心力，同时具有一种文化上的吸引和融合功能，因而"夷夏之辨"在中国历史发展中一直具有重要的地位。

自汉至隋唐，在较长的历史中，"夷夏之辨"在政治实践中表现为"以夷攻夷""以夷制夷""以夷治夷"等一系列政治策略①。其中"以夷制夷"策略应用较广，发展时间较长。"以夷制夷"策略在《史记》《汉书》《后汉书》中记载较多，反映出两汉时期在国家统治中运用"以夷制夷"策略的时间长、次数多、地域广大。有学者通过文献统计了两汉期间"以夷制夷"策略的实施情况，发现这一策略的应用次数达到106次，仅东汉阶段就有81次。例如对东西南北各夷进行的战争中，普遍使用"夷兵"征战。学者总结了这一过程的积极意义，认为其弥补了汉军的兵源不足和技术单一等缺陷，解决了汉军不习戎俗、不适应环境等问题，促进了汉军军事技术的革新和提高，减轻了内郡人民的兵役负担和后勤方面的困难等②。公元755年，安禄山在范阳起兵，揭开"安史之乱"的序幕，回纥四次出兵助唐平叛，虽然性质与两汉使用"夷兵"不同，但依旧是"以夷制夷"策略下中原王朝与周边民族政权的关系体现。

整体而言，"华夷之辨"对于中国古代统治者加强中国同周边地区的"一统"而言，意义重大。从理论上讲，中国古代统治者以天子身份治理天下，其最终目的就是实现"天下一统"的理想。但是自身力量的有限性决定了不可能完全通过战争方式去实现"一统"之目标。因此，如果要想将自身力量不及的边地纳入"天下一统"范围之内，只能通过"华夷之辨"去搭建这一"断开"的桥梁③。另外，历史上一个王朝政权发展的过程中，面对内政外交的不同阶段，也会出现前后不同的"华夷之辨"思想和实践。明初以"华夷之辨"作为号召反元的思想工具，提出"驱逐胡

① 参考崔明德：《论隋唐时期的"以夷攻夷""以夷制夷"和"以夷治夷"》，《中央民族大学学报》1994年第3期。

② 上官绪智：《两汉政权"以夷制夷"策略的具体运用及其影响》，《南阳师范学院学报》2003年第4期。

③ 柳岳武：《"一统"与"统一"——试论中国传统华夷观念之演变》，《江淮论坛》2008年第3期。

虏，恢复中华"，但当元完全覆灭之后，其政治主张一变而成"华夷一家"，强调"夫天下一统，华夷一家，何有彼此之间？"反映出统治者对多民族统一国家统治的政治需要，也充分说明了经过辽、宋、夏、金时期的民族融合与文化认同及元朝进一步推行"大一统"的民族政策，中华整体观念已经深入人心[1]。

在黄河流域，"夷夏之辨"还包含了中原文化正统之争的问题。在中原文化持有者与非中原文化持有者之间，以"华夷之辨"规定了中原王朝延续的文化"正统"，同时也给意欲入主中原的周边民族提供了一种路径。前者为了维护自己的正统地位，利用"夷夏之辨"区分中原文化与周边文化的差异，以强化身份区别，维护正统地位不受侵犯。而后者也在"夷夏之辨"的框架下提出"华夷一家""以夷入华"等诸多思想，主旨在于标示自己本是属于中原文化一脉或者"夷进于夏"的合理性[2]。这从客观上也在不断充实、丰富"夷夏之辨"的思想内涵和实践方向，推动中原文化在旷日持久的论战中得到极大的发展和充分的传播，从而促进黄河文化不断整合，文化的概念空间不断拓展。

四、"因俗而治"与"羁縻政策"

上文述及，在较长的历史中，"夷夏之辨"在政治实践中表现为"以夷攻夷""以夷制夷""以夷治夷"等一系列政治策略。其中的"以夷治夷"在国家对周边少数民族治理中应用较多，因而也在长期实践中形成了一整套丰富的治理理论和经验。中国是一个统一的多民族国家，因历史发展过程中的客观原因所致，在不同的历史时期，除了融入汉族的群体之外，少数民族多分布于周边区域、边疆地带。中央王朝对待周边各个民族的态度，在不同的历史时期也各不相同，大致来说以两种为要，一种是实现深度民族融合，华夷一体化，边疆内地一体化；另一种就是"因俗而治"，以其人、其风、其俗、其礼，完成对其地的有效治理，维护国家的

---

[1] 刘正寅：《"大一统"思想与中国古代疆域的形成》，《中国边疆史地研究》2010年第2期。

[2] 王保国：《"夷夏之辨"与中原文化》，《郑州大学学报》（哲学社会科学版）2009年第5期。

统一。实现华夷一体、边疆内地一体需要中央王朝具备强有力的军事、经济等方面的力量，以及其他多种条件，故而在较长的历史中"因俗而治"成为各时期中央王朝乐于实践也易于实践的边疆民族治理策略。"因俗而治"的具体内容主要是中央政府在管辖和治理边疆地区时，政治上任用当地部落首领依据当地民族和地方习惯法自主管理地方民众事务，经济上不改变当地的经济形态和发展模式，文化上顺应民族的和当地的风俗习惯，社会结构上不改变其原有形态，在与内地的交往中不断向先进的内地经济形态和文化学习并最终趋同一致的治理模式①。在"因俗而治"的治理模式下，还有很多具体的政策内容，其中包括萌芽于先秦、发展于秦汉、盛行于唐宋的羁縻制度，以及产生于元、盛行于明、衰落于清的土司制度等。

关于羁縻政策的内容，前秦苻坚曾说过："西戎荒俗，非礼仪之邦。羁縻之道，服而赦之，示以中国之威，道以王化之法，勿极武穷兵，过深残掠。"②其中指出了羁縻制度的核心包括两方面内容，"示之以威"和"道以王化"。就是说在有强大武力威慑的同时，要对边疆民族施以"德""惠"。不同的时期，不同的统治者，随着形势的不同，羁縻政策中的"威""惠"皆有不同侧重，威服和怀柔的色彩可以有浓淡之别，但不论任何历史阶段，羁縻政策中都同时倚重于这两个方面③。

羁縻政策在历史上的表现形式有以下几种。首先是设置羁縻州。秦汉、三国均有羁縻政策的局部尝试，隋唐之际，统治者在总结历史经验的基础上，羁縻州县成为有效的方式。唐太宗时期，羁縻州的设置范围不断扩大，数量激增，东北、西北、西南、中南均有羁縻州府。到开元年间，唐王朝先后在各地设置羁縻州府达800多个。其次是册封少数民族首领，目的在于确立少数民族政权与中央王朝的隶属关系。所谓册是册立新君，主要是对既成事实的承认，所谓封是封给唐朝官爵。多数情况下，是既册

---

① 陈跃：《"因俗而治"与边疆内地一体化——中国古代王朝治边政策的双重变奏》，《云南师范大学学报》（哲学社会科学版）2012年第2期。

② 《晋书》卷一一四《苻坚下》，中华书局，1974，第2914页。

③ 参考彭建英：《中国传统羁縻政策略论》，《西北大学学报》（哲学社会科学版）2004年第1期。

又封，也有只册不封的①。一般情况下，羁縻州县要向中央王朝象征性地缴纳税赋，隶属关系整体而言较为松散。明代在羁縻州府的基础上进一步创制了羁縻卫所制度，主要分布于西北和东北地区，其中就包括西北地区重要的关西七卫。羁縻卫所官制世袭，以当地少数民族酋领担任，军政合一，兼管军民，拥有较大的自治权，有效促进了边疆地区的开发和边贸的繁荣，进一步促进了民族间的融合②。

土司制度是"因俗而治"的另外一种形式。元朝将前代的羁縻治策进一步发展成土官制度，明清两朝完善和深化土官制度，进而形成更有成效且具制度性特征的土司制度，并在西南、西北边疆地区推广。土司制度基本原则与羁縻政策一致，即以土官治土民。不同的是土司为国家正式官吏，经过批准乃可世袭，若履职不善或有其他情况，中央王朝可免其职、降职或予以治罪，土司若被罢免以后，朝廷改派流官管辖其地，史称"改土归流"③。中央王朝将土司的任用，与当地所置的统治机构相结合，例如宣慰司、宣抚司、安抚司、招讨司、长官司以及土府、土州、土县等。所以从核心来讲，土司制度虽然沿袭和保持了羁縻的性质，但已被纳入国家行政管理系统。中央政府对土司管辖区域实施间接统治和管理，形成一整套对土司的权利和义务相对较为严格的制度，包括任命、承袭、朝贡、赋税、征调、奖惩等相关规定④。在部分土司管辖区域，也有流官与土司共同管理地方的情况存在，一般被称为"土流参治"。例如在黄河流域上游河湟谷地，作为一个多民族聚居的地区，在全国文化分布格局中始终处于华夷交接的边缘地带。明朝中央政府的军事力量和治理体系进入河湟地区后，首先建立起卫所管理体系，实行土流参治，以流为主，以土为辅，其后在政治、经济、文化等方面次第展开一系列社会整合行动。经过明代200多年的治理，河湟社会的区域一体化得到了发展，区域社会在大一统

---

① 参考崔明德：《论隋唐时期的"以夷攻夷""以夷制夷"和"以夷治夷"》，《中央民族大学学报》1994年第3期。

② 彭建英：《明代羁縻卫所制述论》，《中国边疆史地研究》2004年第3期。

③ 方铁：《论羁縻治策向土官土司制度的演变》，《中国边疆史地研究》2011年第2期。

④ 文海：《羁縻制度与土司制度关系新探》，《凯里学院学报》2017年第4期。

国家范围内的一体化也得到了推进①。整体而言，土司制度在内容和形式方面较之前的羁縻政策做出了一些因地制宜和顺应时势的改变，反映了中国历史发展的大趋势，与其他羁縻政策一并成为"因俗而治"的少数民族治理策略的重要内容，在几个世纪中，显现了积极的政治治理成效，丰富了统一的多民族国家民族治理经验，推动了中国传统政治文化的发展。

第二节　黄河流域具有代表性的思想观念

在黄河流域，出现了中国最早的都城，出现了中国最早的政治制度，当然也出现了中国第一个统一的帝国。优渥的环境、辉煌的历史和多元文化的碰撞激荡以及不间断的文明承续，使黄河流域同时孕育产生恢宏规整、以"礼"为天地秩序的"家、国、天下"思想，以及以"人"为中心，积极、乐观、充满浪漫主义气质的"天人合一"思想。在整个中国历史中，既有威震四方、万国来朝的"大一统"帝国的鼎盛，又有政治秩序崩溃、地方政权更迭、人民流离失所、国家长期分裂的情形，但无论如何，在这片东亚大陆上，总体呈现的社会发展方向是统一、凝聚的。而其中起到决定性作用的，或许正是以黄河流域为中心，多元、多样的思想汇集交融，接续发展而形成的中华民族传统思想的力量。另外，在有分有合的历史时期中，思想本身也在分离与聚合、片面与达观间游移，由此不断地推动传统思想的整合、更新与发展，以及传统思想的交融与创新，这是历史的作用。当然，历史中也有人为的推力，对丰富灿烂的古代思想做综合的解说，其中最为典型者即《吕氏春秋》。公元前249年，吕不韦到秦任相，三年后，秦王政继位，尊吕不韦为相国。吕不韦效仿战国四公子，召集各方宾客撰写《吕氏春秋》。《史记》卷八五《吕不韦列传》中记载，《吕氏春秋》编撰完成后，吕不韦曾将其"布咸阳市门，悬千金其上，延诸侯游士宾客，有能增损一字者予千金"②。既显现了著作包容天下思想

---

① 参考张生寅：《国家与社会关系视野下的明清河湟土司与区域社会》，宁夏人民出版社，2011，第163-165页。

② 参考葛兆光：《中国思想史》（第一卷），复旦大学出版社，2001，第233页。

与知识的野心，同时也显现了发端于黄河流域的思想文化、思想观念之广博与自信。黄河流域的传统思想是中国哲学中的重要组成部分，虽纷杂而自有其传承接续，虽体系多元而核心追求一致，在历经千百年发展而形成的一些代表性思想中，同样可以感受到文化交融的活力与魅力。

一、"天人合一"思想

在中国的传统哲学思想中，自先秦至明清，"天人合一"一直是一个根本性的思想与观点。"天人合一"思想最早的来源应该可以推至殷商人们占卜、求神的思维与行动，在生产力较为有限的历史阶段，面对具有"神奇"力量的自然，人们会积极尝试与其建立起一种联系。西周时期，天与人的关系根本上还是神与人的关系，但不同的是，天具有道德"审判"的属性，而人的行为，特别是人世间君主的行为，将会面对天的审判，"以德配天"，成为"天人合一"思想最早的表达。至春秋百家，对天与人的关系解读与阐释越来越多，各不相同，总体上逐渐脱离简单的"神与人"二元结构，人们思想观念中的天，趋向于一种普遍的规则。"大体上从春秋时期起，天人关系的重心已不是讲人与有意志的人格神之间的关系，'天'已经开始从超验的神的地位下降到了现实世界。这种由'远'及'迩'的转化，在中国传统的本土文化中表现为儒家和道家两种不同的'天人合一'观。儒家所讲的'天'一直保存了西周时期'天'的道德含义，'天'具有道德属性；道家所讲的'天'则是指自然，不具有道德含义。这样，儒家的'天人合一'表达为人与义理之天、道德之天的合一；道家的'天人合一'表达为人与自然之天的合一。"①

"天人合一"的说法出现较晚。宋代邵雍在《皇极经世·观物外篇》中道"学不际天人，不足以谓之学"。"际天人"意思是通贯天人，这也是"天人合一"思想的一种表达。明确提出"天人合一"四字成语的是张载，他在《正蒙·乾称》中提出"儒者则因明致诚，因诚致明，故天人合一，致学而可以成圣，得天而未始遗人"。此处的"天人合一"，意指"内外合一"。后世的程颢也提出"天人一"，他讲道："故有道有理，天人一也，

---

① 张世英：《中国古代的"天人合一"思想》，《求是》2007年第7期。

更不分别。"①其与张载的提法有区别，但核心不外乎"人是自然界的一部分，自然界有普遍规律，人性即是天道，人的理想是天人的调谐"②。如果说自商周至春秋，人们的"天人"观念一直是构拟一种朴素的人与天之间的关系，那么或许可以理解至秦汉以后，天与人的关系进入一个新的阶段。公元前134年，汉武帝下诏全国，征召贤良，应对策问。董仲舒以《天人三策》，在天下众多学者中脱颖而出，获得了武帝的肯定。《天人三策》主要阐发了"天人合一"和"君权天授"的原则，明确制度与教育的策略，探寻宇宙与社会的规律，强调思想文化的统一对民族国家意识形态的必要性。"天"是董仲舒宇宙本体论的核心概念，"天人感应"则是他围绕核心概念所做的政治哲学阐释，也是董仲舒在先秦基础上对"天人合一"思想的进一步发展。中国传统文化经历过"绝地天通"的结果，是将原本由"天"实行的权力转移至"天子"手中，在"大一统"的帝国政治中，君主既是政治领袖，也是人间的精神领袖，既是天人之间的媒介，也有可能导致天人之间关系的阻断。以董仲舒为代表的儒生所思考的问题是当君主在人间的权威无限扩大时，有什么力量能对"天授"的"君权"进行有效制约与监督，并保证其不至于膨胀成无限制的专制皇权。因而董仲舒一再地以"天人合一"提醒君主，"在利益之上还有正义，在力量之上还有良心，在权力之上还有'天'在临鉴"，这就是"天亦有喜怒之气，哀乐之心，与人相副，以类合之，天人一也"③。

儒家的"天人合一"思想到了宋明时期，程朱理学、陆王心学都有了进一步的发展，产生"天地万物为一体""博爱"等新的思想学说，特别是王阳明的"天人合一"思想，以人心为天地万物之心，"人心一点灵明"使人与天地万物达到融合无间、相依共存的境界。在黄河流域，人们通过与自然的互动，通过自然崇拜、法规政令、乡规民约，沿袭一整套人与外部世界对接的文化与规则，毫无疑问也是民间社会对"天人合一"古老思想的一种诠释与实践。

---

① 程颢、程颐：《二程集》，王孝鱼点校，中华书局，1981，第20页。
② 张岱年：《中国哲学中"天人合一"思想的剖析》，《北京大学学报》（哲学社会科学版）1985年第1期。
③ 参考葛兆光：《中国思想史》（第一卷），复旦大学出版社，2001，第266-269页。

二、"尚和"思想

"和"字最初的意思，代表了中国人精神世界中对一种美好的音乐的理解。"和"来自甲骨文中"龠"，由两只单管捆合在一起的管乐器形，象征多管，不同的音调由多管奏出，即体现"和"。在后来的金文中，字下方垂直线条变为4画，大概也是要表达多管的意思。甲骨文和金文写法中文字上方都有一个小三角形，代表吹口，由一个吹口控制音管发出声音。管乐是商代音乐演奏的主调，其他乐器为伴奏，所以以"龠"调和众声①。这样，"龠"作为"和"字的起源，其意义就清晰了：既要调和多音管发出的和声，还要以主调统合其他乐器从而形成崇高美妙的音乐。后来"龠"加了"禾"以表声，就成了"龢"，再后来简化发展成"和"。"和"有调和众声的意思，所以后来在中国传统思想文化中主要朝着两大方向发展。一个方向是儒家将"和"逐渐伦理道德化，以规范人与外部世界的关系，如《论语·子路》说："君子和而不同，小人同而不和"，《尚书》对此也有表述，说："自作不和，尔惟和哉！"是周王训诫诸侯众国，要求大家彼此和睦的意思。另一个发展方向是道家在自然规律的意义上使用"和"，如《老子·四十二章》说："万物负阴而抱阳，充气以为和。"当然，进入思想层面，"尚和"即成为一种天下万物"并在"的指导原则，调和五音，调和五色，调和五味，小到人们之间的礼节，大到国家的治理，"和"均是人们追求的理想。中国传统思想中，自尧舜时代即有"允执其中"的中庸思想，其中包括"尚中""时中""中正""中和"等内容。其中"中和"可以看作孔子"礼"的思想实质，孔子认为："礼之用，和为贵，先王之道斯为美。"春秋时期齐国著名的政治家晏婴的论述可为"中和"再做一注脚，其以烹饪形容"和"："和如羹焉，水、火、醯、醢、盐、梅，以烹鱼肉，燀之以薪，宰夫和之，齐之以味，济其不及，以泄其过"②，用今天的概念来解释，"和"就是多样性的统一③。

---

① 参考许进雄：《中国古代社会：文字与人类学的透视》，中国人民大学出版社，2008，第430–431页。

② 杨伯峻：《春秋左传注》，中华书局，1981年，第1419页。

③ 参考杨庆中：《论孔子中庸思想的内在逻辑》，《齐鲁学刊》2004年第1期。

　　黄河流域历来就是各方政治军事力量角逐、争霸之地，各方政权此兴彼衰，不同的文化在碰撞、交融的过程中，总是需要一个主调来调和各种文化。同时，多元文化之间也需要"和而不同"、相依共生的和谐环境。整体上来看，黄河流域的历史发展过程中，无论哪个政权，特别是其中"大一统"时期的各个政权，对多元民族文化兼容并蓄的思想观念发展都具有客观的积极推动作用，换言之，思想与文化上的交融是历史发展中的主流思想，这也正应和了"尚和"的传统思想，因而才能在黄河流域推动一次又一次的民族文化融合的高潮。例如鲜卑拓跋部建立的北魏政权，沿袭"五方之民各有其性""修其教不改其俗，齐其政不易其义"之方略，各方面都实施较为宽松的政策以去"文化之分"。后来到北魏孝文帝时期的"均田令""三长制"，胡风汉俗交相辉映，共同构成北方人民生活习俗的整体风格，使民族心态趋于一致，从而引导胡汉之间的文化界限逐渐消失，以鲜卑为代表的北方民族自觉地融入华夏民族之中。各种政策执行的结果是最终将南人眼中"尽是夷狄"的洛阳荒土，一变而成"礼仪富盛，人物殷阜"的翼翼帝京，使人不得不由衷叹服："始知衣冠士族，并在中原。"①可以说北魏孝文帝的改革，是对黄河流域的北方各民族大融合的一次整体动员，极大地推动了兼容并蓄的思想与文化在人们观念之中的深化，"致和"的政治理念根植政治文化体系，使中华文明得以延续、丰富和发展。

　　"尚和"思想在中华民族历史发展中的不同时期，对社会风气、社会道德以及人际交往的实践均有非常明显的文化形塑作用。具体可从两个方面进行分析，一方面是人们面对事物、面对差异的态度，中国人传统思维中较为强调一致性，强调社会的秩序、规则等，但同时也接受各自事物保留自己的差异性，并善于从多样性中发展统一和谐的关系；另一方面是面对社会交往过程中人与人的关系，强调"以和为贵"是中国人处理人际交往的基本原则。人际交往在社会实践中有许多规范和策略，应该说所有的策略都是为了达到人与人之间关系和谐的目的。因而传统的"尚和"思想既承认人与人之间个性差异的存在，又主张具有不同个性的人彼此之间要

---

① 参考孔毅：《北魏前期北方士族"以夏变夷"的历程》，《中国史研究》1998年第2期。

相互尊重，养成具有共生取向的和谐发展的独立人格，以互补互济，达到和谐、统一的状态①。

三、"民为邦本"思想

黄河文化的最明显特质来自精耕细作的农耕文化。黄河流域得天独厚的自然地理条件，为中华农耕文化较早形成和快速发展奠定了基础条件，推动中下游早期文明的形成。在漫长的农耕文化发展过程中，以农民所代表的"民"于社会发展的意义，以及与社会各阶层乃至中央王朝君主之间的关系，是在政治史、思想史中一直讨论的问题。"民为邦本"为其中一条主线。

"民为邦本"是农耕文化长期浸润形成的典型政治理想，其思想体系早在上古时代已初见雏形。如西周取代殷商之际，周公呼吁要警惕殷商的教训，因为"天命靡常"，所以要敬德保民。周公告诫子孙要"明德慎罚""惟不敬厥德，乃早坠厥命"②。今天学者思考"明德慎罚"多从具体的"法"的路径入手，不免忽略了其作为中国早期政治思想，以"道"为原则，对后世"民本""仁政"的根本性引导。春秋时期，"民为邦本"思想逐渐兴起，很多思想家都表达了重民、安民的观点。老子说："圣人无常心，以百姓心为心。"孔子则希望统治者"节用而爱人，使民以时"，"因民之所利而利之"③。先秦时期，"民为邦本"思想处于萌芽状态，但已经非常丰富。儒家的根本逻辑从"礼"出发，而至"仁"，即以"同情心"推己及人，为仁之方，就是"己所不欲，勿施于人"，从而扩及对天下万民之"仁爱"。如果说儒家的"爱民"思想过于理论化，反对儒家甚多的墨家思想则以一贯的"功利"哲学角度，指出"何为民本"以及"何以民本"。"国家百姓人民之利，即人民之'富'与'庶'。凡能使人民富庶之事物，皆为有用，否者皆为无用或有害，皆当废弃"，故而反对奢侈、反

---

① 参考汪凤炎：《尚"和"：中国人的集体潜意识》，《江西师范大学学报》（哲学社会科学版）2001年第1期。

② 江灏、钱宗武译注《今古文尚书全译》，周秉钧审校，贵州人民出版社，1990，第309页。

③ 参考李丕阳：《中国古代民本主义思潮之源流》，《广西社会科学》2006年第3期。

对厚葬、反对音乐，等等①。明确阐述"民"与社会之关系的是孟子："民为贵，社稷次之，君为轻。"这一"民贵君轻"思想，打开了中国古代"民为邦本"思想发展的道路。孟子认为一切政治、经济制度皆为民设，包括君主亦为民设，故"得乎丘民而为天子，得乎天子而为诸侯，得乎诸侯而为大夫"。即民众是所有政权统治的根基之所在，如果没有民众的支持，任何君王与政权统治都不可能持续存在。故而，孟子提出："桀纣之失天下也，失其民也。失其民者，失其心也。得天下有道：得其民，斯得天下矣。得其民有道：得其心，斯得民矣……"②明确将"民"置于"君"之上，这也是先秦政治文化的一大特点。先秦之后，在"大一统"的封建帝国中，君主以"天之子"获得最极致的权力，以"治天下"，"民"与"君"的位置在政治思想中发生了位移。故而在封建帝国下的儒家，则更强调"君高于民"。董仲舒提出"君为臣纲"之说，主张"屈民而伸君，屈君而伸天"，明确地把"君"置于"民"之上。明初大儒宋濂亦言："君者主民，民之从君，犹水朝宗，振古然也。"③"君上民下"在中国的政治思想中无疑占据绝对的位置，在这一框架中，"民为邦本，本固邦宁"的思想依然不断得到阐发与实践。《新唐书·魏徵传》中记载，魏徵以荀子对君与民的关系比喻"君者，舟也；庶人者，水也。水则载舟，水则覆舟"上谏天子，要"去奢省费，轻徭薄赋，选用廉吏，使民衣食有余"。在施政中要体察民情，了解民心与民意，要用教化引导人民，而不是重于刑。魏徵继承了秦汉以来儒家思想中"民贵君轻"的基本逻辑，以民众是君主得以确立的社会关系基础向"君权天授"思想渗透，可以说是当时的"民本主义"思想的一种体现，也是后来能有"贞观之治"的思想基础所在。

　　黄河流域早期文明诞生的进程一直伴随着"治水"的历史，治水的形式是统治者自上而下推动的社会整体动员，背后的思想支撑则体现了"民"之生存发展与"社会""国家"之发展兴盛之间的关系。不同时期的统治者都相信，黄河的治理是中国兴国安邦的重大事件，治理黄河水患使

---

① 参考冯友兰：《中国哲学史》（上），华东师范大学出版社，2011，第55—59页。
② 李丕阳：《中国古代民本主义思潮之源流》，《广西社会科学》2006年第3期。
③ 程潮：《儒家民生思想的理论基础》，《宁夏社会科学》2011年第2期。

万民安居乐业，社会稳定发展。在中华民族的"治水"神话故事中，可以清晰地看到民本思想的源头，如"大禹三过家门而不入"等，以民间叙事塑造了民众首领"为民"的典型形象。而在整个黄河治理开发史、黄河文化发展史中，亦完整显现了"民本思想"发展、演变、传承的脉络。

四、爱国主义思想

爱国主义既是一个古老传统的概念，也表现为新的历史条件下全新的思想体系。说其古老，是因为"爱国"二字很早在中国历史文献中就出现了，《战国策·西周策》有论及"周君岂能无爱国哉"，《汉纪》中也提到"亲民如子，爱国如家"等。由此可见，奴隶社会末期到封建社会初期，"爱国"的观念已经在中华大地上有所发展[①]。言其弥新，是因为直到今天，"爱国主义"依然还是世界各国的国家文化中最为重要、核心的思想体系，是一个国家自信、自立于世界的集体心理基础。

自从有了国家，就有爱国的情感出现，家国同构是中华民族从古至今的普遍情感，爱国成为"爱国主义"是普遍情感的理论化提升，是对事物发展规律的总结。我们应该相信，公元前3000年黄河流域邦国林立的时代就已经存在爱国主义，春秋战国之际在诸侯国间奔走传道的思想家秉持的依然是爱国主义。秦汉以及其后2000年间的中央集权帝国使得民族与国家之间有了比以往更多和更直接的同一性，二者的命运息息相关，密不可分，家国一体，国族一体，国家的前途和民族的命运将中华儿女紧密地联系在一起，从此中华民族的爱国思想活动就突出表现出维护和发展祖国统一，不断克服和战胜分裂的特征。近现代以来，中国的爱国主义又走过100多年的历程，其中包括以反帝国主义为主要内容的爱国主义兴起和反帝反封建的爱国主义发展两个阶段[②]。季羡林先生总结中国爱国主义形成的过程时谈道："爱国主义是中华民族的优秀传统，历数千年而未衰。原因是中国历代都有外敌窥伺，屠我人民，占吾土地，从而激起了我们民族的爱国义愤，奋起抵抗，前赴后继，保存了我们国家的领土完整，维护了

[①] 马春玲：《中华传统爱国主义内涵探究》，《龙岩学院学报》2007年第1期。
[②] 马春玲：《中华传统爱国主义内涵探究》，《龙岩学院学报》2007年第1期。

我们人民的生命安全,一直到了今天。"并且进一步提出:"到了今天,还有必要大声疾呼地提倡爱国主义吗?我的意见是:有必要,而且比以前更迫切。"①讲出了爱国主义在当下的意义——中华民族伟大复兴的实现基础和实现力量。中华民族伟大复兴是中华民族近代以来最伟大的梦想,是由近代走向现代并朝向未来的伟大运动,是当代中国爱国主义的主旋律。在历史的基础上,在中华民族伟大复兴的道路上,彰显当代的中国爱国主义思想,是对中华民族爱国主义传统的创造性转化和创新性发展,凸显了当代中国爱国主义的国际视野和人类担当②。

另外,从文化的结构和意义方面来说,中华民族自强不息的发展历程中,爱国主义一直是民族精神的核心内容,是社会对个体道德进行评价和衡量的重要尺度,也是对历史人物盖棺论定的重要依据。爱国主义主要的特点表现为以民族的利益为最大利益,能够团结社会各阶级、阶层、集团的人们,共同抵御外来侵略,能够激发全民族的拼搏精神,促进祖国日益强盛③。我们认为,爱国主义是建立在每一个个体与国家的关系基础上的。在个体与国家之间,爱国主义是一种积极的态度,也是一个情感的过程,是人们对自己的家园以及国家和文化的归属感、认同感、尊严感与荣誉感,是个人对自我与祖国之间依存关系的集中反映。爱国主义来源于自信与信念,体现为情感的积累、巩固与外化行为,体现为报效祖国的愿望、动力和投身于祖国解放、建设的坚定志向和能力。爱国主义从自我出发,向外部扩大,有清晰的层次,最终以国家的强盛发展为最终诉求。

在黄河流域,爱国主义文化从历史中产生并逐渐丰富,成为中华文化思想的核心特质,一直占据着中国人精神世界中的重要位置。以爱国主义为表现形态的家国思想体系,滋养着一代又一代依河而生的人们。应该说,正是在爱国主义文化不断丰富、发展的过程中,中华民族才得以在长期的历史中,锲而不舍地推进国家的强盛与民族的进步,同时也不断推动交融共生的黄河文化发展、承续。

---

① 参考季羡林:《爱国与奉献》,载《季羡林谈爱国》,党建读物出版社,2020,第13-14页。

② 王泽应:《习近平新时代爱国主义思想研究》,《伦理学研究》2018年第2期。

③ 吴潜涛、杨峻岭:《列宁爱国主义思想探析》,《马克思主义研究》2010年第7期。

第三节　黄河流域具有代表性的道德文化

中国古代政治文化中有一种非常独特的制度，称为谥号或谥号制度。谥号一般是帝王或者后、妃以及公卿官员死后，后人避讳其生前之名而另立新号相称。议立谥号，要遵循一套规范和细则，这种规范和细则就称为谥法。《礼记·檀弓》说："死谥，周道也"，意指谥号制度始行于西周。这一制度终止于清末，延续了将近3000年[1]。历史上的一般规律是帝王的谥号由礼官议定，臣民的谥号由朝廷赐予。谥号制度中还有加谥、夺谥、追谥等。加谥是因原来的谥号不足以说明死者生前的功德，而在原有基础上加字；夺谥就是剥夺撤销原有谥号；追谥是指一个人死后，当时并未获得谥号，若干年后再对其追授谥号。中国人重名节，谥号在政治与道德上带有盖棺论定的性质，超越时空的改谥、追谥、加谥、夺谥等在国家层面强化、放大了人们的道德意识。从这一绵延3000年的制度中，就可以看出传统文化下人们内心对道德的执着追求[2]。

道德在中华文化，特别是在以黄河流域农耕文化为核心的传统文化的发展过程中，一直占据着非常独特的位置，有别于其他文化类型的发展路径。因为道德的概念起点就是中国人在日常生活中行走或其他行为的规范，故而对人的实践和社会的风气具有直接的指导价值和意义，这也导致了不同历史时期对道德均有不同角度的理论阐发和积累，加上多元文化对传统文化不断地融入和充实，道德文化便发展成为一个巨大的体系。如果要划分类型的话，大概包括以"以德配天""仁"等内容构成的政治道德，以"亲亲尊尊""父慈子孝"等内容构成的伦理道德，以"重利贵义"等内容构成的义利道德，以"己所不欲，勿施于人"等内容构成的行为道德，以及以"天人合一"为核心的自然道德、生态道德等诸多方面。在儒家文化中，道德是与"礼"密切联系在一起的，合乎"礼"，就是合乎

---

[1] 杜建民、崔吉学：《论谥号文化内涵的演变》，《史学月刊》1994年第5期。

[2] 刘超先：《谥号与道德评判》，《广西社会科学》2006年第1期。

"道德"的要求。"道"在思想史上有一个转型的过程，从"天""神"的属性转向"人"的属性。所以对于人类社会而言，"道"是一种广泛的规则，或者说是一种理想的典范。古代很多思想家都认为，如果接近于"道"，就会具备"仁""义""忠""孝"等美德。最初的"道"与"德"是两个概念，这一点在《道德经》中表达得很清晰，但两者是相通的，德为外化，道是根本。第一次将两个概念联系在一起的是《国语·晋语》，"天道无亲，唯德是授"，"德"被表述为"人"与"天"应和的一种必要条件。前面所讲的几类道德在春秋时期大约就已经有了基本的样貌，儒家、道家、墨家、法家均有相关的理论阐发，彼此之间或有区别甚至抵悟，但在核心层面相同点、相通点更多。最终，在"百家争鸣"之后，道德文化依着儒家文化的发展过程，不断充实完备，其间或多或少夹杂了其他理论体系中对道德的解释与追求。道德文化大致有两个面向，一是社会的秩序，二是个体的生命感悟，两方面都汇集于人的行为实践。但实际上我们知道，在不同的历史时期和社会条件下，对同样的行为实践却有可能产生不一致的道德评判。因而，道德具有明显的时代性、主体性、差异性和层次性等特征，这也是道德文化在中华传统文化中发展的规律特征。

黄河文化在中华传统文化中占据核心的历史地位，传统文化中道德文化的起源、发展与实践在黄河流域均有清晰的历史轨迹和现实表现。道德是一种精神修养和行为规范，但同时也是一种文化传承体系，这一文化传承体系在黄河文化绵延不绝的接续中得以显现。近现代以来，以工业文明为基础的外部文化通过各种路径进入中华传统文化，不同文化间的碰撞、融汇呈现出与历史完全不同的景象，传统上礼法制度、宗亲基础下的道德文化也在面对全新的社会文化转型环境。在新时代，黄河文化是否能够在多元文化交融共生的历史基础上蓄积新的力量，面对世界范围的文化转型，走出"现代性困境"①，是对当代黄河文化研究者和实践者提出的挑战。

---

① 关于"现代性困境"，参考涂尔干：《社会分工论》，渠敬东译，生活·读书·新知三联书店，2000，第354-366页。

一、以"释礼归仁"为核心的道德追求

儒家文化在中国传承了2500多年，从"六艺之学"到"经学"的发展，从"独尊儒术"到理学、心学，"儒主道辅成为封建时代中华文化的基本格局"①。当然其间也有特殊的历史时期，但总体而言，接续传承的脉络是清晰的。其中对于道德文化的引导、规范，林林总总，不同时期的思想家均给予了不同评价，今天回头看依然有积极的意义。另外，进入20世纪以来，中国社会走向现代化的历程也并非一帆风顺，而是充满了艰难和挑战，对于传统道德而言，这一历程也是严峻的考验，今天回头来总结，以推动传承发展，亦是必要的功课和面对未来正确的态度。

儒家文化的"仁"与"礼"，是儒家理论中最基础的两个概念，"仁"与"礼"之间的关系也是儒家最为关注的一对基本关系。在传统礼乐文化中发现"仁"，复引仁入礼，以礼释仁，赋予礼乐文化以真实意义与内在价值，是孔子对中国文化的巨大贡献②。孔子把"仁"视为最高的道德，提出仁学道德理论。这是中国古代第一个比较完整系统的道德阐释。公元前771年，西周灭亡，原有的看上去和谐、整齐的秩序坍塌，天子退缩于今天洛阳一带，维持其表面的"天下共主"地位，迎来了一个老子所说的"道术将为天下裂"的时代。人们没有丢弃周礼的一整套遗产，但是维护天、地、人之间关系的仪式、规范却有了更多不同的解释，原有的礼仪制度的知识正在一步步瓦解，"仪式的象征意味和等级制度需要文化人来重新加以修订和界说"③。以孔子及其弟子为代表的儒士，综合夏、商、周三代的礼仪，制定了新的礼仪规范，但是礼仪的核心从"天"转向"人"，强调人间的规范。儒士们希望从礼仪的意义中，探寻到围绕规范、秩序而生成的"仁"，此时的礼仪，也就逐渐化作"仁"的外在。所以有学者认为，孔子在中国思想史上创建了以"仁"为本源，以"礼"为表征的"仁礼合一"思想系统。在这一思想系统中，礼与仁两者的"合一"是继承，也是那个时代最伟大的创新。

---

① 刘蔚华：《儒学，传统文化与现代文明》，《孔子研究》1998年第3期。
② 颜炳罡：《论孔子的仁礼合一说》，《山东大学学报》（哲学社会科学版）2001年第2期。
③ 参考葛兆光：《中国思想史》（第一卷），复旦大学出版社，2001，第71-78页。

　　学者李泽厚将"仁"解释为由血缘基础、心理原则、人道主义和个体人格四个方面形成的结构体，是对巫史传统的延续发展，但仅仅是与巫史"同途"，而将其消解于以亲子关系为核心的人与人的世间关系中，转向服从于人、服从于自己，从而完成"释礼归仁"，与"巫史"殊归于"德"，即"自觉的人性"。因而说，这个转折是思想史中巨大的一步，使后世的道德远离神性而回归人性。而"仁"，由以上四个方面形成了一个以实用理性为特征的思维模式的有机整体，其中四个方面在彼此牵制、作用中得到相互均衡、自我调节和自我发展，既"参天地，赞化育"，同时又"道在伦常日用之中"①。《论语》中对"仁"的解释有很多，例如"刚毅木讷近仁""克己复礼为仁""推己以及人为仁"等，最简单的莫过于一句"樊迟问仁，子曰'爱人'"②。同时代的墨子，以国家人民互相争斗起于人之不相爱，提出"兼爱"。有人问王阳明，说明道程子说"仁者以天地万物为一体"，何墨氏兼爱，反不得谓之仁？先生曰："仁是造化生生不息之理，虽弥漫周遍，无处不是，然其流行发生，亦只有个渐，所以生生不息……父子、兄弟之爱，便是人心生意发端处，如木之抽芽。自此而仁民，而爱物，便是发干生枝生叶。墨氏兼爱无差等，将自家父子、兄弟与途人一般看，便自没了发端处。不抽芽，便知得他无根，便不是生生不息，安得谓之仁？"③由此我们知道，孔子以"爱人"来解释"仁"，是有其条件的。"仁"首先来自血缘亲情，再向外逐渐扩散，成为一种普遍的情感。费孝通先生将此种扩散形象地比喻为石头丢在水面上所发生的一圈圈推出去的波纹。费先生解释说，我们社会中最重要的亲属关系就是这种丢石头形成的同心圆波纹的性质。亲属关系是根据生育和婚姻事实所发生的社会关系，从生育和婚姻所结成的网络，可以一直推出去，包括无穷的人。因而从己出发，从己到家，从家到国，由国到天下，是一条通路④。同一时代的思想家找到的"通路"还有很多，例如道家，可以抛却个体的制约与

---

① 参考李泽厚：《由巫到礼　释礼归仁》，生活·读书·新知三联书店，2015，第117-121页。
② 冯友兰：《中国哲学史》（上），华东师范大学出版社，2011，第46-47页。
③ 王阳明：《传习录》，高崖子译注，中国画报出版社，2013，第72页。
④ 参考费孝通：《乡土中国》，北京大学出版社，2012，第37-48页。

规范而进入无限的宇宙，以天地万物为视角讨论天下的道德，讨论人与天地协调的道德。但只有孔子和他的弟子们选择要将以"天"和"神"为中心的道德观念拉回到人类的世界中，再将礼仪放置于"仁"的发展中，使天下众生都可以从个人出发，实现道德的实践过程。圣人的出发点，不知是否也是意识到了这是最适合中国人的"通路"。

在将心比心，推己及人的基础上，孔子进一步提出应如何实现个人道德追求的问题。"为仁由己"清晰地指出，追求"仁"，追求道德，完全在于自己，而不在于他人或者环境。孔子认为，人应该具备的品质，是向内寻求相对于自己的自主，即人格的独立和道德的自主。人只有实现在道德上的自主，才能使自己真正成为自己的理由，即实现真正意义上的个人自由[①]。当实现了个人的道德追求，则可以"食无求饱，居无求安，敏于事而慎于言，就有道而正焉"，"无求"也不能理解为"不求"，而是超越"食与居"，以适当的规范要求自己的言行，这样就为天下人获得真正的道德提出了方法与路径，引领了其后2000多年中华民族以反躬自省而实现道德的行动。

二、以"忠义孝悌"为表现的道德观念

孔子的学生曾子说：孝子善事君，弟弟善事长，君子一孝一悌，可谓知终矣。意思是如果做到了孝和悌，以对父母、对哥哥的态度，去对待周围的人，对待长者和幼者，就可以把人际关系处理得很好。同时，如果能把对父母的"孝"转化为对国家的忠心，把对家的责任放大到对国家的责任，那就是很高的道德了。所以说，在中国的传统文化中，"忠"与"孝"一直是相辅相成的道德准则和要求，两者之间可以因条件变化而随时转化。

"上老老而民兴孝，下长长而民兴悌"，《礼记·王制》的记载表明，孝道思想在中国由来已久。作为"礼仪之邦"的中华民族，尊老爱幼一直是人们赞誉的传统美德。传说虞舜年轻时就以善待父母、坚守孝道而得到部落众人的一致好评。当尧向大家征询自己的继任者时，舜便因其孝德得

---

① 参考陈开先：《孔子仁学思想及其现代意义》，《孔子研究》2001年第2期。

到了大家的举荐。以古代神话的方式叙述孝德，本身即说明中国传统文化中对此种德行的重视。在商代的卜辞中已有"孝"字，学者解释为老人扶一子的形象。在周礼中，作为道德规范的孝悌形成系统的礼仪①。《论语》记载了大量孔子与弟子谈论"孝"的内容，对孔子的孝道思想进行了较为系统的阐发。孔子在继承西周时期"孝"的观念的基础上，结合春秋时期的时代特征，给予孝道新的诠释，从物质层面、观念层面、情感层面、社会层面四个层次上，由低到高，由浅入深，对"孝"进行了详细的论述，形成了比较完整的思想体系②。《孝经》被视为是孔子所做，应该不太可能，大约是后人讹传，但作为儒家经典的《孝经》，虽篇幅极短，却完全能够代表中国传承千年的孝道思想体系，在历史上被历代统治者视为治国平天下的有力思想工具，亦是人们遵守的道德准则。

随着中华民族文化的不断持续演进，孝道在儒家文化中的地位愈加重要，并成为中国传统文化的主要特征之一。因为儒家的仁学是从血缘、亲情之爱开始的，所以"孝"自然而然被认为是"仁"的真正起点，故而"孝悌也者，为仁之本"。一个人的生命体验，首先来自父母，而个体感受到的生命关怀中，大多数情况下也是来自父母之爱，因此也对父母报之以爱，也是儒家所倡导的"亲亲尊尊"。在"亲亲尊尊"的基础上，从尊敬自己父母，推及尊敬他人的长辈；爱护自己的儿女，推及爱护他人的晚辈，即"老吾老以及人之老，幼吾幼以及人之幼"。中国古代的社会结构是一种家族本位的社会结构。孝义道德一直以来在中国的乡土社会中被人们视为判定人良善与否的基本准则，在黄河文化体系中孝义道德文化的典故更是数不胜数，以"孝、义"为名塑造地方文化的山西孝义市就坐落在黄河流域。孝义始建于周，是全国置县最早的地方之一，原名为永安，后来流传的郑兴"割股奉母"与"义虎救樵夫"等感人的孝义故事都源于这里，因而被唐太宗李世民赐地名为"孝义"，后沿用至今。黄河流域以各种形式流传下来的其他孝义文化还有很多，例如在许多口传文化中的民歌、俗语和整理出版的民间故事、寓言故事等皆属此类。

---

① 钟克钊：《孝文化的历史透视及其现实意义》，《江苏社会科学》1996年第2期。
② 刘文瑞：《浅析孔子的孝道思想》，《广西民族学院》（哲学社会科学版）2001年第2期。

　　"忠义思想"是儒家关于君臣关系及社会道德的核心思想与主张，但同样在法家、墨家思想中占据重要位置，例如法家提出的"尚法重势"，墨家提出的"尚贤、尚同"等都从不同角度诠释、体现了忠义文化。在中国封建社会，"忠"与"义"是两个紧密联系在一起的概念。"忠"是指对国家、社稷、王者、事业或者其他认为值得托付的个体的态度；"义"是指对此态度所担当的义务。"忠"与"义"各自面对的对象不尽相同，大多数情况下，两个概念放在一起使用。与"忠义思想"相关的主张中，"尚贤"是指为国家选拔用人时能始终从国家的利益出发，尽其心而不欺。"尚公"是指国家的士大夫在处事上都能从公心出发，使之无私。"尚法"是指国家在前进的道路上重视法治，一直行进在正确的道路上①。这些围绕"忠义"思想逐渐形成和完善的主张在中华传统文化中深深扎根，并对士大夫以及普通民众产生道德指引。春秋以来，忠义思想不断地发展和完善，在历史上留下了一些著名的道德故事。介子推是中国传统文化中忠义的典型代表，在追随后来成为晋文公的重耳流亡的途中，割"股肉"以侍奉重耳，并对重耳说："孝子杀身以事其亲，忠臣杀身以事其君"，书写了一段忠义传奇。同样还是在春秋时的晋国，晋灵公昏庸残暴，常常站在高台上以弹丸射路上行人以取乐，并随意杀死自己的厨师，因赵盾屡次进谏，就决定杀了赵盾②。赵盾死后，赵氏家族遭遇灭门。曾经受过赵氏恩惠的程婴与公孙杵臼冒着生命危险，不惜牺牲自己的亲生孩子，以保全赵氏孤儿赵武，后来又帮助赵氏孤儿恢复卿位。这一忠义故事后来由元代杂剧、戏曲作家纪君祥编为一部戏剧，名为《赵氏孤儿》。这部在中国戏剧史上留下重要位置的元杂剧，显现了中国历史上人们的道德思想中对"忠"与"义"的推崇。王国维曾评价："剧中虽有恶人交构其间，而其蹈汤赴火者，仍出于其主人翁之意志，即列之于世界大悲剧中，亦无愧色也。"③十多年前中国拍摄完成一部同名电影，公映后引发全社会围绕"道德"问题展开热烈的讨论，持续了较长时间，围绕影片对忠义文化展开研

① 参考张建英：《三晋文化中的"忠""义"思想》，载《三晋文化学术研讨会论文专集》，山西古籍出版社，1999。
② 参考顾颉刚、童书业：《国史讲话·春秋》，上海人民出版社，2015，第87-88页。
③ 王国维：《王国维戏曲论文集》，中国戏剧出版社，1984，第85页。

究的成果也有不少。这一历史事件的闪光之处不仅在于程婴为了救赵氏孤儿，不惜以自己的骨肉换得别人孩子的生命，公孙杵臼也甘愿为此慷慨赴死，更重要的是当年的孩子赵武长大成人即将成就一番事业之时，程婴本可因而富贵，但此时他却义无反顾地践诺而去。这样一种"忠义精神"，成就了中国道德文化中"忠义"的理想境界。在漫长的中国思想发展史中，类似的忠义人物、忠义故事在黄河流域道德叙事中还有很多，如"荆轲刺秦""完璧归赵""崖山忠魂"等，忠义精神也在中华民族的传统文化传承中不断被赋予新的时代色彩，引导、规范着后人的道德实践道路。

　　传统道德中的"忠义思想"也有多个面向。儒家道德中强调纲常，其中"君为臣纲"，的确是一种专制主义的体现，自五四运动后被批判和消解，但其中一些理念是否一并扬弃还需商榷，在社会主义新文化的发展与建设中，或许还有其积极意义。"父子有亲"是指父慈子孝，"君臣有义"指君仁臣忠，"夫妇有别"指社会分工，还有"朋友有信，长幼有序"这些都是双向的[①]，是指人与人之间的信义和应有的道德秩序。在新时代，这些也应是构建黄河文化中优秀道德文化传承创新的历史与认同基础。

① 杜维明：《对话与创新》，广西师范大学出版社，2005，第135页。

第六章　黄河流域卓越的传统科技文化

考古证据证明，黄河流域的繁荣发达跨越了5000年的时间。黑格尔曾说，当黄河、长江已经哺育出精美辉煌的古代文化时，泰晤士河、莱茵河和密西西比河上的居民，仍在黑暗的原始森林中徘徊①。

近代以来，西方世界是以"船坚炮利"打开中国大门的，而在此之前，或贡或贸，皆为不同的方式。之所以有这样的变化，一种普遍的观点是中国历史发展中没有积蓄起西方在工业文明以来形成的科技力量，故而在长期的"天下"与"四夷"的空间想象中被迫返身现实世界格局的时候，能做的只能是被动挨打和救亡图存。法国历史学家费尔南·布罗代尔提出看待历史的短时段、中时段和长时段视角，对延续了几千年从未中断的中华文明史而言，历史考察应该有多重视角的结合。在以追求"大一统""帝国"及其制度完善为主线的历史延续下，中国人观念中"天下"与"四夷"的空间结构并不是一厢情愿的幻想，的确是18世纪以前多数历史阶段的真实图景。而结束这一图景，重新形成新的世界结构的主要推动力之一，正是以欧洲为中心的工业革命，时间恰好就在18世纪中叶。18世纪以前的世界秩序之所以能够形成我们所知道的脉络，背后的原因不仅仅在于经济或军事，更重要的还在于文化的发展与繁荣形成的势位差。故而，我们要讲科学与技术在黄河流域的发展成就，依然还是要从"文化"的发展脉络讲起。在东亚大陆，与工业革命同样深刻影响到后来历史发展的"革命"，可追溯到2000多年以前黄河中下游的文化大发展与大繁荣的春秋时代。"百家争鸣"带来的思想辉煌和理论碰撞自不必说，同时还是科学技术上重大的创造和发展时期，包括"生产"的科学技术、"生命"

---

① 黑格尔：《历史哲学》，王造时译，上海书店出版社，1999，第122页。

的科学技术，还有天文历法等方面的重大发展①。但是，自那个时代起，这片东亚大陆就注定要与西方世界各自走上"殊途而同归"的社会与文化发展道路，特别是文化史与思想史方面各自不同的发展路径，也决定了社会经济、科学技术等具体内容的差异化前进方向。如何差异化呢？有一个很有意思的细节表现。中西方古史中都有为了实现某种秩序而切断人神之间交流通道的叙事，无论西方巴别塔的倒塌，或是中国的"绝地天通"之后，人们匍匐在大地上，但都无时无刻不在对"天"投注以探究的目光和彼此关联的无穷想象。于是在漫长的历史中，人们就构拟了可以自由穿梭于天地之间的方案。一边以生出了具象翅膀的"天使"作为沟通神与人的中介，而另一边则仅仅以一根舞动的飘带，便解决了天与地之间的联结，这在中西方无数伟大的艺术作品中皆有明确表现。举这样一个或许不够严密的例子，不是为了说明中西方文化孰高孰低，恰恰是想说文化的根本性质完全不是高与低之别，而是不同的发展方向以及群体实践的过程中遵循、崇尚或是放弃的价值判断。

有学者讨论中国的科学技术发展状况，认为"中国没有孕育出科学文明"，其原因是"西欧近代科学文明是在神创论宗教和机械论自然观的结合下诞生的"，而"产生西欧近代文明的两大因素——神创论宗教和机械论自然观，中国都没有"，因为"中国的宗教和自然观都无法独立发展，宗教被政治绑架，自然观也被用来解释人类的精神性或伦理性"②。且不说"科学文明"的定义如何，这一以宗教为基本视角的分析中可能忽略了一个重要的思考维度，那就是以何种需要作为发展的基点？在黄河流域以及更广阔的地域中几千年农业文明发展的基础上，产生的大量人口对食物的需求所推动的围绕农业生产及其周边相关技术发生的进步与革新，加上不断累积的理论总结与人才培养的模式，本身就已经形成了这一东亚大陆上满足最核心发展需求的科学与技术前进路径。毕竟，衡量科学技术的标准不应仅仅是"船坚炮利"的军事战斗力一个维度，军事力量是人类发展的必要保障，却不是人类未来的终极目标。所以，经历过2000多年的多元

① 参考杨宽：《战国史》，上海人民出版社，2016，前言第9页。
② 参考浅野裕一：《古代中国的宇宙论》，吴昊阳译，江苏人民出版社，2020，第129-166页。

文化碰撞、交融和生生不息，又经历了近200年西洋天文地理知识和政治经济思想的冲击以及带来的"天崩地裂"，我们极有必要再回首探寻中华民族一路走来的历史，梳理中华民族科学技术发展的线索，跨越传统文化中"道""技"之辨的障碍，探索其中的细节，书写新的黄河科技文化体系。实际上，这一工作已经有了先行者迈出的步伐："我们正在探索的中国科学史几乎是无穷尽的大洞穴，其中许许多多的情况从未被世界上其他国家的人们了解和认识。"[①]

　　黄河文化中的科技文化部分，包含天文学、地理学、数学、医学、水利治理以及国家工程建设等。在长期的历史中，来自中华大地上各民族的智者、研究者前后相继，共同为黄河流域卓越的科技文化发展做出重大的贡献。

第一节　天文地理之识

　　中国古代的天文学不是一门单纯的学科，而是建立在普遍的经验与想象之上，与占卜、历法、农业生产、礼仪密切联系在一起的知识体系，其深厚悠久，直到今天对每一位中国人的社会实践仍有直接或间接的影响。西周至东周之际，中华先民致力于寻找天与人、天象与人间权力、秩序之间的必然联系，以此推动的天文观测技术对后世中国天文历法知识的发展起到重要的影响作用。也正是这一时期的先贤，突破了原始的天象定性描述框架，转为使用定量的方法来衡量，客观上使得中国的天文学观测更为精确。在不断测量与数据积累的基础上，逐渐出现天文知识专篇和专著，并逐步形成中国古代天文知识体系。同时以黄河流域为中心，向东南西北扩张视野，形成中华民族最早的地理知识积累，也表明当时人们对所处世界的理解。同样是先秦时期，以"九州"为内核的地理知识得到迅速发展，并逐步系统化。战国末年的阴阳家邹衍，提出大小九州说，甚至具体

---

① 李约瑟：《作者的话》，载《中国科技史》（第四卷），陆学善等译，科学出版社，2003，第XIV页。

到"所谓中国者，于天下乃八十一分居其一分耳"。很难想象，古人从"讨论人类社会的政治、伦理出发"，是如何获得这样"先验小物，推而大之，至于无垠"的宏观地域把握的①。经过不断积累，中国古代文献中出现了《禹贡》《山海经》《管子·地员》《夏小正》等地理状况概述、气象物候知识以及土地分类体系的著述，再加上后世涌现的《汉书·地理志》《梦溪笔谈》《徐霞客游记》等著作，另外还有陆续发现的各种形式的图志，从《古今华夷区域总要图》等②到《蒙古山水地图》③，汇聚成中国古代地理学知识系统，充分反映了历史中的中国人在东亚空间中对天下地理和资源不断深入的认识与把握。

一、七月流火：天象与节令

1957年，在河南洛阳城外的西北角，发现一座西汉古墓，墓中有12幅内容连续的画像砖，分别为日、月、星象。这是黄河流域所发现中国最早的星象描绘，说明此前的历史中人们已经有较为丰富的星象观察记录与总结。其后在山东武梁祠、敦煌经卷等考古材料中陆续不断地发现更多中国古代天象的描绘与描述文献，这是黄河流域天文知识接续发展的传承脉络。从起点出发，沿着脉络，我们得以接近中国古人精神和经验中的"天"。

《诗经》是我国第一部诗歌集，2000多年来既是儒学的经典，被人们广为流传，又是先秦时代社会生活的真实记录。《诗经》中的颂唱包含了丰富的天文知识和星象内容，例如火（心）、箕、北斗、定、昴、毕、参、牵牛、织女等恒星以及古人对银河的美好想象——云汉，还清楚地表明了天象与地象的关系、恒星出没所反映的季节变化和气候变化等。《豳风·七月》中有著名的诗句："七月流火，九月授衣"④。"火"既是大火，又

---

① 参考浅野裕一：《古代中国的宇宙论》，吴昊阳译，江苏人民出版社，2020，第143-145页。
② 参考北京图书馆古籍出版编辑组：《北京图书馆古籍珍本丛刊》卷二三，载《史部·地理类》，书目文献出版社，2000，第6页。
③ 参考林梅村：《蒙古山水地图》，文物出版社，2011。
④ 《诗经》，张南峭注译，河南人民出版社，2020，第138页。

名星宿二、商星，火是其简称，以夜晚色红似火而得名。"流"为向下。早期周人生活在今天甘肃的庆阳和陕西彬州、旬邑一带，古称为豳地，在长期观察的基础上，周人创建了豳历。"火"宿在豳历每年五月，即暮春时节的黄昏，正处于天空之中，到了豳历七月，便在西边向下"流"，故《诗经》中称这一时间为"七月流火"。豳历七月相当于阳历9月，故"流火"时节便是今天夏末的季节。豳历九月则为阳历11月，此时已值秋冬交替之时，天气开始日渐转凉，人们都要准备厚、暖衣物，故《诗经》中说"九月授衣"。《诗经》中还有一篇《小雅·渐渐之石》，其中这样描述："有承白蹄，烝涉波矣，月离（丽）于毕，俾滂沱矣。"其中"毕"为毕宿，又名天毕，简称毕，得名是因为其形状如同长柄之网，就像古时候用的毕网。"月离于毕"是指月亮在经过毕宿星，"俾滂沱矣"意为即将要降下滂沱大雨。对这一句的解释可以找到佐证材料，《诗集传》中记载："豕涉波，月丽毕，将雨之验也。"对于这个典故，闻一多先生也做了研究："按，豕涉波与月离毕并举，似涉波之豕，亦属天象。《述异记》曰：'夜半天汉中有黑气相连，俗谓之黑猪渡河，雨候也。'是诗所谓'豕白蹄'者，即星中之天象，明矣。"[1]《诗经》中记载周朝建立之前便已经发明了圭表测影的方法，并确定了冬至、夏至等节气。另外《诗经》中还记载了"朔""日"两字，能定出"朔""日"是历法上的一大进步。《诗经》中还有"十月之交，朔日辛卯，日有食之，亦孔之丑"的描述，这也是中国有明确日期记载的最早一次日食，在周幽王六年（公元前776年）十月初一日。由此可见，在周朝时期，黄河流域的天文观测已经有了一定的经验和水平。

《晋书》中记载在春秋战国时期，各国都设置专人来观察并研究天象，如鲁有梓慎、魏有石申、晋有卜堰、赵有尹皋、宋有子韦、楚有唐昧、郑有裨灶、齐有甘德等，并且"观乎天文以察时变，其言屡中，有备无害"[2]。其中最为著名的是石申、甘德两位天文学家，石申编撰了《天文》一书，共八卷，甘德编撰了《天文星占》，也有八卷，后人将两部作品合

[1] 夏宗禹：《小雅〈渐渐之石〉　诗三章　章六句》，《西北大学学报》（哲学社会科学版）1989年第2期。
[2] 房玄龄等：《晋书》，吉林人民出版社，1995，第149页。

在一起，称为《甘石星经》。这是中国，也是全世界最早的一部天文学研究著作，虽然原著早已遗失在历史的长河之中，但其核心仍如草蛇灰线，不时显现于后世的一些著作及文章引文之中。如唐代天文著作《开元占经》中，便能看到《甘石星经》的一些片段摘录，其中六五卷、七〇卷更是清晰地记载了当时的天文学家已经精确测量和记录了121颗恒星的赤道坐标，这是世界上最古老的恒星测绘表，比希腊天文学家伊巴谷在公元前2世纪所测绘的欧洲第一个恒星表还要早200年左右。代际积累中，前人学者细致的天象变化观察经验为中华民族后世的天体测量打下了坚实的基础。从《汉书·天文志》和《开元占经》可以知道，石、甘二人通过系统地观察水星、金星、火星、木星、土星五大行星的运行，探究运行的规律和方向，得出天体自西往东旋转的结论，并测量出天体运行周期。当时所测量的行星公转周期已经相当精确，例如火星公转周期为1.9年，与现代天文科学测量的1.88年非常接近，木星公转周期测量为12年，也很接近现代天文科学测量的11.86年，可见当时定量观察所测得的恒星公转周期等数据的准确程度[1]。

古人以对天象观察、测量为基础，推动中华农耕文化中诞生了指导农业生产的"二十四节气"，也成为中国人生产生活实践中最核心的"社会时间"规范，在中国人的精神世界中构建起一个万物生长，岁岁轮回的生命循环基本逻辑，是中国传统文化的重要基点之一。"二十四节气"在国际气象学界有中国"第五大发明"之说，显现出中华民族农耕文化在天文历法方面的卓越成就，也是黄河流域的农耕文化为世界所做的贡献。2016年11月30日，"二十四节气"被正式列入联合国教育、科学及文化组织人类非物质文化遗产代表作名录，这也表明，中华民族的传统天文历法文化得到了世界的认可。

二、九州天下：地理与气候

1933年，傅斯年先生撰文《夷夏东西说》，在结论中分析了中国的地形、区域及其与民族、国家形成的关系。其中首要述及："黄河下游及淮

---

[1] 参考侯仁之：《黄河文化》，华艺出版社，1994，第295页。

济流域一带，和太行山及豫西群山以西的地域……是个水道冲积的大平原，除山东半岛有些山地以外，都是些一二百公尺以下的平地，水道改变是极平常的事；若非用人工筑堤防，黄河直无水道可言。"①在更早的历史文献记载中，黄河自殷商到秦改道一次，溢一次，决口三次；西汉时期，决溢十次之多，其中五次导致改道，泛滥所及往往达好几个郡，好几个县；东汉以后，国家开始以数十万人力大规模修治河道。至隋，见于记载的严重河溢仅有四次，至唐，河水冲毁城池一次，决溢十六次，改道一次②。历史材料可以证明，丰饶但又充满不确定性的地理环境对以黄河流域为家园的人们产生了影响，由此可以想象，中国最早的地理知识应该是来自人们对所处生存环境的把握，以及在此基础上改造或寻求更好的生存条件的根本需求。

公元前1000年的西周时期，中国可能就已经有相对专业的地理知识积累，但流传下来可资证明的材料并不多。西周至春秋战国，先后出现了《禹贡》《山海经》《水经注》等地理专著。《禹贡》是中国现存最古老的文献之一，同时被视为中国第一部区域地理著作。对于《禹贡》的成书年代至今颇有争议，有禹夏说、西周说、春秋说、战国说等，其作者托名大禹，但究竟何人，早已湮灭在历史的尘埃之中。今天能看到的《禹贡》是《尚书·夏书》中的一篇，仅1193字，全篇以明确的地理概念，采用区域研究方法，用山脉、河流等地理实体为标志，将全国划分为九个区域，即"九州"，并对每个州的位置、疆域、山脉、河流、植被、土壤、产物、民族、交通以及九州之间的差异等自然人文地理现象做了极其生动简洁的描述③。

《山海经》是一部由几个部分组合而成的性质非常奇特的古书，大约成书于从春秋末年到汉代初年这一长时期中，作者非一人，作地是以楚为中心，西及巴，东及齐④。书中广泛涉及远古时代的山川、地质、矿产、

---

① 傅斯年：《民族与古代中国史》，上海古籍出版社，2012，第63-71页。

② 参考谭其骧：《谭其骧全集》（第一卷），人民出版社，2015，第392-396页。

③ 孔丘编《尚书诠解》，张思纯译注，开明出版社，2018，第41页。

④ 何亮：《论"史识"对汉魏六朝小说叙述的干预》，《云南师范大学学报》（哲学社会科学版）2014年第5期。

人类、动植物和神话，其中所记山、水、国、族、动物、植物等，除绝大部分是殊异的而外，也有小部分是常见的。说明原始先民通过神话思维方式探查周围世界，大部分留以神秘色彩，在小部分上取得正确认识，同时，加上从口耳相传到成书，经历了较长的时间，也使一部分内容脱离神话而趋向真实认知①。不同历史时期的译注者、学者对《山海经》的理解不同，西汉刘秀认为其为博物之书，清代毕沅认为是地理书，英国科技史学家李约瑟谓其为"一个名副其实的宝库"，史学家顾颉刚则主张是"合着记载和想象的一部地理书"②。《禹贡》中记载的黄河仅仅从大禹治水开始，未说明黄河之源的具体位置，《山海经》则记载有黄河发源于昆仑之说，这是中国人对黄河起源最早的认知，"河出昆仑"在长期历史中人们深信不疑，但"昆仑"究竟位于何处，书中并未做出说明，实地考察都是后来的事了。

《山海经》中的《山经》记载了中国的众多山岳，北魏郦道元所著的《水经注》则记载了中国大大小小的河流。《水经注》来自东汉的桑钦所著的《水经》，《水经》对大大小小137条河流做出记录，郦道元在《水经》的基础上作注，完成了一部40卷、共30万字的地理著作，内容涵盖自然地理、人文地理和历史文化。其中记录了北自安州、南至日南郡、西至印度、东至海洋广大地域中的河流和流域，具体有中国的黄河流域、长江流域、海河流域、滦河流域、淮河流域、珠江流域，以及印度河、恒河流域的1252条河流③。流域视角是《水经注》的特点，书中详细描述了河流的发源、流经、汇出，以及各河流的水文特征和历史变迁等。

东汉班固《汉书》中的《地理志》首次将"地理"一词用于专门著作名称。《汉书·地理志》分上、下两卷，记载了西汉及以前重要的疆域沿革和自然地理资料。此后，中国历代史籍都会循例专门撰写《地理志》，以记载当时的地理与资源状况以及行政区划、疆域沿革等内容。

再回到《诗经》，除了天文知识和星象内容，同样也记载有山川河流、气候作物等地理相关信息。后世学者梳理，其中仅地形、地貌方面就包括

① 参考袁珂：《山海经全译》，北京联合出版公司，2016，第1—11页。
② 参考侯仁之：《黄河文化》，华艺出版社，1994，第235页。
③ 参考华林甫：《论郦道元〈水经注〉的地名学贡献》，《地理研究》1998年第2期。

"山""岗""丘""陵""原""洲""渚""隰"等60余种形态，显现了中华先民地理知识分类之丰富，甚至同一自然事物的不同形态都有相对应的称呼。例如将没有草木覆盖的山称为"屺"，将有草木覆盖的山称为"岵"，再如将四周高、中央低的丘陵称为"宛丘"，把一边偏高的丘陵称为"阿丘"，等等。《诗经》可以找到的山脉与河流大部分今天依然还在，像终南山、岐山、首阳山、嵩山、泰山、淮河、汉水、渭河、泾河等。《诗经》中还记载了数十种自然天象与气候，如风、雨、雷、电、云、雪、雹、虹、霜、露、霾、雾等。其中对风、云等条件和降雨、降雪的关系已经有了较为科学的认识，例如乌云密布是雨或雪的信号，"上天同云、雨雪雰雰"；或是太阳东升时，若看到西天彩虹，便会下雨，"朝际于西，终朝其雨"[1]。20世纪70年代，中国气象学家竺可桢先生，利用散见于历朝历代各种文献中的自然气候相关记载，以考古、物候、方志和仪器观测为四期，勾勒了中国近5000年来气候变迁的谱系[2]，也可以充分证明中国古代文献中气候相关知识的丰富程度以及人们对此类事项的重视程度。其中的缘由，完全因为地理气候对植被和种植作物的制约，以及人们由地理气候知识对接农业生产知识的需求。气候是自然环境中影响人类社会最重要和最活跃的因素，包括农业种植、土地利用、人口分布以及城镇和行政区设置等。而对这些方面的持续重视与研究，则又可以为历史时期的社会变动寻找新的原因和更深层的合理解释[3]。

第二节　术数历算之学

数学，作为所有科学技术发展之基础，在中国古代拥有诸多的称呼，例如术数、历算、数算、算经等。汉代《九章算术》是先秦至西汉中国古代数学的代表之作，所以中国的传统数学以《九章算术》问世为标志而形成体系，发展至宋元时期达到高峰。历史上，中国各民族都有一些与

① 参考《诗经》，张南峭注译，河南人民出版社，2020，第223页。
② 参考竺可桢：《中国近五千年来气候变迁的初步研究》，《考古学报》1972年第1期。
③ 参考满志敏：《中国历史时期气候变化研究》，山东教育出版社，2009，第18-19页。

"数"相关的文化，和中国古代数学的发展有着千丝万缕的联系。例如数字"九"在黄河流域的农耕群体和北方游牧民族中存在着相似的意义与指向；信仰伊斯兰教的各民族中对"七"和"四十"有特别的解释；"十""二十八""三十六"与古代少数民族对天文历法的认识和掌握密切相关①。

汉唐之间，中国出现"算经十书"，除《九章算术》外，还有《周髀算经》《张丘建算经》《孙子算经》《五经算经》《缀术》《五曹算经》《缉古算经》以及《数术记遗》等著作。数学在中国诞生之初为"占卜之术"，"数""术"相通，更多时候其价值在"术"，而不是"数"。"一些象征的反复使用与日益抽象，就逐渐形成一些固定的、神秘的、由数字表示的概念。这些数字是古人对现象反复归类的结果。"②所以说，中国古代的数学是一个门类很庞杂的大学科，往往与天文历法密切联系在一起，其很多内容又源于周易八卦的推演。更有意思的是，由数字发展出与音律的宫、商、角、徵、羽之间的对应关系，宋代《梦溪笔谈》中就有专章讨论"律数"问题③。宋元时期，是中国古代数学发展的鼎盛时期，期间涌现出诸多著名的数学家以及相关著作，例如被称为"数学四大家"中秦九韶的《数学九章》、李冶的《测圆海镜》、杨辉的《杨辉算法》《详解九章算法》以及朱世杰的《四元玉鉴》。其中，秦九韶的《数学九章》为中国古代数学的发展做出了独特的贡献，最早以"数学"指称这一学科，意味着中国的数学逐渐与"天文""历算"相分离，并摆脱"术数"，确立了独立学科的名称。"数学"一词自宋末开始流传，至明代发展为独立学科，以"欧洲历算学之输入"为契机，开启了以《几何原本》等著作为标志的中国数学发展新时代。故而梁启超先生认为这一时期中国知识与外国知识的相接触，是中国历史上可媲美于晋唐之间佛教东传的第二次应该大笔特书的事件④。明代的程大位，在历史上被誉为"中国珠算之父"，在1592年60岁时写成17卷珠算巨著《算法统宗》，一时"纸价腾贵，坊间市利，竞相翻

① 参考张竞艳：《论中国少数民族数文化研究》，《黑龙江民族丛刊》2002年第4期。
② 葛兆光：《中国思想史》（第一卷），复旦大学出版社，2001，第60页。
③ 参考沈括：《梦溪笔谈》卷八《象数二》，侯真平校点，岳麓书社，2002，第60页。
④ 张晚霞：《历算分途：中国古代"数学"分类演变路径分析》，《山东图书馆学刊》2022年第4期。

刻"①。梁启超先生曾在《中国近三百年学术史》中，将历法算数归在一起，梳理了其在中国历史中的发展脉络：历算学在中国发达盖甚早。六朝唐以来，学校以之课士，科举以之取士；学者于其理与法，殆童而习焉。宋元两朝名家辈出，斯学兴盛……入清，则学尚专门，万流骈进，历算一科，旧学新知，迭相摩荡，其所树立乃斐然矣。同时，任公先生将明末到清末的历算发展总结为五期，并梳理了清朝学人所辑校、疏解的《周髀算经》《九章算术》等著作，辑列清代算学 12 项发明，最后以"悁悁而悲"呼唤"后起者若能率由前辈治古典学所用之科学精神，而移其方向于人文自然各界，又安见所收获之不如欧美？虽然，非贵乎知之，实贵乎行之"②。

一、十进制、位值制与零

李约瑟在《中国科学技术史》中多处论述了中国数学起源的问题，其中特别讲到《左传》。《左传》中记载了一个公元前 542 年的猜数字谜，内容为一位老人年龄的确定，题目的设置表现出一种对"位值制"的理解，这也常被用来证明中国算筹数学的历史可推至周代中期。但考虑到《左传》成书是由后人编撰完成的，故将此作为证据不够妥当。但货币可以证明，战国时期无论如何已有算筹数学③。同时，李约瑟还提出："中国远在《孙子算经》出现，即公元三世纪末之前，就有了一个基本上是十进制的位值制。"④很多学者以相关研究证明中国是世界上最早使用十进制计数的国家之一，证据是距今 3600 多年的殷商时期的甲骨文中便有了一、二、三、四、五、六、七、八、九、十以及百、千、万等十进制数值的记录。所以，几相对照可以确定，至迟在春秋战国时期，中国应该已出现严格的

① 朱永远：《珠算：从远古走来　向未来走去的科学》，《珠算与珠心算》2006 年第 5 期。

② 梁启超：《中国近三百年学术史》，中国华侨出版社，2008，第 273 页。

③ 参考李约瑟：《中国科学技术史》（第三卷），梅荣照等译，科学出版社，2018，第 4-5 页。

④ 李约瑟：《中国科学技术史》（第三卷），梅荣照等译，科学出版社，2018，第 11 页。

十进制位值筹算计数①，这种记数法是人类文明发展史中的伟大发明之一，是中国对人类文明的重大贡献。位值制揭示了人类计数的一个共同点，那便是依照一定的"顺序"，或从左到右，或从右到左，或从上到下，或从下到上形成规律，数值符号始终有一个位置概念。每个计数符号本身表示数值不同，而同一个数值在不同的位置所代表的数值也不相同，这就是位值算法的源起。

人类的数学发展史中，不同区域曾经出现过五进制、十进制、十二进制、十六进制，二十进制、六十进制等，在不同的历史时期和历史条件下均发挥了重要的科学技术发展和社会运转支撑作用。实际上，采用何种进制并不重要，重要的是要有一个完整且系统的位值制概念。李约瑟曾经这样评价过不同进位制的价值："从数学上来说，二进位制和十进位制、十二进位制和十六进位制一样，没有什么特殊性，在当时也没有显出什么重要性。二进制的重要性只是到了20世纪控制论和信息论出现以后才显示出来。"②今天我们能看到各种进制在我们的生活中同时存在，如除了普遍的数学计算十进制外，计算时间与计算角度的分、秒等单位仍然保留着使用六十进制的痕迹，计算机的语言都采取二进制等，都是人类文化共同交融汇集的成果。科学史家丹齐克认为："位值制原则实在是一件有世界意义的大事，这个原则不但是方法上的根本变革，而且，现在我们知道，若是没有它，算术上的任何进步都是不可能的。"③

在公元8世纪以前，中国的数学在需要用零的位置采取留下一个空位的方法，就像李俨从《孙子算经》中列出的实例。这一点在敦煌石窟的一些唐代写本上也表现得很清楚。有一个卷子名叫"立成算经"，就可以看到"零"是用空格表示，但是要占一位。代表"零"的圆圈符号，在刊印本中最早见于13世纪秦九韶所著的《数书九章》，但是许多人相信，这至少在前一个世纪就已经开始使用了。通常的观点是这个符号直接来自印度，也有证据表明，中南半岛与东南亚其他国家发现使用圆圈符号标示

① 参考吴文俊:《中国数学史大系》（第一卷），北京师范大学出版社，1998，第171-180页。

② 参考席泽宗:《李约瑟论〈周易〉对科学的影响》，《自然科学史研究》2000年第4期。

③ 郭健、张雄:《数学是模式的科学》，《陕西教育学院学报》2001年第2期。

"零"可能更早。科技史学家做了大胆推测，我们仍然可以自由地去考虑这样一种可能性：书写的零号以及所可能有的比较可靠的计算法，确实起源于印度文化圈的东部，而在那儿接触了中华文化圈的南部，在这个交接地区，会受到什么样的表意文字的刺激呢？会不会把中国筹算板上给零留着的空位换成一个空圆圈呢？在中华文化圈和印度文化圈交界处记有年代的碑文中发现最早在使用的零这件事，似乎很难说是一种巧合①。

中华先民创造了十进位值制，并且在历史中延续了近3000年时间，不但使得中华民族在其后发展中有着统一的数值算法，而且对中华文化发展、多民族文化交流产生了重要影响。北方的游牧民族在社会结构中普遍采取十进制，足十进一，出现时间大概在游牧原始社会末期，并长期延续于匈奴、突厥、女真、蒙古等不同时期的不同群体，形成强大、严密的军事和社会组织。我们也可以想象，漫长历史中，在"数"的方面，北方各民族与黄河流域早期数学发展之间会有一些什么样的互通与影响呢？这应该也是极有趣的中华民族文化交融史研究内容。16世纪，以"零"表示零含义的方式广泛出现在当时的学术著作中，例如16世纪末的《算法统宗》等，也意味着中国的数学发展与西方对接、交流所形成的新阶段的来临。较早的创造性发展，加上长期、普遍的文化借鉴与交融，形成中国古代数学发展的鲜明特色。

二、《周易》之数与数算之数

今天，我们所说的《周易》一般是指《易经》，是中国先秦时期的传统典籍，也被儒家奉为圣典，包括《经》《传》两部分，相传为周文王姬昌所作，故而被称为《周易》。顾颉刚、李学勤等先生认为《周易》应作于西周之初，其实算不得一部专门的数学著作，但是作为中国古代的重要典籍，其中亦蕴含了奥妙的数理知识，是中国数学的起源，对于中国古代数学的研究具有重要意义以及深远影响。从《九章算术》《算法统宗》等中国古代经典数学著作中可以看出，其中的数理知识大都有着《周易》的

---

① 参考李约瑟：《中国科学技术史》（第三卷），梅荣照等译，科学出版社，2018，第5—11页。

痕迹。从逻辑上来看，《周易》似乎与《九章算术》之间并没有直接的联系，但是魏晋时期著名的数学家刘徽在注释《九章算术》的时候，陈述了阴阳与数学的关系："徽幼习《九章》，长再详览，观阴阳之割裂，总算术之根源。探赜之暇，遂悟其意。是以敢竭顽鲁，采其所见，为之作注。"[1]也就是说，刘徽是根据《周易》中阴阳之说来总结算术的根源，进而知晓了《九章算术》的含义。那么，《周易》是如何将天地变化阴阳交互与数学联系在一起的？宋代理学大儒朱熹作《周易本义》，其中收录了两张图，一张称为"河图"，也叫"四方五位图"，另一张称为"洛书"，也叫"八方九宫图"。朱熹解释了图中的数："天一、地二、天三、地四、天五、地六、天七、地八、天九、地十……天数二十有五，地数三十，凡天地之数五十有五……此河图之数也。洛书盖取龟象，故其数戴九履一，左三右七，二四为肩，六八为足。"[2]20世纪80年代，在安徽凌家滩村新石器遗址中发现了公元前3200年的玉龟、玉盘，其上的孔数与图案指向了与河图、洛书的关系。同样的图形在大汶口文化彩陶盆上亦有出现。人们根据图案中的数字推演出方向，也就是东、南、西、北和西南、西北、东南、东北，再推出春分、秋分、夏至、冬至的位置[3]。这样，就将数字与天象、历法、万事万物的变化一一对应起来。

今天的超级计算机已经走得很远了，而电子计算机能以超乎寻常的速度去处理数字的能力，很大原因在于计算机的基本运算模式采用了二进制方式。世界上最早倡导二进制的德国科学家莱布尼兹曾说道，他是通过研究中国的八卦，从中得到启发而形成二进制思想的[4]。虽然这一说法在李约瑟那里受到了批驳，认为莱氏之所以这样说，是因为他要为自己的思想寻找神秘的神学基础[5]。其实，直到今天，我们仍对《周易》相关的很多问题没有弄清楚。但是无论如何，我们都可以说正是在《周易》的影响下，中国古代数学家参悟天地变化，探索数理规律，以数学的方式对应世

---

[1] 参考乐爱国：《〈周易〉对中国古代数学的影响》，《周易研究》2003年第3期。

[2] 朱熹：《朱子全书》，上海古籍出版社、安徽教育出版社，2002，第18页。

[3] 参考阿城：《洛书河图：文明的造型探源》，中华书局，2014，第3-15页。

[4] 张明、于井尧：《中国科技史》，吉林文史出版社、吉林音像出版社，2006，第37页。

[5] 参考席泽宗：《李约瑟论〈周易〉对科学的影响》，《自然科学史研究》2000年第4期。

间万物,同时也以万物的变化规律来表达数学问题,发展出中华文化中独有的数学文化,也为世界数学发展空间的开拓做出了贡献。

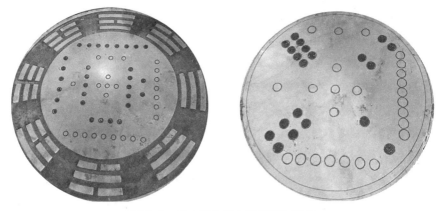

图6-1 天水伏羲庙中的河图与洛书

（图片来源：王海飞）

三、算筹与算盘：数算工具的迭代

商朝甲骨文中的十进制也是算盘、算理和算法形成的基础。数值的计算离不开计算工具,中国古代最初使用实物计数、结绳计数、刻契计数等方式来记载数字,后面逐渐发展为用算筹进行计算。算筹是中国古代运用竹签做筹码来计数与推演数字计算的一种工具,我们今天依旧在使用的"筹码"一词,便来源于此。运用算筹进行数值计算叫作"筹算"。中国古代文字中,出现"算"这个字不可能早于公元前3世纪,今天能见到最早的来自小篆,字形为上下各有一双手,中间是一个有两条横线的长方形。"许慎认为表示玉,但它更可能表示一根符木或几支算筹。"①因而可以判断,中国数学在发展的最初阶段,就是与算筹紧密联系在一起的。中国古代有较多数理、数学专著,其中最早记录算筹运算方法的是《孙子算法》。中国古代还有官员拥有高超筹算技艺的案例,如东汉时拜侯封相,同时还是律令制度创造者之一的张苍就修订、删补了著名的筹算算书《九章算术》。另外,《老子》中关于算筹有"善数不用筹策"的描述,表面意思是

① 参考李约瑟:《中国科学技术史》（第三卷）,梅荣照等译,科学出版社,2018,第3页。

技艺好的人可不依赖工具，类似于今天的"心算"，引申意思还是在"技"之后的"道"，得之于道，忘乎于技。

算盘是由算筹演变出的计数工具，其算法被称为"珠算"，是中国先民的伟大创造，因其结构简单，算法精确，而被誉为"世界上最古老的计算机"。唐代末年，数学家们开始对算筹乘除法进行改进，至宋代，出现了算筹的除法口诀。但在乘除法的运算中，算盘明显更胜一筹。这里用到这个"筹"，绝对是恰如其分了。《北史》中记载了一个关于"算子"的故事，不知是否为后来算盘的前身：昔在晋阳为监管，馆中有一蠕蠕客，同馆胡沙门指语怀文云"此人别有异算术"。乃指庭中一枣树"令其布算子，即知其实数"。乃试之，并辩若干其赤，若干赤白相伴。于是剥数之，唯少一字。算者曰"必不少，但更撼之"。果落一实[1]。故事比较玄幻，集中渲染了"算子"算数之神奇。"蠕蠕"是指北方游牧民族柔然，"胡沙门"大概是一位西域佛教僧人，"怀文"是北齐著名的冶金技术发明者。元代中后期的文学与戏剧作品中常能看到算盘的影子，可以推断珠算至少在元末就已产生。珠算的发明与推广应用，使中国古代数学的计算能力发生了质的改变，算盘亦是成为之后历史上善算之人必不可少的计算工具。1366年，陶宗仪所著《南村辍耕录》中，已经有关于珠算盘的明确记载。明代中期，珠算完全取代传统筹算并在全国得以推广，大量的算术著作随之产生，其中流行最为广泛的要数1593年程大位所撰的《算法统宗》。由于珠算术用算盘计算，相较于筹算术更加简单、方便且准确，同时珠算口诀又更便于记忆，因而得以在社会经济中普遍应用。同时，建筑的修理与维护、水利工程的计算、冶金生产的计量以及天文精确测量等科学技术的发展，都离不开算盘的计算，从此珠算文化伴随着中华民族古代科技文化前进发展的每一步。英国《独立报》评选出101项改变世界的小发明，排在第一名的便是中国算盘[2]。李约瑟撰写《中国科学技术史》辟专章详细介绍"珠算盘"，并记载了一则轶事：1946年，一位使用算盘的店员和一位使用电子计算机的美国军官在东京做过一次表演赛，结果，算盘的速度在

---

① 李延寿撰《北史》卷八九《綦母怀文传》，中华书局，1974，第2940页。
② 辜鸿鹄：《说说算盘的产生及其发展》，《文史杂志》2011年第2期。

乘法以外的各项运算中都获胜了，并且错误较少[①]。算盘通过贸易陆续流通到日本、朝鲜、印度、马来西亚和新加坡等20多个国家，使这一中国传统数算工具也成为一把打开中国与海外贸易之门的钥匙。

毫无疑问，中国传统数算工具，尤其是算盘对中国历史中的科学技术进步做出了决定性的贡献。中华民族自历史长河中发展起来的各种数算知识共同形成了中华民族统一的数算认知观，为中华民族发展数理知识以及其他科学技术提供了基础，各民族独具特色的"数"文化，也共同汇聚起了中华民族数学一途的前进力量。

第三节　国家工程之制

毋庸置疑，在中国数千年科技文化的发展中，中央王朝和国家的导向始终是最重要的推动力量，其影响和意义集中体现在不同历史时期由中央政府层面推动的一系列直至今天依然令世界震惊的国家工程中。其中包括秦汉隋唐之长安、元明清之北京的都城规划与建设；在历史中承续不断，汉、明两代达到高峰的万里长城修筑；自秦时已"为驰道于天下"，经汉唐累积而贯通中国全境的国家道路网络以及连通"江""淮""河"，支撑起中国历史中社会发展赖以维系的漕运命脉——"京杭大运河"等，无不是历数代甚至数几十代之功，集中华民族全体之智慧与力量达成的人类建筑营造之科技奇迹。

一、都长安与都北京：黄河文化中心的确立与南北移动

从考古材料所证明的社会发展状况和生产力发展水平来看，黄河中游及其附近地区在龙山时代应该就已出现了中国最早的城市。中国最早的城市是什么样子呢？1959年夏天，古史学家徐旭生带领考古队伍揭开二里头文化遗址的神秘面纱，此后持续一个甲子的发掘与研究，特别是新世纪以

---

① 参考李约瑟：《中国科学技术史》（第三卷），梅荣照等译，科学出版社，2018，第68页。

来的发掘为我们大致勾勒了黄河流域最早的城市样貌。遗址沿古伊洛河北岸西北—东南向分布，原聚落面积应在400万平方米左右，分布有宫殿区、祭祀区和作坊区等。宫殿区位于中心，面积不小于12万平方米，外围有垂直相交的道路网络，手工业作坊区在近旁，祭祀区、贵族聚居区拱卫周围，无不显现明确的规划及其蕴含的秩序思维①。《周礼》中有"国家宫室车旗衣服礼仪"之规定，"国家，国之所居，谓城方也，公之城，盖方九里，宫，方九百步……"，规定了不同等级享用的城郭、宫室规模定制。城墙的修建亦有定制，高一丈，长三丈为一雉，侯伯之城长三百雉，其下则不过三分之一，即不能超过一百雉。《左传》中记载郑庄公之弟共叔段图谋不轨的"罪状"之一就是所建城墙超过了一百雉的规矩，故谓"城过百雉，国之害也"②。东周时期，城市出现新的变化，以社会阶层为区别，平民与贵族分开形成居住区域的"两城制"城市规划。

　　黄河流域秦汉都城的出现，是中国城市发展史上的新阶段，显现了社会政治思想巨大的变化。从咸阳到长安，废除了"两城制"，不论贵族或平民，皆聚居一城，以皇帝宫殿为城市规划中心的思想确立③，都城与"天下"的关系，在都城建设中开始有所反映。刘邦起兵于关东，在统一全国后，定都关中并在长安修建首都，是充分考虑了当时的社会政治、经济与文化的形势以及关中地区的优越地理条件后的结果。汉初，娄敬为劝说刘邦定都关中，曾精辟地分析道："秦地被山带河，四塞以为固，卒然有急，百万之众可具也。因秦之故，资其美膏腴之地，此所谓天府者也。夫与人斗，不扼其亢，拊其背，未能全其胜也。今陛下入关而都，案秦之故地，此亦扼天下之亢而拊其背也。"④西汉首都长安位于今陕西省西安市西北大白杨乡一带，始建于公元前202年，由萧何主持修建。以秦渭河南的兴乐宫为基础，兴建长乐宫为皇宫。汉高祖刘邦在7年后由栎阳正式迁

① 参考徐宏：《大都无城：中国古都的动态解读》，生活·读书·新知三联书店，2016，第206-211页。
② 参考廖群：《中国审美文化史·先秦卷》，山东画报出版社，2000，第190页。
③ 参考徐苹芳：《论历史文化名城北京的古代城市规划及其保护》，《文物》2001年第1期。
④ 司马迁：《史记》，汕头大学出版社，2018，第506页。

都长安。在城市发展中，城市建设与高等教育机构的创设与建立相辅相成，"大学"的建设是一个标志。中国古代的最高学府为"太学"，汉武帝时期始创于西汉长安。最初规模较小，只有数位五经博士及其50名弟子。经昭、宣、元几代的发展，到汉成帝时，太学已经发展到3000多人，并形成了一定的学术派别①。为了给越来越多的学者提供场所，汉成帝与王莽曾相继在长安城郊扩建太学校舍，达到"万曲"之多。随着规模的不断扩大，在太学附近修建有专为太学服务的商业市场和粮仓等地，如槐市与常满仓。高等教育机构的建设，拓展并丰富了中国都城的空间与内涵。

　　1257年，忽必烈从蒙古高原的都城和林进驻中都，以方便蒙古的军事力量南下。在战胜金、宋，统一中原之后，1267年下令在中都东北郊外以金朝的离宫（太宁宫）为中心，另建新城，命名为大都。大都的建立迎来了作为都城的北京的历史，其后明清延续，三朝持续建设共历600余年。600多年的岁月中，作为中国北方最重要的政治、经济和文化中心，北京城经过累积发展，其城市规划与建设水平达到了中国历史之最，在整个世界封建时代的建设史上是一个特例，也是黄河流域的都城文化发展史中的重要内容。从元大都城修建的文化内涵中，人们很容易发现其中蕴含的象征意义，如大都城门的设计灵感便来自《周易》。设计者取《周易》中的"天地之数，阳奇阴偶"，即天数一、三、五、七、九和地数二、四、六、八、十之中的"天地之中和"数，就是天数与地数之中间数"五"与"六"之和为"十一"，象征天地之合，自然变化之道尽在其中②。元大都城的内部共有50坊，也是由《周易》中"大衍之数五十，盖以'河图''中宫'天五乘地十而得之。大衍之数，其天生地成。或南或北，为水为火能方能圆，有平有变，按之可为形，指之可为象"③。更有意思的是元大都的50坊之名，也大多取自《周易》，如玉铉坊、明时坊、乾宁坊、泰亨坊、嘉会坊等，皆与易数文化内容息息相关。

　　元大都建成后不到百年，汉族政治势力在江南崛起。徐达取元大都之

① 参考刘良群：《两汉太学述论》，《江西师范大学学报》（哲学社会科学版）1996年第3期。
② 参考侯仁之：《黄河文化》，华艺出版社，1994，第425页。
③ 刘大均：《周易概论》，巴蜀书社，2016，第60页。

后，将大都改名为北平，凸显其军事意义。明成祖朱棣即位，决定迁都北平，前都城金陵为"南京"，故而北平就成为"北京"。作为国家权力中心的标志，都城南北间的移动，显现了背后统一帝国对国家局势和南北方各族群政治、文化、经济关系的综合考量。迁都北京的决策，对明朝后续的统治与国家的发展至关重要，同时促进了北京城的改造。北京城的改造工程从元大都的旧址开始，逐步扩大到全城，公元1420年，新的北京城建成。明朝是中国历史上最具营造才能的时代，我们今天所能见到的众多古建筑大都有赖明人的营造，而中国最重要的建筑类型如城市、宫殿、坛庙、陵墓、园林等，都是在明代充实完善起来的①。明代的北京城，无论规划、设计抑或工程技术方面，都达到了前所未有的水平，经过持续维修与保护，其基本样貌到今天仍得以保留。从最初元大都开建，经过明、清两朝的承续与进一步发展，作为都会的北京城，其都城文化蕴含了中华多民族的政治思想、生活智慧与建筑技艺，是古代都城规划史上的经典之作，是中华各民族文化交融的产物，同时也是中华各民族共生、共荣的历史见证。

二、水陆之道：中华民族的血脉通道

自古以来，中国境内就存在着相对完善的道路体系，而且历代王朝均十分重视对这一体系的维护与拓展。国家道路体系的建立，成为中华帝国统一的象征之一，也成为帝国境内各地区经济文化交往的保障②。应该说，有人群聚落，自然就会有一定规模的交通道路。黄河流域，特别是中下游道路的出现则早于其他区域。最初的道路，只能是自然形成的道路，可以应和鲁迅先生的著名语录。自《史记》中所记载的大禹时代"左准绳，又规矩，载四时，以开九州，通九道……"起，道路交通的建设进入国家工程的序列。夏时有了通往东南沿海和横贯中原的车马道路。商代晚期，出现了铺筑路面的道路③。彼时中国，已经在疆域范围内形成六条主干道，在黄河流域连通徐淮地区、东北地区、山东地区、江汉地区、陕西地区及

---

① 李希凡：《图说中国建筑史》，浙江教育出版社，2001，第87页。
② 鲁西奇：《谁的历史》，广西师范大学出版社，2019，第109页。
③ 欧阳典：《中原古代道路交通》，《河南交通科技》1994年第6期。

太行山以西的少数民族方国部落。六条主干道同时与无数大小道路相连通，形成由安阳殷都辐射整个统治区域的庞大交通网络。随着秦、汉大一统的中央集权多民族国家的建立，中央政权集中大量的人力、物力和财力投入国家交通事业建设。从此，作为国家工程的中国水陆交通网线持续发展完善。

秦统一后，拆除了战国时代各诸侯国设置的关隘、堡垒，颁布"书同文、车同轨"的重要法令。公元前220年起，以咸阳为中心修筑驰道。"驰道"即为"天子驰车之道"，以都城咸阳为中心，向四方辐射，将各郡的主要城市连接起来。秦驰道主要有五条，其一从咸阳出发，东出函谷关，经洛阳至齐、鲁；其二由山东琅琊南下，通往东南吴、楚；其三由咸阳东过函谷关，沿太行山麓北上，抵达燕、赵；其四由咸阳往西，分路到鸡头山及陇西；其五由咸阳向东南穿过南阳盆地，南下江陵。驰道建设历时10年，有统一标准，宽50步，路基高出地面，道旁每隔约10米植青松，每隔10里建一亭，兼顾治安、休息与驿传①。公元前222年到公元前214年，秦始皇为出兵进攻南越，在今湖南、江西、两广之间修筑"岭南新道"。公元前212年，秦始皇为北御匈奴，又从咸阳北面的云阳修筑直达河套与西北游牧区域连通的栈道，被称为秦直道。此外，在西南地区也修筑了两条栈道，其中北栈道称"褒斜道"，自山西褒城北面的褒谷口至眉县西南的斜谷口；南栈道称为"石牛道"或"金牛道"，自汉中盆地今陕西勉县西南起，抵达四川广元西南的剑门关。巴、蜀以南的云南地区，还有一条起自四川宜宾抵达云南曲靖的"五尺道"②。由此可见，在"车同轨"的法令下，举国修建道路，将整个中国紧密联系在一起，随后各朝各代分别在此基础上，进一步加以扩展，使得中华大地上各民族的经济、文化交往有了基本的交通保障。

"丝绸之路"是世界历史上最重要的经济文化交流通道。"汉武帝时所遣出之使节甚多，远者八九岁，近者数岁而返。安息、奄蔡、黎轩、条枝、身毒诸国，皆有中国使者之足迹。"③中西方密切往来，可以追溯至遥

① 刘杰：《中国古代道路（一）》，《交通与运输》2008年第1期。

② 参考林剑明：《秦汉史》（上），上海人民出版社，2019，第150页。

③ 张星烺编《中西交通史料汇编》（第一册），朱杰勤校订，中华书局，1977，第14页。

远的传说时代,至张骞"凿空",实际已有大成。西汉时期的丝绸之路,自长安出发,经河西走廊出敦煌之后,分为南北二道,其中南道出阳关,经鄯善,沿昆仑山脉北麓西行至莎车和新疆塔什库尔干,然后越过帕米尔高原,经大夏,至大月氏的国都今阿富汗北部,再西行到古代波斯帕提亚王朝东境;北道出玉门关后,经车师前王庭即高昌,沿天山山脉南麓西行,经龟兹至喀什,翻越葱岭至大宛,即今天乌兹别克斯坦费尔干纳盆地,再到康居,即今哈萨克斯坦锡尔河中下游,继续向西北行至奄蔡,今天的哈萨克斯坦西部。东汉时期,丝绸之路进一步延伸,直抵地中海东岸今叙利亚一带,再转向西南而行,可抵达印度。此外,经四川出云南进入东南亚,还有一条通往印度的"蜀身毒道",又称"滇缅道"。经过蒙古高原往西穿过亚欧大陆北部草原,亦有一条被称作"草原丝绸之路"的通道。东晋南北朝时期,河西地区先后为几个少数民族政权所割据,丝绸之路河西孔道受阻,于是又新开辟青海道,即由青海北出祁连山隘口至张掖,再入河西,或西出柴达木至鄯善,与南道主干道连通①。隋、唐再度实现大一统之后,丝绸之路重获畅通,中西交往更为繁荣,中国与西域及其周边地区的交往给当时的经济、政治与文化带来了非常积极的影响,中华民族多元凝聚的局面更加明朗。

中国历史上的水路交通主要包括内河与海上交通两个部分。秦汉至隋唐时期的内河航运,以河、淮、江为主要干线。历朝历代的中央政府均十分重视黄河漕运,东方和南方的粮食以及各种重要物资必须通过黄河漕运完成全国联通,为中华民族的交融提供了前提保障。黄河之外,海河、长江、淮河、珠江等大小河流,以及以京杭大运河为代表的人工水道,组成了庞大的水运交通网带,以便于南北各地与长安、洛阳等地的交往。隋朝在之前分段运河的基础上,将黄河、海河、淮河、长江与钱塘江五大水系勾连了起来,历史悠久的黄河流域与物产丰饶的长江流域紧密联系在一起,对当时以及后世的政治、经济与文化的发展,对中华民族的凝聚起到了不可估量的巨大作用。

中国古代三项伟大工程中的京杭大运河是世界上最长的运河,全长

---

① 参考侯仁之:《黄河文化》,华艺出版社,1994,第301页。

1794千米，又称南北大运河，北端发于北京的通县，南端止至浙江的杭州，贯通北京、天津、河北、山东、江苏、浙江等四省二市。大运河如同纽带，从南到北，自杭州的钱塘江起，跨过长江、淮河、黄河，再到天津与海河相汇，连通五大水系。京杭大运河在历史上经历了三次大规模的开凿。第一次是春秋时期，在扬州附近，凿通了长江与淮河之间的"邗沟"。第二次是隋炀帝为了乘坐巨大的龙舟南下扬州而修建，此次修建大运河的工程最大，共分了四段进行。公元605年修通济渠，从洛阳到淮安，同年疏通扩大邗沟旧道，南起扬州江都，北至淮安；公元608年从通济渠向北延伸，开永济渠南接黄河；公元610年长江向南开通江南河，从镇江通向钱塘江边的余杭。至此，隋朝前后用了近6年的时间，开凿完成了大运河全线工程，连通海河、黄河、淮河、长江、钱塘江五大河流，以洛阳为中心，上接华北平原，南达太湖流域，成为中国第一条人工开凿的贯通南北的运输动脉。大运河的第三次修建是在元朝，从淮阴一直向北，经过江苏省北部和山东省，直达北京的运河，至此大运河统称京杭大运河[①]。京杭大运河不仅对沿线地区工农业经济的发展起到了巨大作用，而且整体上促进了中国南北之间的经济、文化的发展与交流。

三、万里长城：国家工程的象征

筑墙为守，不是唯有中国人才有的创举，在世界上很多国家和民族中都有修筑城墙以御敌防卫的历史，但雄伟壮观、工程浩大的中国万里长城毫无疑问是世界古代最伟大的建筑工程之一，是世界上最长的城墙建筑，也是中国古代国家工程的象征。长城的修筑从战国时期开始，起初的修建目的是各个诸侯国为了自我防御。春秋时期，齐、楚相争，屈完对欲以武力征伐的齐君曾说过："楚国方城以为城，汉水以为池。"[②]意思是你虽有兵多将广，但我亦有坚城护卫，即便战也不惧，讲了两军对仗中，城墙作为防御系统的巨大价值。秦始皇统一中国后，大力修筑长城，在连接燕、赵、魏等诸侯国长城的基础上，筑起了我们今日所说的万里长城。春秋战

---

① 参考张明、于井尧：《中国科技史》，吉林文史出版社、吉林音像出版社，2006，第77页。

② 陈戌国：《春秋左传校注》（下），岳麓书社，2006，第168页。

国时期开始修建的长城，以及随后续建、增建的秦长城与汉长城，至今仍有遗存。特别是广泛留存的明长城，大多是明洪武年间至万历年间修建起来的，前后大规模修建达18次，历时100多年完成，由嘉峪关向东一路延续至山海关，建筑质量极高，直到现在，依旧蜿蜒屹立于中国北方大地的山河之间，被赞叹为世界奇观。

长城由关隘、城墙、烽燧、城台四部分构成完整的防御体系，其中的烽燧就是烽火台，供传递军情所用，也是世界上最早的信息联络方式，在中国古代文学作品中留下了很多篇幅，从昏庸之周幽王"烽火戏诸侯"，到悲悯之杜甫的"烽火连三月"，皆成历史的深刻印记。万里长城在充分彰显中华民族的磅礴气势的同时，也为世人呈现了中国当时高超的建筑、测算等技艺水平。强边固防之外，长城沿西而去，一路绵绵不断的亭障与烽燧也在维护"丝绸之路"的通畅，使起源于黄河流域的文化得以持续向西传播，同时以开放的姿态迎接外来文化的不断融入。长城沿线的众多名胜古迹，展现了长城南北各民族共同创造的辉煌文化成就。今天来看，绵延万里的长城就如同一条珠串串缀着中华民族璀璨的文化，分布在长城沿线上的佛寺庙宇、宫殿陵寝、石窟壁画、碑亭宝塔等，无不在证明"墙"的意义不仅仅是隔绝，还有联通和融合，使多元的文化共同构成辉煌的中华文化景观。作为中国最宏伟的国家建筑，长城的时代跨度、体量和用工之巨，足以展示勤劳勇敢的中华民族，展示一脉相承的中华文明，展示和谐天下的时代精神①。同样，作为世界建筑工程奇迹，长城的出现亦不是偶然，是漫长的历史过程中中华民族精神集中的呈现。长城的修筑，对中华民族的政治、文化与经济发展起到了重要的作用，推动了中国北方多民族相互间交往交流日益频繁，逐渐形成了经济与文化交融共生和多元一体的模式。作为古代军事防御体系，长城的作用已全然消逝在历史的长河中，然而作为一种符号，对内的凝聚和对外的开放意义却仍在彰显。中国文化中崇尚"化干戈为玉帛"，在民族融合和疆域的变化历史进程中，一道"墙"早已不再是障碍，长城内外皆为家园，从而发扬和激励各族人民紧密团结、奋发图强。应该说，新时代新的交融共生理念赋予了万里长城

---

① 山西省博物院：《碰撞·融合：长城文化》，山西人民出版社，2018，第207页。

全新的意义。

第四节　制造技术之盛

在中华民族传统哲学思想中，一直延续着"技"与"道"之间辩证关系的发展脉络，并且在不同的历史时期，有过几次重要的转折。在庄子那里，"道"为本，"技"为末，然而由"技"的发展，则可与"道"合一，"庖丁解牛""轮扁斫轮"均是对这一路径的阐释。自秦汉直至近代，在不同的社会生产发展基础上，中华传统的科学技术在多个方面均有无数创新性突破，特别是在工艺技术方面出现了诸多重要的发明与创造，"技"与"道"的辩证关系也经历了几多变化。无论如何，我们站在今天回首，黄河文化中技艺制造的内容十分丰富，大到"国之重器"，小到火药、纸张的制造，均是中华民族在科技史上的重大创新。中国古代有广为世界所知的"四大发明"，指南针、造纸术、印刷术与火药均在较早时期出现，并被西方知识界所推崇。实际上，除了"四大发明"之外，还有更多遗留在历史文献典籍或传承于不同时期民众生产与生活中的制造技艺，其产生、传承与发展，皆是中华各族人民的才智汇聚与显现。

一、金与火之歌：金属冶炼的早期发展

铜是人类最先认识并且使用的金属之一，因其为地表层中天然所有，又因其性质较之石料更具优越性，故最先被人们用来制成捶打工具。从金属冶炼工艺来讲，只有当人类学会如何从矿物质中提取出金属铜来，才算是完成了对铜的初步认识。在很长一段时间内，埃及与苏美尔和印度的冶铜技术都被史学界认为是人类最早期的冶铜技术。但在20世纪70年代所发掘的姜寨遗址中，有两件铜制品引起了世界考古学界的关注。这两件器物均出现于6000多年前，表明这不仅在中国是最早的铜器，而且也是世界上最早的铜器。虽然在严格意义上，姜寨遗址出土的铜器依然含有许多杂质，冶炼技术处于较早阶段，器物的使用受到一定限制，但证实了在当地已经有较长时间的金属冶炼实践，人们开始逐渐掌握区别矿石，并学会了

如何提取出纯度较高的金属物质①。因此，进入龙山文化时期以后，类似姜寨遗址的黄铜制品就不复出现了。以对早期不成熟黄铜制品的否定为标志，正是黄河流域金属冶炼技术发展的特点，通过这一时期大量的实践与积累，为随后的青铜冶炼技术在黄河流域的诞生提供了基础条件，确立了中国大地上冶金技术真正意义上的发端。

青铜冶炼技术与北方游牧民族有着密切的关系。迄今为止，中国发现最早的青铜器是黄河上游仰韶晚期的一件铜刀，这件器物有5000余年的历史，于甘肃东乡县林家遗址出土。黄河流域盛产青铜器应归因于黄河上游丰厚的矿产资源，如甘肃和内蒙古一带丰富的锡矿石分布远远多于其他地区。也正是如此，使得黄河上游的先民们在真正的冶铜术发明之前，便走上了合金化的道路，这也是黄河流域的冶金术区别于其他区域的特色。林家遗址的青铜刀可以证明黄河中上游一带应该是中国冶炼技术最早发生发展的黄金区域，到了下一阶段的龙山文化时期，红铜与青铜制品的出土数量急剧上升，黄河上游、中游至下游均有发现，其中出土的不少铜刀形状均与林家遗址铜刀相似，因此大概可以说龙山文化时期的金属冶炼技术是在仰韶文化金属冶炼技术的基础上一路发展而来的。总而言之，仰韶时期的铜制品的出土，向人类宣告黄河流域是冶铜技术的起源，遵循这一自身发展脉络，早期的冶铜技术始终具有黄河流域特有的风格，并在后期孕育出举世瞩目的青铜制造业，成为黄河文化中的重要组成部分。

周继商之后达到中国青铜器发展的极盛时期，当时的铸造技术居于世界之最。虽然有史书提到禹铸九鼎、黄帝做宝鼎等说法，但考古领域至今尚未发现可以确认的商代以前的青铜制品。随着社会生产力的快速发展，商代青铜冶炼技术到达了一个相当成熟的阶段，其中最为重要的标志便是这一时期大量青铜器的出现，仅殷墟一地，经发掘出土的青铜礼器便有六七百件②。此外，青铜器的种类非常丰富，除了能用于盛水、盛食物外，还有青铜质地的乐器、青铜兵器、青铜工具、青铜艺术品以及用于车马上的装饰等。商朝时青铜器上的花纹众多，其中多以饕餮、虎、鹰、龙等为

① 参考王璐：《黄河流域早期铜器演进初探》，《中原文物》2022年第1期。
② 杨锡璋、杨宝成：《殷墟青铜器》，文物出版社，1985，第79页。

纹案，特别是龙，被中华民族自古以来认为是祥瑞象征的动物，是权力的象征，也可以证明中华民族对于龙的认同，早在商朝便已在王权下根深蒂固。

春秋战国，铁器初登历史舞台，并很快取代铜器，这一转变意味着社会的经济与文化再次得到跨时代的发展。最早的铁器是20世纪70年代于河北和北京平谷先后发现的两件商代铁刃铜钺。其后随着考古工作的深入，春秋战国时期的铁器陆续在各地出土，足以证明战国时期铁器已经得到了广泛的使用，铁犁等农用工具得以普及，社会生产力得到快速发展。古代冶金技术促进了春秋、战国时期的社会进步，为中华文化的持续发展奠定了技术基础，持续至明朝在世界上都处于先进水平。

二、造纸术与印刷术：打开文化传播新世界的钥匙

中国四大发明之一的造纸术是在汉代发明的。纸张发明以前，中国人使用的书写材料大多为龟甲和兽骨等，篆刻文字需要专门的技术，且耗时费力。春秋以后采用竹木简作为书写材料，较之龟甲、兽骨轻便，但数量稀少，价格昂贵，社会大众难以企及。因此，中国古代文化传播长期局限于小部分人群之中。历史的力量推动中国先民们致力于书写介质和文化传播方式的发明与创造。

在陕西的扶风，甘肃的敦煌、天水，考古工作者均发现过西汉的麻纸。这种麻纸是纸在早期的雏形，质量较差，也不能进行大规模量产。关于造纸术的产生，我们一直采用以下的历史叙事：东汉时，掌管宫廷制造物品的尚方令蔡伦总结了西汉以来的造纸经验，经过不断地摸索，采用树皮、麻头、布匹与渔网作为原料，拌以石灰浸染，并加水煮沸，其后再加入黏性物质，使得其中的植物纤维互相融合成浆糊状，将其捞出后晾晒在竹帘之上，制成了质量较高的纸。这种造纸的方法既扩大了原料的来源，又降低了成本，使其得以量产。于是造纸术的产生被定位于公元105年，这一年，蔡伦将自己制成的成品纸献给汉和帝，汉和帝十分赞赏，于是下令在全国推广蔡伦的造纸术。同时，考古研究的成果不断呈现新的叙事："1957年在西安灞桥，出土了一些古纸。1974年又在甘肃居延等地发掘出来了西汉麻纸。经专家鉴定，这些纸都早于蔡伦发明纸的时间，即公元

105年。可见蔡伦并不是第一个发明纸的人。"①其实，造纸术究竟为何人发明并不重要，重要的是2000多年前，黄河流域出现的造纸技术对世界文化发展的意义可以与2000多年后计算机的发明相媲美，均是社会实现跨时代发展的基础条件，无论对当时或者现在都有着不可磨灭的贡献。因此，历史记住蔡伦，蔡伦被封为龙亭侯，蔡伦的纸也被称为"蔡侯纸"，是符合历史逻辑的。

纸张记录、传播文明，也催生了辉煌的中国传统艺术。作为文房四宝之一，纸张对中国书画艺术的发展具有决定性意义。自纤维纸被发明之后，以纸为媒介的艺术创作突飞猛进。晋代时文房四宝已经实至名归，书圣王羲之的《题卫夫人〈笔阵图〉后》对文房四宝做出了形象的描述，分别勾勒出笔、墨、纸、砚各自的特点，还指明择优的原则。唐时，生产于宣州的宣纸标志着中国书画艺术背后的材料技术高度，"硬黄""薛涛笺""云兰纸"等纸中精品在历史中留下了美名。

造纸术的完善使得中华民族的交往交流交融范围得到了进一步扩大，纸张成为多元文化交融共生得以实现的重要载体。公元3世纪以后，纸逐渐取代竹帛成为中国主要的书写材料。公元4世纪中国造纸术传入朝鲜，公元7世纪传入日本，公元8世纪进入阿拉伯，再于12世纪传入欧洲和非洲，对世界文明的发展起到了重大贡献。20世纪初，敦煌莫高窟的发现震惊世界，敦煌文书因各种缘由流散海外，同时也将中国纸张、书法和其他丰富的文化内容带向世界，向全人类展示中华民族独特的艺术创造，纸张再一次显现了在文化发展与交流中的意义。

印刷术是中国古代四大发明之一。雕版印刷术是中国最早出现的印刷术，具体工艺流程是先将文字书写于薄而透明的纸上，字面朝下贴在一定规格的枣木或梨木板上，以刀刻字成阳文，然后在刻好的板子上刷墨，以纸覆板，再用干净的刷子轻刷木板上的纸，最后揭下待其上墨干，一页印刷文本即成。印刷过程中，有雕版、印、刷的工序，故称雕版印刷术。每页纸为一个印张，印张粘连成卷或装订成册，书籍便出现在了中华民族的

---

① 季羡林：《关于中国纸和造纸法输入印度的补遗》，载阎文儒、陈玉龙主编《向达先生纪念文集》，新疆人民出版社，1986，第64页。

历史长河之中。雕版印刷术的发明时间尚未形成一致定论，多数学者认为其发源于公元6世纪初的隋、唐之际。因为宗教的传播，当时的印刷内容主要有宗教与文学经典、历法、医药和农书等几个方面。1966年在南朝鲜发现的木刻《陀罗尼经》，被证实刻制于公元704年到公元751年之间，是目前发现最早的雕版印刷品。世界上现存第一部标有时间年代的雕版印刷品是公元868年由王玠出资雕刻的佛教经典《金刚经》。

北宋毕昇于公元1041年到1048年期间首创泥制活字印刷术。以胶泥刻字，一字一印，经火烧制，印书前先准备好一块铁板和分隔铁框，将泥制活字放入铁框之内，排满一框为一排，依次将铁板填满，加热、蜡固之后即可印刷。每一个单字都有多个胶泥子模，常用字会更多，如遇少数偏僻字，可临时刻字烧制。直至近代，活字印刷技术依然广泛应用于书籍、报刊印制，只是胶泥字模改为铅制字模，更加稳定和易于排版，有局部技术改进，但基本技术流程与毕昇发明的活字印刷并无二致。

作为中国古代的重要发明，随着不同文化在历史长河中的交融，华夏周边各个民族也将活字印刷术融入了社会生活中，并借此技术实现各民族的文学、传说、故事，包括宗教中的佛经、道书等传承与传播，极大地丰富了中华民族的多元特性，有效推动了中华文化向一体化方向发展。

三、炼丹与战争：火药的制造技术发展

在不同的文献记载中，中国历史上的火药发明者似乎可归结为三位。第一位是东晋人葛洪。据《晋书·葛洪传》记载，葛洪是著名的丹药家、医药家，一生著作颇丰，代表作有《抱朴子》《神仙传》《肘后方》等。葛洪的《抱朴子·内篇》中"以硝石化为水乃凝之"的硝石，便是制造火药最为重要的原料，因为硝石与雄黄混合后遇到高温或者撞击就会发生爆炸。第二位是南朝梁人陶弘景。与葛洪一样，《梁书·陶弘景传》中记载陶弘景是著名的丹药家、医药家，代表作有《本草经集注》《真灵位业图》等。《本草经集注》对硝石注释"如握盐雪不冰，强烧之，紫青烟起，仍成灰……此又云一名芒硝，今芒硝乃是炼朴硝作之"。第三位则是为世人所熟知的隋唐时期的医学大家孙思邈。新、旧《唐书》中对孙思邈都有传记，有"药王"之美称，著有《千金要方》《千金翼方》等。孙思邈在炼

制丹药的过程中，将硫黄、硝石与木炭混合制成药粉，类似粉状的火药。

公元1044年，北宋的曾公亮等人奉命编撰《武经总要》，这是一部兵书，分前后集，共40卷。在《武经总要》前集第12卷中，记载有"火箭""火球""火蒺藜""火炮"和"火药鞭箭"等火药兵器①，此时的"火箭"不是以火药作为动力，而是点燃后发射的引爆式武器。同样，《武经总要》中的火球、火蒺藜、火炮和火药鞭箭等，都是不同类型的引爆式武器。《武经总要》中记载的三种火药配方，是世界上已知最早并有明确记载的火药科技成果。火药配方除了硝、硫、炭之外，还有桐油、清油、干漆、沥青、黄蜡、竹茹、麻茹、黄丹、松脂等。其中硝、硫、炭三种成分中，硝约占60%，硫约占30%，炭通常不过约10%，近代广为使用的黑色火药中，硝含量约70%，碳含量约24.4%，硫含量仅约5.6%。《武经总要》中所记载的三种火药因其低硝、低碳、硫过高，故不适合作为发射的辅助剂，因此常用作炸弹的制造②。由于火药得以制造成功并被不断改良完善，使得火器的发展同样迅速。公元1132年，陈规发明了"火枪"，把火药装在竹管内，达到烧伤敌人的目的。公元1257年前后的《行军须知》记载有"火筒"，以粗短的竹筒制成。公元1259年，安徽寿春府创制的"突火枪"亦以竹筒制成，内装火药与"子窠"。火药点燃后，产生强大的压力将"子窠"射出。

13世纪时女真人创造了铁火炮，将其称为震天雷。至元代，火筒、火铳已经改为铜质或铁质，能够承受更大的空气压力，杀伤力更大，射程也大大提高。12世纪60年代初，南宋与金于长江下游今安徽和县的采石矶附近江面对峙，演绎了历史上一次著名水战——采石矶大战。公元1161年，金海陵王完颜亮率四十万大军南下攻宋，兵临采石矶。南宋将领虞允文率领一万八千兵士应战，把战船分成五路，以轻快的战船冲击敌舟，并用霹雳炮攻击金军，金军难以抵抗落荒而逃，利用火炮，在军事历史上创造了一次以寡胜众的典例③。虞允文所使用的霹雳炮是一种装载固体火药的火箭弹，用火箭装置运载。点燃发射后将会迅速升空，到达一定高度后

①曾公亮：《武经总要》，陈建中、黄明珍校，商务印书馆，2017，第198页。
②潘吉星：《中国火箭技术史稿》，科学出版社，1987，第41页。
③周世德：《中国兵器的发展》，冶金工业出版社，1987，第292页。

下降并自行爆炸，对敌人杀伤力极强。因此，采石矶大战的胜利，除了队伍的英勇善战等基本条件之外，当时较为先进的火药科学技术的应用也是主要原因之一。

与大多数中国历史上的技术发明一样，火药技术也是在较长时期内由几代人不断尝试完善，最终形成稳定的技术系统。从古代丹药文化进而发展为强大的军事力量，火药制造技术在不同时期的历史文献中勾勒出中国古代军事科技的发展线条。文献中多将此类成就记录为某人所为，莫若将此理解为某一时期推动科技发展的代表性力量，同时也说明中国历史各个时期中对科学技术的不懈坚持与钻研，推动科技文化在交融中前进、发展。

四、雨过天青：瓷器中的中国意象

中国是世界上最早使用瓷器的国家，商代原始瓷器的出土，将中国瓷器的起源推到了3000多年前，其意义不言而喻。我们一般会将"陶"与"瓷"连在一起称"陶瓷"，是说在瓷器时代来临之前，黄河流域的先民们首先创造了一个极其辉煌的陶器时代。

仰韶时期，黄河流域的制陶工艺处于新的发展阶段。在陶器器型制作方面，摆脱了过去的泥片贴模法而使用将陶土搓成泥条，盘旋而起制成粗坯的泥条盘筑法。小型陶器往往手捏成型，大型陶器通常会分段进行，先制成局部，再捏合成整。成型后的陶器通常要继续拍打或压磨使其紧致，还需放在轮盘上边转动边修整，这种做法被称为"慢轮修整"。黄河下游的先民在慢轮修整的基础上发明了"轮制法"，即将陶黏土置于轮盘之上，在旋转的过程中用双手控制直接拉成陶器坯子。陶坯晾干后，还要经过打磨，彩陶便是在此步骤绘制出彩色的花纹，最后入窑烧成。黄河下游大汶口文化中的陶器被视作仰韶文化晚期制陶工艺的代表，整个陶器群呈现出高度工艺化趋势，其中的代表作是黑陶高柄杯。黄河流域下游河网密布，提供了大量细而纯的淤积土，这种天然的细泥经过捏练—陈腐—再捏练，从而成为可塑性极好的泥料，非常适用于以轮制法成型各种陶器，仰韶晚期，黄河上游的彩陶空前繁盛，马家窑和半山文化的彩陶，无论是数量还是精美程度均显现了整个仰韶时期的最高水平。龙山文化时期，制陶业有了很大的变化与发展，由于陶窑的改进，封窑技术的出现，再加上轮制技术的进一步普及，大大提高了当时的制陶工艺水平。陶轮的普遍运用和推广，是龙山文化的最大成就，此时黄河流域无论是中上游，抑或是下游的制陶工艺中都使用轮制技术，尤其是下游的山东地区更为广泛，山东龙山文化中的陶器几乎全部使用轮制，在陶器表面都能看到圈痕。因而，中国制陶工艺有一个从黄河流域中上游逐渐转移到下游的过程，呈现制陶工艺中心东移的趋势，可见制陶技术的传播本身就是中华文化交融共生的重要佐证。

　　白陶是在陶制品工艺基础上产生的一种新的工艺制品，因为稀少，所以白陶也和玉器、铜器一样，成为贵族的专用品。黄河流域的中原地区，白陶出现最晚在龙山文化时期。出土商代以前的白陶数量甚少，无纹饰，种类单一，到商代晚期，白陶工艺得到了极大提高，数量与品种明显增多，大多数器皿造型优美，纹饰精致。白陶的胎质采用高岭土烧制，为瓷器的产生埋下了伏笔。随着制陶工艺技术的大大提高，原始瓷器应运而生。黄河中游的殷商文化范围内，在郑州、殷墟、辉县等地都发现了原始瓷器，其中郑州出土的一件原始瓷尊保存较为完整，其器胎呈黄灰色，器表与器里都挂以黄绿色釉，肩部装饰席纹，腹部装饰篮纹①，是目前已知原始瓷器中最为精致的器物之一。

　　中国瓷器工艺发展的高峰在宋代，出现了五大名窑和诸多民窑。江西景德镇窑是宋代重要的瓷窑之一，成为后世中国烧瓷工艺的集大成者。景德镇的成功有多方条件，例如拥有优质的陶土，盛产用于烧瓷的松树，水陆运输四通八达，还有来自五湖四海出色的制瓷、烧瓷工匠将各地制瓷的优秀经验汇聚在一起，种种因素成就了景德镇制瓷技艺的发展与制瓷工艺的高度。据景德镇考古发现，大量青瓷与白瓷始于五代至宋期间，这种青白瓷是一种具有独特风格的瓷器，其釉色介于青白之间，故名青白瓷，如同雨过天晴之后的天色。黄河流域出土的青白瓷数量极多，器物多样，分布广泛，包括河南、陕西、内蒙古等地，是中国传统瓷器技艺的代表。自元代开始，景德镇烧制的青花瓷得到了极大的发展，不仅畅销国内，并且

---

① 郑州市博物馆：《郑州市铭功路西侧的两座商代墓》，《考古》1965年第10期。

大量出口，是元王朝重要的财政收入之一。青花瓷的主要着色剂是钴。由于不同地区产出的钴矿所含物质各有差异，因此不同地区的青花瓷制品其颜色会有深蓝、浅蓝的区别，成为鉴赏青花瓷的一种意趣。青花瓷因其优美的色调和丰富的纹饰，受到不同历史时期瓷器爱好者的追捧和青睐，在中华民族瓷器文化中沿袭时间最长、产量最大、最具中华民族特色。时至今日，对青花瓷制作工艺的创新依然还在延续。

在很长的历史时期中，景德镇的瓷器精品不仅被中国人崇尚、喜爱，并且通过丝绸之路与海上丝绸之路流传到许多国家，如印度、日本、朝鲜、伊拉克、埃及以及东南亚各国等。故而"丝绸之路"亦被称作"瓷器之路"。瓷器的传播强化了中华传统审美文化的内聚与生成，以共通的审美价值观念推动了黄河流域各民族之间的互市互易，同时也有效地推动了中华文化与其他优秀文化的交流互鉴。

第七章　黄河文化发展现状

　　进入21世纪，全球经济迅猛发展、信息交换密集，人类社会面对未曾经历过的大数据时代，多元文化的互鉴交流脱离了以往空间、时间的制约，在千万里之外，或瞬息之间，就能碰撞出灿烂的火花。黄河文化从历史中一路走来，但不会仅仅存留于历史，陈列在博物馆，印刻在文献史籍上或简单呈现于黄河国家文化公园的空间载体。黄河文化通过系统的文化事业和文化产业发展，以各种形式走进千家万户，走向世界各地，成为与新时代相适应的承载中华民族文化自信的基础。只有开放与交融，才能保证历久弥新的黄河文化如同活水源泉继续流淌在中华文明的血脉中，推动中华文化的守正创新。黄河文化由多元汇聚为一体，在一体中又呈现着多元，故而在黄河文化的挖掘、研究与发展中，需要同时强化体现黄河文化的整体性、唯一性和特殊性等多个维度，要在向内聚合的基础上，同时面向更广阔的世界。

　　古今中外的许多学科和学者都对文化展开研究并提出形形色色或相近或迥异的解释，总的来说有一些基本规律：文化是共享的、是习得的，是以符号为基础的整合的体系。在环境影响下，文化会不断发展、变迁，有引导和被引导的属性，有明显的社会和经济效能。宏观来讲，当今世界上任何国家或群体的文化都在这个基本的框架之中。每个国家和群体都有延续自己的文化，塑造主流价值观念，引导文化发展方向的核心任务。所有的国家，无不是积极地对内以文化打造认同凝聚、对外以文化实现价值观念输出，这是文化发展的趋势。在这样的背景下，黄河文化应当积极地担负新的历史使命，引领中华文化在丰厚的历史积累中走上快速发展的道路，为中华民族共同体的凝聚和中华民族伟大复兴提供坚实支撑。不可否认，近几十年以来，文化发展在不尽完善的市场环境中出现了迎合消费的整体趋势。利益驱动不是原罪，但是简单、机械、肤浅、粗暴地开发、利用黄河文化，引导公众产生对黄河文化局部、片面甚至错误的理解与群体认知，则将会成为这个时代对中华文化和民族历史的辜负。在今天，黄河文化受到各界关注，面临新的发展机遇，有必要进一步明确黄河文化在发展中的状态，审视并确立黄河文化的发展道路，明确发展中面临的挑战。

第一节 黄河流域文化遗产的保护

文化遗产是指先人遗留给后代的具有文化价值的财产或财富[①]。中国作为世界上传承历史最悠久的文明体系之一，自古对文化遗产就十分重视。在物质文化遗产方面，中国积累了世界上最为丰厚的遗产体系，包括建筑、器物、书画、经卷等。行走于全世界重要的博物馆机构中，中国历史文化遗存都是最为闪耀的焦点。在非物质文化遗产方面，中华民族更是在千年之前就显现了自觉的态度，整理、记录、传承、发展，延绵不绝。文化原本就是一种群体的记忆，此种记忆往往依附于各类文化遗产之上。维系记忆的方式有很多种，国家有序地编撰典籍，修史立传，民间士绅文人盛行博古收藏之风，普通百姓人家也总会有那么一两件祖辈传下来的物件，这都是个体、集体和国家保存、维系记忆，认识自我，接续发展的具体体现。由历史可见，中国古代对文化遗产的传续深入人心，已形成普遍模式，也可以说，对文化遗产的守护是中华民族千百年来从未停止的一项事业，是数千年形成的自觉传统。

中华人民共和国成立之后，在文化遗产保护方面逐渐形成一些法律、法规和政策。2009年，有了专门的"文化遗产学"，将文化遗产保护纳入学术研究和学科培养体系。文化遗产学作为人文领域的一门新兴学科，重点对中国文化遗产的基本概念和总体构成，不同地域或时期、不同形态或种类的文化遗产及其相互关系、综合价值，文化遗产保护和利用原则、机制、方式，文化遗产保护、利用与社会经济文化发展的关系以及相辅相成

---

① 蔡靖泉：《文化遗产学》，华中师范大学出版社，2014，第47页。

的发展规律等方面展开研究①。"文化遗产学"的建立为中国以黄河流域为代表的中华传统文化的保护与研究起到了重要的引领作用。

　　黄河从青海三江源发源，流经九个省（区），在沿流域的高山、草甸、河谷、平原等不同地理区域中，养育了亿万人民，形成了丰富多元的生产生活方式，也为中华民族沉淀了丰富绚烂的文化遗产。随着时代的发展，黄河流域内诸多珍贵的文化遗产迎来了巨大的发展机遇，同时也面临着严峻的生存危机，尤其是传统文化快速被消解的当下社会环境，优秀文化遗产面临的境遇更为复杂。2019年，"黄河流域生态保护和高质量发展座谈会"召开，习近平总书记强调"要推进黄河文化遗产的系统保护"，首次把黄河文化遗产保护提到与黄河治理同等重要的国家战略高度。2020年，中共中央、国务院印发《黄河流域生态保护和高质量发展规划纲要》，再次强调传承、弘扬黄河文化，对黄河文化遗产进行系统保护。2021年，国务院办公厅印发《"十四五"文物保护和科技创新规划》，部署黄河文物系统保护重大工程，也为黄河文化遗产的保护工作制定了具体方向。

一、吉光片裘：文物保护工作

（一）文物保护体系的建立

　　中国历史中不全是辉煌灿烂的时代，也有过一些特殊的时期，强敌入侵，民族文化遗产遭受损毁、掠夺，成为民族记忆中永远的伤痕，例如近代史上圆明园所经历的劫难。清代大型皇家园林圆明园，汇集了中国园林美景，融入了多元文化的精美建筑，加上历朝历代的书画精品、文物瓷器，被誉为当时世界上规模最大、藏品最为丰富的博物馆，在1860年被入侵北京的八国联军付之一炬。进入20世纪，在"救亡图存"的历史背景下，"睁开眼睛看世界""师夷长技以制夷"和"传统文化自信、自立"成为社会思潮并行发展的两条线索。1906年，清政府颁布中国历史上最早的文化遗产保护法规《保护古物推广办法》②，1930年，民国政府颁布了中

---

① 参考蔡靖泉：《文化遗产学》，华中师范大学出版社，2014，第30页。
② 李飞：《金石与美术：中国现代古物保护观念的起源》，《文博学刊》2018年第2期。

国历史上第一个文物保护成文法《古物保存法》①。中华人民共和国成立后，国家成立了文物局，拟定了文物和博物馆事业的发展规划，拟定了文物认定、博物馆管理的标准和办法，组织文物资源调查，参与起草文物保护法律法规，协调和指导文物保护工作，履行文物行政执法督察职责，协同有关部门查处文物犯罪重大案件等②。为对散失民间与流失海外的文物遗产进行全面清查、追回和保护，国家成立了文物保护机构，健全了法律法规。1950年，政务院先后颁布了《禁止珍贵文物图书出口暂行办法》《古文化遗址及古墓葬之调查发掘暂行办法》《中央人民政府政务院关于保护古文物建筑的指示》等法令③。1961年，国务院正式颁布了中华人民共和国成立以来的第一部综合性的文物保护行政法规《文物保护管理暂行条例》④。这一系列措施为黄河文化的保护、研究与发展创造了良好的环境。1982年，第五届全国人民代表大会常务委员会第二十五次会议通过《中华人民共和国文物保护法》，后于1991年、2002年、2007年、2013年、2015年和2017年多次修订。

　　黄河流域各省（区）均根据《文物保护法》的基本原则，对文物保护实行政府主导、属地管理、分级负责的行政管理体制⑤，建有省（区）、市（州）、县三级文物保护管理机制，逐层落实文物责任，开展文化遗产摸底调查、收藏保护以及相关的研究和展示工作。各级政府逐步提高对文物保护重要性的认识，积极落实文物保护纳入地方经济社会发展规划、纳入城乡建设规划、纳入财政预算、纳入体制改革、纳入各级政府领导责任制，

---

① 鲜乔蓥：《中国文物法制化管理的开端——简析南京国民政府的〈古物保存法〉》，《中华文化论坛》2010年第2期。

② 《国家文物局》，中国政府网，2022年6月25日，http://www.gov.cn/fuwu/bm/gjwwj/index。

③ 《〈文物保护管理暂行条例〉——中国文物保护史上的里程碑》，光明网，2021年6月22日，https://politics.gmw.cn/2021-06/22/content_34938100.htm。

④ 《国务院关于发布文物保护管理暂行条例的通知》，《文物》1961年第5期。

⑤ 《中国文物保护状况》，中国政府网，2012年4月11日，http://www.gov.cn/guoqing/2012-04/11/content_2584143.htm。

切实履行文物保护主体责任，把文物保护列入重要议事日程①。在国家文物保护单位与各地政府的双重作用下，黄河流域的文物保护逐渐建立起完整的体系。

（二）文物普查与文物数据库建设

文物是国家不可再生的文化资源，文物普查可以理解为文物保护部门为国家系统地清点"家产"的过程，是国情国力调查的重要组成部分，是确保国家历史文化遗产安全的重要措施，也是中国文化遗产保护的重要基础工作②。黄河文化遗产体系庞大，作为中国历史文化遗产的核心组成部分，涉及的文物普查工作受到国家与社会各个层面的高度重视。基于三次全国文物普查工作，经过全国重点文物保护单位、省级和县级文物保护单位逐层申报、核定，沿黄各省（区）基本廓清了本地区文化遗存的"家底"，让我们看到体量惊人的文物数据：黄河流域9省（区）共有不可移动文物30余万处，占全国文物总数的39.73%。其中，黄河干支流所流经的69个市（州）共有不可移动文物约16.8万处，包括全国重点文物保护单位1451处，省级文物保护单位4221处，市县级文物保护单位26476处，登记博物馆1325处，世界文化遗产11处，世界文化和自然混合遗产1处，世界灌溉工程遗产3处，全球重要农业文化遗产3处，中国重要农业文化遗产19处③。数据背后对应的是历史，是国家对民族文化的责任显现，是传承黄河文化，系统保护黄河流域丰富文化遗产的工作基点和起点。

目前黄河流域范围内的重点文物保护单位和省级文物保护单位都已基本完成了文物保护范围和监控地带的划定，树立了保护标志碑。另外在革命文物专项调查、连片保护、整体展示、融合发展等各方面也都取得了一些创新性成果。与此同时，国家文物资源大数据库建设快速完善，流域内各省（区）的省级文物保护单位记录档案工作和省级文物数据库的建设工

---

① 《中国的文物管理体制与"五纳入"措施》，中国人大网，2008年5月26日，http://www.npc.gov.cn/zgrdw/npc/xinwen/rdlt/sd/2008-05/26/content_1430187_5.htm。

② 《国务院关于开展第三次全国文物普查的通知》，人民政府网，2008年3月28日，http://www.gov.cn/zhengce/content/2008-03/28/content_5858.htm。

③ 《黄河文物保护利用规划》，国家文物局官网，2022年7月18日，http://www.ncha.gov.cn/art/2022/7/18/art_722_175826.html。

作陆续启动并已见成效。例如陕西省地方财政投入1000万元，2008年完成陕西省文物数据库建设[①]。各地文物研究与管理水平逐步提高，项目申报力度和文物保护资金投入力度也逐年提升。黄河流域的文物保护基础工作已迈入新的发展阶段。

二、文明探源：考古发掘工程

黄河流域是中华文明的重要发源地之一。从1万年前的新石器时代，到距今7000至5000年之间，在黄河流域逐渐形成仰韶文化，并汇集磁山文化、裴李岗文化和老官台文化，以黄河中下游为中心，聚拢起"向心"的文化发展趋势，演绎了被称为中华民族"始祖"的黄帝与炎帝带领氏族部落长期融合发展形成"华夏"的历史过程。地处中原晋南的陶寺文化，敲响了"地中之都，中土之国"第一声钟鸣，此后黄河流域3000多年都是作为中国的政治、经济、文化中心而存在，使不同的历史时期在黄河流域留下了丰富的文化遗产。这些古代文化遗产的发掘与研究，对探索人类发展历程，还原中华民族文明史，提高国家文化软实力与提升民族自信心有着不可估量的价值意义。因此，习近平总书记曾专门对考古文化工作做出重要指示："要加强古代遗址的有效保护，有重点地进行系统考古发掘，不断加深对中华文明悠久历史和宝贵价值的认识。"[②]在国家总体部署下，黄河流域各省（区）为深入探索中国文明发展历程，一批批考古科研人员接续前行，通过一系列重要的标志性考古工程，使中华文明源头的样貌逐渐清晰。

（一）中华文明探源工程

在黄河上游，史前考古文化类型主要有大地湾文化、马家窑文化、齐家文化等，仅大地湾遗址，就涵盖了仰韶文化的早期、中期和晚期；黄河中游的史前考古文化类型主要有磁山文化、裴李岗文化、老官台文化、贾

---

① 马力、刘拥政：《加强文物数据库建设　推进文物数字资源应用》，《文博》2010年第4期。

② 《习近平的文化情怀——"要加强古代遗址的有效保护"》中国政府网，2022年6月21日，http://www.ncha.gov.cn/art/2022/6/21/art_722_175145.html。

湖文化等；黄河下游的史前考古文化类型主要有后李文化、北辛文化、大汶口文化、龙山文化等，整个流域在中国史前考古文化类型中占比很大。黄河沿线各省（区）组织考古科研人员和团队进行了长期、大量的考古研究工作，为中国文明起源的研究提供了可靠的历史依据，为众多学术问题的进一步讨论奠定了坚实的基础，尤其是"中华文明探源工程"在黄河流域的展开，为人们揭开了独一无二的史前精彩画卷。

中华文明探源工程全称为"中华文明起源和早期发展综合研究"，是继中国"夏商周断代工程"之后又一重大考古科研项目。自2002年起，20多个学科的400多位科研专家展开了对中华文明起源、形成、发展的历史脉络研究，为中华文明多元一体格局的形成和发展过程，以及中华文明的特点及其形成原因等方面寻求更多考古研究支撑。探源工程的重点区域在黄河流域，按照探源工程的重点工作内容，分为预研究（2002—2003年）、第一阶段（2004—2005年）、第二阶段（2006—2008年）、第三阶段（2009—2012年）、第四阶段（2013—2018年）和第五阶段（2020—2024年）[1]。预研究阶段主要为准备工作，探索出一套多学科相结合的技术路线和实施方案。第一阶段开展公元前2500年到公元前1500年中原地区文明形态研究。这一时期黄河中游气候温暖湿润，适宜农业耕作，各类青铜器、陶器、石器、玉器的制作都有较大进步。农业生产中出现了水稻种植，家畜饲养开始兴起，物种有起源于西亚的小麦和绵羊传入。文化方面出现古人祭祀与观测天象的场所，考古发现中提出古代宫殿建筑的中轴对称特点出现时间等问题，还发现了夏代都邑遗址。虽然也有地质灾害频发的短周期，但整体这一阶段的考古结果呈现出彼时"安乐祥和的远古生活画卷"[2]。第二阶段研究公元前3500年到公元前1500年，研究范围从中游区域扩大到整个黄河流域，重点在各个区域内的都邑和区域性中心遗址。这一时期黄河流域的不同区域已经形成了不同的文化圈，并开始了更为广泛的交往交流，文化出现融合与汇

① 王巍：《中华文明探源工程——揭示中华文明起源、形成、发展的历史脉络》，《人民日报》2022年7月4日第9版。

② 参考王巍：《中华文明起源研究的新动向与新进展——以中华文明探源工程（第一阶段：2004—2005年）为中心》，《社会科学管理与评论》2007年第2期。

聚，显现出黄河流域早期交融共生文化的发展痕迹。社会发展方面，农业种植技术与家畜饲养技术都有所提升，部分区域发展出水、旱两种不同的农业方式，社会分工更清晰，手工业也开始专业化。山西陶寺遗址中的大量随葬品和墓葬形式呈现出阶级社会的特征，社会分化明显。这是一个黄河流域"稻谷飘香"的时代[①]。第三阶段和第四阶段，依然围绕公元前3500年到公元前1500年之间，主要对已有的考古成就展开更加细致的研究。第五阶段，黄河流域影响比较大的考古工作是在中游地区推动的"中原地区文明化进程研究"和"夏文化研究"两项工程，通过这两项工程，对黄河流域古文明的持续发展与内涵进行深入探究。例如平粮台城址发掘，整个城址方正、对称的布局，显现当时城镇建设中的规划水平。遗址中发现国内目前已知最早和最为完备的城市排水系统，在南城门内发现的"双车轴"痕迹，将中国用车的开始时间提前了500年[②]。通过对二里头都邑遗址与各类史籍、诗书的考证，勾画出史前时代"最初中国"的地域范围"夏都地域"[③]，明确了二里头中心都邑与次中心聚落之间的关系，揭示了二里头早期国家的管理运行模式。另外庙底沟彩陶以其独特性被研究者所重视，显现仰韶文化庙底沟类型对不同区域文化类型的整合以及对外扩展的影响，使其"成为中国史前文化一体化中最为鲜明的纽带，为我们展示了中国历史上第一次波澜壮阔的以中原文化为中心的文化大交流、大统一的浩瀚局势"[④]。通过对仰韶文化庙底沟类型的分布范围、传播与扩张的考证，可以看到整个黄河中上游地区的仰韶文化融合发展的过程。文化内部的一致性、统一性不断增强的发展趋势推动文化之间的联系越来越密切，形成几个大的文化群，并形成黄河流域的一次文化大融合。

---

① 参考杨阳：《"中华文明探源工程（二）"取得重要进展》，《中国社会科学报》2009年9月15日第1版。

② 参考方燕明：《2019年度河南省五大考古新发现》，《华夏考古》2020年第3期。

③ 参考王震中：《论二里头乃夏朝后期王都及"夏"与"中国"》，《中国社会科学院大学学报》2022年第1期。

④ 《庙底沟文化：中华文明中一颗耀眼的恒星》，河南省文化和旅游厅官网，2022年6月10日，https://hct.henan.gov.cn/2022/06-10/2465312.html。

（二）黄河流域的其他考古成就

黄河流域重大考古工程，不仅为中国文明发展历程提供了确凿的历史依据，更重要的是具有文明历程探索史上划时代的意义。20世纪70年代，在河南省安阳市发现的"妇好墓"，开启了中国文明史上的诸多"先河"。妇好墓是当前考古成就中唯一和甲骨文相联系，并能确定其修建时间、墓主人及其身份的商朝王室成员的墓葬，以随葬器物之丰富、来源地域之广泛，成为中国20世纪70年代最重要的考古成就，也是20世纪20年代以来殷墟宫殿宗庙区最重要的考古发现之一。墓主"妇好"是商代武丁王众多妻子中的一位，同时还是武丁王重要的"巫师"与战功显赫的女将军。1976年，由殷商考古专家郑振香、陈志达二位先生主持妇好墓发掘工作，发掘成果让世界首次了解到商代王室墓地的全貌。一座墓葬刻录了墓主率军南征北战，为商王朝拓疆辟土立下汗马功劳的战争历史[1]，甲骨文的记载则勾画出了中国历史上第一位有据可查的"女将军"形象。

随着考古技术的不断更新，自20世纪90年代以来，黄河流域的重大考古工程取得了一系列突破性的成就，一次次将中国文明推向史前更久远的年代，奠定了中华文明在人类文明史上的重要地位。1990年起，每年评选的中国"十大考古发现"中，黄河流域的考古成就令人振奋。从1990年河南殷墟郭家庄160号墓的发掘，到陕西汉景帝阳陵从葬坑及其彩绘陶俑的出土、宁夏宏佛塔天宫西夏文物等重大发现，再到2019年河南安阳辛店商代晚期铸铜遗址、陕西西安秦始皇帝陵大型陪葬墓、青海乌兰泉沟吐蕃时期壁画墓发掘等，无不显现黄河流域考古研究的强劲发展势头。特别是青海吐蕃墓，完整呈现了唐早期柴达木盆地吐蕃等族群的民俗生活与文化样貌，再现了古代汉藏文化的融合进程与丝绸之路在青海的文化交流盛景，彰显了黄河流域各民族历史文化交融共生的历史内涵。如表7-1所示，20世纪90年代以来，黄河沿线各省（区）的重大考古发现占全国考古发现的45%；21世纪前20年，黄河沿线各省（区）

---

[1] 《甲骨文的发现地、河南博物院镇馆之宝：妇好鸮尊发现地，安阳殷墟》，搜狐网，2022年8月4日，https://new.qq.com/rain/a/20220804A0BEYZ00。

的重大考古发现在全国考古发现中的占比分别为47%和45%。

表7-1　黄河沿线省（区）1990—2019年重大考古发现表①

时间	全流域	四川	青海	甘肃	宁夏	陕西	内蒙古	山西	河南	山东
1990—1999	45	3	1	1	1	5	3	5	18	8
2000—2009	47	4	1	3	0	8	3	6	16	6
2010—2019	45	5	1	1	2	13	4	5	10	4
1990—2019	137	12	3	5	3	26	10	16	44	18
在全流域占比	—	9%	2%	4%	2%	19%	7%	12%	32%	13%

（三）国家考古遗址公园

黄河流域的考古文化遗产多且精，为人类文明发展历程的探索提供了充分的考证依据。近几十年来，随着人们对人类历史的关注度日渐提升，考古已不再是鲜有人涉足的冷僻领域，相反越来越受到人们的重视。为了满足社会对考古知识的需求，向大众展示人类文明历史的演变进程，更好地对考古文化遗址进行全面保护，中国于2009年12月正式开始国家考古遗址公园建设，截至目前已经在全国范围内完成三次申报、审批、立项工作。全国共评定国家考古遗址公园36处，立项67处，总计103处，分布于27个省②。其中，黄河流域9省（区）均有评定的国家考古公园遗址与立项处，共计48处，占全国考古遗址公园总数的47%，其中仅河南省与陕西省就有28处，占全国近1/4③。这些考古遗址文化公园的建立，在保护黄河流域文化遗存和传承利用方面正在发挥着重要作用。

国家系列考古遗址文化公园的建设标志着当前文化遗产保护中的可持

① 数据资料来源于国家文物局委托中国文物报社和中国考古协会举办的"全国十大考古新发现"公布的结果。
② 数据资料来源于2010—2017年国家文物局公布的"国家考古遗址公园名单和立项名单"，国家文物局，2010年10月12日，http://www.gov.cn/gzdt/2010-10/12/content_1719846.htm。
③ 数据来源于国家文物局公布的三次国家考古遗址公园（含立项）名单。

续性与整体性开发保护理念已深入考古研究。考古遗址是历史文化遗产中的瑰宝，悠久的历史是其主要价值体现，恰恰也是历史的久远性造成了考古遗址发现困难、挖掘困难、整体保护困难，以及资金需求大、缺口大等一系列的问题。当前国家大力推进的国家考古遗址公园建设较好地缓解了以上问题，一方面整体性保护及时将一些开采难度大和未展开挖掘的遗址，以及一些分散较广的遗址提前纳入了公园建设范围内，提升了保护的前瞻性。另一方面，国家考古遗址公园中的资金投入与运营经费的收入，或可部分解决考古工作中的资金需求问题，利于推动考古遗址保护的可持续性发展。

另外，黄河流域内考古遗址星罗棋布，许多遗址分布在民众集聚居住区，还有许多遗址分布于矿区和一些经济利益较好的地方性盈利产业区域，文物保护与地方社会经济发展难免会面临取舍。国家考古遗址公园建设以来，有效解决了部分考古遗址的安全保护问题，遗址周围环境状况也得到了明显的改善。例如，大明宫遗址在西安市区内部，长期以来文物保护工作难度很大，一直处于较为消极的被动保护局面。2007年开启大明宫国家考古遗址公园建设以来，文物遗址保护的被动局面得以扭转，在一系列相关法律政策的保障下，文物得到严格保护，周边较广范围内的基础设施建设、环境绿化、治安管理水平都得到明显提升。

国家考古遗址公园建设的主要意义之一在于彰显黄河文化的时代价值。黄河流域作为中华文明的重要发源地之一，其考古遗址大多为中国源流性文化遗址，其根源性文化内涵与价值较多集中在学术研究与文化普及方面，较强的专业性限制了社会各界将其开发成界面友好的文化产业，从而与社会发展相互割裂，无法融入民众的日常生活，而考古文化遗址公园的建设则有望解决这一难题。在国家考古文化遗址公园的评定细则中就明确要求必须积极举办各种与遗址内涵相关的文化活动，并体现教育性、普及性、针对性，能够寓教于乐。积极举办各种类型多样的，与遗址内涵相关的教育研学、社会培训、公众讲座等科普教育活动[1]。遗址公园把冷僻

---

[1] 《国家文物局关于公布〈国家考古遗址公园管理办法〉的通知》，中国政府网，2022年4月2日，http://www.gov.cn/zhengce/zhengceku/2022-04/02/content_5683110.htm。

的专业学术知识通过综合开发呈现给公众，发挥公园的公共文化服务功能，将考古文化融入国民基础教育。一些城市把国家考古遗址公园建设成了城市文化地标和市民休闲活动场所，通过对文化遗址的专业展示与公园娱乐休闲活动相结合，让遗址与文物不再冷冰冰地被封存在黄线之内，而是以丰富的形式深度融入民众日常生活，有效推进黄河文化的时代价值深入民心。

三、再现辉煌：遗产展示教育

博物馆是黄河文化保护与开发利用过程中必不可少的环节与重要的展示窗口，也是黄河文化开发与保护过程中形成的比较成熟的文化行业体系。自20世纪末以来，博物馆本身从起初单一的展览机构已逐渐发展成为集文物收藏、保护、展示、研究、宣传、教育于一体的现代化文化机构。目前，黄河流域的博物馆作为黄河文化的知识宝库，通过各类实物、影音图像和文字资料、工程模型与电子文化博物体系等，向人们展示中华民族的发展历程，为今天的民众了解黄河历史、传承黄河文化、提升民族自信做出巨大的贡献。

图7-1　1955年成立的黄河博物馆

（图片来源：李晓怡）

（一）辉煌历史的空间展示

20世纪初至20世纪中期，黄河流域陆续建立的博物馆及相关机构开始广泛收集珍贵的古生物化石和历史文物①，至今，黄河流域的博物馆事业已经取得了极其丰硕的成果，在全国的文化行业中处于优势位置。这些博物馆如同黄河文化最为忠实的卫士，守护着数量巨大的历史文物，向世人讲述黄河的故事。如表7-2所示，截至2019年，黄河沿线9省（区）共有博物馆2166家，在全国博物馆中占比39%；藏品数量13037100件，占比31%；珍贵文物819712件，占比18%；陈列展览数量9242件，占比32%。博物馆作为黄河文化重要的复合载体，在全国范围来看，建设体量、藏品数量、珍贵文物的陈列与展览频次占全国比重都较高。

表7-2　2019年黄河沿线省（区）博物馆情况表②

类别	博物馆	藏品	珍贵文物	陈列展览
全国数量/件	5535	42235183	4605626	28630
黄河流域数量/件	2166	13037100	819712	9242
黄河流域占比	39%	31%	18%	32%

通过表7-3可以看出，在国家级博物馆的评选中，黄河沿线省（区）一级博物馆在全国占比31%，二级博物馆占比32%，三级博物馆占比33%，黄河文化的优势在博物馆事业中得到了充分的发挥，极好地支持了博物馆社会服务体系的建设，并且在黄河沿线省（区）的2166所博物馆中（如图7-2所示），1873所博物馆均为免费开放，占比86%，在公共文化服务体系中发挥了较大作用。

---

① 参考李永平、李天铭：《甘肃博物馆事业发展述略》，《中国博物馆》1998年第12期。

② 数据资料来源于《2019年度全国博物馆名录》，人民政府网，2020年5月22日，http://www.gov.cn/zhengce/zhengceku/2020-05/22/content_5513734.htm。

表7-3　2019年黄河沿线省（区）国家级博物馆情况表①

区域	博物馆	一级博物馆	二级博物馆	三级博物馆	未定级博物馆
全国数量/件	5535	130	285	436	4684
黄河流域数量/件	2166	40	91	146	1889
黄河流域占比	39%	31%	32%	33%	40%

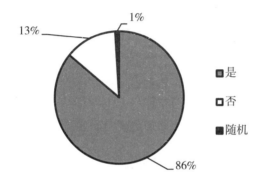

图7-2　黄河沿线省（区）博物馆开放情况示意图②

(二)灿烂文化的"云上传播"

　　博物馆在近些年的发展中，不仅仅是形式与数量上的快速增长，同时利用新兴科技与现代产业模式进行大跨步的革新，除发挥文物展览等原生性功能外，积极与社会各界对接，利用新技术、新方法在机关事业单位、教育行业、社会团体、各大企业开展形式多样的教育活动。黄河流域各省（区）的2166所博物馆，仅2019年举办教育活动次数高达79460次，每个博物馆平均承办教育活动次数37次，共接待参观人员39429万人次，每个博物馆平均参观人数18.2万人次③。"到博物馆""在线游博物馆"成为时

---

① 数据资料来源于《2019年度全国博物馆名录》，人民政府网，2020年5月22日，http://www.gov.cn/zhengce/zhengceku/2020-05/22/content_5513734.htm。

② 数据资料来源于《2019年度全国博物馆名录》，人民政府网，2020年5月22日，http://www.gov.cn/zhengce/zhengceku/2020-05/22/content_5513734.htm。

③ 数据资料来源于《2019年度全国博物馆名录》，人民政府网，2020年5月22日，http://www.gov.cn/zhengce/zhengceku/2020-05/22/content_5513734.htm。

尚，安静的博物馆逐渐"活"了起来，积极探索各类数字"云"平台在博物馆业务开展中的创新应用，为馆藏文物展览品的开发利用带来更多可能性，尤其是在黄河流域各省（区）的智慧博物馆、数字博物馆建设方面取得了较大成就。如甘肃、宁夏等地的虚拟博物馆近年来发展势头迅猛，截至2018年底，仅甘肃省就有38个文博单位在"腾讯博物馆"上线，方式多元、参展便捷的网络途径，吸引了大量观众。其中敦煌研究院与腾讯共建的"数字丝路"网站，在融媒体平台全年浏览量超过1亿次①。此外，敦煌研究院利用数字资源，创新性地推出"云游敦煌""敦煌文化数字创意"等一系列线上"云展览"活动，有效推动文物数字化②，为黄河流域博物馆开辟了"云上传播"之路。

四、赓续前行：文化记忆传承

1939年，一首《黄河大合唱》以"黄河"为符号颂唱了中国人民坚强不屈的斗争精神，凝聚了中华民族团结一致反抗侵略的爱国主义精神，也是中国人千百年传承不变的家国精神的时代反映。走过80多年的历史，至今这首歌曲仍然是中国人的精神引领，广受民众喜爱，伴随着奔腾不息的黄河一直留存于中国人的群体记忆中。当前全世界面临新的社会文化环境，伟大精神似乎正在远去，和人群记忆之间的联系逐渐被割裂，"中国今天的文化批判领域，唯独对消费'异化'的批判是整体缺席的"③。在此背景下，中华优秀文化的记忆传承弥足珍贵。2019年，清华大学清影纪录团队创作民族志纪录电影《大河唱》，以音乐人苏阳为线索，记录了黄河岸边的四位民间艺人的文化实践历程，分别是道情皮影戏班主魏宗富、陕北说书艺人刘世凯、"花儿"歌手马凤山和秦腔班主张进来。四位民间艺人称自己是黄河水养育长大的，他们赞美黄河、歌唱黄河。在民间艺人的引导和传统艺术的滋润下，音乐人苏阳发起了"黄河今流"计划，将黄河流域的民间文化嫁接到现代艺术的表现形式中，让古老的黄河文化再次

---

① 施秀萍：《甘肃文博事业数量质量魅力齐提升》，《甘肃日报》2019年2月10日第1版。
② 赵声良：《打造敦煌文化时代新坐标》，《人民日报》（海外版）2020年3月9日第7版。
③ 让·鲍德里亚：《消费社会》，刘成富、全志钢译，南京大学出版社，2014，代译序第7页。

绽放出新的生命力。《大河唱》让我们看到了民族文化记忆延续传承的一种样式，也让我们看到了黄河与黄土高原共同孕育的古老文化在新时代，在"非遗保护"的新语境下，再次被激发充满活力的希望。

（一）自"下"而"上"的实践

黄河水孕育出的文化精髓，从《诗经》"河水洋洋，北流活活"到如今《大河唱》中的皮影、秦腔，悠悠千年文明一直都深深扎根在民间。田间地头的人们倦了唱几句小调，荒芜的高原上排遣寂寞时喊上几句信天游，"漫"在山间田野的"花儿"，岁时年节中的皮影、评书、秦腔、社火，在民间，无数散落的珍宝，质朴、深沉。但面对社会的快速发展，人们的生活结构、精神文化世界正在发生着快速的变化，也致使黄河流域民间文化遗产传承堪忧。随着2001年昆曲被列入"人类非物质文化遗产代表作名录"，民间文化遗产保护进入国家非物质文化遗产保护工程，一场自"下"而"上"的文化保护实践拉开帷幕。自2006年国家非物质文化遗产保护工作开展，黄河流域各省（区）积极投入非物质文化遗产的保护传承工作之中。如表7-4所示，截至2021年，国务院先后公布了五批国家级非物质文化遗产名录，全国共计3610项，黄河沿线省（区）共有1042项，占比29%，对黄河文化的多样性传承起到了有力的支撑作用。

表7-4　黄河沿线省（区）国家级非物质文化遗产代表性项目情况表①

单位：项

区域	国家级非物质文化遗产代表性项目
全国	3610
黄河沿线省（区）	1042
四川	153
青海	88
甘肃	83
宁夏	28

① 数据资料来源于国家级非物质文化遗产代表性项目名录。

续表7-4

区域	国家级非物质文化遗产代表性项目
陕西	91
内蒙古	106
山西	182
河南	125
山东	186

《中华人民共和国非物质文化遗产法》出台后，黄河流域各地结合地方实际情况，积极推进地方非物质文化遗产立法实践，健全非物质文化遗产机构设置，切实履行保护主体责任，取得了显著成效。如表7-5所示，目前黄河9省（区）均已出台省（区）级非物质文化遗产地方性法规。《中华人民共和国非物质文化遗产法》和所有地方性法规中都要求县级以上人民政府应当将非物质文化遗产保护、保存工作纳入本级政府国民经济和社会发展规划，其中，内蒙古、宁夏还将非物质文化遗产保护纳入城乡（建设）规划，可见其力度。

表7-5　黄河沿线省（区）省级非物质文化遗产地方性法规汇总表①

序号	省(区)	法规名称	实施时间	章节和条目
1	四川	四川省非物质文化遗产保护条例	2017-09	7章63条
2	青海	青海省非物质文化遗产保护条例	2021-12	7章56条
3	甘肃	甘肃省非物质文化遗产保护条例	2015-06	6章55条
4	宁夏	宁夏回族自治区非物质文化遗产保护条例	2006-09	6章46条
5	内蒙古	内蒙古自治区非物质文化遗产保护条例	2017-07	7章62条
6	山西	山西省非物质文化遗产保护条例	2013-01	6章36条
7	陕西	陕西省非物质文化遗产保护条例	2014-05	7章45条
8	河南	河南省非物质文化遗产保护条例	2014-01	6章50条
9	山东	山东省非物质文化遗产保护条例	2015-12	7章48条

①资料来源于各省文化和旅游厅公布的非物质文化遗产保护条例。

（二）文化振兴的尝试

辩证来看，在一个时期内，社会经济的发展客观上改变了传统民间文化的生存土壤，但同时也在一定程度上赋予传统文化新的生命力。在民间不难发现很多传统文化受到新兴事物、外来文化或者商业文化的冲击，经过阵痛与调适，在适当的引导下，反而获得了新的发展力量，呈现出更具适应性的文化形态。如同传统的京剧、秦腔或"花儿"，遇到新的媒介，在自媒体时代迸发出巨大的能量，甚至形成新的文化热潮。文化的发展规律如同生活中的四季轮回，如同一条永不停歇的河流，"流水不腐"是其核心密码。应该说，一切新鲜事物从来都不是中华优秀传统文化的对立面，而是融合发展的新契机。回顾黄河文化几千年传承的历史，也是因为不断地接纳、融合、创新发展，才会在每个历史阶段不断达到更高的文化水平。今天如火如荼开展的"非物质文化遗产工作坊"亦是如此，新的审美标准、市场需求与传统的文化元素、传统技艺相结合，释放出新的发展动能。

非遗工坊是非物质文化遗产保护性发展的新突破，主要指的是依托非物质文化遗产代表性项目或传统手工艺，开展非遗保护传承，带动当地人群就地就近就业的各类经营主体和生产加工点[1]。黄河流域近年来积极推进非遗工坊标准化建设，巩固脱贫攻坚和文旅产业建设成果，积极探索开展非遗助力乡村振兴工作，凸显乡村振兴中非物质文化资源的优势，推进中华优秀传统文化的创造性转化和创新性发展，催生了一批"文化能人"与文化产业，促进就业增收，也促进了非遗的"共有"和"共享"。目前沿黄各省（区）的非遗工坊在发展中均获得了较好的效果，例如河北廊坊市2020年以来共命名非遗工作坊55个，累计组织非遗技艺培训600余次，培训学员近2万人次，为乡村相对贫困人群提供就业岗位1500余个，人均年收入超4万元。其中大城县臧屯镇九间房村的葫芦烙画创作，年销售额达2000多万元。以永清县别古庄镇为中心的地区，拥有核雕企业和工坊2000多家，核雕从业者4万余人，年产值60多亿元，成为中国最大的核雕

---

[1] 王巨山：《国家战略背景下传统工艺工作站与非遗工坊建设探析》，《文化遗产》2023年1月第1期。

创作、生产、销售基地，产量占据全国市场的绝大部分份额，远销20多个国家和地区①。

（三）整体保护的实施

按照一些学者的阐释，今天中国的非遗保护已经进入2.0阶段，从单个非遗项目和传承人保护转向文化遗产的整体性、区域性保护，文化生态保护区的建设是其中的主要实施举措。文化生态保护区建设是一项整体性工程，由生态环境、经济环境、政治环境、社会组织环境等多个层面构成，形成自然、经济、政治、社会、人等诸多因素相互嵌合的复杂结构，其建设的基本要求就是"见人见物见生活"，相比较已有的非遗保护工作，文化生态保护区具有"宏大叙事"的特征，要承担与"大国发展"需求相适应的文化保护与建设的双重使命。

2007年起，黄河流域开始全面推进文化生态保护区建设，目前已经取得了不菲的成绩。2010年6月，经文化部批准设立的晋中文化生态保护试验区是黄河流域最早投入建设的项目之一，实验区以晋中盆地为中心，以"一带（农耕文化带）一廊（晋商文化走廊）一区（方言文艺区）一圈（节庆文化圈）"为鲜明地域特色，以中原文化和北方游牧文化为民族文化底色，体现了中国传统农耕文化的显著特征和中华文明海纳百川、多元一体的文化特征。全区现有国家级非遗名录项目38项、省级非遗名录项目113项，是非物质文化遗产资源集中地区。文化生态保护实验区建设工作启动以来，已建成11个县级综合传习中心、20家博物馆及展示馆、136个传习所。保护区积极开展非遗进校园活动，许多非遗项目进入中小学课堂，成为必修课程。2017年，太原理工大学、山西戏剧职业学院等院校入选山西省"中国非物质文化遗产传承人群研培计划"。2015年，山西省实施"乡村文化记忆工程"，积极组建各类非遗场馆融入当地旅游业，助力当地旅游业发展，对非物质文化遗产进行宣传推广②。

---

① 《非遗工坊 让老手艺释放新动能》，廊坊传媒网，2022年8月3日，http://www.lfcmw.com/shms/content/2022-08/03/content_933656.html。

② 参考杨渊、郭志清：《山西晋中：乡情乡韵温润年轻一代》，《中国文化报》2017年6月7日第5版。

目前来看，文化生态保护区建设是一个契机，基于文化生态保护区的文旅融合发展能够有效引导文化与市场、产业相结合，并实现产业转型，有利于形成以人为主体，以社区为基础，在生产生活中完成文化遗产活态传承的良好局面，使文化遗产转化为实现乡村振兴和乡村文明建设的重要资源。

第二节　黄河文化的产业化发展道路

毋庸置疑，文化产业化对全世界而言都是新的经济增长点。因为巨大利益的吸引，文化的产业化发展道路是社会各个层面关注的问题，理论研究和实践主张繁多。对黄河文化产业化发展道路而言，至少存在以下要点：一是文化产业发展中需要坚持的方向；二是文化产业与民众的关系；三是文化产业发展中文化元素的覆盖度、密度以及契合市场需求的程度。对产业发展中的文化产品而言，可感、可触的文化产品，其商业价值中还需嵌入饱满的文化形象和精神内涵。在可感、不可触的类似音乐、电影、舞台剧等文化产品的创作过程中，也要充分考虑其精神层面的建设，避免文化消费对文化主体的异化，使文化既具消费属性，又能够支撑民众的精神家园，保证不同文化元素与精神内涵依然有可依附的文化体系。

伴随社会经济的快速发展，近些年在文化产业化的推动下，中国传统文化呈现快速复兴的局势。例如腾讯地图携手北京故宫推出的"玩转故宫"小程序，腾讯携手敦煌飞天以二次元形象入驻各类网络游戏等。但同时，在衣食住行等与日常生活密切相关的产业中，文化元素的充分体现仍有较大空间，而这恰恰是文化产业最需深耕的领域。在黄河流域，文化产业化的发展道路已有清晰的体现，但整体来说覆盖面依然狭窄，要从民众的生活世界出发，在触手可及的现实中开拓黄河文化发展的态势，由此为人们传递强烈的民族自信心与自豪感，将会是黄河文化应有的产业化发展道路。

一、重奏"黄河大合唱"

《黄河大合唱》是中华民族在特殊时期奏响的时代强音，诞生于黄河岸边，并迅速成为抗战年代的"主旋律"，其强大的感召力，给予民众莫大的信心，演绎出中华民族伟大的抗争精神和雄伟气魄。"合"，是古老黄河文化的根本基因，也是中国传统文化生生不息的内生力量。在新时代黄河文化产业发展过程中，"合"依然是关键所在。重新奏响"黄河大合唱"，在顶层设计下，团结社会各界力量，充分发挥文化交流平台的作用，搭建起社会交流合作的桥梁，积极开展落实重大文化项目，助力黄河文化产业发展迈上新的台阶，才能再创黄河文化辉煌。

（一）产业合作与平台发展

推动黄河文化的开发利用，是新时代黄河流域地方社会经济建设千载难逢的重大历史机遇。在开放的世界体系中，合作与对话是主流，国与国之间的文化交流和民间往来都愈加频繁，为黄河文化的发展和对外交流提供了充分的外部条件。通过政府的政策支持与引领，黄河流域在和平、合作、共赢的时代潮流下，积极搭建各类国际文化交流平台，引导黄河文化产业逐渐走向世界。

黄河下游依托悠久的历史文化资源和区位经济发展优势，于2018年、2021年分别在山东省淄博市博山区和河南省开封自贸片区建立了国家文化出口基地，创新了中国对外文化贸易发展体制，打造出了一批具有实力的国家文化企业。其中山东淄博博山区作为中国琉璃之乡和五大瓷都之一，具有较好的文化产业发展基础，但地方原有的行业发展模式普遍存在创新动力不足的问题，大多数的订单都是根据要求进行单一生产加工的。成立国家文化出口基地之后，博山区借助国家文化出口基地的政策红利，打造陶琉文化创意产业园，并与十几所高校形成产学研合作模式，着力琉璃、陶瓷产业的自主创新能力，开发出了一批具有中国文化元素的高品质产品，拉长做厚了陶琉文化产业链，不仅带动了区域社会经济的发展，还向世界推介了黄河文化[①]。还有河南的案例，河南省开封市开封自贸试验区坚持推进文化产业国际化发展，充分发挥自贸试验区改革创新优势，围绕"构建国际文化贸易和人文旅游合作平台"定位，聚焦"艺术品交易"和

---

① 《新闻联播：山东加快建设国家文化出口基地　推动文化贸易高质量发展》，搜狐网，2022年8月1日，https://www.sohu.com/a/573435490_121346104。

"文化金融"，推动"文化+"向"高端要素+文化"模式的拓展，以推进文化和旅游融合发展，也形成了独具特色的"自贸+文化"发展模式①。

黄河上游流域依托独特的文化资源和丰富的自然资源，也着力打造了一批特色鲜明、成效卓越的国际文化交流合作平台，取得了文化产业的高速发展。以宁夏回族自治区为例，首先是自治区政府和地方政府共同联合主办系列黄河国际文化旅游节会，其中第十一届丝绸之路大漠黄河国际文化旅游节紧扣"大漠""黄河""丝路"三个核心要素，上演了一系列以黄河文化为主题的特色文艺节目，开展了相关巡游表演、美食节、书画摄影展、非遗及文创商品展等特色文化和旅游活动，组织黄河志愿者共同宣读《沿黄省区保护母亲河，弘扬黄河文化共同宣言》②，达到了较好的文化引导效果。其次是重点发挥区域内的自然资源优势，大面积种植葡萄，发展葡萄酒产业，并以此成功举办系列国际葡萄酒文化旅游博览会。2021年，宁夏酿酒葡萄种植面积达到52.5万亩，占全国总数的近1/3，酒庄228家，年产葡萄酒1.3亿瓶，葡萄酒产业综合产值突破300亿元。与此同时充分发挥产业形成的葡萄酒文化资源，积极加强与国际专业组织和法国、意大利等主要葡萄酒国家的交流合作③，努力将中国葡萄酒文化产业推向世界，打造黄河流域葡萄酒文化的品牌知名度和影响力。青海省近年来也积极利用对外合作共建平台、联合举办国际性节会等方式推进文化产业发展。如2019年青海省海东市举办的"河湟勇士"国际拳击争霸赛④，以及青海国际唐卡艺术与文化遗产博览会⑤等。在政府引导、多方主体积极搭建的各

① 《自由贸易试验区开封片区"试验田"种成"高产田"》，河南省人民政府官网，2021年4月1日，https://www.henan.gov.cn/2021/04-01/2118866.html。
② 《宁夏举办大漠黄河国际文化旅游节》，中华人民共和国文化和旅游部，2021年5月10日，https://www.mct.gov.cn/whzx/qgwhxxlb/nx/202105/t20210510_924351.htm。
③ 《第二届中国（宁夏）国际葡萄酒文化旅游博览会9月6日—12日在银举办》，银川市人民政府网，2022年8月26日，http://www.yinchuan.gov.cn/xwzx/toutiao/202208/t20220826_3690213.html。
④ 《国际品牌赛事》，青海省文化和旅游厅，2019年4月1日，http://whlyt.qinghai.gov.cn/zt/2019whlyj/hdap/styj/735.html。
⑤ 《第四届青海国际唐卡艺术与文化遗产博览会举行》，中国非物质文化遗产官网，2011年8月22日，https://www.ihchina.cn/Article/Index/detail?id=16641。

类国际文化交流平台的助力下，广泛的合作发展比历史上任何时候都更有效地激发了中华民族文化的活力。

（二）政企"联姻"与项目带动

英国人类学家爱德华·泰勒曾对文化做了如下定义："文化是一个复合整体，它包括知识、信仰、艺术、道德、法律、风俗以及作为社会成员的人所获得的其他任何能力和习惯。"[1]泰勒在文化的概念中阐明了文化在社会生活中存在的抽象性，似乎无处不在，又似乎无处可寻。以此来说，黄河文化产业的发展也不是单一的存在，无法像特定行业发展那样将之明确划归于某一领域，既不能因其文化背后的公益性就将其单纯地划归于政府公共事业中，也不能因其产业性质而将其完全划归社会商业领域，作为社会在一定阶段的必然发展趋势，文化产业需要社会各界共同合力，才能将其推向更远的发展前景。

黄河文化面对自身的发展需求、人们日益提升的精神需求以及地方经济社会发展的多种需求，集社会共同之力向产业化方向发展是必然的趋势。目前，在相关政策的支持下，已有效搭建起促进文化和金融机构、社会资本等有效对接的平台，为黄河文化和相关产业发展集智聚力，拓宽产业项目投融资渠道，促成了一批优质文化项目的投融资合作，为推动全流域文化和产业高质量发展注入新的活力。例如2015年河南开封市举行首次政府和社会资本合作（PPP）项目推介暨签约仪式，通过政府和社会资本的"联姻"，充分运用合作建设新模式为国家文化园区发展注入活力。其中开封宋都古城文化产业园区项目建设中的清明上河城项目总投资额30亿元，该项目以《清明上河图》为蓝本，辐射古汴河、宋外城遗址、明护城大堤等历史文化遗存，旨在打造具有重大国际影响力的区域生态休闲度假区，并带动整个项目21平方千米辐射区的社会经济发展。同时，开封市多渠道吸引社会资本广泛参与文化产业发展，引入了河南开心一方置地集团投资120亿元建设朱仙镇国家文化生态旅游示范区、河南建业集团投资2.5亿元建设七盛角民俗文化区、河南海龙集团投资3.4亿元建设城摞城新郑

---

[1] 爱德华·泰勒：《原始文化：神话、哲学、宗教、语言、艺术和习俗发展之研究》，连树声译，广西师范大学出版社，2005，第2页。

门遗址博物馆以及开封盈科伟业发展有限公司投资1.5亿元建设东京海洋馆项目等①。利用社会投资全力推动国家文化产业发展项目，是黄河文化目前亟须大力推广的发展模式。

另外，文化产业化发展还是对文化进行社会经济效益最佳化、最大化的生产经营和管理方式，可以最大限度地带动文化的开发与利用。黄河流域近年来大力推动重点项目工作的落实，以产业带动黄河文化产品和服务在市场中实现社会与经济效益的最佳组合，促使黄河文化走上与市场经济协调发展的良性运行轨道。山西省在第四届山西文化产业博览交易会中签约项目96个，签约金额超过280亿元。其中山西祁县的千朝谷晋商文化项目配套投资1.98亿元，融资9000万元，王维水墨诗国小镇总投资3.7亿元，融资2.7亿元。同时在文化产业博览交易会上，签约项目内还包括大量民俗文化村、康养小镇等旅游项目②。这些重点项目的落实，不仅对地方经济做出了巨大的贡献，更是以产业发展的方式带动了黄河文化不断开拓新的发展空间。

二、文化创意产业的探索

黄河呀我的个家——

没有它我也活不下——

清凉凉的黄河呀不见个鱼娃——

哗啦啦地眼泪流下——

当人们绞尽脑汁探索黄河文化创意产业该去向何方，如何才能体现泱泱大国的民族凝聚力时，张尕怂的一首《没有黄河我活不下去》，似乎引发了很多人的共鸣。清亮的小调响起，配上浓浓的黄河乡音，B站弹幕中不断有人打出"兰州人已泪奔""陕西人共鸣""河南人在""山东人表

---

① 《开封市巧用资本杠杆全力助推国家级文化产业园区发展》，河南文化网，2015年6月13日，http://news.hawh.cn/content/201506/13/content_221343.html。

② 《山西省文博会首日祁县两大重点文化产业项目成功签约》，搜狐网，2019年12月6日，https://www.sohu.com/a/358775121_120206918。

示"，似乎成了黄河流域群体情感的汇集。类似案例还有蒙古族长调、呼麦，陕西的信天游、秦腔，人们被激发的是乡愁，也是跨越地域与身份的文化认同："黄河是我们民族的图腾""民族的就是世界的""甘肃是民族文化融合的大铁炉""让黄河流域再次伟大""黄河是全体华夏子孙的""真正的中国风""心中有天下"，等等。文创产品追求的传统与地方特色、外溢的文化价值、民族文化凝聚力与民族文化符号，在这一首民谣创作中尽显。

如同以"花儿"的音乐形式对唱软糯的苏州评弹、活泼的黄梅戏或雅堂之上的"京剧"，中国大鼓、琵琶、笛子也能配贝斯、钢琴、吉他，民间文化秉承着一贯的开放性、包容性与创新性，能够创新发展出更多的艺术形式。文化本无定式，有站立之基，有情感之实，有他者之观，有同心之理，便可生发出无穷尽的变化。今天，我们把文化创意产业作为"文化强国"策略之一，尤其是在文化底蕴较为深厚的黄河流域，有挑战，也有不可预期的发展空间。

（一）文创产业的产品与创意

黄河文化是中国各民族文化创新发展的根源基地，是中国打造文创产业的温床。众多内涵深厚、形式多样的文化元素为中国文创产业的发展提供了源源不断的动力与创造力。典型的传统文化符号是黄河文创产业最为显著的特征，文创产品所蕴含的深厚的原创性价值是黄河文创产业的核心竞争力。目前在黄河文创产业发展中，文创产品主要是利用文化的符号化形象，打造出具有核心竞争力的产品。例如近些年风靡一时的敦煌文创中的各类手办产品、博物馆系列文创雪糕、首个3D版数字文创品"妇好鸮尊"等。

黄河文化创意产业在黄河文化元素与其他产品高度融合的过程中，建立起完善的文化创意产业体系。创意体系与成熟的产品有效整合研发，提高了文创产品的市场价值，创造出了较高的附加值。同时，黄河文创产业发展带动了相关产业链的发展，从而形成多产业连带能力。因此，加大力度推动文创产业结构重组，促使相关产业向着多元化、高层次方向发展，可以有效提升黄河流域的文化产业整体发展水平[①]。如腾讯集团自2017年与敦煌研究院达成战略合作后，先后推出"数字供养人""王者荣耀飞天皮肤""QQ古乐重声音乐会"等文化产品[②]，并在此基础上，双方深入合作打造三十集动画"敦煌壁画故事系列"，并计划引入更多的社会资本形成规模更大的合作模式。黄河文创产业作为一种具有极高价值的文化产业，自身的研发与文化传承都只是其中的一部分，同等重要的是通过产品的广泛销售形成极强的市场能力，推动地方经济社会的发展。

图7-3 河南省博物馆文创雪糕

（图片来源：汪菡茜）

（二）文创产业的价值与意义

进一步提升中国文化的丰富性和凝聚力，并持续发挥国际影响力，黄河文化创意产业发展是必经之路。随着创意产业的深入推进，其文创产品对应的文化属性附着于产品在人们的日常生活中广泛显现，黄河文化所蕴含的核心价值观念通过产品的使用深深浸润于人们的思想中，黄河文创产品已经逐渐成为传播黄河文化的重要手段。例如，2019年淘宝发布"国宝

---

① 参考陈漫漫：《产业经济学视角下文创产业的发展分析》，《商展经济》2021年第20期。

② 《云游敦煌，数字时代下的文化传承》，腾讯网，2021年2月12日，https://new.qq.com/rain/a/20210212A0328P00。

联萌"计划，宣布未来3年将联动淘宝卖家、平台设计师资源及生态伙伴，共同开发"100+国宝"IP，打造百亿级市场。从IP引入、创意衍生品设计生产与销售，再到IP二次创作商品版权保护，提供全方位、全链路、全生态支持。首批确定合作的有兵马俑淘宝、川剧变脸淘宝、敦煌淘宝、天眼淘宝、长城淘宝、长征火箭淘宝、中国航母淘宝、圆明园兽首淘宝、西湖淘宝、熊猫淘宝（公益）等10大国宝IP[1]。其中，既有像兵马俑、敦煌、长城等历史遗存，也有像长征火箭、航母、天眼望远镜这些代表新时代中国创新力量的大国重器。"国宝联萌"计划负责人介绍"一个国宝IP可能衍生出无限的周边"[2]，道出了文创产业的意义：为国宝提供全新的文化价值传递方式，使其真正融入人们的生活，以此最大限度地发挥国宝原本的文化价值。

图7-4　审美价值极高的敦煌文创杯垫、冰箱贴

（图片来源：王鸣晖）

文创产品的吸睛之处，往往在于产品设计。一系列畅销的黄河文创产品在人们日常生活中的普及，以各自独特的外观设计与美感，全方位满足人们的审美需求，推动社会审美水平的全面提升。例如河南博物院根据文物特征创新研发的手办"唐宫小姐姐"、能吃的"古钱币"巧克力、豫博咖啡、华夏古乐茶等，敦煌莫高窟博物馆根据敦煌壁画的色彩、飞天形象

---

[1]《淘宝发布"国宝联萌"计划，未来3年要为100+国宝打造新IP》，网易网，2019年5月21日，https://www.163.com/dy/article/EFN499E7054622ZM.html。

[2]《驱动国宝IP百亿市场的"淘宝样本"》，经济参考报，2019年5月21日，http://www.jjckb.cn/2019-05/21/c_138076291.htm。

设计的各类杯垫、冰箱贴、水杯、背包等，都在其原有的形象特征方面再度进行开发设计，使其特征更加鲜明，并跟进现代文创发展前沿和市场反馈进行整合创作，打造更符合当下人们的审美需求的文创作品。这也是文创产业的社会审美意义所在。

黄河文创产品作为一种具有较高文化价值的产品，更重要的意义在于伴随着产业的发展壮大，形成具有高辨识度和知名度的IP文化品牌，并逐渐发展成文化产品系列。例如陕西博物馆推出的陕博日历、兵马俑系列与唐妞系列文创产品等，其中辨识度和知名度较高的兵马俑系列与唐妞系列文创产品最为火热，已经发展成当地最具地方性特征的产品之一。兵马俑系列文创是设计者们意图让兵马俑打破以往束之高阁的艺术品形象，走入人们的日常生活，发挥其文化功能，和人们建立情感连接的尝试。在产品推出的过程中，围绕兵马俑IP的各类衍生品展开筛选，最终确定三位"王的士兵"，原型参考了兵马俑中的将军俑、跪射俑、御手俑等，设计思路开放，文化交融特色明显，市场表现惊人。2019年5月21日，刚刚上架的600个兵马俑手办在瞬间就被抢购一空。与此同时，B站作为汇集了大量年轻用户的网站，搜索"兵马俑"三个字，便弹出海量的相关视频。可见，兵马俑也成了网友们热议的话题。此类文创产品在进入市场的链条后还可以引导消费者发挥自己的创意，让更多人获得文化传承的参与感。

图7-5　唐妞系列文创产品

（图片来源：赵海龙）

唐妞系列文创产品是一组高髻蛾眉、面如满月、体态丰满的唐妞形象，源自陕西历史博物馆的唐三彩仕女俑。这一系列于2012年推出，经过几年的不断打造，成为拥有一定人气的IP网红文创产品。产品打造采用馆企合作的方式，"唐妞"由博物馆注册商标，形象由企业注册，开创了一种较好的合作模式。在如今各大博物馆IP层出不穷的竞争中，唐妞形象衍生的文创产品在热销排名前十的产品中，占到了近一半，可以说"唐妞"目前已经成为一个地方文化IP，为博物馆带火了一系列生活场景文创产品。

三、文旅融合新气象

黄河流域内文化内容丰富、类型多样，包括山川、大漠、草原等丰富的自然文化景观资源，史前考古遗址、帝都、名寺古刹等历史文化景观资源，还有独具特色的各民族民俗文化景观资源，为黄河流域文旅融合发展提供了良好的基础。充分利用各类文化资源，推动黄河流域文旅融合产业成为黄河流域的支柱产业，是黄河流域走向生态优先、高质量发展的有效途径。

（一）俯察上下五千年

感受历史、走近历史一直都是旅游消费活动的主要目的之一。日本与欧美来华旅游者动机市场调查显示，日本人来华旅游为了解中国历史文化、古迹的占49%，体察民俗风情的占22%，观赏工艺美术的占7%，品尝风味佳肴的占17.5%，其他占4.5%。欧美旅游者来华旅游为了解中国历史文化的占80%[1]。整体来看，为了解中国历史文化的所占比重较高。黄河流域广泛分布着大量的历史文化遗址、古代建筑、古代民居等历史遗迹，而且这些在中国旅游业中较早得到开发与利用。到今天，一些建立在享誉世界的历史文化资源上的黄河流域文旅产业已经形成较大规模，成为中国文旅产业融合发展的范式。

黄河流域的史前文化资源包括黄河上游的大地湾文化、马家窑文化、齐家文化等，中游的裴李岗文化、磁山文化、仰韶文化等，以及下游的大

---

[1]《历史文化旅游市场占比2022历史文化旅游行业现状与前景分析》，中研网，2022年3月25日，https://www.chinairn.com/news/20220325/140403243.shtml。

汶口文化、龙山文化、北辛文化等。历史悠久、价值深厚的考古文化遗址是发展文化旅游产业的首选资源,以此为基础,众多考古遗址公园成为以考古文化为核心的文旅融合产业发展平台。成果较为丰硕的河南省已建成及在建考古遗址公园包括仰韶村考古国家遗址公园、郑州商都国家考古遗址公园、郑韩故城考古遗址公园与汉魏洛阳故城考古遗址公园等。其中仰韶村国家考古遗址公园建设项目是河南省的重点项目,该项目总投资2.39亿元,目前已全部建成并投入使用,年均接待游客73.3万人,公园年均收入8387万元,贡献利税1186万元,已成为探索文明起源、讲述黄河故事、传承民族文脉的新文化地标[1],是现阶段黄河流域以考古文化为核心的文旅融合发展典范。

黄河流域长时期占据中国政治经济文化中心,中国八大古都洛阳、郑州、安阳、西安、开封、南京、杭州和北京[2],其中有五个分布在黄河流域,再加上其他历史文化名城,一系列的古都旧址与文化遗存是中国古代文明高度发展的集中展现,也是黄河流域文旅融合产业发展的良好基础。例如陕西西安,不仅是举世闻名的盛唐古都,还是中国历史上秦、汉、唐等13个王朝的都城所在地,目前有保存下来的历史遗址、陵寝4000多处,重点文物保护单位300多个[3],其拥有的历史文化资源在数量与质量方面在中国乃至全球都处于领先地位,是公认的"天然历史博物馆"。在1978年到1988年的10年间,来西安的访客遍及世界100多个国家和地区,其中70多个国家的元首曾参观访问。仅2018年,其文旅产业新增规模以上文化企业130家,总量达486家,实现营业收入500亿元,增长率达到23.1%。2018年,共接待海内外游客2.47亿人次,旅游业总收入2554.8亿元,较上一年增长56.42%[4]。为地方文旅融合产业的发展奠定了深厚的

---

① 《国家发改委对仰韶村国家考古遗址公园开展监督检查》,河南省文化和旅游厅,2022年7月21日,https://hct.henan.gov.cn/2022/07-21/2491550.html。

② 《中国八大古都》,中国共产党网,2015年6月18日,https://www.12371.cn/2015/06/18/ARTI1434618611228380.shtml。

③ 朱卉平:《西安文化旅游产业融合路径研究》,《城市旅游研究》2021年第9期。

④ 《西安大力实施"文化+"战略 去年位列十大国内热门旅游目的地城市首位》,西安市文化旅游局官网,2019年8月8日,http://wlj.xa.gov.cn/wlxw/gzdt/5e047350f99d6577500c8163.html。

基础。

(二)追寻万里不同风

黄河流域自古以来就是多民族汇聚之地,广泛分布着藏、回、蒙、东乡、保安、裕固、撒拉等10余个民族。各民族在不同地理、人文环境的作用下,创造了价值内涵丰富、形式多样的民族文化。这些具有较大差异性的文化天然形成旅游资源,其中一些知名度较高、影响力较大的民族节日、民俗文化等逐渐发展成独具特色的民族文化旅游产业,成为黄河流域文化旅游产业发展的显著特色。旅游产业的发展进一步促进了各民族文化之间的相互理解与交流,带动了各民族文化之间的更为深入的融合。以特色民族文化旅游产业开发较为成熟的内蒙古自治区为例,目前民族传统文化旅游产业主要集中在以下方面:

首先是民俗文化。蒙古族民俗文化作为中国游牧经济文化的代表性文化,以其悠久的历史、优美的歌舞、特色鲜明的草原佳肴和璀璨夺目的民族服饰等闻名于世,具有强大的吸引力。此类仍然活态存在的民俗文化易于转化为沉浸式旅游文化项目。内蒙古自治区通过将各民族民俗文化开发为一系列极具民族特色的民俗旅游项目,有效带动自治区文旅融合发展。据统计,2019年内蒙古自治区全年实现旅游总收入6.63万亿元,旅游行业直接就业2825万人[①],可见以民俗旅游带动民族地区经济社会发展的效益。

其次是节庆文化。节庆文化是黄河流域传统民俗文化的重要内容,相应的节庆旅游也是内蒙古地区的主要旅游项目。为了更好地利用传统民俗文化,并推动黄河文化旅游业的发展,内蒙古自治区推出了一系列节庆文化旅游项目,有较好的市场反应。如"祭成吉思汗陵""额济纳旗胡杨节""昭君文化节""阿尔山冰雪节",以及在传统那达慕基础上形成鄂尔多斯"国际那达慕"等。以昭君文化节为例,在2000年8月第二届时,前后有国内外20万旅客涌入呼和浩特市,与国内外客商达成经贸合作项目13个,引进资金5.3亿元人民币,改写了内蒙古没有四星级、五星级酒店的历史。第四届昭君文化节达成签约项目55项,项目总投资30.32亿元,协议引资

---

① 《2019年旅游市场基本情况》,内蒙古自治区文化和旅游厅官网,2020年3月11日,https://wlt.nmg.gov.cn/zwxx/wlzx/202003/t20200311_1349750.html。

21.9亿元。至2009年第十届昭君文化节期间，仅中国民族商业交易会展的参观人数就多达36万人次，交易总额21.3亿元①。

　　文化趋同是世界发展趋势，表现在旅游行业中往往出现同质化发展，景区建设大同小异，旅游产品大江南北莫不相同。因此，黄河旅游文化产业发展中，凸显特色文化资源，并利用好文化资源是一项长期挑战。目前，黄河流域文旅融合发展在一定程度上体现了民俗文化的差异，形成了一些主题鲜明、区域文化清晰的文化旅游项目。如表7-6所示，综合分析，有以下四个方向：一是根据各省（区）的资源优势，初步建设了特色分明的黄河旅游带；二是充分挖掘地方特色文化，打造特色民族风情园；三是通过对本地具有代表性文化元素的创新利用，打造文创产品；四是整合本地历史文化资源，创作系列主题演艺节目等。

表7-6　黄河中上游部分省（区）文旅融合深度发展相关主要工作表②

区域 项目	青海	甘肃	宁夏	内蒙古	陕西	山西	河南
黄河文化旅游带	青海黄河生态文化旅游带	甘肃黄河风情旅游带	宁夏黄金金岸	内蒙古黄河生态经济带	陕西黄河文化旅游带	陕西黄河之魂旅游带	黄河文明旅游带
民族风情园	互助土族风情园 雪域林卡藏族风情园 西部土族民俗文化村 高原生态民族风情园 乌兰达布逊卓尔民族风情园 长岭藏家风情园	中华裕固族风情走廊 吴记莫高风情园 党河峡谷民族文化风情园 阿克塞民族风情园 黄河风情园 张家川回乡风情园 清真东乡风情园 盛世华锐风情园	西夏风情园 长白山风情园	鄂托克旗腾格里塔拉民俗风情园 沙漠风情园 巴彦淖尔民族风情园 东方甘迪尔蒙古风情园 蒙古大营·大青山风情园	关中风情园 渭北风情园 丝路行民族风情园 华龙风情园 咸阳沙河古桥风情园 黄土风情园 大唐风情园	大佛山万国风情园 祁县九沟黄土文化风情园	大河风情生态园 中国·卧龙蒙古风情园 七彩龙都风情园 灵宝风情园 黄河风情园 汉魏风情园 息国风情园 太行民俗文化园 中国牛郎织女文化风情园

---

① 《历届中国·呼和浩特昭君文化节回顾》，内蒙古新闻网，2010年7月5日，http://ztpd.nmgnews.com.cn/system/2010/07/05/010463756.shtml。

② 资料来源于各省（区）官方网站、工作汇报等。

续表7-6

区域\n项目	青海	甘肃	宁夏	内蒙古	陕西	山西	河南
文创产品	彩陶艺术系列\n土族盘绣系列\n双人抬物纹系列\n紫堤坡罗钵系列\n雪地藏香	敦煌文创产品系列\n蓝莲系列\n彩陶系列\n铜奔马系列\n画像砖系列	杞滋堂\n太阳神\n图腾\n万事利\n风旅阁	荣朝系列\n草原巴特\n大汗碗\n赞部落\n印象蒙古\n牧马人\n高伦特\n如意宝	华夏文创系列\n丝路辉煌系列\n初遇东方系列\n兵马俑系列\n流行中国系列	鸟尊文创\n窦大夫祠\n琉璃团\n古建筑系列\n纯阳祖师系列\n黄河魂创意系列\n金代砖雕系列	唐宫夜宴系列\n妇好鸮尊系列\n四神云气系列\n贾湖骨笛系列\n莲鹤方壶系列\n云纹铜禁系列
大型文艺节目	大河之源\n草原银河\n热贡神韵	丝路花雨\n宝卷印象\n金城印象\n大禹治水	花儿与号手\n西夏盛典\n迷失宝藏\n初心	骑兵\n大国工匠\n草原英雄小姐妹	长恨歌\n秦俑情\n平潭印象\n抗日虎子	永乐宫纪事\n红星杨\n山西印象	星空\n只有河南

四、影视文化的产业化道路

20世纪的最后10年,中国的影视创作水平持续升高,引领影视产业在世界影视行业不断前进。一大批影视作品和导演捧回了各种影像节会上的国际大奖,同时也将中国文化通过"无国界"的影像语言传播到全世界,获得了很好的文化传播效果。伴随影像创作,影视产业也得到了迅速发展,在全国各地诞生了一大批影视拍摄基地,其中在黄河流域有几座较为知名的基地,例如河南焦作影视城、宁夏镇北堡西部影城等,在一系列影视作品中成功地展现了黄河文化底蕴深厚、多元聚合的形象。影视基地作为影视产业发展的重要环节和基础,对中国的影视行业起到了很大的支撑作用,同时也是地方旅游产业发展的重要内容。在黄河流域诸多影视基地完成的影片、创造的价值、获得的国际国内影视大奖,皆为中国各地之冠,不能不说是黄河文化对中国影视产业发展的贡献。在黄河流域影视产业发展中,宁夏是先行者。

(一)宁夏影视产业的发展状况

宁夏是黄河主干流经的区域,黄河自南而北,流经了中卫、吴忠、银川和石嘴山等4个市区,是黄河文化内容极为丰富、特征极为明显的区域。从整个黄河流域来看,宁夏的影视产业发展基础最好,有中国电影行业第一家彻底完成企事业改制并获得国家广电总局认可的宁夏电影集团①,有2016年入选中国十大影视基地和2018年在中国黄河旅游大会上被评为"中国黄河50景"②的镇北堡西北影视城,还有清水营等其他规模较小的影视基地,因此宁夏又有"中国电影从这里走向世界"的美誉,并成就了张艺谋、陈凯歌等一批国内著名的影视导演。

凭借丰富的自然风光、文化资源及独特的民族风情,一系列优秀影视作品在宁夏的影视基地完成。包括电影《一个和八个》《牧马人》《红高粱》《新龙门客栈》《画皮》《大话西游》《嘎达梅林》《飞天》等,以及电视剧《朱元璋》《书剑恩仇录》《侠骨丹心》《哥哥你走西口》《大夏宝藏》等。《红高粱》是中国电影史上第一部在世界三大国际电影节中获得最高奖项的作品③,《大话西游》跻身华语十大经典电影排名④,先后获得香港电影资料馆1916—2000年100部不可不看的香港电影⑤,以及香港电影金像奖协会、香港电影评论学会中国电影诞生一百周年百部佳片第19名⑥等荣誉。这些影视作品均是以黄河文化为背景,突破了地域、国界的限制,带着优秀的中华文化标签走向世界舞台。

---

① 余丽、季娟:《宁夏电影集团现状与发展研究》,《北京电影学院学报》2010年第6期。

② 《黄河旅游典型代表"中国黄河50景"首度揭晓》,2018年9月14日,央广网旅游,http://travel.cnr.cn/list/20180914/t20180914_524360355.shtml。

③ 《第38届国际柏林电影节》,2021年11月18日,豆瓣电影,https://movie.douban.com/awards/berlinale/38/。

④ 《华语十大经典电影排行》,2021年8月12日,排行榜,https://www.phb123.com/yule/dianying/23561.html。

⑤ 《香港电影资料馆:100部不可不看的香港电影》,2011年9月20日,搜狐娱乐,https://yule.sohu.com/20110920/n319947108_1.shtml。

⑥ 《香港金像奖百部佳片完全名单》,2005年3月15日,新浪娱乐,http://ent.sina.com.cn/m/2005-03-15/1434677149.html。

图7-6 深受年轻人喜爱的打卡地——《龙门客栈》拍摄场地

（图片来源：卢晓）

"在每一个国家之中，都有一种中心精神在对外放射"①，黄河文化蕴含的内涵价值与精神文化就是中华民族精神中对外放射的核心，黄河文化影视作品便是民族的精神本性反映。把宁夏作为黄河文化输出的影视窗口，使其成为黄河文化表现形式中"影视形式"的主要承载区域，发挥黄河文化传播和黄河文化影视的国际影响力，是宁夏黄河文化发展的优势所在。

（二）宁夏影视产业的发展思考

宁夏影视产业作为黄河文化典型的外在表现形式的输出渠道，在文化产品转化、输出的过程中进行了一系列探索，有取得的成就，也显现出一些在发展过程中后继乏力的问题。

随着影视行业的蓬勃发展，影视文化产品对文化背景的要求越来越多元，影像背后文化系统的表现方式也越来越多样。传统的影视基地无论在内容方面还是在形式方面，均要面临行业发展所提出的要求，响应日新月异的影像技术发展需求，这对已有辉煌历史的宁夏电影产业形成挑战。另外，影视基地作为近些年高热度的旅游行业黑马，成为黄河流域炙手可热的旅游打卡地点。例如宁夏镇北堡西北影城，在国内外都有较大影响力。

①彭吉祥：《影视美学》，北京大学出版社，2009，第179-180页。

影城在打造的过程中，一是利用原有的古城遗址，凸显了北方边塞小镇的形象；二是影视城内的场景、道具制作工艺考究，甚至很多道具是从全国各地整体搬迁而来，以博物馆的形态进行展示，观赏性较好；三是打造了一系列与影视城内所拍摄电影相关的观众体验项目，给游客带来较好的沉浸式体验感受。但是综合来看，未能在影视基地打造的过程中将整个规划提升到黄河文化国际传播窗口的高度，同时存在对输出的民族、民俗文化等人文资源挖掘不充分等问题。

发挥黄河文化的资源优势，紧紧围绕黄河文化蕴含的时代价值，统筹推进黄河文化影视产业的发展，同时要创作出具有代表性、典型性的黄河文化影视作品，引领黄河文化影视产业发展，是产业发展的重要路径。目前宁夏影视行业的发展中，传统文化的创新性转化的发展动力还略显欠缺。另外，产业链是产业部门之间链条式关联的形态，是产业领域关注的焦点之一，在经济发展新常态和市场经济的背景之下，影视基地健康快速的发展同样依赖于产业链的建设①。目前从宁夏影视文化产业所表现出来的运营情况可以看出，影视基地若想得到良性发展，需要充分考虑整条产业链上的诸多环节，并且要保证诸多环节齐头并进。但宁夏影视基地的发展仍然依赖于单一的产业模式，缺乏影视产业核心层、交互层、衍生层的全面扩展，盈利模式单一，产品附加值不高，影视产业完整，但产业链尚未形成，制约了黄河文化影视承载平台和文化输出通道功能的体现。

五、数字文化产业发展新态势

纸张是人类文明史中具有划时代意义的重大发明，改写了人类文明的历史，促成了人类文明的飞跃性发展。20世纪末出现的电子科技产业，又带来了新的文化类型——"数字文化"，不但具备纸张记录文明、传播文明以及文明之间交流互换、创新发展的所有功能，把人类文明历史带入的新的纪元，而且还带来了人类历史上从未有过的新产业类型，以及全新的文化发展模式。

---

① 李斌：《中国影视基地发展研究》，硕士学位论文，内蒙古师范大学人文地理学专业，2017，第28页。

（一）数字文化产业发展的社会条件

1. 产业发展态势

数字文化产业是20世纪末期在全球数字经济的带动下广泛兴起的文化发展业态。中国的数字文化产业发展虽起步较晚，却已拥有深厚的根基，尤其是在20世纪末，中国四大门户网站相继成立，标志着中国真正进入互联网时代，为各类传统产业开拓了新的产业转型空间。文化产业也不例外，网络文学创作、网络流行音乐、网络游戏等迅速得到了受众的广泛追随，也引起了政府的高度重视。2009年，中国政府发布《文化产业振兴规划》，对发展数字产业提出了具体要求。随着互联网、智能手机的日益普及，数字文化产业逐渐与教育业、出版业、新闻报业等文化产业广泛结合，使得传统文化产业逐渐进入全新的发展态势。中国数字文化产业在2018年实现年产值约6.8万亿元，绝对规模居世界第三位，随着国内数字文化产品供给端不断推陈出新以及文化产业中的数字应用不断深化，涌现出了一批走出国门、深受世界各地年轻人喜爱的优质平台，如今日头条、抖音、Bilibili等①。在2020年疫情全面暴发之前，数字文化产业已经在中国成为文化产业转型发展的必行之势，且已取得阶段性发展成果，而疫情时代的到来，将数字文化产业急速带入了新的发展阶段。

2. 个体精神文化需求

后疫情时代，数字网络平台成为人们满足精神需求的一条通道。曾经令人啼笑皆非的网络祭祀、隔屏聚餐、随镜旅游皆已成为人们生活中的常态，人们对网络和虚拟空间的需求空前激增。据第47次《中国互联网络发展状况统计报告》数据显示，截至2020年12月，中国网民规模达9.89亿人，较2020年3月增长8540万人，互联网普及率达70.4%，较2020年3月提升5.9个百分点；手机网民规模达9.86亿人，手机网络新闻用户达7.43亿人，网络视频（含短视频）用户达9.27亿人，网络直播用户规模达6.17

<hr>

① 郭瑾：《发展数字文化产业与中国软实力提升研究——以TikTok为例》，《山东社会科学》2021年第5期。

亿人，在线教育用户达3.42亿人①。面对庞大用户群高涨的需求，数字文化产业迎来了前所未有的发展机遇。人们对数字文化产业消费的接受度快速提高，数字音乐、在线文学、各大博物馆的云游小程序、数字收藏品等成为人们新文化产业态势中消费的多样化途径，满足了人们在后疫情时代激增的精神文化需求。

3.国家文化软实力提升目标

科技作为国家最为硬核的实力已是不争的事实，孕育于新兴科技中的数字产业发展作为各个国家实力提升的支柱产业得到了社会各界的高度重视。数字文化产业是拥有良好发展态势的朝阳产业，不仅在众多数字产业中脱颖而出，更在后疫情时代中分担了中国行政事业、教育事业、公共服务事业以及经贸发展中的不少压力。疫情为众多行业发展按下的暂停键，数字文化产业的急速补位也使其承担起"中华民族文化复兴"的重任，尤其是在作为中华文明根源地的黄河流域，众多"数字文化+"产业的迅速发展，响应了中国持续提升国家文化软实力的目标。例如黄河流域利用数字技术的永久性与高效性等特征开展的黄河流域传统文化保护管理，利用数量庞大的文物资源，打造出的系列"云游博物馆"以及黄河流域众多国宝级的数据库成为后疫情时代中国文化产业高质量发展的"新引擎"。

(二)黄河流域数字文化产业发展态势

1.以《伍豪之剑》为开端的山东数字出版业

数字出版业是我国数字文化产业早期的发展实践，也形成数字文化产业中较为典型的产业，主要包括传统出版业中的数字化部分与一些数字游戏、数字音像、数字教育等。中国第一本激光照排的图书《伍豪之剑》是于1980年使用计算机汉字激光照排技术进行编辑排版和校对修改后印刷成功的，代表了中国印刷术从铅与火的时代过渡到光与电的时代，得到了社会各界的高度重视。《伍豪之剑》是山东作家刘峻骧讲述的山东潍坊人"刘英"烈士的故事。当时参与项目研发的有北京大学、山东潍坊电讯仪

---

① 《第47次〈中国互联网发展状况统计报表〉全文》，中华人民共和国国家互联网信息办公室官网，2021年2月3日，http://www.cac.gov.cn/2021-02/03/c_1613923423079314.htm。

表厂、无锡电子计算机厂、杭州邮电五二二厂等单位,最终在山东数字产业的全力支持下成功出版,不仅使中国跻身世界激光照排技术最前沿,更是开启了黄河流域数字文化产业的先河①。40年之后,山东省充分利用雄厚的文化资源竞争优势,在已有数字出版业的基础上继续取得新的发展,建立了济南国家动漫游戏产业基地、青岛国家数字出版产业基地、潍坊数字出版基地、威海数字出版基地等,充分发挥基地的聚合效应,并在2021年9月带领16家数字出版企业亮相第十七届深圳文博会展,向世界展示了山东省数字文化产业蓬勃发展的最新创意成果。

2. 带动黄河数字文化产业突起的"数字中原"

在区域经济较为发达的黄河中下游流域,依托丰厚的文化资源优势,充分调动数字科技力量,打造出了大量领先全国的数字文化产业,为黄河流域数字文化产业的发展搭建了"数字中原"平台。

2022年的"中国节日"系列,在全国文化数字产业中成为"现象级"事件。"中国节日"系列是河南卫视于2022年推出的中国风系列节目,包括春节期间推出的《唐宫夜宴》;元宵节穿越时空而来的唐宫小姐姐们上演次元交汇的《元宵奇妙夜》;清明节利用创意+科技打造出的二次元唐小妹的《清明时节奇妙游》和端午节精妙绝伦的水下中国风舞蹈《洛神水赋》等。公共媒体锁定中国传统文化节日,深入挖掘黄河流域的标志性传统文化素材,充分利用现代媒介技术,打造出了黄河文化新形态的精品节目,使中国传统文化变身全网的国潮、国风热,也将黄河文化中的"美"与"德"通过数字平台呈现给世界。

除影视艺术之外,其他数字文化平台也为中原经济带来了无限活力。2022年7月1日,河南首家官方融媒体数字藏品发行平台"数藏中原"正式上线,与"数藏中国"战略合作,为中原区域的数字文化艺术搭建交流平台,致力于提升民众对中国特色文化的自信与深层认同。2022年10月28日,郑州举办第十届中国创业者大会暨全球数字藏品博览会,邀请世界各国100多家数字藏品企业参与大会,为黄河流域数字产业进一步发展提

---

① 参考《〈伍豪之剑〉:中国第一本激光照排图书》,《潍坊日报》2019年11月22日第6版。

供了高层交互平台。截至2022年，仅郑州的数字经济规模就达5000亿元以上[①]，已形成良好的数字产业发展态势。

第三节 黄河文化发展面临的挑战

黄河流域作为中华文明的发源地之一，一直以来都是中华民族文化持续创新发展的重要基地。昼夜不息的黄河水不仅养育着流域内的数亿人群，同时以丰厚的历史积累，持续孕育着灿烂辉煌的中华民族文化。为保持黄河文化不竭的发展动力，彰显世界唯一存续不辍、未曾中断的大河文明魅力，社会各界积极开发各种形式的文化表达渠道，对黄河文化进行有效的转化利用。无论是唐诗宋词、歌谣小曲，还是时代强音、礼乐教化，无不在潜移默化、润物无声地赋予中华儿女"黄河文化"的深刻印记。但在新时代，对担负着中华民族伟大复兴时代要求的黄河文化，我们需及时审视其发展现状，探索其面临的挑战与亟须解决的问题，为黄河文化赋予创新力量，并进一步推动其繁荣发展。

一、全流域整体性规划发展不足

黄河文化的保护与开发利用、涉及黄河流域所有区域和诸多行业，需要行之有效的管理机制，以优化黄河文化的表现力和传播效果。然而，调研发现黄河流域的协调联动机制尚未成熟，存在着区域各自发展的问题，包括管理衔接有缺环，交流对话不通畅等。总体而言，沿黄省（区）之间需要建立统一的黄河文化发展协调机构，能够在沿黄各省（区）形成"共保护、同发展"的工作合力，对黄河文化全流域的发展进行整体规划，提升全流域文化整体发展能力。已有的经验显示，"九龙治水"往往事倍功半，甚至在一个行政区内，因为涉及行业部门过多，在一些具体问题上难以形成有效合力。现有体制下，没有有效的沟通机制，工作中多主体间

[①] 《中科声龙受邀参加第十届中国创业者大会暨全球数字藏品博览会》，腾讯网，2022年9月30日，https://new.qq.com/rain/a/20220930A06OOS00。

"双盲"的情况较多，严重影响黄河文化建设的进程，这是黄河文化发展面临的最大挑战。

扁平化的时代中，有特色的、有影响力的文化符号就是一张威力巨大的名片，一旦碰触到该文化符号，就会让人联想到其文化系统、形象、内涵等诸多关联域信息。黄河文化经过长期的历史发展，目前在流域内生成的一些文化符号已经被广泛认可，甚至享誉世界，在国际上打出了知名度。例如少林功夫，兼具文化对外部世界的差异性吸引和普遍性认同特征，从20世纪80年代以来，经过一些影视或其他类型文艺作品的加工与持续传播，获得了广泛的知名度和赞誉度。近几十年来，河南嵩山少林寺持续吸引国内外游客到访、参观、体验，同时造就了地方规模化的武术文化产业，形成了固定的产业链模式。然而像少林功夫这样由资源转化为产业，并已经形成较大影响力的文化符号在整个黄河文化资源体系中并未形成规模，仍有较大的发展空间。更重要的是黄河文化博大精深，表现形式丰富多彩，沿黄9省（区）地理环境、人文资源、民俗风情各不相同，在这样纷繁复杂的文化体系之内，多数文化资源开发力度小，市场化程度低，文化形象模糊，影响力还只是局限在较小区域内。中共中央、国务院印发《黄河流域生态保护和高质量发展规划纲要》，明确提出要打造具有国际影响力的黄河文化和旅游带[1]，要发挥黄河文化作为中华民族文化的标志作用，走向世界，统一的表达符号便是黄河文化表现形式中至关重要的核心因素。怎样才能确定一套全流域广泛认同的、统一的文化表达符号，既能准确嵌入中华民族文化整体符号系统，又能恰当、全面地反映出黄河文化所承载的文化内涵与时代价值，至今仍是未解决的难题之一。虽然也有一些机构、专家和学者尝试对此进行积极的尝试，但目前来看，黄河文化的符号系统建设仍未被放在应有的宏观层面进行系统思考与研究。

黄河文化一直以来深受中国乃至全世界人们的推崇、向往与喜爱。以黄河为主题的影视作品、文学作品、戏曲作品等从古至今层出不穷，

---

[1]《黄河流域生态保护和高质量发展规划纲要》，山西省文化和旅游厅官网，2021年10月11日，https://wlt.shanxi.gov.cn/xwzx/wlyw/202110/t20211021_2784164.shtml。

还有不同主题的黄河文化博物馆、文物保护单位、纪念馆等分布在黄河流域，形式众多的黄河文化充满人们的日常生活，甚至一部分已经代表着中华民族的整体文化形象涌出国门、走向世界，但这些文化最终要表达怎样的价值内涵、塑造怎样的国家形象，仍未形成能被社会各界广泛认同的定论。黄河文化作为中华民族文化中的主体文化，是世世代代生活在黄河流域的各族人民在较长的历史中共同创造的，是不同的文化类型在交往互鉴中共同凝聚而成的，这已成为学术界和社会各界的共识。但长期以来，黄河文化的交融共生内容及其价值未能得到应有的挖掘、整理与弘扬，而恰恰此类黄河文化的内容和价值具有更广泛的认同基础，蕴含着更为深刻的中华民族兼容并蓄、尚和求同的精神。在全球文明对话的视野下，弘扬交融共生的黄河文化内涵与价值，不仅对塑造中华民族共有精神家园至关重要，而且对中华民族文化复兴和全球人类命运共同体建设同样具有重要的意义。因此，在黄河文化塑造的过程中，须尽可能地提升对具有全流域整体性特征文化内容的关注。

二、文化遗产保护任务艰巨

文化遗产蕴含着一个民族特有的精神价值和思维方式，是人类文明的结晶。黄河流域拥有丰富的文化遗产，这些遗产的传承与保护是推动黄河文化发展的关键。目前，在国家与地方各类政策的支持下，黄河文化的传承与保护已经获得了历史上从未有过的成就，但面对黄河流域文化遗产分布广泛、种类繁多、内容丰富的整体状况而言，其保护力度仍显不够，很多文化遗产的保护现状不容乐观。

黄河流域是中华民族文化最为重要的承载区域，不仅分布着大量的历史与考古文化遗产，在人们的生产生活中还保留有较多完整的地方性生产与生活文化系统，均是黄河流域文化遗产资源的重要组成部分。自中华人民共和国成立以来，国家与地方各级政府对黄河流域文化遗产高度重视，持续进行系统全面的保护。以文物保护工作为例，黄河流经中国北方各省区，其中大部分区域，尤其是占流段距离最长的上游地区，交通多有不便、经济发展迟滞、基础设施相对较为落后，诸多不利条件严重制约了黄河文化资源在当地的保护与后续研究，使得部分黄河文化遗产虽然被列为文物保护单位，却未能实施应有措施展开系统保护、研究和进一步有序开发。众多历史遗迹或仍被深埋地下处于沉睡状态，或因其他原因所致受到外力干扰，最终导致地方文化开发利用显现"有文无物"的情况。还有一些文物因各种原因不但没有得到应有的保护，相反还受到了较为严重的损毁。从国家文物局通报的情况来看，仅2017年至2019年，接报各类文物行政违法案件400余起、文物犯罪案件500余起、文物建筑火灾事故50余起，文物法人违法、文物盗窃盗掘和文物火灾事故依然是威胁文物安全的主要风险[①]。基础文化资源保护工作的疏漏，使得黄河文化资源挖掘利用方面面临着较大制约，同时也影响了黄河文化多元化发展的态势。

黄河流域传统文化根基深厚，既有有形的物质文化遗产，还有大量无形的文化遗产，富含深刻的哲学思想、人文精神与价值理念，是中国文化体系中不可或缺的重要组成部分，深受社会各界的关注。各级政府陆续出台各种相应的法律法规，以保障此类黄河文化无形价值的持续传承。但在对黄河无形文化遗产进行梳理的过程中，发现许多内涵丰富且对地方文化系统具有重要意义的无形文化遗产仍然没有引起当地政府的足够重视。例如黄河文化中的生态文化，虽然已经形成三江源国家文化公园、山东黄河三角洲国家级自然保护区等，但是从整个流域来看，生态文化的研究与应用仍有明显不足。还有一些精神内涵丰富的文化内容因各种因素未能得到正确解读，甚至局部出现对黄河文化整体价值损伤的情况。如一些地方性、商业性文艺作品在以黄河文化为表达内容进行展现的过程中，为了迎合大众，获得短期经济效益，刻意扭曲黄河文化所蕴含的精神价值，把一些黄河流域的地方民俗内容表现为低俗文化、落后文化或生产力低下的文化等，这些问题要尽快纳入黄河文化保护工作之中，得到解决。

[①]《马萧林委员：推进实施文物安全直接责任人公告公示制度》，中国考古，2020年5月26日，http://kaogu.cssn.cn/zwb/xsdt/xsdt_3347/xsdt_3348/202005/t20200527_5135211.shtml。

三、文化开发利用仍有空间

在7000多年的历史长河中，通过黄河流域各民族共同的社会生产生活实践活动形成的黄河文化，蕴含丰富的生产技艺和生活经验，集合着中华民族关于世界、自然以及社会发展的智慧结晶。历史从未停止前进，时代也在不断发展，黄河流域人们的生产生活方式以及思维模式也在发生着变化，但这些优秀的传统文化始终根植在人们生活的方方面面，是流域内各民族文化资源的根基所在，为新时代的文化发展、科技创新、文艺创作提供源源不断的启示与灵感。因此，对优秀传统文化的继承利用与开发创新工作在黄河流域也一直在延续。以传统民族医药的传承发展为例，甘肃、青海、内蒙古等省（区）的民族医药文化在原有传统藏、蒙医药学的基础上，开发出了大量的创新疗法，被应用到治疗萨滞布病（脑卒中及后遗症）、普如病（慢性萎缩性胃炎）以及一些皮肤病等疾病的治疗中，获得了较好的效果，广受学界、业界好评；另外还有一些传统建筑技术经过优化后，在现代建筑节能设计中得到推广使用，等等。文化原本就是一条不断汇集活水而获得自身发展力量的河流，人们在日积月累的岁月中，从生活形式的不同维度，不断地对黄河文化进行传承创新，使原本就丰富多样的黄河文化变得更加绚丽多彩。

同时，我们也应当看到在对一些基础文化的开发利用方面尚有继续提升的空间存在。以博物馆为例，如表7-7所示，2019年，黄河流域各省（区）不同等级的博物馆平均承办教育活动的次数和参观人数的数据如下：一级博物馆275次，二级博物馆75次，三级博物馆37次，未定等级博物馆30次，一级博物馆是整个黄河流域每个博物馆平均承办教育活动次数的7倍。而在参观人数方面，一级博物馆平均参观人数167万人次，约是整个黄河流域博物馆平均参观人数的9倍。总体而言，一级博物馆的举办活动次数和参观人数远超二、三级和未定等级的博物馆，可以看出国家评选的不同等级的博物馆中，一级博物馆黄河文化展示能力较强，在利用开发方面同样也表现出强有力的优势，二、三级博物馆的数据不尽如人意，这就要求对其他等级的博物馆的开发利用要对标一级博物馆，加大提升改造力度。

表7-7　2019年黄河沿线省（区）博物馆利用情况表[①]

类别	性质				质量等级			
	总	非国有	文物	行业	一级	二级	三级	未定级
黄河各省（区）博物馆数量/个	2166	789	1084	293	40	91	146	1889
黄河各省（区）教育活动次数/次	79460	12916	54596	11948	11015	6866	5434	56145
每个博物馆平均承办教育活动次数/次	37	16	50	41	275	75	37	30
黄河各省（区）参观人数/万人次	39429	5575	28280	6284	6681	4747	4898	23815
每个博物馆平均参观人数/万人次	18.20	7.07	26.09	21.45	167.03	52.16	33.55	12.61

　　如表7-7，从不同性质的博物馆来看，2019年度黄河流域省（区）博物馆共举办教育活动79460次，每个博物馆平均承办教育活动的次数为37次，其中文物性质的博物馆举办教育活动次数高达54596次，占比69%，且每个文物性质的博物馆平均承办教育活动的次数为50次，远高于黄河流域博物馆平均承办教育活动的次数。2019年度黄河流域博物馆参观人数共39429万人次，每个博物馆平均参观人数为18.2万人次，其中文物性质的博物馆参观人数高达28280万人次，占比72%，且每个文物性质的博物馆平均参观人数为26.09万人次，也是不同性质的博物馆中唯一高于博物馆平均参观人数的。通过以上分析得知，非文物性质的博物馆在文化传播的效度方面存在一定的问题，须进一步推进有效的开发与利用，也是博物馆亟须改善提升的主要领域。

四、文化内涵表达简单片面

　　随着物质生活水平的普遍提升，人们对文化及其价值的消费需求越来越高。黄河文化作为中华民族文化的重要组成部分，一直受到社会各界的

---

① 数据资料来源于《2019年度全国博物馆名录》，人民政府网，2020年5月22日，http://www.gov.cn/zhengce/zhengceku/2020-05/22/content_5513734.htm。

高度关注，同时，科研机构、学术团体针对黄河文化的研究成果在近几十年也呈上升趋势，各类文艺机构、创作个体以黄河为主题所创作完成的影视、文学、摄影作品十分受欢迎，整体呈现欣欣向荣的局面。通过对已有文艺作品的细致梳理，可以发现黄河文化现有的表现形式在其价值内涵的表达方面呈现出简单化、片面化的问题。

从影视行业来看，对黄河文化内涵的表达严重缺乏完整性。通过搜索随机选取直接以"黄河"命名的电影、电视剧作品各10部，认真审视甄别其内容，发现各有7部集中以战争为题材，相较而言，其他文化内涵表达的作品较少，比例较为悬殊。整体来看，黄河文化在文艺作品中的内涵表达显现出文艺创作者对黄河内涵理解较为单一，未能通过文艺作品创作将更为丰富全面的黄河文化内涵以影视艺术的形式进行广泛传播。

从博物馆展览设置来看，目前黄河文化相关博物馆展览设置主要以文物展览性质的博物馆建设为主（如图7-7所示），2019年，黄河沿线各省（区）的2166家博物馆中，文物展览性质的有1084家，占比50%，行业性质的有293家，占比14%。不仅是在博物馆的展览方面，在举办的教育活动中也是侧重于对历史文化内涵的向外输出，对黄河文化内涵中其他部分，如农业、水利科技文化、制度文化、自然生态文化等内容，无论数量，或是表现力和渲染力都远远低于历史文化，表达也是十分欠缺。

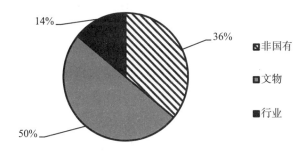

图7-7　黄河沿线省（区）博物馆性质情况示意图[①]

①数据资料来源于《2019年度全国博物馆名录》，人民政府网，2020年5月22日，http://www.gov.cn/zhengce/zhengceku/2020-05/22/content_5513734.htm。

五、区域发展失衡现象严重

黄河流经中国北方9个省（区），不同区域的地理人文环境和社会经济发展均有较大差异，致使黄河文化在发展方面呈现出较大的区域性差异，一些交通不便利、经济欠发达地区的文化资源往往保存状况良好，但在保护和开发利用方面却受客观条件限制。

黄河沿线各省（区）重点文物保护单位设置方面（如图7-8所示），山西占比25%，河南占比20%，四川、陕西均占比13%，山东占比10%，占比都比较高，但在我们重点考察的黄河上游的甘、宁、青、蒙等省区占比均在10%以下。

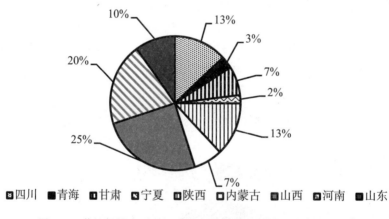

四川　青海　甘肃　宁夏　陕西　内蒙古　山西　河南　山东

图7-8　黄河沿线省（区）重点文物保护单位建设情况示意图[1]

黄河沿线各省（区）博物馆建设方面（如图7-9所示），山东占比27%，河南占比16%，陕西占比14%，四川占比11%，甘肃占比10%，宁、青、蒙等省区占比均在10%以下，远远低于黄河中、下游流域各省，发展不均衡状况较为严重。

---

[1] 数据资料来源于2001—2019年国务院公布的全国重点文物保护单位名单。

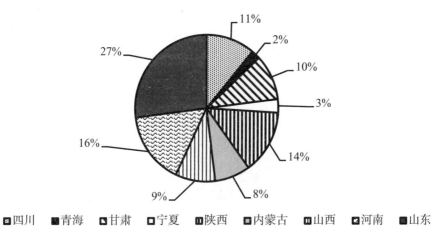

图7-9　黄河沿线省（区）博物馆建设情况示意图①

　　黄河沿线各省（区）国家考古遗产公园建设表现出来的失衡现象也不容小视。截至2021年（如图7-10所示），仅河南、陕西评定的国家考古遗址公园和立项处，在黄河全域占比高达66%，其余省（区）中，除了山东勉强达到10%以上，其他省（区）均在10%以下，甘、宁、青总共占比8%，在流域内呈现出十分严重的失衡状况。

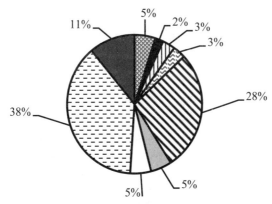

图7-10　黄河沿线省（区）国家考古遗产公园建设情况示意图②

---

① 数据资料来源于《2019年度全国博物馆名录》，人民政府网，2020年5月22日，http:// www.gov.cn/zhengce/zhengceku/2020-05/22/content_5513734.htm。

② 数据资料来源于国家考古遗址公园公布名单。

考古事业的发展失衡现象同样十分明显，以黄河沿线省（区）1990—2019年入选全国十大考古发现数据为例（如图7-11所示），河南占比32%，陕西占比19%，山东占比13%，而同样又是黄河上游的甘、宁、青、蒙占比均在10%以下，且与中下游地区差距较大。

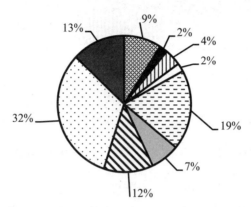

　四川　　青海　　甘肃　　宁夏　　陕西　　内蒙古　　山西　　河南　　山东

图7-11　黄河沿线省（区）1990—2019年重大考古发现情况示意图①

整体来看，黄河流域的文化发展受区域整体状况影响较大，在经济发展态势较好的中下游地区，无论是围绕黄河文化有关的基础建设与保障，还是在黄河文化载体的表现形式提升方面都呈现较好的状态，但在黄河中上游，特别是甘、青、宁地区，黄河文化各方面的发展均与其他区域显现较大差距。

六、文化产业发展人才缺失

健全的专业人才队伍体系是推动所有事业发展的关键，目前黄河文化产业发展相关人才短缺，产业人才体系尚未形成是其产业化表现方式与传播力量在整体性提升方面迫切需要解决的问题之一。

一是专业应用型人才培养不足。目前，虽然有较多综合院校培养出大批文化产业专业的毕业生，但是相关专业的毕业生能否在黄河文化多样呈

---

① 数据资料来源于国家文物局委托中国文物报社和中国考古协会举办的"全国十大考古新发现"公布的结果。

现和提升工程中有出色表现，能否把所学所用与黄河流域文化建设和发展有机结合起来，仍需时间检验，就调查情况而言，情况不容乐观。大部分综合院校文化产业专业设置随意性较强，多挂靠在相关学院、学科或系所，所培养的学生专业质量难以得到保证。近两年也多有院校的文化产业专业撤销的消息见诸报道，多是因为专业设置过程中未能充分论证的结果。另外，跨区域、跨机构的文化产业研究院等综合研究机构体系尚未设立，极大地影响了黄河文化发展所需的产业人才体系建立。面对文化发展，"特别是传媒、出版、设计、策划、旅游、动漫游戏、经营管理、文化贸易等文化产业发展急需的高层次、高技能、创新型、复合型文化人才严重短缺"[1]。

二是缺乏专门从事黄河文化研究的学术型人才。目前虽然在黄河流域各省（区）都有成立各类黄河文化研究机构，但大多是社会团体而不是专业研究机构，机构中的研究人员也多为兼职而非专职。近几年陕西、甘肃等省（区）新成立的黄河文化研究院、黄河国家文化公园研究院等机构正处于起步阶段，人才队伍尚未筹备齐全，具有一定研究基础的专门性研究人才缺失严重。

三是缺乏产学研结合的人才培养基地和学科带头人。黄河文化今后发展趋势会越来越向深、向广，专业的规划发展人才、管理人才，生态、政治、经济、媒体等各方面的人才需求量不仅巨大，而且会不断提高要求。为了加强对黄河文化的保护与发展，亟须建立覆盖学校、社会、行业体系的综合性产学研人才培养基地，但就目前黄河流域的具体情况来看，在这些方面欠缺度较高，极度缺乏符合人才培养需求方向、目标的基地，客观上造成黄河文化相关人才队伍体量不足、结构不合理、产业人才缺乏等困境。

七、后疫情时代的产业转型困境

2020年开始肆虐全球的新冠疫情对中国社会产生了强烈而深刻的影

---

[1] 杨国平：《中原文化"走出去"战略实践中存在的问题及对策研究》，《北京城市学院学报》2013年第2期。

响，无数行业面临着前所未有的艰难时刻，黄河流域正在前行的一系列文化产业同样也面临着新的挑战。其中传统的文旅产业受到的冲击最为直接。2020年，国内旅游人数比2019年同期下降了52.1%，有28.79亿人次；国内旅游收入比2019年同期下降61.1%，只有2.23万亿元，比2019年同期减少3.5万亿元①。原本发展势头渐旺的旅游产业在疫情防控期间迅速衰微，致使相关上、下游产业链中的环节受到连带影响，包括附着于产业链条的旅行社、餐饮、住宿等，直接面临产业主体受损甚至被迫出局的结果。影视文化产业也面临着转型问题，线下影院的公映、演出，大型影视剧作品的拍摄工作和影视基地的观光旅游活动受到较大影响。同时，人们在寂静的日子里，对能够给予精神给养的自由网络空间产生了前所未有的依赖，在此期间崛起的"主播""短视频""数字""元宇宙"等平台以海量的资讯、资源充斥着网络世界和人们的生活世界。也就是说，疫情时代虽然给传统文化产业带来了巨大的压力，但数字文化产业却迎来了始料不及的发展机遇。如此庞大的新生产业链条之上的文化传播会将中国传统文化推向无法预判的方向，同时，行业规范体系尚未成熟，对文化行业监管部门来说，突然之间的实、虚体产业转型本就超出惯常的应对范围，全民主体的产业形态无疑更是增加了监管的复杂程度和实施难度。在全新的文化发展环境和社会发展态势下，不仅文化产业的转型成为黄河文化面向未来的关键难题，对其进行有效的监管与引导也成为新的课题。

---

① 张煜鑫、姚孺婧：《后疫情时代运河文化智慧文旅的机遇与挑战———以隋唐大运河安徽段为例》，《旅游与摄影》2022年第4期。

余论：中国的黄河文化与世界的黄河文化

　　中国不缺少神话。《庄子·秋水》中记载了一个故事，是关于河伯的，河伯是黄河的河神。在秋天到来时，很多小河的水都汇集到黄河里，黄河河面宽到不能辨识对岸的牛马。河伯骄傲极了，他认为，黄河是天下最大的。有人告诉河伯，北海比黄河大多了，河伯不信，顺着黄河来到北海，放眼望去，无边无际，因而对着北海感叹："人家都说，有人知道一点就以为谁都不如自己，这话原来是在说我啊，这实在是让真正有见识的人笑话了。"一个神话故事，蕴含的道理可谓深刻，给今天的孩子留下两个成语："望洋兴叹"和"贻笑大方"，同时也给今天的黄河文化研究留下了很多思考。天下人都知道黄河，可对黄河的河神，这位河伯却不甚了解。用今天的话讲，这位河伯不是一位成功者，好不容易做了河神，却也未能在黄河不安分的时候为老百姓做些什么彪炳史册的事，黄河流域的民间叙事中不常见这位神，或许与老百姓的"民意测评意见"有关。河伯终其一生就做了一件事：绘制了一幅黄河水情的河图。图绘制好了，自己也老了，什么都做不了。但在大禹治水的时候，他把这幅图送给了大禹，大禹凭借这张图，最终完成了治水。所以说，河伯为治理黄河也做出了自己的贡献，尽管没有留下美名。在中国早期的历史中，人与自然的互动是最核心的内容。在构成历史记忆的过程中，人们往往会将一个群体与自然间的互动过程归结于一个有代表性的人物，并进一步将人塑造为神，继而由神话发展为原始初民认知中的历史，这是符合中华民族早期的"巫史"传统的。《女娲补天》《后羿射鸟》《夸父逐日》《大禹治水》，都是讲述在黄河流域人与自然互动的过程。从环境生态的角度考察黄土高原地区原始文化的发展，可以注意到有两个特点，一个是地理环境的复杂性，一个是气候环境的变异性①。《大禹治水》中的大禹，在孩子的精神世界中是最早的英雄，既因为他"三过家门而不入"，也因为他"布土以定九州"。有历史记载的2500多年间，黄河决口1600余次，改道26次②。一部中华历史，即是一部黄河治理史，自"大禹"时代起，黄河治理就是中国历代安民兴邦的大事。1946年，中国历史上第一个人民治理黄河的机构"冀鲁豫解放区治河委员会"成立，1949年改称"黄河水利委员会"，归属水利部。自此以后的70多年间，历经几代人青丝华发，黄河治理取得了巨大成就，母亲河岁岁安澜。黄河文化的累积、发展贯穿于黄河治理的历史，黄河的治理成就，是黄河文化保护、传承、弘扬与发展的重要前提。中华民族对黄河有着深厚的精神依恋，有崇拜、感恩和敬畏之情。我们有能力治理作为中国之"忧患"的黄河，我们自然更有信心建设世界文化之"高地"的黄河文化。

以黄河为载体的黄河文化，从历史中一路走来。从历史传承看，黄河文化孕育了厚重的中华文明，承载着中华民族精神生生不息的根脉，凝结着深沉的人文情怀与哲学理念，是中华文化源远流长、根深叶茂的精髓。从现代发展来看，建构黄河文化保护传承弘扬的历史与现代体系，是不断坚定文化自信、增强国家综合竞争力的关键③。黄河文化既是中华文化的内核，也是中华文化的缩影。通过对黄河文化的梳理，我们可以概括出黄河文化的两个基本属性，第一是黄河文化发生发展，持续不断，自成一体；第二是黄河文化汇聚百川，交融共生，由中华各民族共同创造、共同维系。关于第一点，在丰富的考古材料的印证下，已经成为广泛的共识。黄河是世界第五大河流，黄河流域是中华文明的重要发源地，在黄河流域诞生的黄河文化，是世界文明发展史上最宏伟的篇章之一。从何尊铭文中的"中国"，一直到近现代以来中华民族风起云涌的革命道路都可以证明，这不是民族主义的呓语，是世界文明发展在欧亚大陆东端展开的真实历史图景。所以我们可以坦言，黄河文化是中华民族文明史的主体构成，是中

---

① 唐晓峰：《黄土高原的远古文化生态》，《中国国家地理》2017年第10期。

② 陈启文：《大河上下——黄河的命运》，安徽文艺出版社，2019，第7页。

③ 姜国峰：《保护传承弘扬黄河文化的价值、困境与路径》，《哈尔滨工业大学学报》（社会科学版）2022年第4期。

华文化体系的重要组成部分。在较长的历史时期中，黄河流域一直是中国的政治、经济和文化中心，在流域上下，中华民族创造了人类早期的文明、东亚最早的国家形态、丰富灿烂的文化内容，最为关键的是创造了接续不断的文化传承体系。因此，在千百年的累积中，自成一体的黄河文化当之无愧地成为中华民族的基本文化符号和文化图腾。关于第二点，需要有更多的研究、论证。在长期的历史中，在黄河流域产生的以"华夏"被标识的身份认同以及由此产生的族群边界深入人心，以至于"华夷之辨"一直伴随着以汉族为中心的政权与国家形式在黄河流域的更迭。本书前边对此内容已有梳理，不再赘言。"汉族同一性伦理"在"大一统"的政治实践中不断发展，逐渐被确立为正统的政治思想、道德观念和行为规范，形成较广泛的文化认同，进而形成"汉族中国自我确认的民族主义意识形态"的历史过程，为文化源流的相关讨论设置了引导和制约，也在很大程度上长期遮蔽了不同路径的历史叙述。

黄河流域是中华各民族共有的精神家园，黄河文化是中华各民族在连续的历史进程中共同创造的，是中华文化的根源性构成。同时，在黄河文化形成、发展的过程中，以黄河中下游为中心，吸收融合了黄河流域之外广泛地域中的各种文化因素，既有植物、动物种类，也有青铜冶炼和其他技艺，还有文字、宗教、艺术、制度等多个方面。在一定的时空条件下，对交融共生的黄河文化的阐释与对中华文化整体延续的历史解释显现出较强的同一性结构。故而对黄河文化源头、形成过程和发展的追溯，从政治体制、哲学思想、民俗文化多个视角还原"中国"这一实在的"文化共同体"凝聚的历史过程，意义首先在于勾画完整的黄河文化形态，其次在于建构更丰富的由"多元"而"一体"的历史叙述，也作为一种佐证，面对当前存在不同声音的后现代历史学研究，尝试形成文化层面更广泛的认同，消除可能的误会与偏见。

在人类的历史上，唯一只有黄河凭借着独特的自然地理环境、气候资源条件和区位社会条件，形成从未中断的有着清晰边缘和中心的文化体系。这一文化体系作为原点和基础，直接影响了整个东亚大陆文化板块的样貌，其核心内容如"天人合一""道法自然""家国情怀"等使得黄河文化在对话世界其他古老文明的过程中，确立了东方文化的坐标，为世界贡献了独特的哲学思想体系和丰富的社会文化内容。所以黄河文化在中华民族的精神家园之外，也有全球的面向，不仅仅是中国的黄河文化，同时还是世界的黄河文化。但在今天的世界格局中，从站位角度如何把握"世界的"黄河文化呢？我想大概有三个基本点，一是永葆黄河文化的包容性，多元文化的激荡融汇是文化发展的活力所在；二是激发黄河文化的创新性，当今世界的文化比较是以创新动力为基本比较评价体系的；三是坚持自己的传承性，黄河文化在历史中形成的传承体系最大限度地保证了黄河文化持续积累、完整呈现的重要条件和形式，在新的社会环境下，如何坚持其传承性，是推动黄河文化发展必须直面的问题。人类历史发展至今，世界层面不同文化之间的对话日益密集，情况错综复杂，文明冲突论、西方没落论、欧洲中心论等种种论调此起彼伏。客观而言，在世界上黄河文化体系还远远没有获得与其历史发展相匹配的地位，面对黄河文化发展的现状，我们迫切需要进一步梳理家底，厘清思路，遵循文化的发展规律，顺应文化的发展趋势，努力将黄河文化推到一个更高的位置，以形成具有全球更广泛认同的世界文化高地。

　　黄河文化是中华民族文化的显著标识，是凝聚民心的力量源泉，也是以交融共生的机理支撑中华民族共同体发展的基础。目前已有的黄河文化研究历史脉络清晰、成果丰厚灿烂。进入新世纪，新的时代背景为黄河文化开拓了前所未有的巨大空间，在已有的基础上，创新、发展是历史对黄河研究指明的新方向。我们需要从多方位出发进行黄河文化发展路径和前景的研究，探讨保护与传承黄河文化的同时，如何合理开发与可持续利用丰富的文化资源，形成具有活力的新的黄河文化体系。我们还需要创新，要打造国家和地方多层级专注于黄河文化研究的机构，围绕黄河文化开创新的学科体系，培养理论与实践人才。以新时代实现中华民族伟大复兴的方向为指引，以当下多学科丰富的研究成果为基础，对黄河文化的发展，我们尝试补充以下思考。

一、自"上"而"下"：黄河文化的发展之势

　　加快推进黄河文化立法与政策保障工作，是黄河文化在未来发展中的重要前提。加快黄河文化立法，以法律保障黄河文化延续千年从未间断的

发展态势，对打造黄河文化成为世界大河文明延续发展的典范与世界河流文化发展弘扬的高地，将形成长期、有力的支撑。合理规划保护黄河文化的立法与政策，要做好前期调研准备工作，要明确黄河文化所包含的种类、内容、内涵、表现形式等关键性问题。在黄河文化立法的过程中要充分考虑黄河文化遗产系统保护工程的相关问题，同时也要考虑规范建立黄河流域及相关地区交流与合作的机制，实现黄河历史文化资源的保护和利用，还要考虑依法综合利用黄河历史文化资源，将文化资源优势转化为产业优势①。按照中办、国办印发的《黄河流域生态保护和高质量发展规划纲要》总体部署，立足于《中华人民共和国黄河保护法》等法律规定和规划要求，尽快完成黄河文化遗产研究与产业发展相关政策保障工作，推进黄河文化遗产相关政策、制度的制定，形成完整有效的黄河文化遗产保护传承利用的规章制度，并专门设立相关的政府机构与专家咨询委员会，提供决策参谋和政策咨询。从国家层面立法内容上看，2022年10月第十三届全国人民代表大会上通过了《中华人民共和国黄河保护法》，该法明确提出加强对黄河文化的保护、传承与弘扬，系统保护黄河文化遗产，以及研究黄河文化发展脉络，对阐发黄河文化精神内涵和时代价值，铸牢中华民族共同体意识具有积极的作用②。另外，还有《大运河遗产保护管理办法》《长城保护条例》等政策文件，也为保护与传承、弘扬与发展黄河文化提供了借鉴与参考。

黄河文化遗产的清点与普查，是黄河文化发展的基础。黄河文化分布广泛，内容、类型极为丰富。目前黄河沿线9省（区）博物馆中所展览的藏品数量仅占全国藏品总数量的31%，珍贵文物占全国总数量的18%，陈列展览数占全国总数量的32%③，都还未能充分显现出黄河文化的资源优势。为了更好地弘扬与发展黄河文化，有必要对黄河文化进行一次全面的

---

① 姚文广：《"黄河法"立法必要性研究》，黄河网，2020年9月25日，http://yrcc.gov.cn/zlcp/xspt/202010/t20201013_221430.html。

② 《中华人民共和国黄河保护法》，《中华人民共和国全国人民代表大会常务委员会公报》2022年11月15日，http://www.gov.cn/xinwen/2022-10/30/content_5722638.htm。

③ 数据资料来源于2019年度全国博物馆名录，http://www.gov.cn/zhengce/zhengceku/2020-05/22/content_5513734.htm。

摸底盘查工作，再次清数家珍，唤醒依然处于沉睡状态的文化遗产，为黄河文化的转化利用做好基础准备工作。要制定完善文物主体单位安全责任制。各级文化行政管理部门要在现有制度的基础上进一步制定完善文物主体单位安全保护的细则性制度，把文物安全保护责任具体化、科学化。同时各文物主体单位要向社会公告公示文物保护的范围、责任人、方法方式、职责要求，全方位接受社会各界和人民群众的监督，真正把文物安全保护责任落到实处。同时，以黄河文化遗产为依托，对展示、教育平台要加强覆盖。在充分利用市、县一级的博物馆和文化馆的基础上，促进乡（镇）、村一级的机构设置，健全基层特色文化展览馆和村史馆等，链接起黄河文化与民众日常生活的联系。

要打破"一地一段一岸"的局限，由各地各级部门共同组建黄河文化相关工作的专门领导机构，建立健全9省（区）协调联动工作机制。在秉承资源统筹、协同共建、优势互补的原则下，做好全流域黄河文化发展的顶层设计，系统构建黄河文化保护传承与弘扬的战略规划体系，加强区域交流，促进沿黄各省份的跨区域协作，建立信息共享、资源整合、协调联动的长效工作机制，研究确定重大事项，协商解决跨区域问题，促进黄河流域对黄河文化的协同保护、协同治理和协同发展，形成协同推进黄河流域文化发展态势。

习近平总书记提出："要深入挖掘黄河文化蕴含的时代价值，讲好'黄河故事'，延续历史文脉，坚定文化自信，为实现中华民族伟大复兴的中国梦凝聚精神力量。"①黄河流域是中华民族赖以生存的家园，千百年来，民众在这片土地上开创历史、繁衍生息，留下无数动人的故事。讲好黄河故事是黄河文化发展中政府主导的主要举措。黄河故事有历史故事、道德故事、政治故事、民族团结故事、红色故事、名人故事、科技故事、古都故事、考古故事等，充分挖掘不同系列故事的文化内涵，引导不同行业、不同领域参与讲好黄河故事，形成全社会讲好黄河故事的整体发展态势是可操作、可把握的具体路径。要强化多方合力，采取市场化、专业

---

① 《习近平在黄河流域生态保护和高质量发展座谈会上的讲话》，央广网，2019年10月15日，http://news.cnr.cn/native/gd/20191015/t20191015_524816783.shtml。

化、规范化的运作模式,把政府的宏观指导与职业团队、专业公司运作等多方面结合起来,深入挖掘、整理优秀的黄河文化故事①。应以创新的表现手法进行故事演绎,以影视歌曲、动漫、舞台剧目、大型实景演出等方式,结合故事的区域特色、民族内涵、时代风貌,以新的业态发展趋势赋予黄河故事新的生命力②。讲"故事"要创新,要发掘与当下时代需求相符合的黄河文化元素,实现黄河文化的创造性发展、创新性转化。

要正确处理流域局部发展和全流域整体发展之间的关系。要根据上、中、下游文化的差异性,因地制宜,着力塑造世界大河文明的整体形象。要平衡区域发展,在民族文化交融共生发展态势较好的上游地区,以各民族和谐发展的历史史实,探索民族交往交流交融的文化基础,打造民族团结示范廊道(区域),充分体现黄河上游文化交融共生的文化内涵;在历史上长期作为中国政治中心的中游地区,着力挖掘历史上的世界古都文化资源,研究中国古代城市文化的共性,持续打造长安、洛阳等国际性古都的形象,使其成为黄河文化中的"城市名片";在土地富饶、农业发达、儒家文化传承核心区域的下游地区,利用其优秀的传统文化基因和悠久绵长的文化支撑力,推进儒学的传播交流,着力打造世界儒家文化高地。整合流域中各区域优势文化资源的前提必须是在全流域统筹规划下进行,只有在整体性中突出地域性,在地域性中彰显整体性,才能保证形成不同流域特色鲜明、优势互补的全流域齐头并进的发展态势。

要积极推动"黄河文化学"的发展。黄河文化学有望形成一门成熟的学科主要有以下几个基础。其一,"黄河文化学"有着明确的研究对象。早在20世纪80年代便有人开始倡议建设"黄学"。最初的"黄河学"大多数关注点在于如何治理黄河水利方面,至21世纪,"黄河学"的研究内容开始转向黄河文化的传承,标示"黄河学"的研究对象不仅包括水利治理、工程建设等问题,还包括文化、经济、制度等内容,需要经济学、社会学、考古学、地质学、气象学等多学科共同参与。其二,"黄河文化学"已经积累了诸多学术成果。黄河文化自古以来就不乏学者对其进行多方面

---

① 江陵:《推动黄河文化在新时代发扬光大》,《学习时报》2020年1月3日第1版。
② 李龙:《以文化创新推动黄河文化保护传承》,《中国社会科学报》2021年第9期。

的研究，得出大量的研究成果。其三，目前黄河流域各省（区）属地高校、科研单位建立了多个黄河文化研究院、研究中心、研究基地等，为学科发展奠定了成建制的科研和人才培养基础。在学科的视角下，可以进一步推动"产、学、研、用"一体化的发展模式，实现研究机构与专业教学机构的研究和培养工作与文化发展体系紧密结合、相互促进的目标。各级政府组织搭建平台，将学术研究与产业发展进行链接，在产学研高度结合的模式下，形成高质量的学术研究、产业发展成果，培养出高水平的黄河文化人才。

二、自"下"而"上"：黄河文化的发展之基

我有一位多年好友，在很长的时间中执着地坚持做一件不平凡的事情。他在中国传统水印木刻版画、年画的基础上，创作地域文化特色鲜明的版画与年画作品，每年都要经过长达半年的创作，完善之后再制作成商品投入市场。十几年如一日的坚持，没有为他带来什么经济效益，但是他用自己的行动在周围团结了一大批热爱传统文化、重视传统文化的人，以自己的作品在朋友圈中带起一波一波的传统文化热潮。工作之余，他还会为当地中、小学生讲授传统木刻版画的历史和技艺，力图把传统文化的种子埋在孩子的心灵深处，期待在文化快速同质化的当下，能继续支撑中国人与传统文化的血脉相连、生生不息。在我的周围，同样的人和事还有很多，我想，这些人、这些事，便是黄河文化得以延续、传承的基础。近些年来，因为相关课题研究的机缘，我逐渐进入非物质文化遗产研究与保护的工作领域中。中国的非物质文化遗产保护、传承是全世界独一无二的发展路径和庞大体系，我的所知所想可能连皮毛都称不上，但是有感于大河上下多民族文化如同"马赛克"一般镶嵌而成的中华民族文化景象，每每见到散落在高原大漠、山川河谷之间灿如繁星的民族民间文化遗产，心中便由衷地升腾起自豪与自信。我想，在中国，10万余项各级非遗代表性项目以及其后的9万余名代表性传承人，更是辉煌的黄河文化从历史走到今天，继而从今天走向更辉煌的未来的基础所在。

从根本上而言，文化的魅力在"用"，在"活"，在"变"，在"传"，在群体心理的一致性，在一致性背后的认同与凝聚。文化必须依附于或是

创造出不同的载体，承载文化进入民众日常生活，形成社会氛围或社会主流风气，从而才得以传续、发展。长久以来，人们在保护、传承、弘扬黄河文化方面凝聚了一定的共识，积累了一些经验，加之近年来随着中华民族共同体意识的不断提高，公众参与黄河文化保护的自觉性有所增强①，构成文化传承、保护的中坚力量。以往在政府主导的文化保护工作中，因为一系列的客观原因，有很大可能性出现一种大家都不愿看到的情况：政府在相关的文化项目中以行政渠道推动工作，不可谓工作效果不明显，但是文化所属群体或是更广泛的公众在整个文化项目中被排出行动主体，文化与人之间的关系甚至呈现割裂状态。这样的情形于文化建设当下可能看不出问题所在，但对文化长久的发展却有着极大的不利，系统性和可持续性没有保障，公众缺乏与文化之间的情感联系，难以形成广泛的文化认同基础，这在一定程度上阻碍了文化的高质量发展。更有甚者，在一些特殊条件下，各类应然保护主体之间的隐性利益冲突逐渐形成，多元参与形成合力的格局构建难度加大②。

自"下"而"上"的文化发展模式需要更普及的文化教育作为支撑，黄河文化的发展要求将黄河文化保护知识纳入国民教育和其他社会教育培训体系。要广泛利用各种传播媒介、人文交流活动、文化和自然遗产日、中国旅游年、传统节日等带有宣传教育功能的载体集中展示、推介黄河文化的整体形象，营造全社会共同参与黄河文化保护传承的良好氛围。青少年是黄河文化的重要传播对象和未来的传承发展主体，黄河文化教育要从青少年入手，要设立、增加黄河文化相关课程，要采取调研、辩论、演讲、讨论等多样化的形式，增加社会实践，引导青少年认识和重视黄河文化，正确看待传统文化和流行文化，营造学习主流文化的良好氛围。家庭是黄河文化传承的主要场域，让孩子在耳濡目染之中认同、传承黄河文化，延续中华文化精神。

黄河国家文化公园对引导新时代全民共建、共享黄河文化将起到直接

---

① 杨越：《讲好"黄河故事"：黄河文化保护的创新思路》，《中国人口·资源与环境》2020年第12期。

② 参考张崇、刘朝晖：《遗产保护的"举国体制"与社会参与：从观念更新到行动逻辑》，《遗产与保护研究》2018年第7期。

的作用。通过具体的场域空间，带动无形的文化传播与传承，在民众对文化的情感认同中树立国家形象，强化国家在场。黄河国家文化公园有时间和空间两个维度。在时间维度上，黄河沿线的不同地域完全可以重现中华文化发展的整体历程，以及从公元前3000年的"国家雏形"走到今天繁荣、富强、统一的多民族国家的全部历史；在空间维度上，要选取具有代表性的地方文化遗产植入黄河国家文化公园，打造一条"沿黄系列文化路线"，发挥黄河国家文化公园的多重效益和综合功能，把黄河国家文化公园建设与"黄河主题国家级旅游线路"相对接，同时整合区域范围内的黄河文化资源，打造区域文化的"集中展示点"和全流域的"国家文化展示窗口"，保证进入黄河国家文化公园的文化内容既存"个性"，又成"系统"。要塑造迥异于国内外其他同类或类似国家公园的形象，要建设能够代表国家形象的整套符号体系，强化群众对中华民族文化的认同，消解基层民众与国家的距离。黄河国家文化公园中应尽可能多地为地方文化工作者、民间文艺爱好者、工匠艺人以及一些需要帮助的弱势群体设立就业岗位，让非物质文化遗产以及生产技艺类的文化展演项目进入公园，让基层群体直接参与黄河国家文化公园的建设，通过黄河国家文化公园，使群众直观地感受到与国家的情感联系。

三、凝聚与自信：大河的力量

黄河文化是凝聚民心的源泉力量。黄河文化是生活在特定时空和地域的各民族群体所共同书写与创造的文化，是构成中华民族共同体的文化基础与支撑，是中华民族精神的凝聚与共识。在黄河流域，各民族长期和合共生，经济上相互依赖，文化上水乳交融的历史和现实，强化了黄河文化的时代价值，凸显了黄河文化的凝聚力作用。要承续历史经验，挖掘更多的历史材料，强化精神引领，持续推动黄河文化对民心凝聚的深层影响。黄河文化的凝聚力量，可以从三个方面进行论证。从区域文化来说，黄河流域区域广阔，在黄河文化系统内囊括了大量的区域文化内容，包括上游的河湟文化、陇右文化、河套文化等，中游的三晋文化、河洛文化等，还有下游的齐鲁文化、海岱文化等。这些仅仅是在历史河流中留下了鲜明印记的区域文化系统，除此之外还有不少的区域文化消失在了历史进程当中。从类型多样、源流繁杂的史前考古文化来说，正是相关的文化遗存提供了文化大国的事实依据。在华夏民族形成的黄河流域，诞生了关于伏羲、女娲及炎黄二帝为核心的华夏始祖传说，树立起海内外华人共同的人文始祖概念。沿黄河分布的仰韶文化、大地湾文化、裴李岗文化、龙山文化等，都为中国作为文化大国奠定了历史基础。从不同属性的文化内涵来说，黄河流域属性鲜明的文化有农耕文化、游牧文化、丝路文化、海洋文化、红色革命文化等。作为我国农耕文明最为发达的地区，黄河流域不仅孕育出了先进的农业科技，还孕育出了博大精深的儒家思想，在长期发展中塑造了中华民族兼容并济、包容开放的民族心理和性格，最终在黄河流域接纳了众多的异质文化因子，形成了黄河流域百花齐放的文化景象，在人类文化中独领风骚。要通过梳理黄河流域各民族交融共生的历史发展脉络与现实轨迹，进一步在黄河流域构建稳定的多民族共创共享的文化体系，让黄河文化成为民心团结的纽带，为铸牢中华民族共同体意识提供坚实的理论基础，同时要争取把黄河流域打造成为国家级民族文化交融共生示范区，使其成为铸牢中华民族共同体意识的核心力量。

　　黄河文化是中华民族屹立于世界民族之林的自信来源。习近平总书记指出，文明因交流而多彩，文明因互鉴而丰富，要加强中外文明交流互鉴[①]。黄河文化不仅是中华文明的瑰宝，也是人类文明的财富，要弘扬黄河文化，特别是黄河文化作为世界大河流域文明唯一活态传承的文化系统的独有地位，要突出其历史厚重感，加强黄河文化的对外交流和国际传播，向全世界展示黄河文化的魅力。全世界产生过的重要文化中，唯有黄河、长江所孕育的文化系统在历史长河中绵延承续，从未中断，是世界体系中内涵最为庞杂丰富，也最具研究价值的文化体系。近现代以来，因为历史形成的国际格局，黄河文化作为中华民族文化的核心与基础，在世界体系中的价值与地位还未得到相应的挖掘、研究和显现。同时，在现代化的浪潮中，因为社会经济发展的势位差，黄河文化如同被现代化的潮水绕过的历史高地，其所具有的辉煌价值亦未能得到应有的体现。黄河文化中

---

① 参考《文明交流互鉴的正确态度和原则》，求是网，2019年5月1日，http://www.qstheory.cn/dukan/qs/2019-05/01/c_1124441577.htm。

蕴含的文化哲学、文化遗产在人类发展进步中具有重要的参考价值。随着现代社会的快速发展，在人类的技术系统日新月异，纷繁的新思想不断涌现的世界图景下，黄河文化中的优秀构成部分对培育民族精神，实现民族进步、国家发展，以及树立文化自信具有重要的作用。在文化自信的基础上，促进世界各国的文明对话，加强黄河文化同其他大河文明的交流合作，不断开拓创新，推动交流互鉴，使黄河文化成为世界文明系统中具有广泛认可度的中华文化标识和世界文化高地，真正成为世界的黄河文化，不仅是就其形成和地位而言，而且也是就其当下和未来的意义而言。

参考文献

【专著】

[1] 左丘明.国语［M］.鲍思陶，点校.济南：齐鲁书社，2005.

[2] 左丘明.春秋左传校注（下）［M］.陈戍国，校注.长沙：岳麓书社，2006.

[3] 许慎.说文解字注［M］.段玉裁，注.上海：上海古籍出版社，1988.

[4] 班固.汉书［M］.北京：中华书局，2007.

[5] 班固.汉书［M］.颜师古，注.北京：中华书局，1962.

[6] 司马迁.史记［M］.杨建峰，编译.汕头：汕头大学出版社，2018.

[7] 陆机.陆机文集［M］.上海：上海社会科学院出版社，2000.

[8] 王仁裕.开元天宝遗事十种［M］.丁如明，辑校.上海：上海古籍出版社，1985.

[9] 崔令钦.教坊记［M］.吴启明，点校.北京：中华书局，2012.

[10] 陆羽.茶经校注［M］.沈冬梅，校注.北京：中国农业出版社，2007.

[11] 房玄龄.晋书［M］.长春：吉林人民出版社，1995.

[12] 刘昫.旧唐书［M］.北京：中华书局，1975.

[13] 曾公亮.武经总要［M］.陈建中，黄明珍，校.上海：商务印书馆，2017.

[14] 欧阳修.新唐书［M］.北京：中华书局，1975.

[15] 王祯.王祯农书［M］.王毓瑚，校.北京：农业出版社，1981.

［16］宋濂.元史［M］.北京：中华书局，1976.

［17］王阳明.传习录［M］.北京：中国画报出版社，2013.

［18］李时珍.本草纲目［M］.校点本.北京：人民卫生出版社，1978.

［19］张星烺.中西交通史料汇编：第1册［M］.朱杰勤，校注.北京：中华书局，1977.

［20］徐光启.农政全书·农事·授时［M］.石声汉，校注.上海：上海古籍出版社，2020.

［21］安东尼·吉登斯.社会学［M］.第4版.赵旭东，齐心，王兵，等，译.北京：北京大学出版社，2003.

［22］威廉·A.哈维兰.文化人类学［M］.第10版.瞿铁鹏，张钰，译.上海：上海社会科学院出版社，2006.

［23］段义孚.恋地情结［M］.志丞，刘苏，译.上海：商务印书馆，2018.

［24］黄宗智.明清以来的乡村社会经济变迁：历史、理论与现实［M］.北京：法律出版社，2014.

［25］黑格尔.历史哲学［M］.王造时，译.上海：上海书店出版社，1999.

［26］杰克·古迪.烹饪、菜肴与阶级［M］.王荣欣，沈南山，译.杭州：浙江大学出版社，2017.

［27］克利福德·格尔兹.地方性知识——阐释人类学论文集［M］.王海龙，张家宣，译.北京：中央编译出版社，2000.

［28］李约瑟.中国科技史［M］.陆学善，译.北京：科学出版社，2003.

［29］千宗室.《茶经》与日本茶道的历史意义［M］.萧艳华，译.天津：南开大学出版社，1992.

［30］图齐，海希西.西藏和蒙古的宗教［M］.耿昇，译.天津：天津古籍出版社，1989.

［31］泰勒.原始文化：神话、哲学、宗教、语言、艺术和习俗发展之研究［M］.连树声，译.桂林：广西师范大学出版社，2005.

［32］王柯.从"天下"国家到民族国家——历史中国的认知与实践

［M］.上海：上海人民出版社，2020.

［33］巫鸿.武梁祠：中国古代艺术的思想性［M］.柳杨，岑河，译.北京：三联书店，2015.

［34］谢弗.唐朝的外来文明［M］.吴玉贵，译.北京：中国社会科学出版社，1995.

［35］杨·阿斯曼.文化记忆：早期高级文化中的文字、回忆和政治身份［M］.金寿福，黄晓晨，译.北京：北京大学出版社，2015.

［36］詹姆斯·库克.库克船长日记——"努力号"于1768—1771年的航行［M］.刘秉仁，译.上海：商务印书馆，2013.

［37］巴雅尔.蒙古秘史［M］.呼和浩特：内蒙古人民出版社，1980.

［38］包铭新.中国北方古代少数民族服饰研究［M］.上海：东华大学出版社，2013.

［39］才让.藏传佛教信仰与民俗［M］.北京：民族出版社，1999.

［40］蔡靖泉.文化遗产学［M］.武汉：华中师范大学出版社，2014.

［41］陈宝良，王熹.中国风俗通史：明代卷［M］.上海：上海文艺出版社，2005.

［42］陈高华，史为民.中国风俗通史：元代卷［M］.上海：上海文艺出版社，2001.

［43］陈金华.佛教与中外交流［M］.上海：中西书局，2016.

［44］陈连开.中国民族史纲要［M］.北京：中国财政经济出版社，1999.

［45］陈文华.中国农业考古图录［M］.南昌：江西科学技术出版社，1994.

［46］陈炎.中国审美文化史：唐宋卷［M］.济南：山东画报出版社，2000.

［47］陈寅恪.陈寅恪魏晋南北朝史讲演录［M］.贵阳：贵州人民出版社，2012.

［48］陈振民.中国历代建筑文萃［M］.武汉：湖北教育出版社，2001.

［49］崔国因.出使美日秘日记：卷一［M］.黄山：黄山书社，1988.

［50］邓启耀.非文字书写的文化史：视觉人类学论稿［M］.上海：商务印书馆，2019.

［51］东乡族简史编写组.东乡族简史［M］.兰州：甘肃人民出版社，1984.

［52］董耀会，贾辉铭.中国长城志［M］.南京：江苏凤凰科学技术出版社，2016.

［53］段文杰.敦煌壁画中的衣冠服饰：敦煌民俗研究（一）［M］.兰州：甘肃人民出版社，1995.

［54］方拥.中国传统建筑十五讲［M］.北京：北京大学出版社，2010.

［55］费孝通.乡土中国［M］.北京：北京大学出版社，2012.

［56］冯友兰.中国哲学史［M］.上海：华东师范大学出版社，2011.

［57］甘肃省文物考古研究所.秦安大地湾：新石器时代遗址发掘报告［M］.北京：文物出版社，2006.

［58］干福熹.中国古代玻璃技术发展史［M］.上海：上海科学技术出版社，2016.

［59］葛剑雄.黄河与中华文明［M］.北京：中华书局，2020.

［60］葛兆光.宅兹中国：重建有关“中国”的历史论述［M］.北京：中华书局，2011.

［61］葛兆光.中国思想史［M］.上海：复旦大学出版社，2001.

［62］顾颉刚.国史讲话：上古［M］.上海：上海人民出版社，2015.

［63］韩茂莉.中国历史地理十五讲［M］.北京：北京大学出版社，2015.

［64］侯仁之.黄河文化［M］.北京：华艺出版社，1994.

［65］胡鸿.能夏则大与渐慕华风：政治体视角下的华夏与华夏化［M］.北京：北京师范大学出版社，2017.

［66］胡戟.二十世纪唐研究［M］.北京：中国社会科学出版社，2002.

［67］黄正建.唐代衣食住行研究［M］.北京：首都师范大学出版社，1998.

［68］积石山保安族东乡族撒拉族自治县概况编写组.积石山保安族东乡族撒拉族自治县概况［M］.兰州：甘肃民族出版社，1986.

［69］蒋维乔.中国佛教史［M］.上海：商务印书馆，2017.

［70］康·格桑益希.唐卡艺术概论［M］.北京：文物出版社，2015.

［71］李白凤.东夷杂考［M］.开封：河南大学出版社，2008.

［72］李芽.中国古代妆容［M］.北京：中国中医药出版社，2008.

［73］李泽厚.论语今读［M］.合肥：安徽文艺出版社，1998.

［74］李泽厚.由巫到礼 释礼归仁［M］.北京：生活·读书·新知三联书店，2015.

［75］廖群.中国审美文化史：先秦卷［M］.济南：山东画报出版社，2001.

［76］林剑明.秦汉史［M］.上海：上海人民出版社2019.

［77］林梅村.西域考古与艺术［M］.北京：北京大学出版社，2017.

［78］林耀华.民族学通论［M］.北京：中央民族大学出版社，1997.

［79］林永匡，袁立泽.中国风俗通史：清代卷［M］.上海：上海文艺出版社，2001.

［80］刘大均.周易概论［M］.重庆：巴蜀书社，2016.

［81］刘敦桢.中国古代建筑史［M］.北京：中国建筑工业出版社，1980.

［82］刘文锁.骑马生活的历史图景［M］.上海：商务印书馆，2014.

［83］刘永佶.民族经济学［M］.北京：中国经济出版社，2013.

［84］鲁西奇.何草不黄：《汉书》断章解义［M］.桂林：广西师范大学出版社，2015.

［85］鲁西奇.中国历史的空间结构［M］.桂林：广西师范大学出版社，2014.

［86］吕思勉.中国社会史［M］.上海：上海古籍出版社，2007.

［87］吕思勉.中国通史［M］.北京：民主与建设出版社，2015.

［88］马长寿.北狄与匈奴［M］.北京：生活·读书·新知三联书店，1962.

［89］纳日碧力戈.语言人类学［M］.上海：华东理工大学出版社，2010.

［90］内蒙古典章法学与社会学研究所.《成吉思汗法典》及其原论

［M］.上海：商务印书馆，2007.

［91］潘吉星.中国火箭技术史稿［M］.北京：科学出版社，1987.

［92］彭吉祥.影视美学［M］.北京：北京大学出版社2009.

［93］彭卫，杨振红.中国风俗通史：秦汉卷［M］.上海：上海文艺出版社，2001.

［94］浅野裕一.古代中国的宇宙论［M］.吴昊阳，译.南京：江苏人民出版社，2020.

［95］屈守元，常思春.韩愈全集校注［M］.成都：四川大学出版社，1996.

［96］撒拉族简史编写组.撒拉族简史［M］.西宁：青海人民出版社，1981.

［97］山西博物院，甘肃省博物馆，武威市博物馆，等.陇右遗珍：甘肃汉晋木雕艺术［M］.太原：山西人民出版社，2013.

［98］尚永琪.莲花上的狮子——内陆欧亚的物种、图像与传说［M］.上海：商务印书馆，2014.

［99］石硕.西藏文明东向发展史［M］.成都：四川人民出版社，2016.

［100］宋兆麟.中国风俗通史：原始社会卷［M］.上海：上海文艺出版社，2001.

［101］苏秉琦.中国文明起源新探［M］.北京：生活·读书·新知三联书店，2000.

［102］宿白.中国石窟寺研究［M］.北京：文物出版社，1996.

［103］孙修身.佛教东传故事画卷［M］.上海：商务印书馆，1999.

［104］汤用彤.汉魏两晋南北朝佛教史［M］.增订本.北京：北京大学出版社，2011.

［105］陶文台.中国烹饪史略［M］.南京：江苏科学技术出版社，1983.

［106］田余庆.秦汉魏晋史探微［M］.北京：中华书局，1993.

［107］汪篯.唐王朝的崛起与兴盛［M］.北京：北京出版社，2018.

［108］王敖.中唐时期的空间想象：地理学、制图学与文学［M］.王

治田，译.武汉：长江文艺出版社，2021.

［109］王光普，王辅民.民间传世剪纸纹样［M］.兰州：甘肃人民美术出版社，2002.

［110］王海飞.文化传播与人口较少民族文化变迁——裕固族30年来的文化变迁的民族志阐释［M］.北京：民族出版社，2010.

［111］王建民，唐肖彬，勉丽萍，等.中国人类学民族学百年纪事［M］.北京：知识产权出版社，2009.

［112］王明珂.游牧者的抉择：面对汉帝国的北亚游牧部族［M］.桂林：广西师范大学出版社，2008.

［113］王斯福.帝国的隐喻：中国民间宗教［M］.赵旭东，译.南京：江苏人民出版社，2018.

［114］魏永理.中国西北近代开发史［M］.兰州：甘肃人民出版社，1993.

［115］吴玉贵.中国风俗通史：隋唐五代卷［M］.上海：上海文艺出版社，2001.

［116］武沐.匈奴史研究［M］.北京：民族出版社，2005.

［117］向达.唐代长安与西域文明［M］.石家庄：河北教育出版社，2001.

［118］项英杰.中亚：马背上的文化［M］.杭州：浙江人民出版社，1993.

［119］谢继胜.西夏藏传绘画：黑水城出土西夏唐卡研究［M］.石家庄：河北教育出版社，2002.

［120］徐宏.何以中国：公元前2000年的中原图景［M］.北京：生活·读书·新知三联书店，2016.

［121］徐吉军.中国风俗通史：宋代卷［M］.上海：上海文艺出版社，2001.

［122］许进雄.中国古代社会：文字与人类学的透视［M］.北京：中国人民大学出版社，2008.

［123］薛麦喜.黄河文化丛书：民食卷［M］.太原：山西人民出版社，2001.

［124］杨建新.中国少数民族通论［M］.北京：民族出版社，2009.

［125］杨建新.中国西北少数民族史［M］.北京：民族出版社，2003.

［126］杨宽.战国史［M］.上海：上海人民出版社，2016.

［127］杨锡璋，杨宝成.殷墟青铜器［M］.北京：文物出版社，1985.

［128］姚大力.北方民族史十论［M］.桂林：广西师范大学出版社，2007.

［129］姚大力.追寻我们的根源——中国历史上的民族与国家意识［M］.北京：三联书店，2018.

［130］仪平策.中国审美文化史：秦汉魏晋南北朝卷［M］.济南：山东画报出版社，2000.

［131］于年湖.唐代诗人的齐鲁文化情结［M］.济南：齐鲁书社，2018.

［132］张光直.中国青铜时代［M］.北京：生活·读书·新知三联书店，2013.

［133］张金贞.另类唐朝：用食物解析历史［M］.杭州：浙江大学出版社，2018.

［134］张经纬.四夷居中国：东亚大陆人类简史［M］.北京：中华书局，2018.

［135］张朋川，王新村.马家窑文化彩陶瑰宝新赏［M］.北京：文物出版社，2004.

［136］张日铭.唐代中国与大食穆斯林［M］.姚继德，沙德珍，译.银川：宁夏人民出版社，2002.

［137］张生寅.国家与社会关系视野下的明清河湟土司与区域社会［M］.银川：宁夏人民出版社，2011.

［138］赵向群.甘肃通史：魏晋南北朝卷［M］.兰州：甘肃人民出版社，2009.

［139］哲仓·才让.清代青海蒙古族档案史料辑编［M］.西宁：青海人民出版社，1994.

［140］郑亦.博物馆教育活动研究［M］.上海：复旦大学出版社，2015.

[141] 中国社会科学院考古研究所，陕西博物院.文明的足迹：中国社会科学院考古研究所优秀成果集萃［M］.太原：山西人民出版社，2012.

[142] 钟敬文，晁福林.中国民俗史：隋唐卷［M］.北京：人民出版社，2008.

[143] 钟敬文，晁福林.中国民俗史：先秦卷［M］.北京：人民出版社2008.

[144] 钟敬文.民俗学概论［M］.上海：上海文艺出版社，2000.

[145] 周世德.中国兵器的发展［M］.北京：冶金工业出版社，1987.

[146] 朱镇豪.中国风俗通史：夏商卷［M］.上海：上海文艺出版社，2001.

【连续出版物】

[1] 陈冬生.山东历史上主粮作物的农家品种资源［J］.古今农业，1997（03）：55-64.

[2] 陈静.敦煌写本《茶酒论》新考［J］.敦煌研究，2015（06）：84-87.

[3] 陈开先.孔子仁学思想及其现代意义［J］.孔子研究，2001（02）：47-55.

[4] 陈玲，王东.《海国图志》对近代科技知识的引进及其意义［J］.厦门大学学报（哲学社会科学版），2018（03）：113-119.

[5] 陈树平.玉米和番薯在中国传播情况研究［J］.中国社会科学，1980（03）：187-204.

[6] 陈跃."因俗而治"与边疆内地一体化——中国古代王朝治边政策的双重变奏［J］.云南师范大学学报（哲学社会科学版），2012，44（02）：38-44.

[7] 崔明德.论隋唐时期的"以夷攻夷"、"以夷制夷"和"以夷治夷"［J］.中央民族大学学报，1994（03）：28-34.

[8] 邓振华，高玉.河南邓州八里岗遗址出土植物遗存分析［J］.南方文物，2012（01）：156-163.

［9］杜建民，崔吉学.论谥号文化内涵的演变［J］.史学月刊，1994（05）：12-18.

［10］杜亚雄.裕固族的奶幼畜歌［J］.黄钟（中国·武汉音乐学院学报），2006（04）：57-63.

［11］鄂·苏日台.北方民族的民俗文化与北方岩画［J］.内蒙古社会科学（文史哲版），1993（05）：60-64.

［12］方铁.论羁縻治策向土官土司制度的演变［J］.中国边疆史地研究，2011，21（02）：68-80.

［13］刘文思，刘亚玲.2021年度河南省五大考古新发现［J］.华夏考古，2022（02）：123-128.

［14］郭瑾.发展数字文化产业与我国软实力提升研究——以TikTok为例［J］.山东社会科学，2021（05）：116-122.

［15］韩连琪.春秋战国时代的中央官制及其演变［J］.文史哲，1985（01）：5-14.

［16］韩茂莉.近五百年来玉米在中国境内的传播［J］.中国文化研究，2007（01）：44-56.

［17］华林甫.论郦道元《水经注》的地名学贡献［J］.地理研究，1998（02）：82-89.

［18］华泉.前仰韶时期黄河流域新石器时代的考古发现与研究［J］.史学集刊，1983（03）：91-94.

［19］黄尚明.新石器时代黄河流域的气候变迁［J］.中原文化研究，2018，6（05）：14-21.

［20］黄英伟，张法瑞.考古资料所见中国新石器时期家猪的分布［J］.古今农业，2007（04）：30-35.

［21］解华顶，张海滨.淮河流域新石器时代采集与渔猎经济的观察［J］.华夏考古，2013（01）：41-46.

［22］景永时.西北近代科技开发述论［J］.宁夏社会科学，1992（01）：45-52.

［23］孔毅.北魏前期北方世族"以夏变夷"的历程［J］.中国史研究，1998（02）：61-69.

［24］乐爱国.《周易》对中国古代数学的影响［J］.周易研究，2003（03）：76-80.

［25］黎家芳，高广仁.典型龙山文化的来源、发展及社会性质初探［J］.文物，1979（11）：56-62.

［26］李恩民.戊戌时期的科技近代化趋势［J］.历史研究，1990（06）：123-135.

［27］李飞.金石与美术：中国现代古物保护观念的起源［J］.文博学刊，2018（02）：51-59.

［28］李丕洋.中国古代民本主义思潮之源流［J］.广西社会科学，2006（03）：107-110.

［29］李永平，李天铭.甘肃博物馆事业发展述略［J］.中国博物馆，1988（04）：89-91.

［30］李玉洁，李丽娜.山西在先秦中亚交通中的重要地位——以《穆天子传》记载的西行路线和考古学为视角［J］.山西大学学报（哲学社会科学版），2020，43（06）：69-75.

［31］李志鹏，Kathefine Brunson，戴玲玲.中原地区新石器时代到青铜时代早期羊毛开发的动物考古学研究［J］.第四纪研究，2014，34（01）：149-157.

［32］梁志宏，程鸿.兰州"白兰瓜"引种史略探［J］.干旱区资源与环境，2021，35（04）：78-82.

［33］刘超先.谥号与道德评判［J］.广西社会科学，2006（01）：181-183.

［34］刘正寅."大一统"思想与中国古代疆域的形成［J］.中国边疆史地研究，2010，20（02）：13-17.

［35］柳岳武."一统"与"统一"——试论中国传统"华夷"观念之演变［J］.江淮论坛，2008（03）：150-155.

［36］吕俊彪."靠海吃海"生计内涵的演变——广西京族人生计方式的变迁［J］.东南亚纵横，2003（10）：52-56.

［37］马卫东.大一统源于西周封建说［J］.文史哲，2013（04）：118-129.

［38］马孝劬.发扬我国农牧结合、用养结合的优良传统［J］.中国农史，1983（04）：61-69.

［39］毛曦.中国新石器时代的人地关系及其特点［J］.人文地理，2002（04）：71-74.

［40］彭建英.明代羁縻卫所制述论［J］.中国边疆史地研究，2004（03）：26-38.

［41］彭卫.《水浒》食物、食肆考［J］.中原文化研究，2015，3（03）：36-45.

［42］曲亚楼.素面陶鬲的发展研究［J］.东方收藏，2022（06）：29-31.

［43］上官绪智.两汉政权"以夷制夷"策略的具体运用及其影响［J］.南阳师范学院学报（社会科学版），2003（04）：35-42.

［44］沈春敏，李书源.近代科技在中国的引进与传播［J］.社会科学战线，2000（06）：151-156.

［45］苏秉琦.关于仰韶文化的若干问题［J］.考古学报，1965（01）：51-82.

［46］王保国."夷夏之辨"与中原文化［J］.郑州大学学报（哲学社会科学版），2009，42（05）：150-153.

［47］王博力涛，吴楚克.生态环境和生计方式的互动影响探析——关于蒙古族生计方式变迁问题的讨论［J］.内蒙古民族大学学报（社会科学版），2018，44（03）：120-124.

［48］王辉.张家川马家塬墓地相关问题初探［J］.文物，2009（10）：70-77.

［49］王吉怀.黄河流域新石器时代渔猎经济的考察［J］.华夏考古，1992（02）：81-88.

［50］王璐.黄河流域早期铜器演进初探［J］.中原文物，2022（01）：106-115.

［51］王启涛.中国历史上的通用语言文字推广经验及其对铸牢中华民族共同体意识的重要意义［J］.西南民族大学学报（人文社会科学版），2020，41（11）：1-7.

［52］王倩倩，甄强.青海齐家文化时期生业模式的构成与差异［J］.青海师范大学学报（社会科学版），2021，43（02）：77-82.

［53］王巍.中华文明起源研究的新动向与新进展——以中华文明探源工程（第一阶段：2004—2005年）为中心［J］.社会科学管理与评论，2007（02）：56-66.

［54］王益人.远古遗踪（连载）——山西芮城西侯度遗址发现始末［J］.文史月刊，2016（02）：61-64.

［55］王玉德.试析炎帝神农文化的史源［J］.学习与实践，2012（04）：102-109.

［56］王泽应.习近平新时代爱国主义思想研究［J］.伦理学研究，2018（02）：1-7.

［57］吴潜涛，杨峻岭.列宁爱国主义思想探析［J］.马克思主义研究，2010（07）：90-96.

［58］吴汝祚.大汶口文化的墓葬［J］.考古学报，1990（01）：1-18.

［59］乌苏荣贵.浅论唐卡的色彩及颜料［J］.内蒙古大学艺术学院学报，2009，6（01）：56-58.

［60］席泽宗.李约瑟论《周易》对科学的影响［J］.自然科学史研究，2000（04）：332-336.

［61］鲜乔蓥.中国文物法制化管理的开端——简析南京国民政府的《古物保存法》［J］.中华文化论坛.2010（02）：35-39.

［62］萧放.传统节日：一宗重大的民族文化遗产［J］.北京师范大学学报（哲学社会科学版），2005（05）：50-56.

［63］谢俊义，伍德煦.浅谈解放以来甘肃旧石器时代的考古［J］.西北师大学报（哲学社会科学版），1980（03）：25-29.

［64］谢梅，焦虎三."羊崇拜"的演化与变迁：早期岩画的文化意蕴与传播［J］.四川戏剧，2022（03）：152-159.

［65］徐涛.《实业计划》成书考［J］.学术月刊，2021，53（03）：193-216.

［66］颜炳罡.论孔子的仁礼合一说［J］.山东大学学报（哲学社会科学版），2001（02）：52-59.

［67］杨庆中.论孔子中庸思想的内在逻辑［J］.齐鲁学刊，2004（01）：50-53.

［68］游修龄.黍粟的起源及传播问题［J］.中国农史，1993（03）：1-13.

［69］张丙乾，汪力斌，靳乐山，等.多元生计途径：一个赫哲族社区发展的路径选择［J］.农业经济问题，2007（08）：31-36.

［70］张岱年.中国哲学中"天人合一"思想的剖析［J］.北京大学学报（哲学社会科学版），1985（01）：3-10.

［71］张建华.农业与工业化［J］.经济研究，2022，57（03）：20-24.

［72］张朋川.甘肃出土的几件仰韶文化人像陶塑［J］.文物，1979（11）：52-55.

［73］张世英.中国古代的"天人合一"思想［J］.求是，2007（07）：34-37.

［74］赵宗福.论河湟皮影戏展演中的口头程式［J］.文艺研究，2000（04）：118-124.

［75］中国非物质文化遗产保护的生动实践［J］.中国非物质文化遗产，2020（01）：10-14.

［76］钟克钊.孝文化的历史透视及其现实意义［J］.江苏社会科学，1996（02）：77-82.

［77］竺可桢.中国近五千年来气候变迁的初步研究［J］.考古学报，1972（01）：15-38.

［78］左豪瑞.新石器时代至先秦时期家羊的仪式性使用初探［J］.南方文物，2018（02）：188-199.

【电子资源】

［1］国务院办公厅.国务院关于公布第五批国家级非物质文化遗产代表性项目名录的通知［EB/OL］.（2022-05-14）［2021-06-10］.http：//www.gov.cn/zhengce/content/2021-06/10/content_5616457.htm?_zbs_baidu_bk.

［2］中国非物质文化遗产中心.保安族腰刀锻制技艺［EB/OL］.（2022-11-22）［2022-09-28］.https：//www.ihchina.cn/Article/Index/detail?

id=14340.

　　［3］中国非物质文化遗产中心.春节［EB/OL］.（2022-12-20）［2022-10-14］.https：//www.ihchina.cn/Article/Index/detail?id=14904.

　　［4］中国非物质文化遗产中心.民间社火［EB/OL］.（2022-10-24）［2022-09-26］.https：//www.ihchina.cn/project_details/15018/.

　　［5］国务院办公厅.国务院关于同意设立"中国农民丰收节"的批复［EB/OL］.（2022-02-12）［2018-06-21］.http：//www.gov.cn/zhengce/content/2018-06/21/content_5300129.htm.

　　［6］国务院办公厅.国务院关于公布第一批国家级非物质文化遗产名录的通知［EB/OL］.（2022-01-21）［2006-06-02］.http：//www.gov.cn/zwgk/2006-06/02/content_297946.htm.

　　［7］国务院办公厅.中华人民共和国国庆［EB/OL］.（2022-02-15）［2019-10-2］.http：//www.gov.cn/guoqing/2005-09/13/content_5043913.htm.

　　［8］中华人民共和国教育部.国家语言文字工作委员会［EB/OL］.（2022-05-14）［2021-12-20］.http：//www.moe.gov.cn/jyb_sy/China_Language/.

　　［9］中国非物质文化遗产中心.蒙古族勒勒车制作技艺［EB/OL］.（2022-11-03）［2022-10-02］.https：//www.ihchina.cn/Article/Index/detail?id=14353.

　　［10］国务院办公厅.中国文物保护状况［EB/OL］.（2022-03-04）［2012-4-11］.http：//www.gov.cn/guoqing/2012-04/11/content_2584143.htm.

　　［11］国家文物局.黄河文物保护利用规划［EB/OL］.（2022-10-24）［2022-7-18］.http：//www.ncha.gov.cn/art/2022/7/18/art_722_175826.html.

　　［12］国家文物局.习近平的文化情怀｜"要加强古代遗址的有效保护"［EB/OL］.（2022-09-22）［2022-6-21］.http：//www.ncha.gov.cn/art/2022/6/21/art_722_175145.html.

　　［13］河南省文化和旅游厅.庙底沟文化：中华文明中一颗耀眼的恒星［EB/OL］.（2022-08-24）［2022-06-10］.https：//hct.henan.gov.cn/2022/06-10/2465312.html.

　　［14］国务院办公厅.国家文物局关于公布〈国家考古遗址公园管理办

法〉的通知［EB/OL］.（2022-05-20）［2022-04-02］.http：//www.gov.cn/zhengce/zhengceku/2022-04/02/content_5683110.htm.

［15］河南省人民政府.自由贸易试验区开封片区"试验田"种成"高产田"［EB/OL］.（2022-11-18）［2021-04-01］.https：//www.henan.gov.cn/2021/04-01/2118866.html.

［16］中华人民共和国文化和旅游部.宁夏举办大漠黄河国际文化旅游节［EB/OL］.（2022-01-24）［2021-05-10］.https：//www.mct.gov.cn/whzx/qgwhxxlb/nx/202105/t20210510_924351.htm.

［17］青海省文化和旅游厅.国际品牌赛事［EB/OL］.（2022-06-16）［2019-04-01］.http：//whlyt.qinghai.gov.cn/zt/2019whlyj/hdap/styj/735.html.

［18］内蒙古自治区文化和旅游厅.2019年旅游市场基本情况［EB/OL］.（2022-04-24）［2020-03-11］.https：//wlt.nmg.gov.cn/zwxx/wlzx/202003/t20200311_1349750.html.

［19］中央网络安全和信息化委员会办公室.第47次《中国互联网发展状况统计报表》（全文）［EB/OL］.（2022-05-27）［2021-02-03］.http：//www.cac.gov.cn/2021-02/03/c_1613923423079314.htm.

［20］国务院办公厅.关于加快推进生态文明建设的意见［EB/OL］.（2022-02-08）［2015-04-25］.http：//www.gov.cn/xinwen/2015-05/05/content_2857363.htm.

［21］国务院办公厅.黄河流域生态保护和高质量发展规划纲要［EB/OL］.（2022-09-21）［2021-10-08］.http：//www.gov.cn/zhengce/2021-10/08/content_5641438.htm.

［22］中国非物质文化遗产中心.本非物质文化遗产保护的特色和经验［EB/OL］.（2022-07-29）［2008-03-13］.https：//www.ihchina.cn/project_details/11488/.